Annual Report on Development of Journalism in China:
Current Status and Recent Trends

中国新闻传播的发展

——现状与趋势报告（2014-2015）

中国社会科学院新闻与传播研究所创新工程

"新闻传播发展趋势研究"项目组　编

中国社会科学出版社

图书在版编目(CIP)数据

中国新闻传播的发展:现状与趋势报告.2014～2015/中国社会科学院新闻与传播研究所创新工程"新闻传播发展趋势研究"项目组编.—北京:中国社会科学出版社,2015.12

ISBN 978 - 7 - 5161 - 7328 - 2

Ⅰ.①中… Ⅱ.①中… Ⅲ.①新闻学—传播学—研究报告—中国—2014～2015 Ⅳ.①G219.2

中国版本图书馆 CIP 数据核字(2015)第 300845 号

出 版 人	赵剑英	
责任编辑	陈肖静	
责任校对	刘 娟	
责任印制	戴 宽	

出 版	中国社会科学出版社	
社 址	北京鼓楼西大街甲 158 号	
邮 编	100720	
网 址	http://www.csspw.cn	
发 行 部	010 - 84083685	
门 市 部	010 - 84029450	
经 销	新华书店及其他书店	

印 刷	北京君升印刷有限公司	
装 订	廊坊市广阳区广增装订厂	
版 次	2015 年 12 月第 1 版	
印 次	2015 年 12 月第 1 次印刷	

开 本	710×1000 1/16	
印 张	21	
插 页	2	
字 数	358 千字	
定 价	78.00 元	

凡购买中国社会科学出版社图书,如有质量问题请与本社营销中心联系调换

电话:010 - 84083683

编 委 会

主 任 唐绪军

副主任 宋小卫

委 员 （以姓氏笔画为序）

卜 卫　王怡红　孙五三　刘晓红

时统宇　孟 威　杨瑞明　姜 飞

赵天晓　殷 乐　钱莲生

目　录

壹　媒介表达与内容供给

贰　行业建设与媒介消费

叁 媒体法制与政策

☞ 壹　媒介表达与内容供给

- 认同、想象及可能性：中国情境下的"公民新闻"
- 中国新闻漫画发展报告（2014—2015）
- 中国新闻摄影年度发展报告（2014—2015）
- 中国"微电影"的认同困惑与价值重估
- 中国数据新闻研究发展概述
- 中国大数据新闻的现状与发展趋势
- 中国报纸对不同用户自行生产内容的使用情形
- 网络舆论场域的公共性建构与监督生态治理

认同、想象及可能性：中国情境下的"公民新闻"

曹立新[①]　　朱至刚[②]

内容摘要　本文试图以作为理念的"公民新闻"被认同、想象和践行为线索，考察它在当下中国情境的被想象图景和践行模式。我们认为，由于立场和取向的差异，在当下的中国，对"公民新闻"的认识可区分为"以公民为理由"和"以新闻业为立场"两种类型。相应的，又由此生成"用新闻的公民"和"为公民做新闻"两种行动模式。由于身份与专业的差异，在"公民"和"做新闻"之间存在的内在张力使得这两种行动模式都面临着困局。与此同时，"社区"作为衔接、兼容"公民"和"公权"的中间地带，是最便于实践协商民主的场域层级。在现行的框架性制度下，社区媒体既能获得体制内的名分，也能充分吸纳和承载公民的表达行为。它们可以说是"公民新闻"这种本身具有正当性的运作模式在当下的现实可能。基于对厦门市社区报纸运作和云南中寨村微博赋权的个案研判，我们认为这种模式在全国范围内，亦具普遍推广的可行性。

关键词　公民新闻　中国情境　可能性

探讨"公民新闻"在中国情境下的面相与流变，需得格外谨慎。首先，即便在其原生国度，"公民新闻"也更多地是由价值预设引发的社会运动，它多因"公民""公共""独立"等词汇获得"政治上的正确"，而非基于经验累积而成的实证学理。正如在新闻业和新闻学演化中曾出现的诸多理念，"公民新闻"从未去魅，当它被提及或被探讨时，往往不只是被考量的对象，还是内在的判断尺度。因此，即便都在理念上，甚至是字

---

①　曹立新，厦门大学新闻传播学院副教授。
②　朱至刚，厦门大学新闻传播学院副教授。

面上认同"公民新闻",对它的具体理解也未必完全一致。乍看上去,它们都是因"公民新闻"而感生,但细究其立场、逻辑与路径,又不难看到彼此存在结构性的差异。其次,所谓"中国情境",也是说来一语寥寥,在现实中的体征却何止千头万绪,论者虽说都生活在空间意义上的中国,但因为区域、阶层、专业的差异,所感所知未尽相同。因此,当"公民新闻"进入"中国",无论在学理讨论还是实践运作中,结果更如万川映月,虽说都水光相现,所成影像却各自分殊。本文尝试探讨的,正是在当下的社会情境中,扎根于乃至内化于中国的"公民新闻",依据想象图景,究竟已经生成哪些运作路径,在各种运作路径中,哪些最具有现实的可行性。

一 认同的差异

"公民新闻"进入中国之后就颇受学界和业界的认同,从认知者的逻辑基点考量,至少存在两种彼此独立的认知路径。它们最根本的差异,就是以公民为理由,还是以新闻业为立场。

(一) 以公民为理由

这种路径是以对公民的理解为起点,将积极、主动地参与新闻信息的制造和传播,视为公民的自然权利。仅从逻辑上看,在各种对"公民新闻"的认可类型中,这种框架最具合法性(legitimacy)。首先,表达自由的法治精神早就举世公认,例如我国宪法第三十五条就明文规定:中华人民共和国公民有言论、出版、集会、结社、游行、示威的自由[1]。其次,我国宪法以及各项专门法律的相关条文赋予公民的权利范围之广、种类之多,在全世界亦属领先。但是,由于法治建设,尤其是司法制度的完善仍需相当长的时间,目前很多公民权利既难以完全落实,也缺乏足够的救济渠道。在这样的情势下,"公民新闻"的被引入以及通过各种类型的自媒体被实践,无疑可为公民提供了以私力救济自己或者他人权益的可选渠道[2]。在这样的逻辑架构下,是否参与"公民新闻"的生产和传播,是以

---

[1] 《全国人民代表大会常务委员会公告版中华人民共和国宪法》,中国民主法制出版社2004年版,第71页。

[2] 这里的救济(relief)是指法律关系主体认定自身的合法权益受到侵犯时,通过各种方式来试图停止被侵犯乃至恢复原状的行为。以救济行为的实施者为标准,可分为公力救济和私力救济。在笔者有限的阅读范围内,徐昕所著《论私力救济》(中国政法大学出版社2005年版)对私力救济论述相当精到。

公民的个人意愿为决定，并为此承担可能的法律后果。至于较之专门化的新闻机构，"公民新闻"的运作是不是更加符合政治的、商业的或是专业的运作规范，实与它本身应否存在无关。

（二）以新闻业为立场

纵观"公民新闻"传入中国以来的相关论著，仅以"公民"为理由的并不多见。它们中的绝大多数都侧重探讨"公民新闻"将会对新闻业的状态与未来带来怎样的变数①，持论者主要是新闻业界、学界的专业人士。从逻辑顺序上看，其基本思路是先将"新闻"设定为专业行为，将"做新闻"视为职业门类，再去分析和比较吸纳并非专业人士的普通公民参与，是否有助于提升新闻业的运作绩效。既然是以"新闻业"为立场，那么"公民"之于"新闻"，就并非是必然的权利主体，而只是可选的参与人群。

何以这两种认知路径，被使用的频次会有显著差异？笔者认为这是两种因素使然。其一，如果某种学理是以直观的，甚至是不言自明的伦理原则为起点，也就意味着在学理和法理上大多早经千锤百炼而基本成熟，很难仅从逻辑或者辩证的维度进行结构性的改动或者推进。实际上，"新闻"应当是权利而非权力，而且是公民人身权利的自然延伸，早在"公民新闻"的观念传入前就已被本国学者阐发甚备②。就此而言，要从"公民"的立场，对"公民新闻"在理论层面的建构有所作为，的确很不容易。其二，对生活在现代国家体系下的人来说，"公民"是最根本的社会身份，但唯其太过根本，获取起来毫无门槛，相对而言，在大多数时候，作为个体的社会人对自己正在承担的职业角色反而更为自觉。毋庸讳言，新闻从业者也和其他职业群体一样，在整体上倾向于以行业利益作为观照和评判的首要取向。而国内的新闻学界又始终与业界保持着密切的联系，甚至可以说倾注了深厚的情感。这样一来，在本专业和本学科的视野和论域内，从"新闻"判断"公民"是否必要，自在情理之中。

---

① 根据笔者在 cnki 数据库，以"公民新闻"为主题词查询的结果，2014 年和 2015 年上半年，至少有 182 篇论文（包括 14 篇硕士学位论文）以"公民新闻"为主题，其中绝大多数属于这种取向。

② 这方面的论著以陈力丹：《采访权是公民言论自由权的延伸》（《现代传播》2004 年第 3 期）为代表。

二 想象的不同

既然原就是基于不同的认知逻辑，缘此生成的不同想象图景，自然也就赋予差异的期待。

说得更具体些，它们其实都是以对自我身份的判断为中心，以新闻生产为承载的对社会关系的认知图景。自然，每个个体乃至群体对新闻活动、新闻业乃至社会的认知都是各花入各眼，渗透了自己的立场和取向。各种想象的图景对其建构者而言，都既理所当然，又寄托了自己的淑世情怀。然而当它们被试图转化为实践时，却又必然会被错综复杂的现实关联拷问，尤其是在当下的中国，在"公民"和"新闻"之间，原本就存在制度性的张力。

（一）用"新闻"的"公民"

在笔者有限的了解范围内，中国内地自称或是被称为"公民记者"的群体，是以厦门 PX 事件为直接诱因和作用场域，出现在 2007 年前后。这个时刻点，较之学界和业界开始成规模地关注美国的公民新闻运动仅隔了三年①。虽说依据现有的材料，还难以判定其间存在多大关联，但这至少说明在网络年代理念和模式的快速扩散已非国界所能局限。"公民新闻"的提供者自此逐渐成长为国内新闻生产和传播场域内不可忽视的力量，他们主要来自两个社会群体。

第一类是曾供职于媒体尤其是知名媒体的专业记者。他们因各种原因离开媒体后，仍从此前的专业身份中获取了诸多便利。以 2012 年的"雷政富事件"为例，虽说最早在微博上披露此事的纪许光事发当时已离开《南方都市报》。但在此前，他就因报道"记者通缉门事件""河南洛阳性奴案"获得了相当的知名度。而据纪许光的描述，最初的信源也是因认定他"在国内的影响力大"主动提供材料②。再如《穹顶之下》这部在科学知识上不无瑕疵的纪录片，上线 48 小时内就在各大视频网站被点击播放近 2 亿次，与柴静在央视工作期间积累的极高人气更是多有关联。对于这类人物而言，提供"公民新闻"很大程度上就是其原有职业活动的延续，甚至可

---

① 在笔者有限的阅读范围里，中国内地学界关于"公民新闻"的介绍和探讨应始于李青藜：《美国的公民新闻事业》，《国际新闻界》2004 年第 1 期。

② 《"爆料记者"纪许光：我没想成为新闻的主角》，湖南在线（http://hunan. voc. com. cn/article/201211/201211281039373143. html），2015 年 7 月 1 日查阅。

能只是不长的过渡。

第二类"公民记者"的产生路径正好相反，他们不仅在职业、阶层上来源广泛，走上这条道路亦或偶然。唯其如此，其经历更能呈现"公民新闻"作为社会运动自下而上的面相。此类人士此前多非名人，而且通常具有很强的自我保护意识。因此，仅据公开的材料，他们中很多人的身份、职业、经历甚至真实姓名都难以确认（例如"专拍哥"和周筱赟），笔者也就只能选取其中既具较大影响，也有较高曝光的李新德和朱瑞峰作为分析的个案。李新德在网络上常被称作"民间舆论监督第一人"，单从时间上来看，这个称呼不算过誉。据刘万永 2004 年的报道，李新德当时是安徽《工商导报》驻山东的特约记者①。《时代人物周报》在同年的专访中，对他的履历作出了更详细的描述，"李新德出生在浙江南部，在海军航空兵的一座军营里长大，幼时家贫，读完小学 5 年级，他就开始了'不安分'的人生之旅：11 岁回到安徽老家，借了 5 毛钱，步行几十里路，考入县剧团；16 岁时，放弃了稳定的工作参军；改革开放之初，开始做中药生意，成了当时人人羡慕的'万元户'；随后又放弃生意，选择了从小就喜欢的新闻事业。"② 这篇专访还如此陈述李新德介入媒介监督的缘起："习惯打抱不平的李新德，在自己弟弟遭遇了一场官司之后，才意识到舆论监督的必要。官司发生在 1998 年。当时，他的弟弟李新民在老家与外商合资成立了一家食品公司，租用了县城面粉厂的闲置厂房。由于公司经营得当，订单不断，事业如日中天，李新民本人也因此先后被授予'全国青年科技星火带头人标兵'、'安徽省五一劳动奖章获得者'等各种荣誉称号。然而，面粉厂仰仗当地一位领导撑腰，第二年就撕毁了为期 5 年的合同，给李新民造成 300 多万元的经济损失。安徽和中央级媒体对李新民的遭遇进行了持续关注，但仍没有排除行政干预。李新民虽然赢了官司，却没有获得一分钱的赔偿。这件事深深地刺激了李新德，他拿起了笔，写了一篇题为《再就业明星望眼欲穿盼公正》的稿子，该稿件被《检察日报》刊发……'我不是法官，无法对冤假错案进行纠正，但是我可以用笔来说话，把事实真相告诉人们。'李新德从此开始了以文字为武器揭露腐败和社会不公

---

① 刘万永：《他们最害怕光》，《中国青年报》2004 年 9 月 1 日《冰点周刊》，中国青年报网站（http://zqb.cyol.com/gb/zqb/2004-09/01/content_940501.htm），2015 年 7 月 1 日查阅。

② 于成龙：《李新德：民间舆论监督第一人》，《时代人物周刊》2004 年 8 月 18 日，新浪人物专题（http://news.sina.com.cn/c/2004-08-18/13074066091.shtml），2015 年 7 月 1 日查阅。

的历程。"时隔十年，李新德在接受《消费日报》专访时，又一次讲述了对自己的角色期待，"作为一名反腐'记者'，也并非有了证据就能立马调查。还得分析形势，要有社会责任感。比如说群体性事件，我们不能去煽风点火。要去做工作，想办法沟通，找到理性的解决方式，不能图自己一时痛快。要始终坚持心中理性的成分，有时候一些非理性的正义诉求，甚至会对社会造成更大的危害。"①

迄今为止，对成名稍晚的朱瑞峰描叙最详尽的当属《齐鲁晚报》在2013年所作的人物专访。据该文陈述，"虽然并没有新闻出版机构发的记者证，但朱瑞峰自称是'公民记者'。朱瑞峰告诉记者，他对记者这个行业的'尊敬'，是过去经历造就出来的。"②所谓"过去经历"大致是："朱瑞峰的老家在河南新乡……朱瑞峰到河北石家庄去打工，在建筑工地里'支架子'。干的活很累，但'拿到手里的钱却不多'，正是经历了这些底层打工生活，朱瑞峰才真切感受到了农民工的艰辛。不过，当时还年轻的朱瑞峰在面对不公平时，和其他人一样只能选择沉默。后来，朱瑞峰来到河南省一个叫'法人权益保护中心'的机构工作。朱瑞峰告诉本报记者，法人权益保护中心里面全都是退休的老干部，还有一些在任的重要官员。该中心的会员，'一年交5万或10万'，那么当会员合法权益受到侵害时，'该找公安厅厅长就找厅长，该找检察长的就找检察长，很快就办了。'所以，很多企业家都加入这个机构。这让朱瑞峰初次尝到了权力的滋味。在法人权益保护中心，朱瑞峰发现，'很多时候领导批条子都不管用，地方上往往抱成一团，中央批的东西，到下面他们都不按这个来，而当新闻媒体过去后，就很有效果。'不过，朱瑞峰也学会了利用法律来维护他的权益。后来，这个法人权益保护中心解散，朱瑞峰来到北京，做过'记者'，后来又办了网站。来到北京一晃十多年过去了，朱瑞峰的'人民监督网'也经历了十个年头。网站致力于反腐败，只有朱瑞峰一人专职从事调查报道"。还是在这篇专访中，朱瑞峰讲述了自己对"不雅视频"的看法，"用不雅视频来曝光一个官员，把这个官员扳倒，我觉得这不是法治的进程，

---

① 王义正：《李新德："反腐记者"的困惑和坚守》，2014年10月27日《消费日报》，消费日报网（http://zhzx.xfrb.com.cn/newsf/2014/10/27/141438063368.htm），2015年7月1日查阅。
② 寇润涛：《"视频"漩涡中的朱瑞峰》，2013年2月4日《大众网·齐鲁晚报》，网易新闻（http://news.163.com/13/0204/05/8MRL0N9M00014AED.html? f＝jsearch），2015年7月1日查阅。

正常的法治进程是依法对国家机关工作人员进行监督，或者是把官员的权力放在阳光下运行，这样的话腐败分子才无处藏身，这样也才是正常的，利用这个（不雅视频）我觉得是很不正常的。"①

根据李新德和朱瑞峰对自身经历、观念和宗旨的陈述，不难看出他们至少存在着四个共同点。第一，在成为公民记者（或者按李新德自己的说法，是"反腐记者"）以前，他们是典型的"新闻界"边缘人，甚至根本就不算正式的记者。而且较之《南方都市报》和央视，与他们存在关联的媒体在全国范围的影响力也相对较弱。第二，他们都是从既与自己密切相关，却又与传媒并无必然关联的亲身经历中切身感受到新闻的力量。而且他们并非社会精英，并无宽广的人脉与资源可用，在面对相关社会不公的时候，若想迅速而充分地救济自己或他人的权益，诉诸公开的报道就不止是可能的备选方案，而是唯一的可行路径。其实，据他们的自道，这也是试图参与和掌握这种新闻力量的直接诱因。第三，所谓"社会公正"，在他们那里不只是抽象的原则，而是以"反腐"和"舆论监督"为具体的诉求与承载。第四，他们都持有相同的路径设想，以调查报道甚至爆料来引发社会的广泛关注，进而促成党政部门尽快地启动调查和处理程序。在这些行动和认知的背后，又蕴含了相同的根本预设，就是不管面对的是怎样的现实力量，这种借自主的报道来召唤公权以维护公正的路径，既可望立竿见影，最终的结果也通常令人满意。朱瑞峰曾总结自己的运作绩效，"我扳倒了这么多厅级干部，我也值了"，"以前创下的纪录，一般十天左右，这次（雷政富事件）用了66个小时"②。在对"公民新闻"的认知图景背后，又是对整个社会秩序的总体判断。从李新德和朱瑞峰的描述中，不难看到他们都对现有体制抱有根本上的信任。具体而言，就是相信它本身就以维护社会公正为根本宗旨，而且具备高效的自我清洁能力和可观的自我完善空间。各式各样的贪腐与不公，相形之下不仅只是局部现象，而且一旦被察觉，就将立即被惩处和纠正。因此，他们也都自觉地把自己设定为补充者和配合者，试图（更是相信）在现行的社会治理结构内寻得公

---

① 寇润涛：《"视频"漩涡中的朱瑞峰》，2013年2月4日《大众网·齐鲁晚报》，网易新闻（http：//news.163.com/13/0204/05/8MRL0N9M00014AED.html？f＝jsearch），2015年7月1日查阅。

② 凤凰卫视2012年12月20日《社会能见度》专访文字实录，凤凰网（http：//v.ifeng.com/news/society/201212/d9914685-eecf-451a-aa9e-3ad72c7f58ac.shtml），2015年7月1日查阅。

正，这也许就是李新德强调理性的解决方式，以及朱瑞峰坦承曝光不雅视频并非正常手段的原因。

沿着这样的思路，就不难理解为何都自认是"公民记者"，在面对争议性事件和群体事件时的作为却会有明显差异，为何有人会以跨越"记者"应有的边界，甚至以对法律的侵犯为荣耀。较之个人的性格与情绪，可能更重要的原因还在于各自的基本认知：中国社会及其根本体制究竟是蕴含着可观的调适、协商和提升空间，因此大可求得共赢，还是注定了走势低落，难以回天？由此延伸出的就是"公民"，尤其是中国情境下的"公民"又应该是什么？是应当既充分享有自身的权益，且以社会的安定和发展为职责；还是可以"草根即正确，公权即原罪"为标准，无视任何的公序良俗和专业伦理？从这个意义上讲，就近来在争议性事件和群体事件中的表现而言，某些"独立记者"其实被称为"民粹记者"可能更为恰当。在此类人士那里，不管知或不知，任何的新闻规范和程序正当都近乎被视之无物，其实反智原本就是民粹的内禀属性。

概而言之，"公民"是什么，"公民记者"又是否该被监督，"公民记者"是否也该遵循"新闻"乃至于其他各种专业的伦理和规范，还真是每个想以此为志业的人都必须慎思的根本问题。当然，每个人也都应该为自己的抉择承担全部责任。然而，即便是对社会、事件持有积极而理性的态度，又自觉地遵循公序良俗和专业规范，在当下要完全独立地进行报道也绝非易事。在当下的中国大陆，新闻业更多是体制的有机组成，"做新闻"不仅是职业，更需以单位人为前提。在这样的架构下，仅是"公民"而要去做"新闻"，虽说在法理上有理可据，却既无实现的制度通道，更难掌握稳定的传播平台。因此现下的"公民记者"，不仅普遍缺乏足够的专业训练，更难有常规性的规范约束。他们中的相当部分，或是报道有所失实，或是存在借此寻租的嫌疑。毋庸讳言，其中还有些人就是借此名目为掩饰，来进行某些不可告人的谋划。

（二）为"公民"做"新闻"

如前所论，业界中人对"公民新闻"的认同，乃是以"新闻业"为取向。他们对"公民新闻"的想象，自然会侧重于它是否会带来"更好"的业界生态。然而，对于新闻业而言，什么才是"好"的标尺？仅从伦理上来讲，自当以公益为重，但为维系生存，媒体的现实利益也须兼顾。这样一来，同样是以"新闻业"为取向来想象"公民新闻"，就其寄托的期盼却又可分为两种。

1．"专业"的一种可能

众所周知，"公共新闻"和"公民新闻"所以会在美国出现，对原有的新闻专业主义的不满是重要原因之一。彰显"公共"和"公民"，在很大程度上承载的正是对此的质疑与救赎①。在《做新闻》（making news）的开篇，塔奇曼就表示，相对于将新闻工作者看作带着主观愿望和偏见的个体，她更看重新闻专业主义以及来自新闻专业主义的决定是如何成为组织需要的产物②。在稍后的部分，她又提到新闻必然是新闻工作者通过机构程序并遵循机构规范而生产的产品③。紧接着，她又在注释中强调"本书所用的'机构'（institution）和'组织'（organization）这两个概念似乎是可以互换的。不过一般来说'组织'指的是一种完成某种功能的交际式行为的常规化模式。这样，新闻就是一种使消费者了解社会信息的机构。'组织'一般指复杂的社会体制（establishment），复杂的社会组织往往是合法的社会机构"④。放在一起看，塔奇曼实际上是在阐述美国的新闻机构（组织）既不以外在因素作为依存理由，又在内部存在等级分化。实际上，也正因为在很大程度上，美国的新闻业可以被看作是既与外界存在明显界限，自身构成又足够复杂的独立系统，才有可能仅以它的自身运作为对象，深描出其间蕴含的运转框架乃至构造机理。

进而言之，在当代的美国，几乎所有合法的行业的运作规则都与之相仿，既保有高度的甚至可以说对于社会公众而言是过度的独立，又在内部形成了等级森严的阶层架构。在这样的社会情境下，即便暂不考虑在"专业理念"中常常蕴含的宗教情结，从社会资本分配和流动的角度将所谓"专业规范""专业主义"看作维系和再生产精英权势的话语工具，应当不算奇论。中国的社会格局却迥然不同，它通常被形象地称为"官本位"或者"行政本位"，职业技能和从业经验的有无多寡，甚至在同行中的受认可度，都并非身居其间的个体获取地位和权势的充分条件。在现阶段的中国，要被认可为"正式"的新闻工作者，就必须供职于"正式"的新闻机

---

① 蔡雯、郭翠玲：《从"公共新闻"到"公民新闻"——试析西方国家新闻传播正在发生的变化》，《新闻记者》2008年第8期。

② 塔奇曼：《做新闻》，麻争旗、刘笑盈、徐扬译，华夏出版社2008年版，第30页。

③ 同上书，第32页。

④ 同上。

构，这些机构都悉属国有。在这样的框架性制度下，"正式"的新闻工作者实际上首先是单位人、体制人，而非专业人，他们只能在主管部门大致划定的范围和限度内，通过"命题作文"的模式来展开自己的专业行为，或者更确切地说，应当是职务行为①。

倘若追根溯源，这种治理和运作的模式早在革命年代就已基本成形。但在相当长的时期内，就群体而言，新闻工作者并未对此感到什么不适应。首先，对于老一辈的新闻工作者，尤其是在新中国成立前就在新闻宣传口工作的老同志而言，这原本就是自主选择的结果。他们大多是出于家国情怀投身革命，此后又经过系统的思想形塑和亲身的生死考验，自觉地将自己看作"齿轮和螺丝钉"，再进而自愿地接受组织的安排，在各条"战线"有所作为②。其次，新闻机构曾经和党政部门一样，普遍地享有财政全额拨款的待遇，这不仅是一种经济优待，更意味着政治地位。作为单位人的新闻工作者既无须担心自己的经济收入，还握有可观的话语权力，尤其是在面对行政级别较低的单位和个人时，承担着采访任务的记者还俨然就是上级的耳目喉舌。但进入改革年代，主要的社会治理方式已从以战时状态为模板的社会运动逐渐转化为寻求社会福利增长的发展探索。与此同时，新闻业自身的状况也发生了显著变化。从业人员不仅世代嬗替，观念构成和进入路径更是有所不同。从20世纪八九十年代开始，进入业界的新人大多既在不同程度上接触过专业教育，革命和战争更已是越来越远去的历史。对他们而言，新闻工作即便不止是一个饭碗，但在谋食之外，所要谋的"道"也与前辈不尽相同③。在时间上基本同步展开，除开一些级别极高的单位，大多数新闻机构先是"事业单位，企业化管理"，继而成为"事改企"的对象。既然机构必须要谋求自己的经济收益，在不犯错误的前提下，内部的评价机制也就得向此倾斜。不仅"编制"内外待遇迥异，"工分"式的管理方式也越来越盛行。④"新闻民工"的说法在前些年颇为流行，但是现在新入新闻机构的聘用制人员，平均的薪酬水平却未必

① 芮必峰：《媒体与宣传管理部门的权力关系——以"命题作文"为例》，《新闻大学》2011年第2期。

② 例如由中华全国新闻工作者协会在1956年创立的专业刊物，名字就叫《新闻战线》。

③ 可参见李红涛、黄顺铭《谋道亦谋食：〈南方传媒研究〉与实践性新闻专业主义》，《当代传播》2014年第4期。

④ 夏倩芳：《"挣工分"的政治：绩效制度下的产品、劳动与新闻人》，《现代传播》2013年第9期。

能超过民工。加之社会的利益格局日趋多元，不同的单位、部门、行业、区域在分配格局中的关系远较此前复杂，要想能够随时随地畅行采访，单凭记者这个职业身份往往不能如愿，可以说，也许除了极少数金字塔尖的人物，新闻业的绝大多数从业人员，尤其是新人，无论在精神诉求、经济利益，还是工作环境上都并不轻松和充实。

在这样的状况下，如果不为自己找到，或者更确切地说是营造出可寄情怀的所在，难免会茫然若失。既然还在这个行当供职，自然就得为它塑造出一个既可对外彰显价值，亦可以此感召从业人士的集体想象。纵观中外历史，越是自觉身处弱势，就越是要构建专属自己的彼岸的想象，委实不乏其例。然而在当下的中国，新闻工作者又绝非自由职业者，即便要寻求寄托，也必须能与被规定的身份兼容。而在主流的，更是主导的社会想象中，各阶级、各阶层之间的关系，已经不再被看作是根本性的对抗性质，而是在发展中共谋各自的利益最大化。原本界限分明的"亲不亲，阶级分"，也已经被嬗替为"为社会服务"。同样是"为人民服务"，"人民"的构成也远较以前广阔，仅从指涉范围来看，与"公民""公共"可以说完全重合。在这样的语境下，将"公共新闻""公民新闻"纳入行动的逻辑，乃至作为公开的口号，也就不只是可行的选择，而且是必然的结果。沿着这一思路，也就不难理解为何在中国的新闻业界，"民生新闻""公共新闻""公民新闻"常会被想象成一个既相互贯通，又有所递进的序列[①]。实际上，它们都承载了从业者某种自行构造专业认同、职业尊严的期盼。尤其是当"民生新闻"在实际运转中似乎渐入煽情后，从业者也就将个中期盼转移到了"公共新闻"和"公民新闻"。因此，也就出现了看似吊诡的现象：原本是作为"新闻专业主义"对立面被倡导的"公民新闻"，来到中国却最被职业人士津津乐道。

2. 拯救媒体

当下的中国，几乎所有领域都在用短得多的时间经历着别国的既往。即便从1990年算起，传媒业收入和盈利的高速增长期也仅仅延续了十余年。接下来该怎么办？新媒体当下固然气势如虹，而且试图从传统媒体大量地吸纳熟手。然而从国有的传统媒体跳槽到民营经济主导的新媒体，本

---

① 相关个案可参见陈阳《民生新闻能否转型成为公共新闻？——来自田野调查的思考》（《国际新闻界》2013年第5期）中的访谈记录。

身就意味着要脱离体制，并非人人都具有这样的勇气，何况未来新媒体业的薪酬状况将如何变化，也在所难言。实际上，近几年这样的案例虽说不少，但当事人或是早已功成名就，根本无须为生存担忧，或是原本就入行不久，甚至根本没有获得编制，离开对他们而言几乎毫无损失。但在新闻从业者中，大多数人却恰好既非顶尖精英，也不再是年轻到可以说走就走，而只能继续值守在原来的职业岗位上。

但反过来看，既然仿佛大势已定，与其袖手坐望，又何妨在体制允许的范围内竭尽可为？反正从长远看来，也实在没有什么可以失去的。出于这样的心态，近几年传统媒体的境遇越是黯淡，就越对各式各样的营销方式和内容类型门户大开，声名鹊起的"公民新闻"也概莫能外。自然，无论是"公民"，还是"新闻"，在这里都只是被拿来姑且一试的手段，而非试图内化的精神，更谈不上是不言自明的伦理决断。如果从这种理路来认知和想象"公民新闻"反而格外简易，因为根本用不着寄托情怀，也无须去体察其间蕴含的默会，更不会因此而试图在结构上变更原有的运作模式，只把它作为一项可以考虑的业务补充也足够了。从这个意义上来说，"公民新闻"在这里倒真是被去魅，甚至是过度去魅为纯粹的技术思路。在这样的选择标准下，"公民新闻"便如药中甘草，对于媒体信息来源的拓展也好，增加受众的接近感也罢，林林总总，拿来派什么用场，似乎都不见得在逻辑上一定就说不通。

这两种专业人士对"公民新闻"的期待，似乎格调立见高下。但若设身处地，只要不违公序良俗，为机构的生存殚精竭虑既在情理之中，更是对从业者的一种关切与负责。

然而，究竟要怎样做才算是"为公民做新闻"？其实，在职业化的运作中，"做新闻"和"为公民"原本就存在内在的矛盾。新闻业从一开始就是以整个社会为反映和服务的对象，对报道对象的取舍轻重就只能取其大焉，例如最重要的专业标准之一——新闻价值，就是以影响人数的多寡和影响程度作为重要的影响因素。若非危在旦夕甚至已遭灭顶之灾，某个个体乃至群体的切身境遇都可能因为只是统计学意义上的少数，而被这一尺度过滤掉。从这个意义上讲，如果依然以此为标准去"做新闻"，作为个体的"公民"也就势必难得空间。但如果转而以"为公民"为原则，即便不谈新闻机构是否有足够的人力物力去靡细无漏，实际操作也是困境重重。首先，从社会学的意义上来看，所谓"公民"原本就是为数众多的阶层族群。如果要"为公民"而"做新闻"，在它们之间，有限的报道资源又当如何权衡分配？其次，每个人的生活空间都自成脉络，甚至可以说有多少人，其实就存在着多少个以个体为中心，而又彼此差异的"小世界"，而每一件事情都镶嵌在其间的复杂关联中①。记者所要关注和报道的范围，又远远超出自己的日常交往，当他以观察者和报道者的姿态，试图进入每个事件的现场或者脉络时，纵使能凭借专业素养迅速地获取关键的线索，却未必能真正了解这个对他来说其实陌生的情境。尤其是在被关注的事件还不存在激烈冲突时，甚至连什么线索和事实算得上关键也往往难以判断。再次，记者固然能通过掌控的平台将公民的境遇状况公之于众，但叙事越是从专业的角度而言简明利落，就越有可能对相关的情境有所遮蔽。但报道一旦发生，尤其是当社会各界因关注而介入后，事件的后续便将在各种已知或未知的现实关联中展开，这就意味着被报道对象要面临较此前更大的不确定，那又该由谁来承担这一风险？倘若记者俨然事不关己，又怎谈得上"为公民"的初衷？倘若记者要与之分担，又如何保证自己作为专业人士所应秉持的起码中立？说到底，新闻从业者亦是既自成体系，又与外界有所区隔的社会族群。这不仅是利益关联的区隔，更意味着视角与立场的差异。即便全然诚心诚意地以"为公民"为立场，以"服务公众"为宗旨，又从何确认自己能全然了解诸多族群的期待和所求？形形色色的"公民"之于专业的新闻机构诚然是槛外人，然而反过来看，专业的记者对其他族群的了解，岂非也有隔雾看花的隔阂与偏误？

三　社区媒体："公民新闻"在中国情境下的现实可能

（一）作为中间地带的社区

在当下的中国，"公民新闻"这种本身的正当性不成问题的运作类型，是否必定会因"公民"和"新闻"的现实张力而全无存在的可能？笔者认为，如果不将公民与公权、体制外与体制内的关系看作是先天就不可调和，也不去断论传播平台的归属就是非此即彼的零和，那么，即便在现有的制度框架下，仍能找到将"公民"和"新闻"稳定结合的可能。践行这种结合较为合适的层级和空间，就是"社区"。

---

①　"小世界"是中文学界对 "Six Degrees of Separation" 的另一种翻译。较之更常见的"六度分隔"，它更侧重当以个人为中心视角时所生成的社会网络本身亦自成体系。

　　"社区"的构成与功能，在理论上已被滕尼斯阐述得相当完备。在他看来，社区既是社会的组成单元，更是通过自然生成的人际关系形成的共同体①。这一概念虽说来自滕尼斯对德意志何以能在国家之前就形成社会的解释，但它既源自对历史的梳理，更在经验上可以把握，在内涵上也相当明晰，大可用作观照各国社会的基本框架。就现实而言，中国的村落也大致符合这一定义，国内城市的日常生活形态也正向此演化。自20世纪90年代中期以货币化取代实物分房以来，城市居民的居住空间，不再只以"单位""大院"为基本范围。当他们大批地搬进商业化开发的楼盘后，通过业主委员会等组织形态，逐渐重新形成了一个个在经济收入上基本相当，在职业等方面存在差异，更在物业上具有共同利益的新生群体。当然，"社区"在中国通常也是事实上的行政层级，但就其空间覆盖、人员构成以及并不直接掌握行政权力而言，社区的两个维度其实并不存在冲突。不管将来的社会学会如何评判这种"中国式"的社区，至少在当下，它恰恰在某种程度上足以充当"公民"和政府的中间地带。对于公众，社区组织既直接在场，在治理结构上又是以协商式民主为主轴，还能在一定程度上对外主张社区居民的权益②。同时，对于政府而言，社区又是将对社会的管制延伸到基层的常规路径，各个社区既普遍建立了党的基层组织，专职的工作人员更是由民政部门选择和派出。可以说，无论在"公民"还是"公权"那里，社区组织都可算作是"自己人"。正如贝克所说，现代社会需要面对的不仅是社会风险，而且是不确定性已成常态的风险社会③。在当下仍以高速度发展着的中国，各方面的正当权益发生碰撞、竞合实为常事，在这种情况下，信任本身就是越来越重要的社会资源。

　　明确了社区在中国"官—民"关系中的中介地位，就不难理解为何社区媒体可能普遍并持续存在的机理。首先，中国的权责机制从来都是"上边千条线，下面一根针"，越是基层单位，就越近于全能机构。既然社区是党政机关向下延伸的底端，那么由它来承载和落实体制所特有的种种权限也就理所当然，其中自然包括在机关术语中常被归类到"文宣口"的新闻发布。而且对上级部门而言，社区媒体本身也是上政下达、下情上达的

———————————

① 相关理论可参阅滕尼斯《共同体与社会》，林荣远译，商务印书馆1999年版。

② 这方面的理论探讨，可参见张洪武《协商民主从社区开始》，《重庆社会主义学院学报》2013年第4期；吴猛《社区协商民主：理论阐释和路径选择》，《社会主义研究》2011年第2期。

③ 相关理论可参阅乌尔里希·贝克《风险社会》，何博闻译，译林出版社2004年版。

有效渠道。其次，目前的社区媒体大多挂靠在传统媒体之下。诚如前论，目前的传统媒体，尤其是纸质媒体的运营状况相当不乐观，因此，社区媒体的繁盛也将有利于传统媒体巩固基本的受众盘面。再次，通常而言，每个社区的工作人员既为数不多，又诸事繁琐。在这种情况下，社区媒体的内容制作在很大程度上就只能依托于来自社区居民的社区记者。例如，据《洛阳晚报》的报道，该报从 2013 年 3 月开始招募社区助理记者，而后从报名的 600 多名市民中选取了 100 人进行培训。在近 3 个月的培训中，这些市民接受了新闻采访、新闻写作、新闻评论等多方面的训练①。这些社区记者既产生于社区居民，又可以从主流媒体那里获得准入的名分和专业的指导，更重要的是，他们负责报道的范围是自己日常生活的区域，他们不仅对环境相当熟悉，而且身为居民，对邻里乡亲究竟需要表达什么，又期待看到什么也如鱼知水。

当然，与宛若独行侠客的"公民记者"和试图为公民做新闻的专业记者相比，社区记者似乎既是自扫门前雪，又面对的是鸡零狗碎。但如既不轻率地判定"公民"和"公权"就全无兼容，更将新闻和媒体首先看作是社会的交流网络而非个人的用武之地，那么这些社会记者的入场恰好就是能将"公民"与"新闻"有效结合的一种中国式路径。

（二）一个典型的案例：厦门市《海西晨报》的社区报纸实践

接下来，我们将以厦门市社区媒体运作为个案，描述这种运作模式是如何能在相当程度上融合"公民"与"新闻"。

1. 社区报纸的组织架构

据该报前副总编陈天助的描述，（以下简称"陈文"）从 2012 年 10 月至 2013 年 5 月，厦门《海西晨报》创办了 9 份社区报，大致可分为三种模式：第一类是与政府街道合办的《厦港晨报》，半月一期 16 版，由街道办出资。全区 4 万多户人家，免费派送 2 万户；此外，《创业新城晨报》《大同晨报》等也可归入这一模式。第二类是纯商业模式，比如《龙岩社区报》，它实行的是与代理公司签订包版制，每周一期 8 版，4 个新闻版面，另 4 个版由代理公司包干，用于刊登广告，出版费由代理公司负责，发行主要面向沿街商铺，免费派送。第三类是行业报模式，即不是在某个特定

---

① 《洛阳晚报 100 名社区助理记者转正》，2014 年 5 月 29 日《洛阳晚报》，洛阳网（http://news.lyd.com.cn/system/2014/05/29/010323016.shtml），2015 年 7 月 1 日查阅。

的地理空间内发行，而是针对商家的目标客户群定点派送，出版费由冠名商支付，比如《美岁晨报》。当然，陈氏也认为"将这种（第三种）模式归为社区报有点勉强，其实更像是行业报"①。陈文中提到的"厦港"和"大同"两个街道办辖区，均位于老城区。除了厦门大学、国家海洋局第三研究所、厦门理工学院等"高级别"单位，区内的居民构成相当多元②。创业新城的出现是出于政府的产业规划，但在形成后就以商业模式为主要的运转逻辑。就此而言，这两类区域，都可以算是由"自发秩序"主导的自生群落。这些社区报的出现，亦可看作传统媒体在体制许可的范围内将自己掌控的新闻发布权，过渡和延伸到更基层的社会层级。

当然，媒体与社区虽说同属体制内，但由于部门归属和专业类型的不同，彼此的取向与利益依然会存在交叉与竞合。换句话说，"社区报纸"究竟应该首先是"社区"的，还是"报纸"？根据目前的相关政策，绝大多数社区报纸囿于自身的级别，只能在区内免费赠阅。既然不能从发行中获得收入，维持经费从何而来？目前的报社原本在经济上就并不宽裕，而且既非全额拨款单位，相应的也就并无额外的公共支出义务。但如果是由街道或者社区管委会来分担，部门和区域的利益取向自然就会渗透其中。例如，陈文就曾提到由于提供经费支持的街道办不甚赞成，《大同晨报》很难刊登来自区域之外的房地产广告③。但是诚如前述，在"社区"这一层级，由于各种问题和争议通常都可被转化为个人或者小群体之间的事务，所以既可避免被"原则化"，更可经常性面对面地沟通和交流，因此绝大多数情况下相关方面既可有效地协商，也不乏回旋或者回避的余地。例如在陈文中，《大同晨报》的广告问题就被归因为"出钱的人出主意"④。既然能被定性为经济事务，自然就可用完全经济的方法来化解，或者用坊间流行的话来讲，能用钱解决的事情都不是大事。况且目前国内许多所在

---

① 陈天助：《从社区记者到公共记者——基于〈海西晨报〉社区报实践的构想》，《新闻记者》2013 年第 7 期。

② 据厦港街道办的官网（http://xg.xmsm.fjsq.org，2015 年 7 月 1 日查阅）介绍，该街道目前共分设 7 个社区。又据同安官网介绍（http://dtjd.xmta.gov.cn/dtjdgk/dtjdjj，2015 年 7 月 1 日查阅），大同街道区域总面积 19.51 平方公里，辖有 12 个城市社区、2 个村改居社区和 6 个行政村，现有常住人口 6 万多人，外来人口 4 万多人。厦港是厦门主城区的发源地，而同安城区的建制史更是远早于此。

③ 陈天助：《从社区记者到公共记者》，《新闻记者》2013 年第 7 期。

④ 同上。

还真是"不差钱",不仅体制内的组织掌控了大量的经济资源,就是在社会和社区中,也存在可观的资金来源。因此陈文提出的两个解决思路——向上级宣传部门申请专项经费和在社区内寻找商业合作伙伴,前者本来就是承担公共职责的应获投入,而后者实质上就是将"名分"这种特有资源与商家分享。既在技术上可行,也未必就会影响到新闻生产的基本原则。

2.《厦港晨报》的日常运作:以塑造群体认同为中心

《厦港晨报》创刊于 2012 年 10 月 8 日,是福建省第一份社区报,主要面对厦港街道的 1 万多上述几个"大单位"以外的居民免费赠阅。该报的发刊词《好厝边、来逗阵》就是用当地通用的闽南语撰写,其中明确揭出"《厦港晨报》的诞生,是一场报人与社区工作者的因缘际会。"①所谓"厝边",在闽南语里就是邻居的意思,而"逗阵"近似于普通话中"一起""同去"。《厦港晨报》从此每两周一次,以免费直投方式,覆盖了厦港街道的所有家庭。该社区报的记者编辑和社区工作者一起走街串巷,报道社区事,了解社区情,服务社区人,当社区居民的小喇叭、百事通和知心人。《厦港晨报》的报道范围,原本就是当地居民的日常生活。因此,该刊的内容设置也就是以"日常"为主轴,去塑造区域内的群体认同。在出版周期上,《厦港晨报》不是日刊,但在报纸内容与社区的黏合程度上,它却无愧于社会学家帕克所称的报纸应成为所在社区的日志,这主要体现在三个方面。

(1)节日报道

从社会时间的角度来看,节日原本就具有双重意义,一方面,它们内在于持续不断的时间流,而另一方面,又是其中的关键节点。对节日的印象和记忆,本身就是塑造群体认同的重要维度。而几乎在每个节日里,该报总是以此为契机,透过具体事例来承载仪式传播,进而增强"社区一家人"的认同和行动。

例如,在热心居民的引荐下,社区记者发现家住巡司顶的吴亚乖老人居然是 1960 年全国第一批"三八红旗手"中的一员②。五一节前夕,社区报又带大家"一起来看看咱们街道老中青三代劳模的风采":"80 后"的邓龙骥曾经很叛逆,现在则是国内潜水界的高手,经常参与国内各种大型

---

① 《好厝边、来逗阵》,《海西晨报·厦港晨报》2012 年 10 月 8 日第 S1 版。
② 《海西晨报·厦港晨报》2014 年 3 月 7 日第 S5 版。

救援活动；"60后"的姜秋月是下沃社区带头人，用一项项新做法，将社区"打扮"得漂漂亮亮的；"30后"的庄建金拥有"补鞋状元"的称号，30年来补鞋从没涨过价，碰上残疾人或是困难老人，则不收费——通过讲述三代劳模的故事，让大家在感受《勤劳厦港人 美德代代传》的同时，又认识到劳动的光荣①。劳动节之后连着青年节，社区报又带大家《"听见沙坡尾""五四"青年专场活动激情上演》，感受《我们的青春没有地平线》②。

较之其他节日，"母亲节"和"父亲节"既属外来，又尚未被现行的行政日历接纳，但已在公众中获得高度认可，对它们的关注也就更能体现社区报的编辑方针。社区报带大家认识街道几名母亲：26年如一日照顾病瘫儿子的"坚强妈"、喜欢跟小孩打交道的"爱心妈"、无法全程参与孩子成长的"军人妈"……③父亲节当天，社区报又带大家认识街道几名可爱的父亲：福海社区的韩德勤画得一手好画，常给孩子带来惊喜，让孩子觉得很骄傲；鸿山社区的陈乃本对音乐非常痴迷，造就了他开朗乐观的性格；福海社区的阿龙虽然眼睛看不见，但保持着一颗童心，想用歌声感化别人；下沃社区的梁海香常常帮助弱者，用言传身教让孩子学会自强善良……社区报想告诉大家，"因为有了这些坚强的父亲，厦港街道才有了一个个温暖的家庭。"④ 社区报的这些节日报道，与一般都市报常规策划有所不同，这里登场的女人男人父亲母亲孩子，就是街坊邻居，是熟人或者熟人的熟人，是社区这个大家庭的一员。社区报对于节日的仪式性传播，营造了社区成员彼此间的一种认同和亲近，并由此催生出信任和责任。

（2）历史在场

区域特有的历史，看似渐行渐远，而且在面对现代化的冲击时，似乎显得孱弱。然而一旦被公众感觉到尚在身边，甚至自己还在它延续的脉络与场域中，却又是维系和塑造群体认同的有力通道。厦港是厦门最古老的城区之一，这里蕴含着厦门600年城市史上丰富的文化遗产，包括南音等

---

① 《海西晨报·厦港晨报》2013年4月26日第S4版。
② 《海西晨报·厦港晨报》2014年5月9日第S4版。
③ 《厦港母亲 您辛苦了》，《海西晨报·厦港晨报》2013年5月10日第S4版。
④ 《父爱如山 为子女撑起一片天空 祝厦港父亲们节日快乐》，《海西晨报·厦港晨报》2013年6月21日第S4版。

非物质文化遗产、华侨博物院、厦门破狱遗址、中华儿女美术馆等知名文化场馆以及民族英雄郑成功练兵遗址等。为了深耕在地文化，《厦港晨报》除了深度报道社区内重大风俗活动，像《送王船祈平安》的报道①，还邀请地方文史专家陈福寿、龚洁等人为大家系统讲述社区的历史文化，像《厦港不见天的"前世今生"》《3000 年前，渔猎人在这里活动》的报道等②。在此基础上，又开辟"厦港寻古"专栏，向居民发出"征集令"，邀请大家一起来"讲古"，于是有了《厦港文化古迹知多少》的报道③。在此凝视下，厦港人、厦港事，如春花烂漫，如秋雨靡丽，厦港人的骄傲与忧伤，在社区报的故事中一再吟唱。

（3）互动当下

既然社区是自己的故乡，是自己的家园，当然有责任让社区变得更加美好。在公民新闻时代，好的新闻已不能停留于仅仅向公众告知新闻，还要反映民众的渴望，让社区成为更好的工作和生活场所。好的社区报不只是了解问题，还要提供对话空间，寻找解决问题的方法，帮助改善公共生活环境而不是看着它恶化，在此过程中，新闻的消费者和用户始终是公共事务的参与者而不再是无奈的受害者或冷漠的旁观者。《厦港晨报》经常问计于民，请民众为街道大事献策决策：您心目中的厦港应该是什么样的？厦港应如何更好地发展和建设？您有什么意见？您认为还有哪些问题亟待解决？您希望在厦港获得什么？例如，2013 年，巡司顶社区在 2013 年创立了"无物业楼院联络驿站"，将无人管理的楼房登记造册，指派楼长或居委会包片人员对发现的问题进行反馈④。再如，2014 年，华侨博物院对面的临时停车场拟改造成临时性街心公园，该报《建街心公园请您提意见》中就明确询问您理想中的公园应该设置哪些设施？应具备什么功能？整体是什么风格？建成后应如何管理？⑤

社区报让"沉默的大多数"发声，让他们从公共事务的冷漠旁观者变成积极的讨论者和行动者。社区报这种以新闻唤起公众对公共事务的

---

① 《海西晨报·厦港晨报》2012 年 11 月 19 日第 S1 版。

② 《海西晨报·家园秀场》2013 年 1 月 25 日第 S6 版；《海西晨报·厦港晨报》2013 年 3 月 15 日第 S7 版。

③ 《海西晨报·厦港晨报》2014 年 3 月 21 日第 S5 版。

④ 《居民自治　争当"小区管家"》，《海西晨报·厦港晨报》2013 年 8 月 30 日第 S4 版。

⑤ 《海西晨报·厦港晨报》2014 年 6 月 6 日第 S2 版。

热情、以新闻推动社会进步的方式，正是公民新闻的精神。在两年多的实践中，《厦港晨报》不仅逐渐成为厦港街道居民的耳目喉舌，更成为一种市民交往的新空间。在这里，街道内不同阶层的民众和政府一起就本区公共事务展开对话和协商。在这一交往空间和行动结构中，报纸不再仅仅是贩卖阅读率的经营者，而是和政府、民众一起推动社区进步的力量。让公众成为新闻主角，让新闻回归社区本源，如果说这是历史上少数成功媒体之所以成功的秘籍，那么，现在则是所有媒体免于失败的前提。

四　社区新闻的发展前瞻

上文以厦门市的情况为例，大致剖析了社区媒体与社区记者的认知逻辑与行动的路径、场域。那么放眼全国，这样能在既有的体制框架下，将"新闻"与"公民"相结合的模式是否有推广的可能？的确，到目前为止，社区新闻，尤其是相对独立的社区报纸仍只分布于少数城市，然笔者认为，厘清了社区媒体所必须的支撑条件，也就不难推定它在不太远的将来还有进一步扩散和生长的空间。

其一，在目前的中国，新闻媒介首先还是体制的组成部分，在党政体系内，中央既具有绝对的权威，更拥有最大量的资源。与此同时，在不同的地域和领域，宏观政策导向的执行情况又与地方、行业机关的施政风格存在直接的关系。先看中央的顶层战略，十八大明确提出了要建立社会主义协商民主机制。恰如前论，在当下"政府—社会—公民"的关系中，社区正好就是现阶段协商民主最能经常性起作用的层次。可以想见，在以后相当长的时间内，社区的运作模式与覆盖范围，仍将得到政策的支持和推广。再看地方，在同级别的机构里，厦门市委和厦门市政府的施政风格一直相当开明，从20世纪90年代以来就在有效管理的前提下，相当积极地在培育基层群体和社会组织的生长和自治，相信随着政治文明的建立和服务型政府的不断完善，这样的区域气候将在全国进一步普及。

其二，毋庸讳言，由于厦门市的经济较为发达，无论是政府财政，还是社会财富都较为充足，才能为社区媒体提供可靠的经济支撑。其他地区，尤其是广阔的内陆地区，目前还未必具有这样充裕的财力，但在可以预见的将来，扣除通货膨胀因素，中国经济仍将长期保持7％左右的年增速。社区报纸在厦门市成规模地出现，始于2012年。该年厦门市的人均

GDP 为 76759.40 元，约为同年度全国人均 GDP（38354 元）的 1 倍①。照此推算，在 2022 年前后，全国人均 GDP 就能达到这个水平。实际上，近 5 年来厦门市的人均 GDP，在全国副省级和地级市里，也就是在 35 名上下。即便除去产业结构比较特殊资源型城市，也至少有 20 个城市财力比厦门更为充裕。

其三，社区媒体和社区新闻都以社区记者为践行的主力，他们能够胜任其职的主观条件与其总体的文化程度状况不无关联，至少也当具备高中以上的文化程度。还是以厦门市为例，依据第六次全国人口普查的数据，具有大学（指大专以上）程度的人口为 628560 人；具有高中（含中专、职高等）程度的人口为 667726 人；两者总计 1296286 人，占全市常住人口（353.13 万人）的 36.7％，约为全国比例（22.96％）的 1.6 倍②。人口的受教育程度原本既是历史累积的结果，更会随着时间的推移变化。2013 年中国同年龄人口的高中毛入学率已提升到 86％左右③。不难想象，在不远的将来，能达到这一水准的城市，还会快速增加。

根据上述分析，是否就意味着即便在现有的政策框架下，社区媒体将会自然地普及开来，从而广泛实现"公民"与"新闻"的结合？这还需要格外注意两点：第一，中国各区域的发展状况仍然极不平衡，广阔的乡村地区，承载了中国一半的人口④。由于城乡之间依然存在巨大的差距，无论是公民权益的实现还是借助媒体表述自我，村民都较城市居民更为薄弱。第二，即便是在城市，目前的社区媒体实际上还至多是街道媒体。但总的来看，无论是在层级的延伸，还是在空间的扩展上，社区媒体和基于

① 相关数据来自《2012 年厦门市国民经济和社会发展统计公报》，厦门市统计信息网（http：//www.stats-xm.gov.cn/tjzl/tjgb/ndgb/201303/t20130322＿22082.htm），2015 年 7 月 1 日查阅；《国家统计局发布 2012 年国民经济和社会发展统计公报》，国家统计局官网（http：//www.stats.gov.cn/tjsj/zxfb/201402/t20140224＿514970.html），2015 年 7 月 1 日查阅。

② 相关数据来自厦门市统计局官网（http：//www.stats-xm.gov.cn/tjzl/tjdy/201211/t20121108＿21423.htm），2015 年 7 月 1 日查阅；中华人民共和国国家统计局官网（http：//www.stats.gov.cn/ztjc/zdtjgz/zgrkpc/dlcrkpc/）

③ 教育部 2014 年 7 月发布：《2013 年全国教育事业发展统计公报》，教育部网站（http：//old.moe.gov.cn/publicfiles/business/htmlfiles/moe/moe＿633/201407/171144.html），2015 年 7 月 20 日查阅。这也是到目前（2015 年 7 月 20 日）为止，最新一期的此类公报。

④ 据第六次全国人口普查数据，居住在城镇的人口为 66557 万人，占总人口的 49.68％，居住在乡村的人口为 67415 万人，占 50.32％。数据来自《新闻办发布 2010 年全国人口普查主要数据公报》，国务院新闻办官网（http：//www.gov.cn/wszb/zhibo449），2015 年 7 月 1 日查阅。

社区媒体的公民新闻依然大有可为，公民的表达权益原本就具有毫无疑问的正当性，只是现阶段尚需在具体的政策层面和资金来源上给予更有力的投入。接下来，笔者仍将基于具体的案例，对其间的可能稍作剖析。

（一）底层延伸

所谓底层延伸，是指在社区，尤其是城市社区里面，适当地将"新闻报道"的下放权限，从目前的街道层面再向下延伸到诸如较大规模的居民小区这样更加基层的存在。除了有助于进一步落实公民的表达权利，这样的做法还有至少两个可行的基础。其一，即便是在现有的社区记者外，仍然存在大量期待并有能力加入新闻队伍的人士。例如据《海峡都市报》的报道，泉州市丰泽区群石社区的杨洛东先生虽不会电脑打字，但仅凭他一人之力所办的《社区艺苑》到 2012 年已延续了 6 年，出报 77 期①。其二，在规模较大的居民来源和构成既多元化，又平均水平甚高的新兴小区，自发的以 DM 等形式存在的小区媒体早就是事实上的存在。将他们纳入现有的社区媒体体系，既赋予了他们更加正式的名分，更可对之进行有效的疏导和管理。

（二）空间拓展

所谓空间拓展，现阶段主要指的是将"社区媒体"这种形态向农村地区进行推广，为这个广阔地带尤其是边远地带注入新的视野和活力，这本身就是实现城乡平权的必要构成。而在中国的农村，基层的行政区划和组织配置原本就相当完备，也为借助组织的力量将"社区媒体"推广开来提供了最根本的保障。那么，"社区媒体"在乡村地区发展究竟有多大的可能空间？虽说政策的扶植和资金的支撑方面都可从外部注入，但最容易令人疑虑的还是村民是否具有相应的信息生产能力？对这个疑问的解答，需以经验研究为依据。

从 2011 年开始，红河学院的李刚存等师生，就以云南省金平县马鞍底乡普玛小组为范围，就微博对这个哈尼族村寨能带来怎样的增权效应，做了在地的考察与实验②。还在调查开始之前，他们就发现村民的实际手机拥有量远大于此前的预想，该村村民小组共有 74 户，其中 66 户拥有手机，总量为 150 部；拥有电视机和影碟机的分别为 64 户和 40 户，数量分别是

---

① 李秋云、黄谨：《一个人的社区报：北峰老杨办报 6 年手写 20 多万字》，闽南网（http://www.mnw.cn/quanzhou/news/117838.html），2015 年 7 月 1 日查阅。

② 李刚存、肖婷：《哈尼族村寨的一次微博实验和增权实践》，《当代传播》2013 年第 6 期。

70 台和 44 台。而且在村民中拥有智能手机的比例达到 14％，有些年轻人还会使用 QQ 等手机软件①。暂且不谈这些交流工具的存在所体现的人口季节性流动，以上数据本身就足以说明这个偏远的少数民族村落融入社会交往体系的实际程度也许远非此前的刻板印象所能拘束。此后，从 2012 年 6 月开始，李刚存团队又对普玛小组所在的中寨村以微博为引入变量，做了传播增权的实验。中寨村 2011 年的人均纯收入为 1598 元，是农村人均纯收入（6977 元）的 22.9％②。它距离马鞍底乡的乡政府 10 公里，也许除了新疆、西藏和一些牧业地区这已经算是相对边远的所在了。

实验团队在中寨村的小学教室"对召集来的 20 余名村民及教师进行了微博培训，简要介绍了新浪微博及其功能与操作方法，经过实验团队的讲解和动员，不少村民表现出参与微博实验的兴趣，并相信自己有参与实验的知识和能力。当天即开通新浪微博 14 个"，在实验开始一个月以后，团队就尽量避免介入，结果到了 2013 年 8 月 31 日，中寨村民共发布微博总计 384 条，共被转发 212 次，被评论 405 次，获得关注量 477 条，粉丝量总计 291 个。在村民发布的微博中，原创有 228 条，其中 73 条附带自己拍摄的照片。③这些数字放在粉丝（当然，也包括僵尸粉）动辄千万的"大V"遍地的新浪微博，好像显得微不足道，然而这本身就足以说明村民参与信息交流的意愿和信息生产的能力。在为数极多的，比中寨村条件远为优越的村落，对由村民自行生产新闻的意愿和能力，似乎更有乐观的理由。

余 论

基于上述探讨，"公民新闻"本身的正当性无可置疑，然而作为传入的理念，对它的认知、理解与实践固然可能因人而异，而要真正在地扎根，就更需充分考虑到具体的社会情境，尤其是既有的框架性制度。而且若是以社会的稳定与发展为前提，也未必找不到可能的展开空间。当然，本文是基于"中国情境"来谈"公民新闻"。不言而喻，当公民与新闻结合后，它亦将是推进和重构"中国情境"尤其是改进社会治理结构的重要因素，对于这方面的精彩论述，同样值得期待。

---

① 李刚存、肖婷：《哈尼族村寨的一次微博实验和增权实践》，《当代传播》2013 年第 6 期。

② 数据来自《统计局公布：2011 年全国城乡居民收入增长情况》，中华人民共和国中央人民政府官网（http://www.gov.cn/gzdt/2012-01/20/content_2050056.htm），2015 年 7 月 1 日查阅。

③ 李刚存、肖婷：《哈尼族村寨的一次微博实验和增权实践》，《当代传播》2013 年第 6 期。

中国新闻漫画发展报告(2014—2015)

甘险峰[①]　邵延鹏[②]

内容摘要　面对快速变化的媒体传播环境和受众接受情境，新闻漫画需要作出积极回应，才能更好地发挥新闻漫画的社会功用。本文考察了2014年至2015年上半年中国新闻漫画的发展动态与特征，并对这期间国内新闻漫画界较有影响的事件进行了评述，包括时政报道中的国家领导人新闻漫画形象、《寒流》事件、新闻漫画在媒介融合发展中的探索等；在国际漫画比赛中，中国漫画创作者也频频获奖；虽然在过去的一年多中，中国新闻漫画界比较活跃，但也面临走出小圈子、扩大影响力、重构新闻漫画批判维度等挑战。

关键词　新闻漫画　领导人漫像　媒介融合

引言：新闻漫画的变与不变

新闻漫画作为烛照现实的一面镜子，堪为历史的特殊镜像。作为一种独到的表达形式，它又包含着艺术的旨趣；而作为一种视觉评论，它也参与建构着社会的观念。无论是报道性新闻漫画、评论性新闻漫画，还是插图性新闻漫画，新闻漫画的上述特质以及其所兼备的社会阐释者、舆论引导者和社会守望者的社会作用并未发生改变。

新闻漫画是新闻传播的一部分，它的创作、传播与接受，也同样经历着新媒体的冲击、改造与牵引，它要努力适应并利用新媒体带来的全新技

---

① 甘险峰，山东大学文学与新闻传播学院副院长、教授、博士生导师。

② 邵延鹏，山东大学文学与新闻传播学院博士研究生、齐鲁工业大学文法学院副教授。

术与传播生态，以求得生存和发展、争取传播效果的最大化。比如，自觉地利用数字技术丰富新闻漫画的创作手段，因应"读图时代"的接受心理做出传播诉求与传播策略的改变，做好新闻叙事与艺术叙事的糅合，等等。不如此，新闻漫画便很可能会渐无声息地淹没在信息的海洋中，遑论在信息超载造就的受众快餐式阅读下产生良好的传播效果。

另一方面，新闻漫画的创作者还要不断思量，新闻漫画能否做到有足够的思想性、形象性、艺术性、趣味性，以之补偿新闻漫画时效的延怠，经受住非虚构图像和 PS 图像的冲击。

本文对近一两年来国内新闻漫画的状况和发展变化以及面临的挑战和问题略作考察并报告如下：

一　表　现　与　特　征

近两年，新闻漫画在佐证、再现新闻事件时，注重反映、塑造主流价值观，注重贴合当下实态，时效性较强，新闻性更加突出，漫画观点埋设更浅，传播效率更强。可以说，新闻漫画自觉跟进社会公众的广泛关注，积极介入公共话题，做到了在新闻大事件中不缺位、不失声，发挥了积极的舆论引导作用。

（一）新闻漫画的主题选择

1. 新闻漫画的宏大政治叙事

新闻漫画界积极响应中共十八大关于建设"美丽中国"的号召，学习领会习近平总书记在北京文艺工作座谈会的重要讲话精神，配合各项中心工作开展新闻漫画的创作和表达，其中最具代表性的两个漫画主题，是"中国梦"和"反腐倡廉"。

唱响"中国梦"主旋律，利用新闻漫画诠释"中国梦"的精神内涵，弘扬社会主义核心价值观。这期间，中央媒体和地方媒体涌现出了一大批较有影响力的"筑梦"新闻漫画。如新华社的"我的未来不是梦"系列，中国网络电视台的"中国梦，我的梦"系列，等等。这些新闻宣传漫画（海报）融合了上海丰子恺漫画、天津泥人张泥塑、山西临汾剪纸艺术、广东龙门农民画、江苏桃花坞的木版年画等中国传统文化艺术形式（图 1），创意鲜活，深受群众喜爱。各级地方媒体也在该主题下创作了丰富的新闻宣传漫画，还有很多地方媒体举办群众性的绘画活动和比赛，烘托主流媒体的新闻宣传。

图 1　中国网络电视台：《中国梦，我的梦》（公益宣传海报）

高举"反腐倡廉"的利剑。在习近平总书记"反腐要坚持老虎苍蝇一起打"的表态下，中国的反腐工作成绩斐然。这给本就以"反腐倡廉"为常规题材的新闻漫画创作带来了更大动力。为此，相关部门和漫画界举办了很多漫画创作活动或比赛，例如"第二届'清廉中国'漫画征集活动""湛江纪委反腐倡廉漫画征集"等。新闻漫画创作者们抓住此次反腐工作的突出特点，出现了一大批讽诫犀利、表现生动的新闻漫画作品（图 2）。

图 2　李景山：《会场内外》①

————————

① 刊载于《工人日报》2014 年 7 月 26 日。

2. 紧扣新闻热点与焦点

新闻漫画的时效性，往往体现于对常规性新闻焦点、突发性新闻视点和周期性新闻热点的呈现与因应。常规性新闻焦点，如雾霾、交通安全等等；突发性新闻热点，如 MH370 事件、法国《查理周刊》遇袭事件、禁烟、明星吸毒、ISIS 恐怖主义、埃博拉病毒、MERS 病毒、乌克兰危机等；周期性新闻热点，如 2014 年世界杯、两会等。新闻漫画创作者如能自觉地关照上述新闻焦点、视点和热点，就能更好地发挥其介入时事、随时发言的时效性特长。例如，新闻漫画在 MH370 事件中表现出的人文关怀精神（图 3），以及在法国《查理周刊》遇袭事件中表现出的反思和对恐怖主义的谴责（图 4），就及时展示了中国新闻漫画的情怀，也和世界共享了普遍伦理的价值关切。

图 3 网友"梦晨伤"：《等待希望》，网络作品

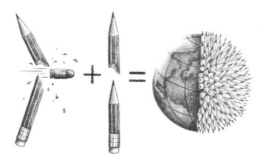

图 4 王晓颖：《力量》①

---

① 刊载于《中国日报》2015 年 1 月 13 日。

3. 对生活异化的反思

近几年，新闻漫画对人们社会生活状态和精神文明的关注和表达渐成一个领域，如亚健康问题、媒介素养问题等，媒体通过新闻漫画提醒人们选择健康、合理的生活方式和人生态度，通过对人们受制于新媒体使用带来的"低头族""网络成瘾症"等现象的直观展示，以求引起人们对健康生活方式的关注（图5）。

图5 丽雅：新闻插图[①]

4. 对外传播中国声音

针对西方的唱衰声音（主要来自媒体与政客），以《中国日报》为代表的媒体通过新闻漫画及时进行了回应与反击，积极行使国际传播话语权（图6）。

图6 朱自尊：《安倍晋三》，中国新闻漫画网

另一方面，针对国际关心的议题作出中国的解读（图7）。

---

① 刊载于《东南快报》2014年11月11日。

图 7　李峰：《伪和平》[①]

　　随着中国与世界各国的联系日益频繁，中国题材经常成为国外媒体关注的对象。由于文化背景和价值观的差异，有时会产生彼此的误读。2015 年 1 月，一本名叫《寒流》（Fluide Glacial）的杂志引起国人大量关注。作为与《查理周刊》齐名的法国一家幽默讽刺型漫画杂志，2015 年第一期以"黄祸已至，挡之晚矣？"为封面漫画主题，展现"中国人占领巴黎"的街头即景（图 8）。

图 8　《黄祸已至，挡之晚矣？》，法国《寒流》杂志

　　《寒流》杂志的漫画被解读为"恶搞"中国。中国漫画家们也用漫画为媒介表达自己对法国同行的回应。一个方向就是以类似于讽刺的方式进

行回应，如邝飚、徐鹏飞的作品（图9）；还有一些漫画家，如李双、"笑脸兔""大俗老张"（图10），则是较为缓和地展现出对中法文化的认识。

这次中国漫画家用画笔集体参与，一方面显示出中国漫画家的幽默才华，另一方面也彰显了国人的自信。漫画家邝飚表示："以漫画的方式来呈现，进行对话很有趣味。由此'事件'引发的'回应'，我认为是一次漫画艺术交流会。"

图9 徐鹏飞：《祸水》①

图10 大俗老张：《浪漫的高卢鸡》②

5. 肖像漫画

新闻肖像漫画主要有中外政界人物肖像、体育娱乐明星头像以及其他

---

① 刊载于《南方都市报》2015年1月23日。
② 同上。

社会名流肖像等。当下新闻肖像漫画的创作，一是基于增加新闻人物亲和力的需要，一是基于轻松娱乐的需要，而肖像漫画的艺术性要求相比之下被降低了。值得注意的是，在创作人物肖像漫画时，不但要传神，往往还要考虑新闻人物的身份特征和所处的社会情境（图11）。

图 11　朱自尊：《习近平》[①]

（二）新闻漫画的表现形式与网络载体

1. 新闻漫画的表现形式

在新闻漫画的种类上，传统的静态新闻漫画依然占据主流地位，但新兴的新闻动漫和卷土重来的连环画，正在探索市场空间并逐渐拓展出了小众市场。如千龙网"兔爷动漫频道"的"兔版头条"便是以连环漫画的形式，利用流行的网络用语讲述本月的主打新闻故事。

在风格上，近两年发表的卡通新闻漫画、白描新闻漫画、唯美新闻漫画等等，都各具特色，呈现出不拘一格的多样性。

在新闻漫画的制作手段上，已不止于水墨画、钢笔画、水粉画等传统技法，新颖的电脑作画、手绘作品日益丰富，如 2014 年 9 月，中国首部 3D 折纸微动画《智慧北京》在千龙网诞生上线。

2. 新闻漫画的网络载体

近几年，作为新闻漫画传统载体的平面媒体纷纷探索自己的媒介融合

---

① 　第十届中国国际动漫节参赛作品。

发展之路。随着新媒体技术和空间的发展，数字技术所提供的技术支撑越来越多，新闻漫画在新媒体领域的表达空间也越来越广阔。

（1）传统媒体的电子版。传统纸媒中刊登的新闻漫画近几年一直致力于网络化与数字化的尝试，总体而言发展趋势平缓，甚少亮色，其中《新华文摘》中的《漫画之页》栏目与《中国日报》上登载的漫画相较为人熟知，其中尤以人民网的电子周报《讽刺与幽默》最具代表性。

（2）漫画专业网站。比较有代表性的有中国新闻漫画网、自由漫画联盟、中国漫画家官网、微漫画网、中国水墨漫画网、漫画空间网、东北漫画网等。其中中国新闻漫画网的新闻漫画涉及面最广，分类也最为齐全，涉及国际新闻、社会生活、财经、环境、家庭、教育、健康、体育等方方面面。它一方面在首版最醒目的地方滚动更新最新资讯与业界动态，另一方面自己也开设热点专题。其漫画创作与刊载主题明确，针对性很强，也便于读者浏览检索，互动参与。在网站创办者中国新闻漫画研究会的组织下，中国新闻漫画网举办了很多网络新闻漫画展览、比赛和专业讲座。

（3）门户网站的漫画频道。除了专业的新闻漫画网站之外，各大综合性网站或门户网站下属的漫画网站都开设了新闻漫画频道，例如人民网的时事漫画频道、千龙网的兔爷动漫频道、南方网动漫频道等，这些网站上的新闻漫画作品都非常贴近生活，更有为数不少的漫画是由论坛里的网友自行创作的，不少作品具有很强的互动性与亲切感，而漫画频道也依托这些个性鲜明的作品展示了自身独有的新闻评论特色。

（4）个人网页。许多新闻漫画家在漫画网站上推出个人漫画专栏，或是自立门户开设私人博客，例如新闻漫画家刘守卫在新浪网开设的体育新闻漫画专栏、新闻漫画家张滨在大洋网上开设的张滨漫画专栏、沈天呈在《文汇报》上开设的天呈漫画专栏等，而诸如《人民日报》专栏画家曹一、南方都市报职业漫画撰稿人邝飚等人则都在腾讯拥有自己的漫画博客。但由于受到社交媒体的影响，目前个人网页的发展势头受到一定的遏制。

（5）社交媒体与自媒体。新闻漫画一旦适合"快餐阅读"和"观点为王"的社交媒体特征，就可以得到病毒式的裂变传播，在短时间内实现较大的传播量。如在新浪微博上以新闻漫画博得名声的"变态辣椒"（王立铭）、"邝飚漫画"（邝飚），他们的新闻漫画作品均在微博上创下过惊人的转发和评论纪录。

除上述载体外，新闻漫画在移动媒体——智能手机上也产生了诸如漫画手机报、微信公众平台中的漫画账号、新闻漫画 App 等多种为移动终端打造的传播平台。现在这些平台的产品周期较短，其有效的运作模式仍处于摸索阶段。

二　创 新 与 突 破

新闻漫画界一直在搜索和关注积极的社会信号，争取表现内容边界的突破，也一直在努力寻求独到的表现手法，力争形成具有中国特色的新闻漫画文化元素。在过去的一年多时间里，中国新闻漫画在以下两个方面都取得了显著的创新与突破。

（一）时政报道中领导人的漫画形象

2014 年 2 月 18 日，北京市委宣传部主管主办的千龙网，发布了"习主席的时间都去哪儿了"的图表新闻，公布自中共十八大以来近 15 个月里，习近平总书记的工作安排。这是习近平总书记漫画形象的首次展示，其结合信息可视化制作的插画组图被各大门户网站、论坛、社交媒体广为传播并得到大量转发，数个手机新闻客户端也在第一时间进行了推送，《新京报》等纸媒也作了跟进报道。该图表新闻的发布被舆论解读为"官媒首次公布习近平的漫画形象"，赢得了国内网民的热议（图 12）。时隔一周，中国政府网发布一组名为《图解 2 月 26 日国务院常务会议》的图片新闻，这组图片新闻的开头是国务院总理李克强的漫画，这也是中国官方首次发布李克强总理的漫画。此后，党和国家领导人的动漫形象便经常伴随着新闻报道见诸网络乃至报端。这样的漫画拉近了国家领导人与民众的距离，是中国社会更自信和更开放的一种传播姿态。可以说，在这一方向上，新闻漫画界在过去一年的探索中有所出新和收获。

图 12　千龙网制作团队：《习主席的时间都去哪儿了》（节选）①

---

① 刊载于千龙网。

过去，中国国家领导人的形象只见于摄影和画像，甚至连油画形象都极为罕见。此次领导人动漫形象新闻取得巨大成功后，参与领导人动漫形象的创作者纷至沓来，既有专业人员，也有众多充满创作激情的普通网友。被入画的领导人除了在任者，也包括历任国家领导人。2015 年 5 月，大型动漫纪录片《旋风九日》在京上映，它首次在银幕上呈现了前国家领导人邓小平的动漫形象。荆楚网上载的《"新中装"合影出炉 领导人萌萌哒》开辟了独特的新闻漫画表达视角（图 13），这幅表现 APEC 各国领导人"大合影"的作品，通过漫画式的人物表情，形象表达了各国领导人的不同心理，将平时可能觉得有些距离的领导人，还原为有血有肉、活生生的普通人，它在中国新闻漫画领域颇具开创性，体现了我国时政报道的一种创新表达。

图 13　刘依:《"新中装"合影出炉 领导人萌萌哒》①

（二）融入传统绘画技法的水墨新闻漫画

水墨漫画是老一辈漫画家在 20 世纪 90 年代开始倡导和践行的，现在全国已经形成了较大创作群体，并有了一定的市场需求。中国新闻漫画研究会作为在民政部注册的全国唯一的漫画组织，近年对水墨漫画的发展做了很多工作。2014 年 10 月，中国新闻漫画研究会在荣宝斋举办了《2014中国水墨漫画精品展》。

日本的动漫产业十分发达，这与其动漫形成的鲜明特色是分不开的，特色带来的是高辨识度。中国漫画界在这一点上也逐渐形成了文化自觉，意识到了将传统文化融入漫画中的必要性，也通过实践证明了其可行性，

---

①　刊载于荆楚网。

如图 14《吹牛不要紧 只要肯纳税》，配合新闻评论《对领导干部个人事项要"真查实核"》①刊登，其水墨画风格独特，虽然所占版面空间不大，但极富视觉吸引力和冲击力，与新闻评论搭配相得益彰。但从整体上来说，水墨新闻漫画在时效性上仍有待进一步提高。

图 14 张滨：《吹牛不要紧 只要肯纳税》②

三 活动与交流

新闻漫画界应和时政的宣传主题和重大社会关切，举办了各种主题丰富、具体的新闻漫画比赛、漫画展和交流活动；通过孜孜不倦的努力，一批新闻漫画网站、媒体专版先后开通；另外，中国新闻漫画创作者也在国际漫画比赛中赢得了声誉。

（一）2014 年以来的新闻漫画比赛和展出简况

1. 新闻漫画比赛

除了传统的每年一度的中国新闻奖中的新闻漫画奖、中国漫画奖和

---

① 《广州日报》2014 年 12 月 20 日第 2 版。

② 刊载于《广州日报》2014 年 12 月 20 日。

《讽刺与幽默》漫画奖三大奖项外，相关部门和地方政府组织举办了很多主题鲜明的漫画比赛。

据不完全统计，从 2014 年 1 月 1 日至 2015 年 6 月 30 日，此类漫画比赛共有约 40 项。如"第二届'清廉中国'新闻摄影、公益广告、漫画征集""2015 年税收宣传漫画类创意大赛""第四届子恺意趣——'和谐杭州'漫画大赛""'不让邪教进我家'全国漫画大赛""中国'环境保护'国际漫画比赛""全国'移风易俗树新风'主题漫画大赛""党的群众路线教育实践活动漫画作品大赛""首届典型违法广告形式漫画大奖赛""第二届'楚天智海杯'读书漫画比赛"等，这些漫画比赛的主题涵盖民生、环保、公益等诸多领域，它们的举办得到了社会各界的广泛关注和积极参与，扩大了新闻漫画的社会影响。

2. 新闻漫画展

2014 年 4 月，新中国五任领导人漫画像在杭州举行的第十届中国国际动漫节上亮相，引起不少媒体和网友的关注；2015 年 3 月，广州辛亥革命纪念馆和北京新文化运动纪念馆联合主办的《历史的放大镜——辛亥革命时期漫画展》开展；2015 年 5 月，由新疆新闻工作者协会、新疆美术家协会主办的"新疆新闻漫画作品展"开展；由中央纪委监察部网站推出的"第二届'清廉中国'新闻摄影、公益广告、漫画系列作品展"于 2015 年 2 月开始连续推出优秀新闻漫画作品，该活动将持续至年底。

3. 搭建交流平台

2015 年 5 月，重庆漫画学会恢复成立，漫画学会有会员近 100 人，计划举办"中国（重庆）漫画大赛"，并开设漫画培训班，推动重庆漫画发展。重庆漫画学会最早创立于 1986 年 3 月，由著名漫画家马丁、尤路和武辉夏创建。

2015 年 2 月，经过半年多时间的筹备，由东北三省漫画家联谊会主管，哈尔滨师范大学传媒学院数媒系承办的"东北漫画网"开通。其后，黑龙江日报报业集团开设的漫画版《锐漫画》于 2015 年 4 月正式开通。

4. 国际新闻漫画比赛获奖

2014 年 6 月，素有国际漫画界"奥斯卡奖"之称的"艾登道昂国际漫画大赛"组委会将第 31 届艾登道昂国际漫画大赛"成功奖"授予中国湖南衡阳籍作家张卫和他的生态漫画作品《并非钉子户》（图 15）。值得一提的是，中国漫画家夏丽川应邀出任此次大赛的评委。此前的 2013 年，张卫创

作的《未来长城游》和《未来议的一个主题》两幅生态漫画作品获第九届
世界新闻漫画赛奖并刊登在画册封面上。该奖项素有"新闻漫画诺贝尔
奖"之誉。本届比赛中还有来自中国浙江的朱自尊、山东的侯晓强、内蒙
古的巴·毕力格等三人的 4 幅作品入选。

图 15　张卫：《并非钉子户》①

　　2014 年 7 月，由国际多媒体文化协会与国际卡通联盟联合主办的 2014
丝绸之路国际漫画大赛揭晓，16 幅作品从参赛的 11200 幅作品中脱颖而
出。这是国际上首个以丝绸之路为主题、以漫画表现丝绸之路文化历史的
活动，也是丝绸之路上各国动漫大师的首次集结。中国山东的侯晓强凭借
作品《e 时代的甘泉》（图 16）获得铜奖。

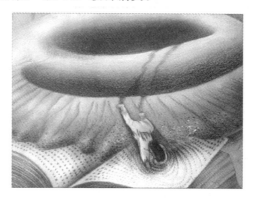

图 16　侯晓强：《e 时代的甘泉》②

---

① 第 31 届艾登道昂国际漫画大赛参赛作品。
② 2014 年丝绸之路国际漫画大赛参赛作品。

2014 年 10 月，罗马尼亚第 24 届 GURA 国际漫画比赛揭晓，中国漫画家培冬获得亚军。

2015 年 2 月，由中国日报社联合联合国环境规划署、世界自然基金会等单位主办的第九届国际环保漫画插画大赛中，中国作者共获得社会组银奖 2 项（《京剧新脸谱》，作者吕志华；《南山悠悠》，作者叶幼天）、铜奖 2 项（《无题》，作者张文斌；《食用＝猎杀》，作者华杰）。此前，在 2014 年 3 月揭晓的第八届国际环保漫画插画大赛中，中国获得金奖 1 项（《放过我们好吗？》，作者胡润）、银奖 2 项（《行善》系列，作者李达林）；（《绿色环保能源系列》，作者蒋波军）和铜奖 2 项（《城市入侵》，作者宋晨；《圆梦》，作者蔡欣）。

四　挑　战、问　题　与　趋　势

（一）新闻漫画发展面对的挑战

1. 新闻漫画的创作与传播被"分权"

数字技术的出现，使新闻漫画的创作主体和传播主体都发生了显著变化。新闻漫画行业的准入门槛，受到 PS、Flash 等技术的影响而降低，没有受过美术专业训练的网民也可以借助制图工具，便捷高效地进行漫画制作，还可借助 FrontPage、DreamWeaver 等网页创作工具方便地将自己的图像作品进行网络传播和分享。新闻漫画的创作主体愈加分散，新闻漫画创作的专业人员遇到越来越多的业余作者的挑战。上文的图 3 是在牵动中国的 MH370 事件中传播最广的一幅新闻漫画，它的创作者"梦晨伤"就不是职业漫画家，但其作品的想象力、创意画面和立意情怀，打动了千万的网民。

数字技术也改变了新闻漫画图像制作的传统模式，传播渠道由单一变为多元，无论是新闻漫画创作的技术性和专业性，还是新闻漫画的传播渠道，互联网的普及和应用都在不断缩减专业创作与业余涂鸦的区隔。而且，如果传统漫画绘制者不学习掌握这些便捷高效的图像制作技术，还有被超越甚至淘汰的可能。

在新闻漫画的制作和传播两端都逐渐开放的情境下，新闻漫画形态的边界也被拓展，哪怕一些不讲究表现形式的拼凑、戏仿的"准漫画"，也能引起受众的兴趣，同样会被广泛地传播和接受。如图 17，它并非传统的新闻漫画，但其所具有的新闻性、趣味性契合了网络受众的接受习惯，从而影响广泛，甚至被 BBC、《纽约时报》关注并报道。

图 17　来源：bilibili 弹幕网

另外，在新闻漫画市场逐步开放的情境中，受众的欣赏水平也会越来越高，对作品越来越挑剔。如果一件新闻漫画作品没有独到的创意，就不会产生传播力。

2. 新闻漫画著作权的保护

目前新闻漫画被随意下载用于媒体传播的现象较为常见，对网络版权的侵权究责执法乏力，很多新闻漫画的创作者和传播者也还缺乏对自己作品著作权益的积极维护意识。中国新闻漫画作品的报酬本就低，再加上很难从作品著作权中二次获益，这无疑会打击新闻漫画作者的创作热情，不利于新闻漫画事业的发展。

（二）新闻漫画现阶段面临的问题

1. 批判价值较弱

从数量上看，平面媒体上报道性、插图性漫画占比较多，评议性漫画较少；从内容的质性上看，即使是评议性新闻漫画，也是隔靴搔痒者多，尖锐、辛辣、有深度的少。不痛不痒的新闻漫画不会受到受众的青睐，漫画作者需要尊重新闻漫画的本质属性，重构自身的功能框架，提升新闻漫画的核心竞争力。

另外，受到新闻泛娱乐化和网络信息快餐文化的影响以及漫画作者对批评维度的规避，新闻漫画也出现了娱乐化倾向，"新闻娱乐漫画"现象在都市类报刊上尤为突出。

2. 创作者传播意识、受众意识不强

现在，新闻漫画的主要传播平台正跟随受众发生转移，社交媒体、自媒体、网站、移动终端等都可以成为漫画产品的落地终端。漫画作者和专业组织应该利用多种传播平台营销漫画作品，同时也要积极学习、利用新的数字技术进行漫画制作，使新闻漫画适合在不同的媒体上传播。新闻漫画如果不能进入主流传播通道，就难以充分释放漫画的价值。此外，由于传统的新闻漫画作者大多是艺术专业出身，对阳春白雪的追求或多或少地赋予了其作品一种曲高和寡的艺术感，而并不善于从大众传播的传播者身份理解受众的需求，多少影响了新闻漫画的用户体验和市场拓展。

3. 涉外新闻漫画的民族主义倾向

世界性的民族主义思潮再次兴起，加上中国间或与一些周边及欧美国家发生外交摩擦，国内的民族主义情绪高涨，这种思潮也体现在新闻漫画尤其涉外新闻漫画的表达中。

相较于文字，漫画的文本更具开放性，产生歧义的可能性更大。民族主义漫画文本在对内传播时会得到国内受众较多认同，但对外传播时就可能遇到传播障碍。"民族的"不等于"民族主义情绪的"，脱离具体新闻事实刻意丑化甚至侮辱对方，很容易被国外受众贴上"偏见"甚至"种族歧视"的标签，收获负面传播效果。在对外传播中，新闻漫画更应注重表达理性的观点，避免被强烈的民族主义情绪主导。

另外，还有一些长期存在的痼疾未得到很好的解决。比如立意肤浅、创意陈旧，同一题材的漫画创意重复，辨识度差，甚至和几十年前的作品相比看不出任何的时新性；媒体编辑常将新闻漫画作为装饰、美化报刊版面的附属品，不能充分展现新闻漫画的社会功能；漫画制作从整体上来说难言精良，和国外主流新闻漫画的视觉表现仍有差距。

（三）发展趋势

1. 新闻漫画传播的媒介融合趋势

从 2015 年起，中国新闻奖评选把媒体融合报道和应用新媒体传播方面的情况作为对参评作品的重要检验标准。这说明，新闻漫画的新媒体之路是大势所趋。从制作到传播，新闻漫画要打破一百多年的传统渠道，培养互联网思维，积极主动地探索基于网络传播的发展之路。

现在，PC 上网方兴未艾，但智能手机、PAD 等移动终端的使用普及迅速，随之而来的是受众获取资讯渠道的大转移，以及接受习惯和偏好的改变，App、"互联网＋"等不只是一个概念，更是传统行业、信息产品必须考虑的出路问题。如中国移动推出的增值业务"时事天下"与"和动漫"就是把动漫、漫画推向移动智能终端的一种有益的商业实践。

2. 新闻漫画的本地化需求

报纸的式微促使纸媒谋求改变，其中一个发展方向便是报纸内容的本地化、接地气，如更注重地方新闻，创办社区报等。但就目前看，新闻漫画创作并未理会纸媒的这一转向，很多媒体上几乎看不到接地气的本土新闻漫画，这无形中使新闻漫画对读者的吸引力打了折扣。

以民生新闻的实践为例，"方言说新闻"的电视节目至今仍是各地方电视台收视率较高的栏目，这说明本地化带来的接近性、亲和力会给传播内容加分。同样，新闻漫画的特质本就是平民化的，从这个角度看，本地化也是新闻漫画创新发展的一个亟待用心开拓的努力方向。

中国新闻摄影年度发展报告(2014—2015)

甘险峰^①　　孟　婷^②

内容摘要　报告梳理了 2014 年至 2015 年上半年中国新闻摄影的题材变化、新闻奖获奖情况以及新闻摄影业面临的集成报道与新媒体条件下的转变与探索，分析了正在来临的全民摄影时代对新闻摄影业发展的影响；报告还对新闻摄影领域存在的新闻伦理之争以及新闻摄影记者的生存环境进行了探讨，并对新闻摄影如何应对生存与发展的挑战有所思考和建言。

关键词　新闻摄影　荷赛　华赛　手机摄影　公民摄影

一　中国新闻摄影发展概况

（一）中国新闻摄影的题材

新闻摄影的普及将其光影的关怀投射到社会的方方面面，既有国家大事的记录，也有市井生活的写真；既有国人追逐中国梦的写照，也有社会丑恶现象的揭露。有些新闻摄影作品不仅对现实进行了客观真实的记录，其作品本身还成为热议话题，引发人们对社会问题的思考。

1. 重大事件报道

在重大事件的拍摄上，新闻摄影记者紧扣党和国家工作重点，对全面深化改革、"两会"、十八届四中全会、反腐、抗日战争胜利纪念日和国家公祭日的设立、APEC 会议、中央文艺座谈会、"南水北调"一期工程正式通水等重大事件都有图片报道对之进行了忠实而又有创造性的摄影记录。

---

①　甘险峰，山东大学文学与新闻传播学院副院长、教授、博士生导师。

②　孟婷，山东大学文学与新闻传播学院博士研究生。

　　2014 年是党的十八届三中全会提出的全面深化改革元年。一年间，党
的建设制度改革、户籍制度改革、财税体制改革、考试招生制度改革、公
车改革、央企负责人薪酬制度改革、城乡养老并轨、新一轮农村土地改革
等一批重大改革方案相继出台，全面改革的态势已经形成。每年全国两会
的图片报道已经成为媒体"两会"报道的常态，各大门户网站都开通了图
片报道频道，新浪的"两会视觉"、腾讯的"长风破浪"两会图片、搜狐
的"开局"两会图片，其内容从会场照片到会议之外的花絮，从国家领导
人到社会名人、娱乐明星，甚至两会的服务人员，无所不包，全景呈现，
而这也成为了各大媒体对重大会议报道的常态。对 11 月在北京召开的
APEC 会议的报道也是如此，其中有关"APEC 蓝"的报道尤受关注。

图 1　《"鱼眼"看两会》（图片来源：人民网）

　　2014 年 2 月 27 日，十二届全国人大常委会第七次会议表决通过了全
国人大常委会关于确定中国人民抗日战争胜利纪念日和南京大屠杀死难者
国家公祭日的决定，确定每年 9 月 3 日为中国人民抗日战争胜利纪念日，
12 月 13 日为南京大屠杀死难者国家公祭日。对此各大媒体都启用了历史
照片进行报道，照片内容包括南京大屠杀、日本投降、国人祭奠死难同
胞、往年纪念活动以及领导人为老兵颁发勋章等。2014 年 12 月 13 日南京
大屠杀死难者国家公祭仪式在南京举行，新闻图片报道展现了现场的庄严
气氛，呈现了文字报道无法替代的表达效果。2015 年是世界反法西斯战争
胜利和中国人民抗日战争胜利 70 周年，各媒体从 2014 年开始就陆续启动
了相关报道，中国新闻摄影学会和中国地市报新闻摄影学会也发起了"八
年抗战·民族记忆"全国大型拍摄活动。

图2 《北京：有一种蓝天叫"APEC"蓝》（图片来源：MSN 图片频道）

图3 《南京大屠杀死难者国家公祭仪式 3000 羽和平鸽振翅飞翔》 韩瑜庆摄

2. 突发事件、战争及灾难报道

对突发事件的关注，充分体现了新闻摄影的存在价值，也不断提升着新闻摄影的专业水平。2014 年，马航 MH370 失联、马航 MH17 坠毁、韩国"世越号"客船沉没、埃博拉病毒肆虐、云南鲁甸 6.5 级地震、智利8.2 级地震、叙利亚战争等事件牵动着所有人的心，新闻摄影在这些大事件中无一缺席。

2014 年 3 月 8 日，一架由马来西亚飞往北京的航班 MH370 中途失联，机上乘客包括机组人员共 239 人，多国出动了飞机和舰船进行了大规模的海上和陆地搜寻行动。2015 年 1 月 29 日，马来西亚航空局通过电视宣布马航 MH370 失事，推定机上 239 人全部遇难。事件一发生，中国新闻媒体对此事就高度关注，新闻摄影报道全程跟踪。新华社图片频道的一组"全球媒体聚焦马航客机失联事件"就反映出了媒体对此次事件的关注。

图 4　《全球媒体聚焦马航客机失联事件》（图片来源：新华网）

2014 年 4 月 16 日，载有 476 人的韩国"世越号"客轮在韩国全罗南道珍岛郡近海意外进水并最终沉没，船上搭载有 4 名中国乘客。新闻摄影记者对海上搜救过程进行了摄影报道。2014 年 8 月 13 日，云南鲁甸县发生 6.5 级地震，造成了 407 人遇难，房屋倒塌 4.2 万余间，损失惨重，对于此次地震媒体也推出了图片报道，反映震后救援、祭奠、灾区人民生活等各个方面的情况。《重庆晚报》首席记者冉文在震后第一时间赶赴事发地，在震中、救援现场、医院拍摄了大量新闻照片，他以"不打扰、不干预"的态度，如实记录下灾区的生活以及面对危难时人们的互助真情，该组照片后来获得第十一届"华赛"战争灾难类组照优秀奖。

3. 体育新闻报道

体育是永远的热点，也是产出优秀新闻摄影作品较多的领域。2014 年巴西世界杯无疑是体育新闻报道领域最受关注的赛事。来自《成都商报》的 85 后年轻摄影记者鲍泰良的新闻摄影作品《一步之遥》，生动呈现了超级巨星梅西在与冠军失之交臂后的忧伤，在 2015 年"荷赛"的评选中获得了体育类单幅一等奖。除此之外，索契冬奥会、南京青奥会、仁川亚运会等综合性赛事，以及网球四大满贯赛事、广西桂林体操世锦赛等其他国

图5 《云南鲁甸发生6.5级地震》 冉文摄

际、国内重大比赛，也都被摄影记者的镜头记录了下来。多次在国内外摄影大赛中获奖的新华社摄影记者费茂华的《炫彩冬奥》，在第十一届"华赛"评选中获得了体育类组照优秀奖。2014年，凭借体育题材的摄影作品在大赛中获奖的摄影师还有中国新闻社的摄影师贾国荣和《南方都市报》的摄影记者陈坤荣。在2014年"荷赛"的评选中，贾国荣凭借《杠上竞争》获得体育动作类组照一等奖，陈坤荣凭借《健身》获得体育特写类组照二等奖。

图6 《炫彩冬奥》 费茂华摄

4. 民生新闻报道

为讲好中国故事，不少新闻媒体开设了摄影专栏，记录普通中国人的生活，关注社会百态。有的新闻记者坚持深入生活、长期跟踪拍摄了不少反映社会底层人们生活的真实影像，如"活着"等微信公众号更多地将镜头对准了社会底层人民，赢得了社会各界的关注。"活着"发表的组照《执子之手》，讲述了一位四川泸州的"好男人"莫顺海与病妻相濡以沫的故事。莫顺海的妻子26年前患上了全身性肌肉萎缩症，到现在生活已完全无法自理。而莫顺海一直不离不弃，悉心照顾着患病的妻子。多年来，他紧紧牵着妻子的手始终没有放开过。组照记录了苦难，记录了坚持，记录了忠贞，也阐释了爱情的真正含义，并因此感动了千千万万读者的心。

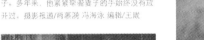

图7　《执子之手》（图片来源："活着"微信公众号）

2014年，新华网图片频道开辟"百态"专题，汇集新华社记者及摄影师拍摄的反映社会万象和大众生活的图片。栏目一期为一组图片，用生动的图片和翔实的文字，配合特定的新闻背景，讲述人生百态，取得了很好的传播效果。

2014年，类似这样的图集、专栏在报纸、网络与手机媒体中不断涌现，表现出当前新闻摄影题材的丰富、摄影者视野的开阔。这种变化一方面源于新闻摄影者自身素质的提高和个人的努力，一方面源于新闻竞争的加剧。在全民摄影时代，专业摄影记者在突发事件报道上越来越被动，而在常规新闻报道中又面临着同行的激烈竞争，许多记者进而转向深度报

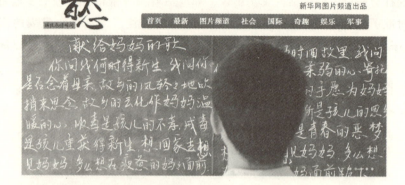

图 8 新华网"百态"栏目网页截图

道。这些深度新闻摄影作品中既有对人物事件的深入挖掘，也有对社会问题的长期关注，还有对世界万象的广泛呈现，其普遍特点是视角新颖、感情充沛、图文互动。不管这种转向是否成功，但作为新闻摄影记者寻求突破瓶颈的一种尝试，是应该充分肯定的。

（二）新闻摄影比赛与评奖

1. 中国国际新闻摄影比赛（"华赛"）

2014 年第十届"华赛"以"和平与发展"为主题，共收到 60 多个国家和地区 3000 多名摄影师的 3 万余幅参赛作品，其中半数以上的参赛作品来自海外。2014 年的"华赛"在奖项设置上，与之前有了很大的不同，取消了原来的"经济与科技"及"文化、艺术与娱乐"两个类别，将经济新闻纳入"非战争灾难类重大新闻"评选，新设置了"科技与文化类新闻"奖项，同时将原有的"人物与肖像"拆分为"新闻人物"和"肖像"两个类别，原有的"日常生活类新闻""战争灾难类新闻""非战争灾难类重大新闻""自然与环境类新闻""体育类新闻"继续保留。

在这届"华赛"中，中国摄影师的获奖作品占到获奖总数的 17.8%，是"华赛"从 2004 年至 2014 年期间获奖比例最低的一届，但这也从另一个侧面反映出"华赛"评奖体系的日趋国际化。另外，从作品上来看，这届"华赛"中获得战争灾难类一等奖的单幅照片和组图分别是以岷县地震和台风海燕为题材的作品。值得称道的是，两组作品都不是着力于展现灾难的悲惨现场，而是展现灾后人们的状态与心理，体现出这届"华赛"的人文关怀导向。就像《京华时报》摄影记者王苡萱在获得战争灾难类新闻照片类单幅金奖的《震后余生》中展示给大家的，比悲惨的灾难现场更能打动人的是孩子的眼神。

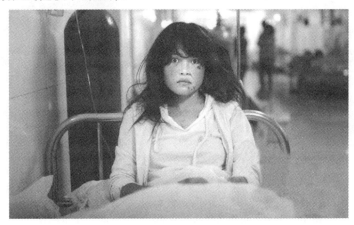

图 9　《震后余生》　王苡萱摄

2015 年第十一届"华赛"仍然以"和平与发展"为主题，共收到来自 70 多个国家和地区摄影师的 3 万余幅参赛作品，来自全世界 30 多个国家和地区的摄影师获得了本届比赛 8 个大项、16 个类别的 68 个奖项，获奖国家数量创"华赛"历年之最，盖蒂图片社美国摄影师约翰·摩尔的作品《埃博拉席卷利比里亚首都》夺得年度新闻照片大奖。国际影响力一直是"华赛"追求的目标，从第一届到第十一届，参赛国家和地区在总体呈现出递增的趋势，说明"华赛"在国际上的影响力越来越大，而这也正是华赛创办的初衷——以"荷赛"为参照将"华赛"办成一个全球新闻摄影工作者交流技艺、展示作品的平台。

值得一提的是，今年的"华赛"更加开放，继将网络媒体摄影作品纳入评选范围之后，今年有两幅移动设备拍摄的单幅照片获得了奖项：一幅是上海退休市民王玉同用 iPad 拍摄的上海两名牺牲消防员高空坠落的照片，这幅作品获得非战争灾难重大新闻类单幅铜奖；另一幅是俄罗斯摄影师用手机拍摄的冰雹突然袭来的照片，这幅照片获得自然与环境类单幅金奖。"华赛"奖颁给非专业摄影记者用非专业设备拍摄的新闻图片，无疑是对公民摄影的一种鼓励和肯定。

2. 世界新闻摄影比赛（"荷赛"）

在 2014 年第 57 届世界新闻摄影比赛（"荷赛"）上，有三位中国摄影

图 10　《两名消防员坠楼的瞬间》　王玉同用 iPad 拍摄

图 11　《冰雹来袭》　俄罗斯摄影师 Nikita Dudnik（美联社）用 iPhone 拍摄

师获奖。中国新闻社摄影记者贾国荣作品《杠上竞争》获得体育动作类组照一等奖，来自中国青海的摄影师樊尚珍作品《荒原上的狼》获得自然类单幅三等奖，《南方都市报》摄影记者陈坤荣的作品《健身》获得体育特写类组照二等奖。《成都商报》的鲍泰良于 2014 年 7 月 14 日在巴西里约热内卢马拉卡纳体育场拍摄的阿根廷球员梅西凝视"大力神杯"的照片获得第 58 届"荷赛"体育类单幅一等奖，《浙江日报》摄影记者储永志《马戏团的驯猴人》获得自然类单幅一等奖，来自中国福建的业余摄影师蔡圣相的《牛市》获得日常生活类单幅一等奖，自由摄影师刘嵩的《被告》获得肖像类单幅二等奖，1989 年出生的《都市快报》摄影记者陈荣辉的《圣诞工厂》获得当代热点类单幅二等奖，近年来专注于环境题材新闻摄影的卢广拍摄的《发展和污染》获得长期专题项目类组照三等奖。其实，中国摄影师在"荷赛"上获奖已经不是什么新鲜事了，中国摄影师参加"荷赛"几乎每年都有所斩获，但至今仍无人获得过最能体现新闻摄影水平的突发新闻类奖项，这说明中国的新闻摄影还有继续提高的专业进取空间。

图 12　《一步之遥》　鲍泰良摄

3. 中国新闻奖

在 2014 年的中国新闻奖评选中，新华社的李学仁拍摄的《习近平冒雨考察武汉新港》获得一等奖。这幅新闻摄影作品属于拍摄国家领导人的时政题材的摄影报道，它充分体现了 2014 年中国新闻奖要求关注并反映"走转改"精神、努力改进文风的评价标准，作品中习近平总书记在雨中挽着裤腿、自己打伞的形象颇能打动读者，也引起了外国媒体的关注。《华盛顿邮报》2014 年 10 月 22 日发表 Adam Taylor 的文章称："也许它并不起眼——没有华丽的技巧，也没有艺术化的取景。但一经发布，这张照片就使外国观察人士吃惊不已，并在中国微博上迅速流传。"《大西洋月刊》专栏作家 Matt Schiavenza 说："腐败问题已经激起了中国人的愤怒，一些官员手中的财富和特权颇受关注；主席自己撑伞站在暴雨中的做法表现出一种朴实的作风，而这正是中国政治所缺少的东西。"

获得中国新闻奖二等奖的摄影作品有三件，分别是《誓将热血铸核盾》（乔天富，《解放军报》）、《探访北京郊外"废品村"》（王敬，《中国日报》）、《薄熙来一审被判处无期徒刑》（谢环池，新华社）；获得三等奖的

图 13 《习近平冒雨考察武汉新港》 李学仁（新华社）摄

六件，分别是《吕成芳，一个人的昆曲舞台》（姚永强，《苏州日报》）、《姚明对话"财富"》（《人民摄影》，李景路）、《世界上最长最宽的多塔斜拉桥——嘉绍大桥建成通车》（袁云，《绍兴日报》）、《铁路系统"劳模"挥别铁道部》（刘关关，中国新闻社）、《我的护工母亲》（朱骏，《南湖晚报》）、《快递来袭》（苏一凡，《江淮晨报》）。我们的新闻报道一向倡导以"正面报道"为主，从中国新闻奖的获奖情况来看，获奖作品中没有负面报道作品，充分说明了这种导向。同时，《我的护工母亲》《快递来袭》等这些展示平民故事的新闻摄影作品获奖，则体现了新闻作品要贴近群众、贴近实际、贴近生活的"三贴近"原则。比如，《中国日报》刊发的《探访北京郊外"废品村"》，聚焦北京郊区多个极具代表性的"废品村"，记录了从事废品收集分拣和循环利用的村民与他们的生活现状，引发了社会各界对于垃圾处理和环境保护的关注与思考。

能够获得中国新闻奖的照片，确实是兼具新闻价值与艺术价值的好照片，但是随着体制改革，出现了越来越多的新闻图片经营机构，比如 CFP（China Foto Press）图片商务平台就是国内仅次于新华社的第二大图片提

图 14　《探访北京郊外"废品村"》　王敬摄

供商。然而，中国新闻奖的参评单位主体限于经国家正式批准的报社（报业集团）、通讯社、广播电台、电视台以及新闻宣传主管部门和新闻单位主办具有登载新闻业务资质的新闻网站（不含网络版、电子版），而且参赛作品必须由各级记者协会选送，这也就限制了类似于 CFP 这样的图片提供商参赛，而事实上，这些图片提供商旗下有不少优秀摄影师，也拍摄了大量优秀作品。根据 CFP 的统计，2014 年被转发最多的新闻图片 Top10 依次为：《台湾澎湖空难造成 48 人罹难 10 人受伤》《浙江台州一小学建成全国首条楼顶跑道》《北京重度雾霾北大校园人物雕塑被戴口罩》《2014 北京"光猪跑"：比基尼军团寒冬出击》《浙江金华一攀岩爱好者携老婆爬到悬崖上拍婚纱照》《西安：幼儿园给无病孩子服处方药 院长被警方控制》《内蒙古呼和浩特：呼格吉勒图死刑之后》《武汉消防员"抱火哥"感动网友 抱喷火煤气罐图片网上走红》《武汉：避暑神器现身大学宿舍》《山东招远：鲜花祭逝者》。高转发量能够从一个侧面证明图片的质量，但这些图片却与中国新闻奖的评选无缘。中国新闻奖作为中国传媒领域的最高奖项，应该与时俱进，适时调整评选规则，这样才能吸引更多优秀作品参赛，也才能真正体现中国新闻业的最高水准。

4. 其他新闻摄影比赛

中国摄影金像奖是与中国电影金鸡奖、金鹰奖、戏剧梅花奖等并列的全国 12 个艺术门类最高奖之一，它并不是一个专门的新闻摄影奖项，但是从 2015 年 1 月在宁波举行的第十届中国摄影金像奖开始，组委会开始将新闻摄影单独设项进行评选。本届纪实摄影类新闻摄影组的获奖者为《新快报》摄影记者李洁军和《深圳晚报》摄影记者赵青。将新闻摄影单独设奖

图 15　《浙江台州一小学建成全国首条楼顶跑道》　孙金标/CFP 摄

评选也是为了适应摄影发展的新趋势，尤其是在新闻摄影中出现越来越多的手机等移动媒体摄影作品，奖项设置的调整给了专业摄影记者和业余爱好者同台竞技的机会。

图 16　《麻风病康复者的 16 年》　李洁军摄

2014 年 11 月 22 日，《人民摄影报》新闻摄影"金镜头"大赛在北京揭晓，主要评选出了 2013 年度的优秀照片，这已经是第 22 届"金镜头"评选。《华商晨报》王齐波拍摄的《雾霾中的孩子》获得年度杰出图片编辑，中国新闻社廖攀获得年度杰出记者的荣誉。

随着手机摄影的发展，手机摄影比赛也蓬勃兴起。在国外有 iPhone 摄影大赛、索尼手机摄影大赛；在国内，自 2014 年 11 月 18 日至 2015 年 6 月 30 日，全球摄影网已经举办了四届手机摄影大赛，前后共有几万幅作品参赛。在首届比赛中，获得金奖的作品是用 iPhone4s 拍摄的《人在囧途》。虽然以传统专业摄影的眼光来看，这幅作品在构图方面存在一些缺陷，但是评委会更注重的是手机摄影瞬间抓拍的那种真实感。此外，大赛的目的也在于探索手机摄影的特性和规律，所以并没有用传统摄影理论来框住手机摄影，这些正是有缺陷的《人在囧途》能够最终摘取大奖的原因。

从 2013 年 12 月至 2014 年 3 月，中国国际影像文化传播有限公司、新浪网与中国移动共同举办了"中国梦 随身拍"手机摄影大赛，也吸引了大量网友参加。此外，《人民摄影报》也主办了"明星汽车杯"手机随身拍摄影大赛。

图 17　《人在囧途》　李志明用 iPhone4s 拍摄

二　中国新闻摄影的发展趋势

（一）新闻摄影走向集成报道和融合发展

"融合"是 2014 年新闻传媒界的热词，融合也发生在新闻摄影领域。从拍摄主体看，新闻记者在与普通大众融合，共同捕捉着新闻事件影像。

一些媒体继续培养发展自己的拍客团，建立自己的平民摄影团队，补充自身的摄影力量。有的地方媒体建立和培养了自己当地的摄影师团队，包括专业摄影记者和摄影爱好者，部分媒体选择继续在报纸或网站上开辟专版刊登大众摄影作品。

新闻摄影记者与普通大众的融合还体现在二者的良好互动，一方面，普通大众向新闻摄影记者学习拍摄技巧，提高自身的水平，逐步提升自己的新闻摄影专业素养；另一方面，摄影记者也在向大众学习，拓宽视野，不断发现更丰富、生动的基层报道素材。

从呈现形式看，新闻摄影从以前的图文融合，发展为图文音视网融合，并进一步开发出交互式呈现的新颖形式。一些媒体开设音乐图刊、网视图刊，通过不同媒介的融合，优化新闻的呈现，丰富内容的表达，提升用户的使用体验。

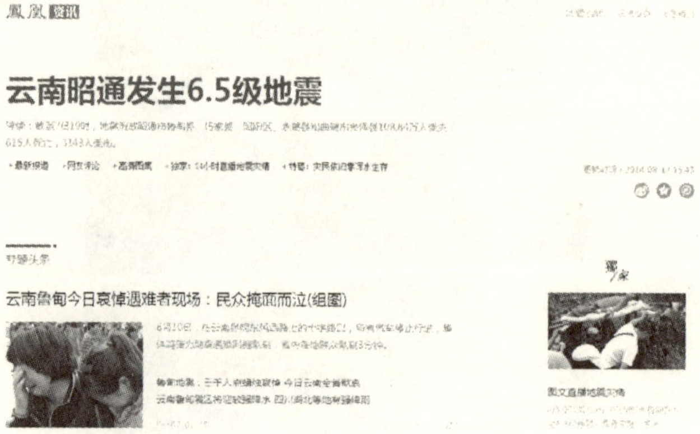

图 18　凤凰网专题报道截图《云南昭通发生 6.5 级地震》

（二）社交媒体为图片采集带来新模式

近年来，微信、微博等社交媒体发展迅猛，这种具有实时更新、实况追踪功能的传媒平台和发布终端为新闻图片采集带来了新的模式。2014 年和 2015 年发生的许多重大新闻事件尤其是突发事件的新闻图片报道，大都首发于社交网络。例如，南京宝马撞车案起初就是网友在微博上爆料的。2015 年 6 月 20 日 14 点 30 分许，南京网友微博爆料称，在南京市友谊河路、石杨路十字路口发生车祸事故，一辆宝马车将一辆马自达轿车撞击后轿车撕裂，一男一女飞出后死亡。网友@逯康康更是上传多张惨不忍睹的现场图片。该信息随后被@南京零距离、@南京城管等，半小时内转发

1000多人次。后随着网友转发越来越多，舆论愈演愈烈，@南京交警连发四次案件通报公布案件情况及肇事司机的情况，舆论才慢慢平息。

图 19 《南京宝马撞车案》（图片来源：网友@逯康康的微博）

随着社交媒体的发展，越来越多的普通市民抢占了新闻图片报道的第一落点。这对专业新闻摄影记者提出了新、全、特的更高要求：要求在新闻事件发生后最短时间内就能提供现场的照片，而且是关于现场的更为全面的展示，不仅仅是空间上的全面，还包括现场各个角度以及各种细节的呈现，同时也要求时间上的全面跨越，包括新闻事件和新闻人物的前世今生或者相关事件的回顾。这些变化促使新闻媒体在图片采集方式上进行改变，不仅仅依靠专职摄影记者或签约摄影师提供照片，而是要构建自己的图片采集网络，吸引大量的普通市民为其投稿，或是通过社交媒体联通、购买图片。

（三）技术革新为新闻摄影创造新体验

2014年，摄影技术的创新拓展着新闻摄影的"疆域"，无人机航拍器等技术的广泛应用为摄影带来了新的视角，改变了媒体记者的采访方式，同时也为读者带来了新的体验。

　　航拍器能实现以前传统采访根本无法企及的拍摄高度和角度，为新闻摄影带来全新的视角。此外，航拍能跨越人为的障碍和地理的阻隔，使记者轻松获取现场画面。例如在全面深化改革这一重大选题的报道中，新华社用了航拍取得的上海自贸区洋山港集装箱码头的照片，蔚为壮观。2014年10月7日景谷地震，腾讯新闻就启用无人机对云南景谷地震中的安置点进行了航拍。

图20　《上海自贸区洋山港集装箱码头》　凡军拍摄

三　新闻摄影面临的问题

　　普通市民用手机拍摄的新闻照片登上报纸头版已经不再是新鲜事，新闻摄影也不再是媒体独有的专业权利。在这个被称为"人人皆记者"的时代，新闻摄影可以说已经实现了无门槛传播。一位普通市民不经意间就会成为新闻事件的记录者和第一位传播者。2014年和2015年上半年，随着移动终端传播的进一步发展，新闻图片通过手机和社交媒体，几乎可以实现所有突发事件的实时报道。这一切都给新闻摄影带来了新的挑战。

　　（一）手机摄影对专业摄影带来新冲击

　　手机新闻摄影，是指以手机为拍摄工具，以摄影图片为表现形式，对正在发生的事件进行新闻报道。手机摄影越来越广泛地被应用于新闻报道领域。这里既有普通公民来自现场的本能记录，也有专业新闻摄影师有意识的主动运用。

　　手机摄影器材的小巧、方便、及时、随时携带等特点使得新闻摄影的时效性大大提高，用手机拍摄的新闻照片开始越来越多地被媒体采用，成为媒体对突发事件进行报道的重要力量。2014年5月1日，上海一居民楼发生火灾，两名消防员牺牲。居民王玉同在围观火灾时，用 iPad 拍下了两名牺牲消防员坠楼的瞬间。这一新闻照片经新华社播发后，被多家新闻媒体采用，并获第十一届国际新闻摄影比赛（"华赛"）非战争灾难重大新闻类单幅铜奖。

手机摄影正在慢慢改变新闻摄影的生态。这对传统媒体有两个影响：首先，对背着沉重专业设备的新闻摄影记者来说，面对突发事件时，是继续扛起沉重的设备赶往现场？还是改用手机这种便携设备以便更快、更灵活地进行现场拍摄？其次，媒体要不要采用普通市民的照片？"公民记者"的作品一方面提供了及时的现场报道，但是"公民记者"毕竟不是专业记者，其拍摄图片的真实性并未经过专业的审核与把关，有时也会出现侵犯公民隐私权等法律以及伦理问题。不过，2014 年以来，由传媒刊发公民摄影而引发的伦理问题比较少见，这可能与 2013 年《新快报》假照片事件的影响有关。2013 年 8 月 1 日，《新快报》刊发了一篇题为《孩子，谢谢你！》的摄影报道，内容是环卫工人中暑、小女孩为其撑伞、路人一起施救的事。第二天《新快报》又发文辟谣，称此照片系一场炒作，撑伞的女童竟然是 150 元雇来的。此事在当时闹得沸沸扬扬。此后，各家媒体尤其是传统新闻媒体在采用市民的照片时采取了更为谨慎的态度。

（二）新闻伦理问题引发更多讨论

新闻伦理问题一直伴随着新闻摄影的实践。处于新闻现场的摄影记者，在采访一些灾难事件时，常常处于职业精神与社会责任的两难境地，甚至会被卷入争执的漩涡之中。

在马航 MH370 客机失联的报道中，媒体对乘客家属的报道引起了国内读者的质疑，触发了相关新闻伦理问题的争议和讨论。不少读者和网友认为，拍摄这些家属的照片并将其发布在媒体上是对家属的二次伤害，但也有人认为，在类似的事件中，拍摄家属并不一定是表现他们的悲伤，也可能是表达他们的诉求。此外，某些"暴力采访"同样引发了社会对摄影记者伦理问题的关注。例如，复旦投毒案被告人林森浩一审被判死刑，其父林某在走出法院的那一刻就被媒体包围，这种媒体的"逼视"也受到部分读者和网友的非议。有的记者辩称，这毕竟是新闻事件，在媒体竞争如此激烈的今天，你不拍别人就会拍。但是，检视当代新闻行业的伦理通则，这种自辩未必见容于业内常规。例如，英国报业投诉委员会的行为准则中就有这样的要求：不在新闻当事人悲痛或震惊的时候进行侵扰。

图21　《路过的小女孩用伞为女清洁工挡太阳》　爆料人供图

图22　《马航赴京见面会　家属痛哭》（图片来源：中国网）

如果说，对以上两起新闻事件中摄影记者的做法不无争议，那么，在"姚贝娜事件"中个别媒体摄影记者的所为则不折不扣地违背了新闻伦理。歌手姚贝娜于2015年1月病逝后要进行眼角膜移植手术，《深圳晚报》记者冒充医生助理进入到太平间拍照，此举一时广受非议，尊重逝者是人性的要求，更是职业道德的要求，冒充医生助理进入太平间拍摄逝者遗体，这种做法确实有悖新闻摄影的伦理准则。

（三）新闻摄影记者面临生存之困

近两年，国内专职摄影记者队伍仍在持续萎缩。一方面，专职摄影记者的总体数量减少，摄影记者在裁员潮中经常首当其冲，普通都市报遇到困境时，最先被裁撤的就是摄影部；另一方面，能力强、水平高、具有影响力的一线知名摄影记者也越来越少。

公民摄影的崛起、采访环境更加复杂、采访对象的信任感减少，这些环境因素给新闻摄影记者带来了诸多压力和阻力，摄影记者本身的专业性也不时受到质疑。一些采访对象或出于对记者的不信任，或担心媒介暴力，或另有深层原因，拒绝新闻摄影记者的拍摄，有时阻力甚至会变成暴力。2014 年，摄影记者在采访中被砸相机、摄像机的现象屡见不鲜。

四　两点思考

全媒体时代新的传播格局对新闻摄影记者、媒体都提出了新的要求，对新闻图片的时效性及画面质量也提出了更高要求。

（一）摄影记者主动提高摄影技术和自身素养

面对来自公民摄影记者的竞争，专业新闻摄影记者必须"更拼"，展现出更高的专业水准。所谓的全媒体记者就是能够写稿、拍照、拍视频，利用手机、互联网等多种传播渠道采制和投送新闻报道的记者，这就要求摄影记者主动提高摄影技术和自身素养，强化专业能力和责任意识。

首先，社交媒体的使用，公民摄影记者对新闻事件第一落点的抢占，从时效性上来说，都进一步促使专业摄影记者改变理念和工作习惯，去主动适应这种快速反应的要求，提高采访效率，增强发稿的时效性。

其次，从图片质量上来说，互联网上受众对信息的需求越来越多元化，对新闻摄影作品的评价标准越来越高，对摄影记者的理念创新等方面也提出了新的要求。新闻摄影记者应该拓宽题材，对事件进行理性思考，对事实进行深入挖掘，拍摄出真正属于自己的作品，而不是复制模仿之前的获奖作品。同时，新闻摄影记者要拍出好的照片，除了苦练自己的摄影技术以外，还要善于学习利用新技术在航拍、全景摄影的移动介入等领域进行更多探索和创新实践，让新技术为我所用。

再次，全媒体记者不但要能够熟练使用多种媒体工具，还必须有专题报道意识和统筹策划能力。这就要求摄影记者平时要注意积累，提高综合素质，事件发生时，能相互配合，利用各种报道手段呈现出优质的报道。

最后，要端正新闻摄影中的伦理道德观，以真实为新闻摄影的生命之本，以记录时代、呈现美好、揭示真相为责任担当，在工作中严守职业道德，更要坚守新闻与传播的法制底线，否则再好的图片也会被"一票否决"。

（二）媒体应加强队伍建设增强经营意识

面对新的媒体格局，新闻媒体的应对策略绝对不是裁撤摄影部就一了百了，读图时代或者说读屏时代，新闻摄影报道依然是提高媒体竞争力的利器。

首先，组建多元化摄影队伍。媒体应该充分认识到公民记者这支队伍的力量，组建一支包括公民摄影记者、专业摄影记者、特约摄影记者、文字记者组成的多元化摄影队伍，尽力确保新闻事件发生时，既有第一落点的现场照片，又有第二落点的深度报道。依托这样一支队伍打造独家报道、独家视角、独家整合，做有别于网络信息快餐的优质新闻报道。同时，对于这样一支队伍，一方面要加强专业培训，提高业务水平，争取多出精品；另一方面，要制定约束机制，杜绝假新闻及其他违反新闻伦理的行为。

其次，健全新闻图片运营模式。媒体已经走向市场，但是多数媒体还没有真正树立新闻图片经营意识，多元化的摄影队伍建立以后，就需要搭建新闻图片集中处理平台，健全新闻图片运营机制，内部各平台之间实现良性互动。同时，开辟专栏或者专版等，在媒体内部及外部持续扩大新闻图片和摄影队伍的影响力，进而找到新闻图片运营的良好商业模式。

中国"微电影"的认同困惑与价值重估

冷冶夫①

内容摘要 本文以"微电影"这一日渐成为当下文化热点的全新影视片种为中心，以近年涌现出的代表性微电影作品，尤其是刚刚结束的中国首届国际大学生微电影盛典为例证，对其作为新兴媒介在自我定位与认同上的模糊、发展路径上的多元选择以及审美风格上的杂糅性质，作了较为全面的厘清与评估。阐释了微电影建立在剧情和纪实两种叙事特征上的"拟在场性"的表现主义纪实美学。文中还辨析了存在于微电影内部的关于"真实""客观"涵义的多重理解方式，以及"表演"和"再现"之间的微妙平衡，进而发掘出"微电影"横跨"主流"和"边缘"、以民间立场和视觉再现承担时代精神和历史责任的价值潜能，指明了其从"暗房"走向"天空"的理想发展路径。

关键词 微电影 审美 传播 价值判断

一 "微电影"是什么?

在多媒体快速发展、社会急剧转型、文化创作日渐活跃的背景下，一种"微小制作，微小剧情，微小纪录，微小投入，适合短时间观看"的影像形式应运而生，这种别具特色的片种，被人们称之为"微电影"。

微电影是不是电影? 在创作上是适用于表演还是适合再现，微视频就是微电影吗? 什么样的题材才适合创作微电影? 微电影与互联网的关系是怎样的? 上述这些问题目前不仅仅在学界颇有歧见和争议，就是在业界也多存困惑。本文试对这种杂取多种艺术之长、跨越网络媒介和传统媒体的

---

① 冷冶夫，中国影视艺术协会副主席，中国国际影视文化交流协会会长。

视觉形式略作考察和价值阐释，以求教于同道。

（一）微电影的"血统"

20年前，人们将家用摄像机拍摄的视频短片，统称为DV影像，当时各行各业普遍开展过不同形式、不同内容的DV大赛和评比。笔者在2010年的网上搜索中曾查阅到举办过DV大赛评奖的共有300多家电视台、高校、企业。今天，很多人又把这种呈现个人表达的DV视频叫作微电影，于是各种DV大赛又在一夜之间统统改为"微电影大赛"。那么，微电影到底是什么呢？有一种观点认为，微电影就是"微小制作，微小剧情，微小纪录，微小投入，适合短时间观看"的影像形式，它和DV影像一样，完成了3个转变：从精英表达到草根"拍客"的主体变革，从最朴素客观记录到经典剧情创作的内容变革，从小众人际传看到三网融合时代大众传播的流布方式变革，它是一种崭新的、引人瞩目的精神交流形态与载体。

笔者认为，一切文化领域的初生物总不可避免地要在技法开拓、风格确立、价值重估、自我认同与他者认同的建构中经历长期而艰难的摸索与边界纷争，微电影以其"个性化""青年化""民间化"的创作特质彰显了独特的差异性与生命力，同时也不断引发关于其文化定位、审美价值、存在伦理与社会效应的深入探究和思辨。

在刚刚结束的北京国际微电影评奖活动中，评委们自觉不自觉地把"报道类、新闻类"很强的"微电影"拒之门外。大家普遍认为，微电影的综合"血统"是艺术的，不论剧情片还是微纪实，都应该含有作者的大量创作而不是对某一件事情的新闻报道。还有一些专家干脆将微电影定位为剧情片，只要不具备电影元素的（编剧、演员、服道化）都不是微电影。

笔者不完全赞同上述观点，但也认为新闻报道参加微电影大赛的确不合适。虽然新闻也是1、2分钟的视频短片，但其主要服务于电视台和多媒体，有很强的"宣教"味道，官方色彩浓烈。而微电影最最典型的特点就是"个性化创作"，不但选材是个人喜好的，就连作品也可能是（作者）融编剧、演员、导演于一身而创作的。即便是人们通常提到的"微纪实"作品，也大都是好看的段子，趣味性、猎奇性很强，搞笑的成分很浓……。因此，笔者也赞同"微电影应该是艺术的，它需要创意和创作"。

（二）微电影不等于电影

我们现在见到的微电影，与我们传统意义上的电影可以说有着天壤之别，虽然他们都叫电影，但是从编剧、导演、演员、场景、灯光、时长、

"服道化"等都是大不相同的。特别是传统意义的电影，是需要买票在电影院里观看的，人们一旦进了电影院就将无法选择地从始至终看完；而微电影则是（大部分）针对网络和所有新媒体的，没有人规定它什么时间能看，什么时间不能看，而其观看方式更是多种多样，所以它的趣味性、猎奇性和节奏感要更加强烈。

在前不久的一次微电影论坛中有专家提出，微电影应该像传统意义的电影学习，规范它的拍摄、放映和题材选取。对此，笔者持反对态度。微电影是"微小制作，微小剧情，微小纪录，微小投入，适合短时间观看"的影像形式，它的时间长度最长的也就是20多分钟，现在网络上传播的微电影大都是5—10分钟的。所以，笔者认为不必要求创作微电影的人都去学习电影的创作。就拿编剧来说，电影的故事情节是连贯完整的，而且是由功底颇深的专业编剧来完成；而微电影就完全做不到这一点。

由于工作的原因，笔者参加了近3年的多个微电影大赛的评奖，看了5000多部参评微电影，除了有些质量够不上微电影外，大多数微电影都在10分钟以下，而大部分上载到网络上观看的，都在5分钟左右。这样的微电影怎么能要求作者拍出"完整剧情"的电影呢？

从笔者的经验看，微电影与电影有如下区别：1. 微电影的剧情是"碎片化"的，电影的剧情是较为完整的；2. 微电影的场面是浓缩的，电影的场面多数是鸿篇巨制的；3. 微电影的编剧导演甚至演员都是作者一身兼的，电影是专业分工明确的；4. 微电影拍不了仪式化镜头，电影的仪式化场面是必须有的；5. 微电影的选材一般是猎奇的、趣味的，电影的选材更为广泛；6. 微电影要求的真实是肤浅和多元的，电影要求的真实是更加艺术化的。

电影与微电影虽然都叫电影，但彼此的差距是相当大的。微电影的"大众化属性"，使其更具有创作手段的"多元化"特质，尤其在表达作者意图方面甚至能够"随心所欲"。就网络上经常看到的幽默、褒贬、讥讽作品而言，微电影可以随手拈来，而电影则需要大量的故事情节来表现……

所以我们在观看"尚不够成熟"的微电影的时候，千万不要把微电影混同于电影，更不能把对电影的创作要求特别是质量要求强加给微电影创作，应该给予微电影一个更长的成熟时间、更宽松的评审政策与更平和的创作心态。

（三）微电影的表演主义

近两年，尤其是 2014 年，好像有人发号召似的在全国的大学校园中突然产生了一大批近似剧情片的"纪实微电影"。其特点是：作者将自己要表达的思想或者看到的一件事情，编成一个故事，然后在表演的过程中，用纪录（纪实）片的拍摄方式记录下来，形成一部完成作者意图的作品。这种"非驴非马"的作品，在 2012 年还不算多，到了 2013 年，几乎高校学生拍摄的视频作品都是这种模式和样态。这种兼具剧情和纪实两种诉求与叙事特征的特殊作品，迅速将其叙事体例上的跨界和混搭，扩散为整个微电影界的主体风格。这些作品往往是短片，它们既像纪录短片又像"纪实故事片"。按照前者的标准衡量，这些视频是"表演和导拍"的，应该算作剧情片；站在后者的立场上考量，它们又是以现实发生的事件为"创作基础"，拍摄也是纪实的，应该算作纪录片。国内的几个微电影大赛中对上述样式的作品如何归类也无定论。比如中国西部大学生电影节，将这类作品算作纪实短片，而北京国际大学生电影节则将其归入剧情片；如果参与国外评奖，这类视频在卡塔尔的半岛电影节上算作纪录短片，在法国短片节上算作剧情片。

笔者也曾经以《油菜花开》《悬棺》《弦》等名字拍摄了多部这种风格的"微电影"，作为微电影的爱好者，笔者感觉这种"非驴非马的微电影"是最能够准确表达自己意图的作品形式，它既摒弃了纪实类纪录片的节奏慢、无悬念、采访多、平铺直叙的缺憾，添加了情节剧乃至类型电影的可看性，又没有全然脱离现实中的真实（至少从故事母题的来源上看），这种微电影形态的出现，为今天的纪录片创作提供了一种全新的可选方式。

这种表演主义的微电影与传统意义的纪录片之间的区别在于：1. 传统纪录片用解说词表达作者意图，"微电影"用表演的故事表达；2. 传统纪录片是在拍摄中寻找故事，"微电影"是写好故事再拍摄；3. 传统纪录片尊重"原生态"的纪录，"微电影"对现实讲究"拟在场"；4. 传统纪录片多采用现场声，"微电影"多用拟音完成音响效果；5. 传统纪录片讲究娓娓道来，"微电影"讲究"高潮、悬念、情节、冲突"。

我们现在看到的大量的微电影作品，最显著的标志就是使用了所有能够进行视觉表达的创作手法，无论是纪录片手法还是电影创作手段。

二　微电影的艺术判断

当下，"微电影"是什么好像已经不那么重要了，不管学界还是业界如何研讨规范，微电影的爱好者们仍然我行我素，利用各种创作手段、使用多种元素创作着属于自己的微电影。表现也好，表意也好，再现也好，跨界也好，穿越也好，混搭也好，反正一批又一批的微电影每天都在拍摄制作，火爆的微电影大赛仍然在国内各地蔓延，视频网站每天都能够收到众多的微电影"作品"。微电影的"微小制作，微小剧情，微小投入"和短时间观看特性，决定了它的创作个性。

（一）微电影的审美追求

艺术审美是人们对美的事物的观察、感知、想象乃至理解，其内涵就是领会事物的美，微电影的艺术审美也是这样。微电影爱好者们在拍摄技术达到一定水平的基础上，应该进一步提高自己摄影构图的审美能力，以使这种影像艺术能够更直观地传递给人民大众更多的审美体验。

2014 年获得中国西部国际电影节最佳微电影摄影奖的《极限 800 米》，展示的是一批 90 后武警战士的军事训练以及野外生存的过程，由于作者是一位多年专业拍摄大力度影片的摄影师，所以这部 5 分钟的微电影，呈现给观众的就是一个个立体的人物形象，那紧绷的肌肉，那坚毅的脸庞，那"横平竖直"的器械，无不给人以"线条美"的享受。获得亚洲最佳摄影奖的微电影《爱的故事》，虽然只有短短的 4 分钟，但是作者真正把西湖拍摄成了"人间天堂"：湖面美，晚霞美，鸳鸯美，晨练美，光线美……这部短片的每个镜头都是一幅美丽的画卷。笔者认为，如果作者没有一定的摄影和光线应用技术是拍不出这样优秀的微电影的。

摄影艺术的思维方式是有审美需求的。图像通过艺术的拍摄展示在人们的面前，使人的视觉、听觉、嗅觉、触觉等多种感觉互相沟通，互相转化，最后产生审美效果。光影思维既然是一门艺术，那么创作者在拍摄的时候就不能太"随意"，就不能像拍摄一部"家长里短"的普通纪录片那样，仅仅是"全景""长镜头""跟定拍""无特写""不打灯""不用架子"等。近两年，越来越多的微电影爱好者认识到了，影像拍摄是一门审美的艺术，微电影不等于"随意拍"，所以他们在开机的时候越来越多地注意了光线、构图和灯光三脚架的使用。

现在有个别微电影作者认为，微电影是民间的，作品只要有情节、有故事就可以了。这种认识其实是个误区，微电影的"低成本""低技术"和它的"大众化"，并非是创作上的"底层化""低俗化"和"随意化"。随着社会的发展，时代的进步，人们越来越要求"生活中的审美和审美的日常化"，因此，即便是最普通的微电影创作者，也应该站在大众审美的立场上进行审美思维和审美判断，通过自己的作品传递美好的情操和优美的视听影像与审美体验。

（二）微电影应尊重作者的表达

近两年，微电影呈爆炸式增长，各行各业、各类人群都在创作微电影，于是业界和学界开始举办各种研讨会，试图规范微电影的创作样态。比如有电视台规定 20 分钟的剧情片是微电影，网络界则认为 5 分钟以下才是真正意义上的"微电影"；有的大学规定"有表演内容"的都是剧情片，"只要是纪实的微电影，决不允许表演"，甚至有的评奖部门拒绝有少量动画内容的剧情片参评。

笔者认为，微电影不同于电影的小众化创作，它是大众的、草根的。很多没有学过编剧、导演、演员的人拿起了数码影像机，开始自我的视觉表达，没有理由要求这些人"必须"怎么做，更没有理由规范他们的创作形态和艺术水准。微电影的创作者也没有义务必须为自己的作品寻找创作模式或者规范如何表达，他们可能就是一种喜好、一种娱乐、一种自我表现，所以大可不必为这些自发创作微电影的人设定"艺术创作模式"，微电影评奖单位也没有必要设定"入选框框"。在微电影的创作上，有人喜欢自编自导自演，有人喜欢搞笑，有人喜欢全家人出演，还有人喜欢 3D 创作；在类型剧创作方面，有人喜欢悲剧，有人喜欢喜剧，有人喜欢浪漫的"小资"剧，还有人喜欢惊悚剧等。人们各自的经历不同，自然喜好不同，例如喜欢音乐的人，他的微电影里总是会有不间断的音乐伴随；喜欢养狗的人，他的微电影里总会有爱犬的纪实段落；爱好美术和动画的学生，就可能使用动画来增加其微电影的可视性……我们应该尊重作者的这种个性化表达，而不是将这些所谓"不规范"的作品，拒之于创作和评奖的大门之外。在微电影的研讨会上会经常听到这样的疑问：微电影究竟是成就个人还是服务大众？有人认为微电影既然要拿出来给大家看，就应该服务大众，因此其选题应该是正能量的，服务于大众的。笔者认为，微电影当然有服务大众的功能，我们也需要盛赞时代、弘扬正能量的作品，但是微电影的大众化和它的"草根性"，决定了其作品不会完全是"宣教"

的，人们在闲暇时间里毕竟也需要休闲、搞笑、幽默和娱乐。

（三）关于"微电影"和"微视频"

在 2015 年 4 月份的新丝路长安杯微电影大赛中，组委会收到了 1600 多个节目，这些节目虽然都叫微电影，但实际上多数可以称为微视频（微纪实），这种情况在 2014 年的北京国际大学生微电影盛典和天津微电影节上也是如此。笔者初步计算了一下，能够称得上电影的，或者说电影元素较强的只占送评节目的 5％ 左右，大部分仅仅就是微纪实或者微视频。

虽然微视频与微电影一样，都具有微小投入，微时长，短时间观看的特点，也都会在网络和多媒体上大量播出，但它们是两个不同的概念，具有不同的属性：从纯艺术或者从纯商业的角度看，微电影须由相对"专业"的人士编写剧本，布景排光，拍摄镜头，甚至有的微电影还需要专业演员来演，可以说整体上与电影创作更加接近。因此，在微电影大赛中获得高奖项的一般都是专业团队，或者相对较为专业的团队。比如天津微电影创作基地这样的单位，他们有几套完整的编剧、导演、灯光、摄影、服装、道具班子，演员也是定期全国招聘；而微视频就不同了，很多作者既是编剧导演，又是摄像剪辑，甚至还兼任演员，也就是说，微视频的制作更加随意一些，这其中的原因除了微视频的作者没有资金、任务压力之外，更重要的是他们创作微电影的目的不同，有的是自娱自乐，有的是完成作业，有的是摄影玩家，有的是旅游纪录等。所以，要想在微视频里面发掘到优秀作品，还是非常难的。

微电影与微视频的区别，笔者认为有这样几条：1. 微电影是以故事性为基础，微视频更关注内容的新奇特；2. 微电影摄影基本是专业人员所为，微视频更多的是"草根"自拍自演；3. 微电影对音乐音响的要求较高，微视频更多采用现场声和网上音乐；4. 微电影对服道化有一定的要求，微视频更多采用"原生态"的表演；5. 微电影多为专业人员创作，微视频以高校学生和老百姓为主创。

在笔者看来，微视频是微电影创作的基础，是众多微视频爱好者由业余而专业的实践通道和操演平台，也是公众了解社会的视频窗口。没有大量的"草根"微视频的创作，也不会有今天微电影的繁荣。所以，我们要对微视频有个宽容的态度，无论在评奖、播出，还是在创作上，都不要对微视频有过分"专业"的要求，而应慢慢地培养它，使其渐渐成长，不断壮大。

（四）微电影要有"批评"精神

微电影"火"了，"火"的不得了。2015年刚进入二季度，笔者就在三个微电影大赛中担任了评委，还有几个微电影大赛正在积极筹备中。这些大赛的主题包括：中国梦正能量精神文明微电影大赛、中国梦青春礼仪微电影大赛、中国梦人居环境微电影大赛、中国梦正能量党建人物微电影大赛等，由于主题思想明确，政治理念清晰，所以征集到的上千部微电影作品大都是讴歌时代，弘扬正义，倡导新风的节目，仅有的几部展示环境污染、不讲礼仪的微电影不但在评奖中没有获得奖项，就连入围都是奢望。

笔者认为，提倡礼仪之风，弘扬社会正气，开展正面宣传是必不可少的，但是对有些社会问题，用微电影的形式进行揭露，提出批评，实行舆论监督，也是对弘扬正气的一种补充。因此，在微电影大赛中，特别是在剧情类和历史文化类的微电影创作中，不一定要在征文的"参评须知"中千篇一律地标明：1. 作品必须以马列主义毛泽东思想邓小平理论为指导，大力宣扬……2. 以时代先进人物为蓝本，突出宣传……3. 崇尚精神文明建设，倡导正气……在这些"口号"式的要求导引下，有些作者在编剧时，绞尽脑汁，使出浑身解数将剧情"往正能量上靠"。有的学校老师也会按照征文要求督促学生这样创作。笔者并不是反对上述这些征文要求，而是希望这些微电影创作评奖要求应有一些适当的改革。笔者从事电视创作至今40余年，多次参加全国各类电视节目的评奖，也担任过国家级奖项的评委。上述"参评须知"的内容早在20世纪七八十年代就是这样要求的。当时一个省级电视台不超过7台摄像机，一个大军区只配发2台摄像机，编导摄像剪辑必须是共产党员。如今，多媒体时代已经使普通人都可成为视频的拍摄者和传播者，拍摄的内容也绝不仅仅是"正气歌"了，艺术创作需要百花齐放，我们的参评须知也应该有所改变。在提倡拍摄爱祖国、讲文明、树正气作品的同时，也要倡导创作一些"批判"性的作品，以抨击腐败，批评错误，讥讽懦弱，弘扬正义。

三 "微电影"在杂糅中成长

（一）微电影的"猎奇性"

很多好看的微电影都有一个特点，就是"选题猎奇"。例如，笔者近期看到的几部微电影《三人夜》《活着》《矿工》《狗唱》等，即属于此类作品。学界有人主张"猎奇性选题应止步"，原因是"靠选题吸引眼球不会是正能量的，会把观众引入歧途"等。笔者认为，微电影既然是"大众的""草根的"，它的属性就不会完全是"宣教的"，应该对"猎奇选题"有个公开公正的评价。

所谓题材"猎奇"，主要指的是作者在创作微电影的时候选择了那些人们日常很难看得见的事情或者从未听说过的故事为元素进行创作的题材。以上述几个节目为例，《活着》表现了地震后，某城区50多岁的女工找了一个41岁的中年农民以夫妻名义住在了一起，俩人虽然都各自失去了丈夫、妻子，但是他们又都在寻找各自失踪的孩子，以至于后来"捡"了一个孩子抚养……在网络的帮助下，当丢失孩子的家长领孩子回家的时候，50多岁的女工甚至要到这个孩子家里当一辈子"保姆"。此片讲述的故事看似猎奇荒诞，但是随着情节的发展，我们仍然能够看到其中强烈的人情味和人性的诉求。

《矿工》的故事表现的是一对父子为了给家里赚钱盖房娶媳妇，来到某地一个无牌照的私人煤窑里打工。由于拖欠工资，父亲被打，父子俩决定报复矿主，于是他们精心制造了一起"假矿难"，招来了安监局和环保局的干部，最后查封了这个无牌照的小煤窑，拘留了矿主，解救了30多名矿工。可是在这起"假矿难"中，砸断了他们最好的兄弟的一条腿……。由于无钱赔偿的原因，父子俩又不敢承认矿难是他们"一手安排"的。这部微电影还是有启发教育意义的，报复"坏人"的同时也伤害了朋友，辩证法就是如此。

当然，从猎奇下滑到离奇的微电影作品也是有的。比如《变性人》《一夜情》《猫狗大婚》等。笔者认为，微电影作品是不是"猎奇"，不仅仅要看节目的选题和选材，关键还要看作者通过这个"猎奇"的选题，表现了什么，怎么表现，表现的效果如何。低俗的、逾越"真善美"社会底线的，要坚决杜绝，这不是为微电影的"猎奇"开脱，而是要强调创作微电影的"思考方式"：当我们站在一个责任人的角度去看待社会，观察身边的人和事的时候，你的选材可能是"另类"的或是"猎奇"的，但你的作品应该是负"责任"的，道德的，有"底线"的！

（二）微电影中的惊悚片

随着《枕边有张脸》《诡镇》《步步追魂》《少女灵异日记》《诡婴吉米》这些惊悚片的连续上映，2013年中国的惊悚片颇为"高产"，拍摄完成了30多部，播出了25部，创中国电影界的历史新高。2014年国产惊悚片《鬼吹灯》和《朝内 81 号》等也达到了数量和质量的高峰，今年将有更多的惊悚片问世。伴随着国内惊悚片的崛起，微电影的惊悚片也开始见露端倪。仅 2015 年第一季度，笔者就参加了 7 个惊悚片的策划会议。

微电影的惊悚片策划会很简单，作者提前将写好的故事情节发给一些"专家"，然后大家汇在一起给剧本提意见。这种类型片的创作是有一定的规律和模式的，比如装神弄鬼、音乐恫吓、出奇幻觉、梦中惊醒等，但笔者在看剧本的过程中感觉到很多惊悚片的故事性太弱，都是一些"事件"中的"惊险一幕"。例如一个叫《盗墓》的剧本，写的是兄弟两人听说某地有"先人"的墓穴，于是就去盗墓，进入墓穴后出现了"鬼"，于是两人吓得昏死过去，第二天才清醒过来，爬回了"现实"。像这样只是利用"人扮成的鬼"来吓唬观众，就是惊悚片了吗？2013 年影视艺术协会收到 20 多部惊悚片，2014 年收到了 60 多部惊悚片，没有一个获奖的，原因就是惊悚片的拍摄不是一扮、二吓、三黑灯那么简单，它也需要有一个相对合情的故事情节，需要一个相对合理的紧张细节。像好莱坞的惊悚片《死神来了》和《电锯惊魂》，里面就没有"鬼"，完全是靠扎实的剧情和对悬疑的把控技巧引人入胜的。还有一部 5 分钟的惊悚片，作者的意图是好的，表现了一个医学院大学生为了了解课堂上的人体结构，利用晚自习时间来到了人体解剖室……接下来的情节就"非常离奇"了：学生进入人体解剖室，华灯齐放，5 个骷髅同时向学生敬礼，并一一介绍自己身体的各部位，再接下来就是人体骨骼和学生交叉跳起了交谊舞，剧情没有一点紧张的感觉，反而有搞笑的成分，完全失去了惊悚片的作用。一般来说，惊悚片的观众大都是学生群体和小情侣，他们看惊悚片的目的就是寻求心理刺激，没有了心理刺激，惊悚片也就失去了其特质与欣赏期待。

惊悚片难拍，特别是微惊悚片，它要求在短时间内用最好的创意和快节奏的故事来完成惊悚，而不是单纯靠幻觉、恫吓、强音乐、神经质来解决问题。总的来看，惊悚片还是小众的，惊悚片的创作爱好者特别是高校大学生，最好是在拍好微电影的基础上，再涉猎惊悚片，这样才能达到"事半功倍"的目的，否则就会一事无成！

（三）微电影的"恶搞"的艺术

在微电影作品中，近两年越来越多地出现了一些"恶搞"的短片，例如《左手》这部 6 分钟的微电影，作者将自己总犯错误的左手使用各种办法束缚起来，可是只要对左手"松绑"，左手就会犯各种各样的错误，最后主人公甚至要用菜刀砍断自己的左手。还有一部《请随手关灯》的 37 秒短片更是恶搞得离奇。该片表现的是一名男同学在凌乱的宿舍里休息，突然接到"女朋友遭遇车祸"的消息，这名男同学不顾一切地向医院跑去，就在他快到医院的时候，突然想起宿舍的灯还没有关，于是又跑回来关灯，短短的 37 秒片长，看了既使人啼笑皆非，又回味无穷。

可以这样说，恶搞剧目几乎是伴随着微电影的发展而发展的，特别是网络视频的出现，给了恶搞剧更大的释放空间。它们被创作出来后便可随时上载播放，流传于各类媒体，观众也五花八门。特别是近些年，随着胡戈"一个馒头"的出现，年轻人"恶搞剧"创作越来越多，而且越来越成熟，甚至有的大学生的视频作业，就是恶搞剧。这类"恶搞剧"在国际国内的网络剧中早已不是新鲜的片种，在视频碎片化的传播生态环境中，这种非典型性逻辑思维，最能够吸引观众的眼球，特别是在网络化时代，瞬间的槽点，即时的离奇，都能够"点亮"创作者主观的心灵"戏点"。

恶搞剧的作者大都是主观理想主义的创作者，他们要通过恶搞视频，解嘲或者自嘲世间的某一件事物或者某一类人物，其作品有时候"俗不可耐"，但有些作品也还是能够表达现实理想和价值观的，这就需要"恶搞"类的创作把握住"俗的底线"，吐槽那些危害社会的热点事物，讥讽那些"俗不可耐"的反面人物，而其自身切不可"庸俗不堪"。

笔者就曾见到过几部笑点较高的恶搞剧，其中有一部作品表现的是一名学生，在给全国名牌大学的校长讲课，校长们在下面有玩手机的，有打瞌睡的，有窃窃私语的，突然讲课的学生"头像"变成了教育部长，下面顿时鸦雀无声、整齐坐好……像这样的"恶搞剧"，还是能够传达一些正能量的。笔者认为，进行恶搞剧创作是需要作者有一定电影艺术功底的，不是拿起 DV 机、几个人搞笑一个故事就能够完成的。作为一名老电视工作者，笔者还是提倡视频爱好者尤其是高校大学生，先掌握一些微电影创作的基本要义以及技巧，在电影艺术创作上较为成熟后，再进行讥讽幽默方面的创作，切不要一开始就将自己艺术发展的方向确定在"恶搞"剧目上。

（四）微电影能否进入"喜剧时代"

近几年喜剧颇受追捧，电影界的《泰囧》《私人订制》，网络剧的《屌丝男士》《嘻哈四重奏》《屌丝夫妻》等，都在各自领域占据着收视（点击）卖点的高地，唯有微电影至今未见出类拔萃的喜剧作品。笔者连续 3

年参加全国微电影大赛评奖，在上千部作品中，很难找到几部有喜剧色彩的微电影，优秀之作就更难觅踪影了。微电影是大众的，大众的微电影本来应该给大众带来更多的欢笑，可是流行一时的微电影，大都是爱情的、悲情的、苦情的。是微电影的创作者不想创作喜剧微电影吗？笔者分别采访问询了 20 所大学的 50 多名学生和 20 多位独立制作人，他们共同的难处是——没有好剧本。倒是微电影的"兄弟"微纪实，出现了大量的"喜剧段子"。在辽宁卫视、江西卫视和北京电视台的节目中，经常能够看到老百姓拍摄的"搞笑"视频，在每年的微电影评奖中也能看到不少大众拍摄的"开心一刻"。现在人们的生活好了，科技进步了，网络发达了，观众的"笑点"也一步一步走高了，这就要求我们的微电影创作者，多深入生活，运用发散式思维，大胆混搭，合理穿越，巧妙跨界，不断地在人民群众中寻找"乐子"，创作出一批有较高质量的微电影，将喜悦、快乐、欢笑尽可能多地呈现给观众。用"稀缺"这两个字来概括微电影中的喜剧作品是不为过的，要创作出高质量的喜剧微电影绝不是一蹴而就的，尤其是剧本的创作。辽宁沈阳大学王雪娇拍摄了一部《走空》的微电影，剧情表现的是：白天，一个小偷自配钥匙打开了一位中年妇女的家门，本以为主人不在家，拿了钱包又找到了金耳环，正打算出门，突然门铃响了，送快递的来了，小偷正不知所措的时候，主人竟然"摸索着"从厕所里走了出来。原来女主人怕有意外，装成了盲人。女主人通过摸索着开门、找钱付款、在梳妆台前摸索金耳环等一系列活动，一步一步地迫使小偷将盗走的钱和物品"吐"了回来，使人大笑不止。像这样的作品当然获得了创作一等奖，这是 1300 多部微电影作品中唯一的一部喜剧片。

（五）微电影植入广告是刚需

到 2015 年上半年，湖南吉首大学传播学院已经连续 3 年组织学生拍摄微电影广告，也就是将企业需要的宣传广告植入在微电影创作之中，笔者大概统计了一下，3 年中他们共为企业制作了 500 多部微电影。这些作品有公益性的，还有国际知名品牌如可口可乐、麦当劳、佳能、东风日产等的广告。出于好奇，我专门对一些企业进行了了解。深圳某知名企业的宣传部长为笔者算了这样一笔账：制作一个 15—30 秒的广告片平均需要 10 万至 30 万元（没有名人画面的广告），在地级市电视台播出一个月，需要 200 万—300 万元。而支持高校大学生创作微电影广告，10 万元能够带来 30 部作品，企业花一万元能够在知名网站上刊登一个月以上。如果学生自已上传宣传，一分钱都不用花，且可以30部作品同时刊登（播放）在各个不同的网站上，有的公益性的广告甚至可以在电视台免费播出。

现在算这笔账的不仅仅是一两个广告公司，越来越多的企业认识到网络宣传的重要，于是近些年不断出现了企业购买微电影剧本的情况。当企业认为某一个微电影剧本适合植入本企业产品广告的时候，就会拿出资金投入拍摄。中国的广告业经历了20世纪80年代的恢复期和90年代的成长期，进入了21世纪的高起点快速发展期。但是有数据显示，2010年以后，随着多媒体互联网的"爆炸式"拓展，大企业的公司经理、企业家在广告媒介运用上，已经不把电视台作为广告投放的唯一平台了，他们越来越多地关注电影、手机、游戏、客户端等平台，广告公司也逐步推广和选择"投入相对少，效益相对大"的互联网来拓展自己的业务，于是与互联网相关的微电影、游戏、手机视频、客户端等，开始大踏步地进军广告业。

微电影是满足大众欣赏娱乐的艺术形式，如果这种艺术形式植入了广告，就变成了企业家广告主的宣传手段。直接的广告片，大家已经看得非常厌烦了，将短小精悍的微电影植入广告，就成为当下最为经济实惠的一种新的创作形式，它一方面能够满足企业广告主的需求，另一方面又提供了有价值的大众欣赏艺术。因此，微电影不但不要排斥广告的植入，而且要通过广告的植入，带来微电影创作更大的效益。现在已经有多个影视公司、广告公司、视频网络拿出50万、80万、100万元征集微电影剧本，征集微电影导演，笔者期待着微电影创作的百花齐放，也乐见广告的投放手段"多姿多彩"！

四 "微电影"的多元化传播

不少人将当今时代称为微时代，其特点是：信息碎片化，阅读快餐化，文化跨界化，媒介多元化。纵观近3年中国微电影的发展，它已经不是初创时期的草根文化的视觉狂欢，而是正在走向规范化、品牌化，不但网络剧进入大片时代，就连300秒的微电影作品，也以每年双倍的数量剧增，可谓帜号猎猎，众声喧哗，亮点多多。

（一）"微时代"的微电影思维

有人认为，影像机和手机拍摄功能的普及，使微电影创作实现了大众化、平民化、青年化，但是笔者认为，这种大众化不应是随意化，更不是粗制滥造。微电影要讲究编剧故事的完整性、拍摄画面的专业性、后期制作的艺术性等，而绝不是单纯的恶搞、拼接、游玩等。微电影的创作思维，不仅仅是对制作手段的考量，更是一种思考方式的变迁。

第一，微电影的思维要从影院思维，观众思维，粉丝思维转化为"朋友圈"思维。也就是说，互联网技术的飞速发展，将成为微视频最好、最强大、最聚人气的落脚点。比如目前的芒果TV网络平台，可以使电视端、手机端、PC端完全打通，微电影发展为什么不使用这样的平台呢？当你由电影院思维，电视观众思维，综艺粉丝思维转变为网络微信的"朋友圈"思维的时候，你的微电影才能够越做越短，节奏才能够越来越快，故事性才能够越来越强，创意才能够越来越新颖，才能够在信息碎片化、阅读快餐化的时代站稳脚跟。

第二，微电影创作的思维，也是关注播出平台和接纳平台的思维。换句话说，就是关注谁会接纳你的微电影微视频。30分钟的？20分钟的？10分钟的？都太长了！300秒几乎已经是极限了。有从事微视频创作的专业传播人员告诉笔者，微信中传播的微视频最好是一分钟以下的，好看的2分钟也可以，但是绝对不要超过3分钟。所以在微电影（微视频）的创作中，应该变换一种思考方式，将学习和运用与微电影的接纳平台联系起来，走出一条制作与营销相融合的发展之路。

第三，微电影的思维，是画面语言故事化的思维方式。也就是说，微电影重在观赏，观赏艺术实际就是"眼睛里"的艺术，因此在创作微电影的时候，一定要把视觉放在首位，用画面解读故事，用画面叙事现实，用画面说明一切。试想一部5分钟的微电影，如果出现过多的对白和解说词，这个节目还怎么看下去呢？微电影的特点就是微小，微小视频要吸引眼球，就必须在视觉上有"新奇特"的个性，而新奇特的视觉冲击力用解说词或者对白是实现不了的。因此在创作微电影的时候，尤其要学会拍摄"哑剧"，善于用画面语言叙事，千万不要让"听觉"进入的太多、太过于强大。

第四，微电影的思维，不能仅仅是娱乐至上，还应该有"微言大义"。个体的创作者可能驾驭不了庞大的网络，但是能够也应该驾驭某个微电影的创作。有人说几十秒或者几分钟的微电影主要是用于快餐式、碎片化的娱乐消遣，通过一些搞笑的视频小段子或者小故事提高大众的"点击率"和对某个视频网站的重视度。但是，自2014年起笔者在国际国内的微电影大赛中看到了更多的"微言大义"的短视频。陕西师范大学的《举手之劳》、中国传媒大学的《不要那么大》、云南戴光禄先生的《喜鹊的喜好》和沈阳大学的《对比》等，都是讥讽和揭露社会现实中的一些恶劣现象和不良习惯等问题的，而网络短剧《雷锋侠》《缺失的土地》更是对当今社会缺乏见义勇为，不注重环境保护的尖锐批评和批判。

（二）微电影的多元化传播

截止到 2015 年 5 月，国内已经有 50 多个省市电视频道开辟了微电影播放栏目（不完全统计）。于是微电影是否能够在电视台播放，成了微电影创作是否成功的"核心点"。有的大学甚至将在电视台播出微电影与在国家级刊物发表论文相提并论。

微电影的属性是多元的：纯电影艺术的、植入产品广告的、宣传某地的、自我欣赏的以及记录真实的。其传播手段也是多渠道的：网络、手机、电视、微信等。如果仅以"是否在电视台播出"来衡量微电影的成绩或者质量，那就大错特错了。就植入广告的微电影而言，它的创作目标就是瞄准网络的，特别是 5 至 10 分钟的剧情微电影，广告在剧情中植入成功且能在网络上广为收视转发就已经达到了目的。这样的微电影电视台当然不会播出，但是我们不能说，在网络播出的微电影质量，就一定低于在电视台播出的微电影。实际上，常态下的故事片好拍，真正把产品广告巧妙地植入故事情节中的微电影其创作的难度高于一般剧情片。两者的拍摄经费差距也很大，笔者作过这方面的调查，以 20 分钟的微电影为例，一般的剧情片需要 20 万—60 万元；植入广告的剧情片至少要在 100 万元。

国外更是这样。西方对微电影的认知度主要来自于网络，电视台基本不会播出微电影（以 20 分钟为界，30 分钟的短片除外）。大量的、知名的微电影都是 5 分钟左右，甚至有的电影节将网络微电影界定在 3 分钟以下。韩国有一部叫《感恩》的 3 分钟微电影，被翻译成各种文字，在网络、微信上的传播转发达到了几亿次。我们能认为这样的微电影不如在电视台播出的片子影响大吗？微电影的最终归宿一定是网络的，而不是电视的。笔者调查发现，能够符合电视台播出的微电影，时长一般都要在 30 分钟左右，没有 20 分钟以下的，国际上往往把 30 分钟的电影叫短片，而微电影都是在 20 分钟以下。欧洲和亚洲有些国家把微电影界定在 10 分钟以下，甚至 5 分钟以下。正是这样的时间长度，适合网络、手机等新媒体的播出。自从微信出现后，国际国内有多个电影节将"一分钟"微电影大赛列入了重要的颁奖单元。因此，我们的微电影创作不应为了上电视播出而曲意迁就，扬短避长，要了解微电影的广泛用途，适应和充分借力于微电影的多元传播。

当然，"很火"的微电影能够给电视台栏目带来一定的收视率，也会给观众在宽大的屏幕上带来不同的视觉享受，所以微电影爱好者们并非不能为电视台的播出而创作。笔者想强调的是，微电影既可以作为宣传工具，亦可以作为产品推广艺术，又能够成为"自娱自乐自恋"的乐子，也可以是"吐槽""监督"的发声，还可以是人生经历的记录，没有必要把微电影创作的成果全部寄托在电视"播出"上，微电影的功能是多用途的，传播也可以并应该是多元化的！

（三）微电影的传播乱象

2011 年以后，中国微电影一年比一年火爆，先不说网络剧进入大片时代，单就微电影大赛的评比活动，每年都是以两位数增长。现在不仅高校、电视台频频进行微电影征集评奖，就连城市、旅游地、企业和社区都在举办各种微电影的赛事。

2013 年，北京国际大学生微电影盛典和西部大学生电影节这两个国内较为权威的微电影节分别征集到 1200 部和 1150 部微电影作品，2014 年这两个赛事征集的微电影作品更是高达 1315 部和 1650 部。2015 年 5 月结束的新丝路长安杯大学生电影节，征集到的微电影作品高达 1725 部。广西组织部门 2013 年提供给各个电视台的微电影只有十几部，2014 年他们完成了 300 多部正能量微电影创作。深圳市某部门 2013 年举办微电影大赛只收到 60 多部作品，2014 年仅原创作品就有 200 多部。在这些微电影评比或者大赛中，仅笔者知道的入选国际电影节的作品就有 36 部，而这个数字在 2013 年只有 17 部。与此同时，微电影的题材日益多样化，青春故事、感情自白、生活记录、梦幻演绎、奇思妙想、调侃经典、搞怪幽默等，多元化的微电影题材呈现的与浮躁时代相匹配的创作激情和原创力量的自发性、弥散性就像一股山涧溪流，汩汩滔滔，喧喧嚷嚷，泥沙俱下，呈喷涌之势，不择地而出，充满生命的原始律动，充满人生的原色和生活的呼吸感，成为人生百态的原始记录和当下社会的生动镜鉴。

（四）缺少艺术追求

微电影的关键在于其视频的微小，有的微电影甚至只有 3、5 分钟，所以其故事性、观赏性尤其是创意性更显得重要。可是目前大量的 5 分钟、10 分钟以下的短片，几乎没有原创性。植根于"网生代"的微电影在草根的创作者手里变得空前的简单、快捷、碎片、速食，甚至连电影的所谓奇观性、体验性都变得无足轻重，欲望的释放和情感的抚慰成为其共同的宣泄点。笔者粗略估算一下，在2014年观看的4000多部微电影中，这样的视频（节目）几乎占了90%以上，这些作品内容欠缺，故事平淡，拍摄随意，伦理虚无，缺乏现实批判力，也缺少人性穿透力，既没有深刻的思想，也没有对人生的思考，更是缺少艺术的追求和文化的建设性，沦为自嗨娱人的"玩意儿"，甚至被批评者嘲作"荷尔蒙驱动"的结果。而娱乐一旦陷入愚乐，受到观众的抛弃是迟早的事情。从这个意义上说，微电影的创作、生产、市场、观众及相应的微电影文化的成熟，还处于成长的烦恼之中，离成熟还有待时日。

当然，不必排斥微电影的"火爆"，也应该鼓励更多的视频爱好者拍摄、制作微电影，但是这样大面积的"草根"作品，与时代的要求相距甚远。没有艺术感染力和传播力的微电影怎么能够在网络上形成一种电影文化呢？——毕竟，高雅的艺术还是存在门槛的。

（五）商业市场隐现

与此同时，精明的商家日益重视微电影在新媒体时代的传播优势，他们意识到，互联网技术引发的巨大变革将会持续出现，社会化媒体在给品牌营销带来便利的同时，也在深层次考验着品牌的自适应能力。技术和营销已经不是商业竞争的最大瓶颈，互联网与生俱来的破坏性创造力，已经开始向价值创造环节进行渗透并对品牌生产、销售乃至整个品牌营销模式进行颠覆，品牌营销思路也由此需要变革和重构。商家中的捷足者开始在微电影领域加大投入，以精美的文化包装"包裹"其商业形象和市场产品，长剧集、大演员阵容、大投入的微电影力作在排名居前的视频网站上频频出现，这些作品极大地提升了微电影的制作水平和艺术品位。

（六）网络监管乏力

网络技术的进步促进了新媒体的发展，直接带动了微电影的迅猛增长。网络强大的上载功能使网络上传成为举手之劳，微电影在网络视频上的播放形成了"随心所欲"和"放任自流"的态势，一些内容不健康的视频开始充斥网络。尽管2013年广电总局出台了《关于进一步加强网络剧、微电影等网络视听节目管理的通知》，一再强调未取得许可证的视频不能在网络上播出，但仍有一些不雅视频和暴力恐怖、虚假谣言的微电影在网络上流传，甚至会得到多人次的转载。2014年国家相关部门加大了网络监管力度，重拳打击网络上的"黄赌毒"，并针对网络其他有害视频进行严格监控、删除。2015年2月3日中国互联网络信息中心（CNNIC）发布了《第35次中国互联网络发展状况统计报告》，报告中显示，截至2014年12月，中国网民规模达6.49亿人，全年共计新增网民3117万人，互联网普及率为47.9％，较2013年年底提升了2.1个百分点，其中手机网民达到了5.57亿人。在"数据改变历史，流量决定未来"的今天，微电影总是要经历一个从"野蛮生长"到"治理整顿"再到"科学发展"的生长和发展阶段。

这是最好的年代，新技术带来了无限可能，且在不断制造新的可能、不断满足愿望的同时自身也得到极大的发展；这也是最坏的年代，不断增加的新渠道消解了人们的注意力，在病毒式营销陷阱中挣扎求生的微电影也不可避免地蹈入不断低俗、不断沦陷的循环怪圈。我们的微电影创作和生产只有静心定神，从编剧、摄像、导演、制作上痛下功夫，深耕细作，才能一步一个脚印地走入正轨。无论如何，中国微电影的未来是值得期待的，一定会有更多的有思想底蕴和文化内涵的微电影在中国乃至世界上广为传播。

中国数据新闻研究发展概述

王锡苓① 王 荣② 刘泽宇③

内容摘要 近两年，作为一种新闻样态，数据新闻发展迅猛。传统媒体、网络媒体在内部求变转型、外部媒介生态剧变的背景下，纷纷尝试数据新闻实践，出现了丰富多彩的数据新闻作品以及对数据新闻研究的学术成果。与此同时，数据新闻教育、培训相继展开，相应课程亦纳入到部分高校的教学体系之中。本文选取中国知网有关数据新闻的研究论文，从学理探讨到实战案例进行分析，对过去两年国内的数据新闻研究做一概述。研究发现，数据新闻研究在宏观行业发展方面涉及较多，微观层面上，对数据新闻实践案例分析较为细致。但是，对数据新闻中数据本身的研究尚有不足，专业人才培养与教育方面的研究更为少见。

关键词 数据新闻 新闻理念 可视化技术

2012 年以来，数据新闻日渐成为新闻业的一个热词。在媒介融合背景下，网络媒体、传统媒体纷纷运用各种技术、平台制作数据新闻，生产了大量以社会政治、经济、文化、民生、军事等为选题的数据新闻作品。催生出一批数据新闻制作团队和传媒机构。新闻传播教育界也蓄势待发，为应对席卷而来的数据新闻浪潮，针对不同层次的本科和研究生教育，开设了包括数据处理、计算语言、可视化程序等课程的教学实验。2015 年暑期前后，相继有 10 余家高校举办了涉及数据新闻相关技能与方法的各种形式的暑期学习班。

---

① 王锡苓，中国传媒大学新闻学院教授，博士生导师。
② 王荣，中国传媒大学新闻学院 2014 级博士生。
③ 刘泽宇，中国传媒大学新闻学院 2014 级硕士生。

本论文旨在梳理近年中国数据新闻的现状，以期在把握数据新闻发展现实脉络的背景下展望未来。为此，笔者在中国知网分别键入"数据新闻""数据新闻学""数据驱动新闻"等关键词，搜索出178篇文章，去重、合并后，总计165篇。按照年份统计，有关数据新闻的学术文章首先出现在2012年，但比例非常小，文章数量在2014年达到顶峰，如图1。从文章发表的形式统计，期刊类文章150篇，占据90.9%的比重，其次是硕士论文，有12篇，比例为7.3%，这些硕士论文均发表在2014年。数据新闻作为硕士研究生选题，是在数据新闻引发学界高度关注后开始进入到硕士研究生的研究视野。还有会议论文、辑刊共3篇，比重不到2%。本文所分析的是发表在期刊上的150篇文章。

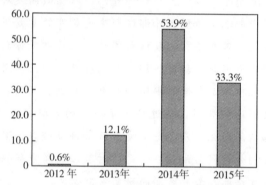

图1　2012—2015年中国知网有关数据新闻文章数量

■ 非期刊　□ C刊　▨ 核心期刊　■ 一般性刊物

图2　文章发表的刊物等级

从文章发表的期刊类型看，一般性刊物占了一半以上（55.8%），C刊占到二成，核心期刊二成不到。"非期刊"指学位论文或其他非学术期刊。也就是说，关于数据新闻的研究，所发表的刊物级别大多是较为普通的刊物，如图2。这可能与这些研究自身的学术性较少有关。文章发表的期刊类型以新闻传播类为主，编辑出版类、其他人文社科类分别接近一成。从这一点可知，尽管数据新闻涉及计算机科学、信息管理等其他学科知识，但主要研究仍集中在新闻传播学科中，如图 3。

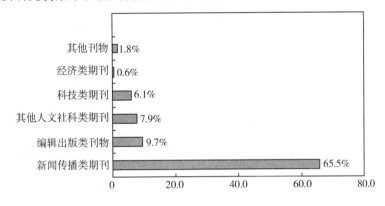

图 3　所发表的期刊类别

本文按照"数据新闻的理论研究""数据新闻的宏观发展研究""数据新闻的国外实践研究""数据新闻的国内实践研究"及"学科领域与专业人才培养研究"五个主题进行分类①，整理所搜集到的论文，结果如图 4 所示。自 2012 年起，数据新闻研究的成果中，对国内数据新闻实践研究的论文数量最多，其次为数据新闻理论，再往下依次是数据新闻的宏观发展、数据新闻的国外实践以及学科领域与专业人才培养研究。

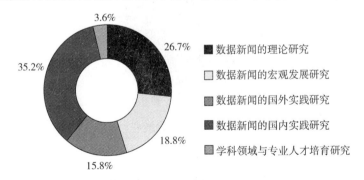

图 4　按照文章主题的分布情况

---

①　这里借鉴了樊国庆"五位一体"的结构，见樊国庆《我国数据新闻研究的学术梳理与再探索》，《视听》2015 年第 1 期。

从研究者供职的单位可以看出，占前三强的作者单位分别是 211 高校、985&211 高校和一本高校，业界的研究文章仅占一成，如图 5。表明数据新闻研究多为 985、211 高校以及一本高校所关注，这两类也是科研、教学水平相对较高的高校。与此类似，作者隶属的院系同样以新闻传播学居多，文学艺术类、信息管理类少有涉及，如图 6。随着大数据的到来，诸如计算机信息科学、物理学、遥感学等其他自然科学学科均在这里找到了研究的兴趣点，在与大数据相关的研究领域，不仅呈现出愈发明显的媒介融合趋势，同时也昭示着越来越多的学科之间的相互融合与借鉴。

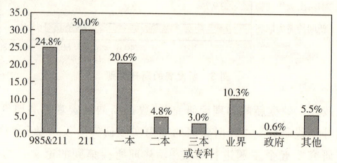

图 5　文章作者所属单位①

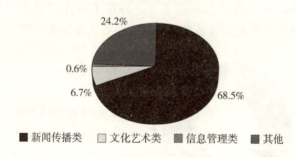

■新闻传播类　□文化艺术类　■信息管理类　■其他

图 6　作者所属的院校②

通过对搜索文章的分析，我们认为，

第一，数据新闻的研究者主要集中在新闻传播学领域，具体体现在三个方面：1. 宏观层面，对数据新闻的历史、现状及发展态势的介绍与展

①　图例中的"985&211"指既是 985 同时也是 211 的高校。"一本""二本"等指不属于 985 或 211 的一、二本院校。

②　图例中的"其他"表示没有标明院系或作者单位不在高校的情况。

望；2. 微观层面，对中外数据新闻的具体应用案例的分析研究；3. 专业培养层面，数据新闻的学科与专业人才培养。

第二，技术为数据新闻研究的重要领地，这一趋势表现在：1. 相当数量的有关数据新闻的研究文章刊登在科技类期刊上；2. 在新闻传播类期刊上，多有涉及技术问题的文章，这是之前较为少见的。然而，所搜集的文章中没有运用实验—统计方法对某一事件做数据新闻方面的考察和分析，更多是对已有的数据新闻表现形式和内容作出分析和总结，这反映出国内的数据新闻实践和研究尚处在初期阶段。

第三，所搜集的文章中涉及数据新闻理论和学科专业人才培养方面的文章数量较少，学科体系建构亟待完善。

一　数据新闻的概念及辨析

数据新闻甫引入我国，便引发一场数据新闻热潮。这一方面是新闻业自身求变、欲改革传统新闻报道样态的内在动力所驱使。另一方面，也在于移动互联网、物联网、大数据等技术发展下人们的很多活动皆依赖或留痕于各种数据和电子信息，而用于挖掘数据资料的计算机处理技术业已成熟，让获取、处理这些数据成为可能。再加之，被海量信息裹挟的人们，也希望通过轻松、随时随地进行"浅阅读"方式获取与其生活相关的信息。以上因素共同导致了数据新闻的异军突起。信息时代，人们的生活、工作、社会交往无不处在信息所构成的巨大网络之中，如果说，我们每个人是一个节点的话，那么，是信息将所有节点连接起来构成一张巨大无比、超级复杂、点线交错、结构叠加的社会交往网络，而数据新闻恰恰能够挖掘受众无暇处理的信息，核实、理清数据的内涵，为受众提供深度的新闻故事。从这个角度讲，数据新闻是未来最有潜力的新闻报道样式。

给数据新闻一个严谨的定义，是做研究必要的前提。在所搜集的文章里，对数据新闻的定义多采用欧洲新闻学中心（European Journalism Centre）和开放知识基金会（Open Knowledge Foundation）编写的《数据新闻手册》（The Data Journalism Handbook）中的定义："数据新闻，又称数据驱动新闻，指用数据处理的新闻，是把传统的新闻敏感性和具有说服力的叙事能力与海量的数字信息相结合的新闻。""数据新闻"和传统新闻的差异表现在："数据新闻提供了一种可能：将传统的'新闻嗅觉'、讲述引人入胜故事的能力与如今可利用的大规模数据信息结合起来。"①

"数据新闻""精确新闻""计算机辅助新闻报道"这三个概念的异同及其关系，是一些研究试图厘清的一个问题。但观点并不完全一致。有观点认为，数据新闻可追溯到精确新闻，《精确新闻学》的作者菲利普·迈耶（Philip Meyer）对精确新闻的定义也是被引用频率较高的，如方洁、颜冬从新闻历史发展的角度看，认为计算机辅助新闻报道是较早出现的概念，接下来，便是精确新闻，然后，是数据新闻。三者之间有一定的延续关系，但并没有相互取代。鉴于计算机在数据收集处理过程中的普及运用，当下无论精确新闻，还是数据新闻，都不能脱离计算机辅助新闻报道。然而，计算机辅助新闻报道更偏向是一种辅助工具，不是一种独立的新闻报道样式。因此，数据新闻的概念代表着一种新闻发展的形态，其概念的内涵和外延均比计算机辅助新闻报道更加广阔②。

陈力丹等人认为，大数据新闻有别于精确新闻和数字新闻。他们运用菲利普·迈耶的定义：精确新闻是记者在采访新闻时运用调查、实验和内容分析等社会科学方法收集资料、查证事实，其特点是用精确的具体数据分析新闻事件，以避免主观的、人为的错误，多侧重于微观的具体调查、实验和内容分析；而数字新闻，则指以数字、公式、字母等静态形式来辅助文字报道；大数据新闻，显现的是对大数据的挖掘与处理的结果，这类新闻可以通过复杂的交互式、动态化的图片和视频来呈现③。

梳理了计算机技术发展脉络，层层递进地将新闻业借助计算机技术进行调查性报道及其与政治、公共利益的关系作了宽广而深入的分析④。精确新闻报道由于可以帮助记者通过报道与公共问题相关的各种调查和统计数据来设置政治议程，而被贴上"关涉公共利益"的标签。且无论这种标签是由于精确新闻报道的实质内容使然，还是因为利用精确新闻报道的手段和技术更为艰难和隐蔽，他们都与信息的易得性和记者的独立性相关。在互联网技术的背景下，政府所控制的数据公开、社会组织、企业的相关

① Janathan Gray, Liliana Bounrgru and Lucy Chambers. The Data Journalism Handbook. O' Reilly，http：//datajournalismhandbook. org/chinese.

② 方洁、颜冬：《全球视野下的"数据新闻"：理念与实践》，《国际新闻界》2013 年第 6 期。

③ 陈力丹、李熠祺、娜佳：《大数据与新闻报道》，《新闻记者》2015 年第 2 期。

④ 苏宏元、陈娟：《从计算到数据新闻：计算机辅助报道的起源、发展、现状》，《新闻与传播研究》2014 年第 10 期。

数据以及互联网用户使用网络的各种数据、社会化媒体平台上的 UGC、移动终端上的各类信息、物联网技术的发展等，汇合成海量的大数据。尽管"非结构化数据"不能为传统的数据库直接使用，但是从非结构化数据的庞大"宝藏"中获得知识和洞察力的计算机技术正在迅速发展。在技术发展、数据可获得的背景下，传统媒体求变、转型的业务开发项目之一，就是挖掘数据、理解数据间的关系进而向受众提供各种关系的数据解释，因此，数据新闻又被赋予了传统媒体新兴的商业价值，以"公共利益"为指向的精确新闻被切换成以"商业价值"为指向的数据新闻[①]。

可以说，计算机辅助新闻报道、精确新闻、数据新闻这三种新闻样式是新闻业采编过程中记者的独立性追求、互联网技术的发展、数据的获取和开放以及政治、商业交互关系中，有着内在关联的不同发展阶段的新闻产物。

二　数据新闻何以为重？

作为"数据驱动"的新事物，数据新闻的产制易流于技术化倾向。对这个问题的不同看法主要表现在"重数据"还是"重新闻"之争上。菲利普·迈耶曾指出，传统新闻报道具有浓厚的媚俗化、煽情化色彩，热衷于呈现耸人听闻的故事情节，背离了新闻报道本应具有的客观性和准确性。而拥护"数据新闻"的辩论者往往也强调数据新闻的本质在于客观地传达信息，而不是讲述精彩的故事。

"重数据"或"重新闻"也反映在数据新闻的工作流程中，该流程包括三个方面：1. 反复抓取、筛选和重组来深度挖掘数据，2. 聚焦专门信息以过滤数据，3. 可视化地呈现并合成新闻故事[②]。从中可以看出，数据新闻并未改变新闻的本质，叙事仍然应该是数据新闻的重点。王强认为，数据新闻应该是"叙述驱动的数据分析"（Narrative-driven data analysis），"因为孤立的数据是没有意义的，记者在海量数据中探寻具有新闻价值的信息，发掘数据之间隐含的关联性，进而叙述与数据相关的新闻当事人的故事，这正是数据挖掘的目的。因此，数据应该为新闻叙事服务。"[③] 更进

---

①　苏宏元、陈娟：《从计算到数据新闻：计算机辅助报道的起源、发展、现状》，《新闻与传播研究》2014 年第 10 期。

②　方洁、颜冬：《全球视野下的"数据新闻"：理念与实践》，《国际新闻界》2013 年第 6 期。

③　王强：《"数据驱动"与"叙述驱动"：数据新闻生产的双重动力》，《编辑之友》2015 年第 3 期。

一步，王强认为数据新闻的文本应该是数据与叙事双重驱动的产物。为此，他引用新闻范式发展史的脉络分析所提出的"故事模式"和"信息模式"，认为数据新闻更可能被纳入到"信息模式"中。无论是乔治·米德（George Herbert Mead）所称谓的以传递事实素材为导向的，诸如选举结果或金融新闻，重点在于"新闻的事实价值"的模式，还是基于"享用品性"（enjoyability）及对"审美"经验满足的新闻表达，都是社会不同阶层的合理信息需求，并不存在道德高下或审美的优劣，新闻价值本身就是一个包含了多样维度的集合，不同的新闻叙事类型承载着不同的使命，单一模式的文本显然无法满足不同文化群体的需求。伯明翰大学的保罗·布拉德肖（Bradshaw）、德国之声电视台的米尔科·劳伦兹（Lorenz）认为，数据新闻与其他新闻的不同之处或许在于当人们将传统的"新闻鼻"、讲述扣人心弦的故事的能力与大量的数据信息结合在一起时，新闻报道能呈现出许多新的可能：如运用软件去发现成百上千官方文件中的关联性，帮助记者运用互动式信息图表来报道复杂的新闻故事，解释新闻与每个人存在何种关系，向受众公开新闻获取的过程等①。

　　"重新闻"还是"重数据"的讨论更多是在学理上对数据新闻的性质作出论断。与此相关联的是，数据新闻制作也同样存在"重技术"还是"重内容"的讨论。李丽波在比较了"数据为王"和"内容为王"各自优劣的基础上，提出了"分析为王"的观点。所谓"数据为王"，是强调以技术作为制作数据新闻的主导，将数据处理、可视化应用等技术放在首位。然而，"数据为王"理念支撑下的数据新闻作品存在着一定的缺陷，即作品缺乏深刻内容，忽略挖掘数据背后的隐藏信息，故事让位于技术，而过度依赖数据分析、可视化技术，将使作品失去思想的光芒。"内容为王"是传统新闻报道的理念，也是其坚守的核心竞争力，它强调记者的写作深度和原创能力，但是，这种理念下的新闻作品也存在着无法回避的缺陷，如记者编辑以自我为中心创作的作品，往往会忽视读者和市场的需求；甚至不符合受众的审美趣味、阅读习惯，导致曲高和寡。所谓"分析为王"是指在获取数据、理解数据和呈现数据三个阶段融入分析思维，即：在搜集数据阶段，分析与报道相关的各类数据，从庞杂的信息中寻找到新闻点和报道数据；处理数据时，运用发散思维，触类旁通地从其他数

---

　　①　方洁、颜冬：《全球视野下的"数据新闻"：理念与实践》，《国际新闻界》2013 年第 6 期。

据出发，分析是否有可行的关联性，从交叉点找到报道视角；在呈现数据时，选择可表现深度挖掘和分析的数据关系的可视化技术，最后呈现给受众易于理解、接受的数据新闻作品①。

不少研究在对"重新闻"还是"重数据"的看法上，大都秉持将数据分析贯穿到数据新闻作品每个阶段的观点。如哥伦比亚大学数据新闻研究中心乔治·森史特里（Jonathan Stray）认为，计算机技术对新闻报道的帮助体现在以下四个阶段中：以数据推动的报道，故事的展现方式，信息的筛选以及影响的跟踪②。

"技术"或"内容"孰轻孰重的讨论，与数据新闻制作过程也是密切相连的。郭晓科从数据新闻学的功能角度，认为数据新闻是讲故事的新工具和新方法，是帮助记者解释宏大背景下的新闻事件和个人之间的关联③。史安斌提出数据新闻制作过程的两种模式："利基模式"和"类比模式"，此两种模式同时也是数据新闻作品所具有的功能。"利基模式"是对数据进行筛选、整理和挖掘后转化为满足不同层面受众需求的细分化、定制化的新闻资讯，它借助新媒体平台，以直观、易用的形式向公众提供互动式服务，满足公众日益增长的知情、监督和选择的需求。"类比模式"指使用量化、质化等社会科学的研究方法，根据报道主题确定相关的"变量"，针对这些"变量"挖掘不同类别和层面的相关数据，让受众通过直观化、互动化的手段进行横向和纵向的类比，促使他们在全球视野下和充分知情的基础上进行理性分析，以免做出"标签"式的臆想或产生"坐井观天"式的偏见。与提供专业信息化服务的"利基模式"相比，"类比模式"旨在引导受众寻找数据当中蕴藏的"洞见"，提升全球公民意识和媒介素养④。

徐锐等认为，与大多数由对事实的描述或引用当事人话语构成的传统新闻不同，数据分析呈现的模式、趋势和偏值（偏值是观察数据分布形态的一个指标）能给予新闻报道更强的可信度，但并不能简单认为数据新闻就是图形或可视化效果。数据的大规模接入只是"讲故事"的方式，而不

---

① 李丽波：《"分析为王"致胜数据新闻》，《新闻世界》2015 年第 2 期。
② 转引自苏宏元、陈娟《从计算到数据新闻：计算机辅助报道的起源、发展、现状》，《新闻与传播研究》2014 年第 10 期。
③ 郭晓科：《数据新闻学的发展现状与功能》，《编辑之友》2013 年第 8 期。
④ 史安斌、廖鲽尔：《"数据新闻学"的发展路径与前景》，《新闻与写作》2014 年第 2 期。

会取代故事，只不过有时故事是用可视化效果或地图来讲述①。编辑记者并非不再珍惜他们的优良传统：讲述优美的故事。数据的大规模接入只是"讲故事"的方式，而不是取代故事。从这个意义上看，"数据是一种资源，也是一种工具。它被告知信息但不揭示信息"②。

总的来看，多数学者基本上认同以下观点，数据新闻的落脚点应在故事叙事上，是用数据呈现故事的新闻，是具有新闻理念的数据呈现。在数据新闻的产制过程中，叙事结构、内容和数据的可视化呈现应该相辅相成，相映生辉。叙事、调查、应用和可视化是数据新闻报道的不同表现维度，而非互斥关系的不同类型。

三　数据的开放与获取

数据新闻的一个重要前提是能够获取数据。数据的开放与获取涉及权力之争、利益之博。"技术是一种权力"，这句话在当下可以被诠释为"数据是一种权力"，任何技术都不是中性的。

从数据开放的角度看，已有研究提出了这样几种观点：一是从话语权的角度，指出随着新闻实践的专业化发展和市场化运作，新闻越来越追求时效性和客观性，并极力避免滞后性与倾向性。在自媒体诞生之前，"固定采访路线成为主要的新闻来源"是解决媒体在短时间内获得尽可能详尽新闻素材、并进行不偏不倚报道所借助的主要外力。这种固定采访路线对于媒体具有至关重要的作用。在一个金字塔结构的社会中，只有处于塔尖部分的部门和人物掌握核心权力和关键信息，因此，传统的固定采访路线几乎控制着一个国家的所有资源，塔尖部分的塔尖人物，诸如政治精英、经济精英、文化精英等社会精英是真正的新闻来源，他们掌握、诠释着核心信息，"社会精英对新闻话语权的控制无疑造成了这个时代的传媒的一大特色：'它在骨子里是一种势力，是一种献媚，是媒体与名人的共舞，在其深处隐藏着某种很难换算的交易'"。数据新闻消解了社会精英对社会核心信息的掌控与诠释，甚至解构、颠覆了他们的话语。除了因民主运动而导致的数据开放等因素外，随着网络技术的日新月异，数据新闻客观全

---

① 徐锐、万宏蕾：《数据新闻：大数据时代新闻生产的核心竞争力》，《编辑之友》2013 年第12 期。

② 瞿旭晟：《数据入侵："538"博客的实践与启示》，《新闻记者》2013 年第 6 期。

面"描绘社会的总体真实"已经指日不远了①。二是从民主运动和政府开放数据的角度进行分析。后信息时代,各国政府和企事业单位掌握着海量的数据,财政预算、教育、环保、居民消费和法律等诸多领域都蕴藏着丰富的数据。无论从社会公益还是商业应用方面看,这些数据都具有极高的二次再分析再发掘的价值②。让数据对社会开放已经成为各国民主运动的新内容,它被作为提升政府透明度、提高国家创新竞争力、提升社会民主程度的重要措施,在各国受到越来越多的关注和重视。2011 年,在美国政府倡议下全球各国正在逐渐形成"数据开放联盟",目前有 40 多个国家和地区加入。2013 年开放政府联盟峰会在伦敦举行,发布了《开放数据晴雨表:2013 年开放数据全球报告》,该报告旨在揭示全球不同数据开放计划的渗透性和影响力,分析全球开放数据的发展。报告显示,在2013 年全球数据开放国家排名中,中国位列 61 位。排在前三位的分别是英国、美国和瑞典③。

此外,还有的研究借用布迪厄的"场域理论"分析数据新闻制作过程中的权力之争。徐超超等以 ProPublica 的新闻实践为例,认为在大数据语境下,海量、非结构化的数据形成了"资本",并构建了全新的传播环境。在这个由各类媒体、用户、具有内容属性的应用产品三类主体构成,以信息传播与互动共享为目的的多元交互关系构成的场域内,存在着竞争的张力,其中竞争的逻辑就是"资本"的逻辑,也就是"数据"的逻辑。在作者的分析中,ProPublica 的新闻实践之所以值得称道,除了其自身具有的网页设计、新闻理念、制作团队通力合作等因素外,开放与合作是重要的因素。开放指的就是数据资本的公开化。该文就公民的媒介接近权进行了分析,认为在新的语境下,国内在公民媒介接近权方面存在三个方面的困境:一是管制制度匮乏;二是经济利益平衡问题没有彻底解决;三是行业自律缺失④。不过,文章并未就这三个问题背后的权力之争展开讨论。

数据的开放与否涉及政治、经济等诸方面利益。而数据新闻的可视化

---

① 曾庆香、侯雪琪:《数据新闻:社会精英话语权的消解》,《探索与争鸣》2015 年第 3 期。

② 钱进、周俊:《从出现到扩散:社会实践视角下的数据新闻》,《新闻记者》2015 年第 2 期。

③ 唐斯斯、刘叶婷:《全球政府数据开放"印象"——解读〈全球数据开放晴雨表报告〉》,《中国外资》2014 年第 5 期。

④ 徐超超、徐志伟:《场域视角下数据新闻研究——以 ProPublica 的新闻实践为例》,《新闻研究导刊》2015 年第 5 期。

叙事、审美转向则揭示了社会认知与文化表达的深层对决。如张艳所认为："数据新闻的图像表意与可视化叙事功能，极大地调动并激活了人的感官认知，使人们能够真切地感受生存世界的方方面面，并更多地参与到社会认知与社会决策中。这个图像符号功能强化的过程，同时也是文字表意功能弱化的过程。在原有文字审美的想象空间受到挤压，而以图像霸权为中心的文化转向的环境下，感观快适遮蔽美感沉思已成为不争的事实。过度的'图像观赏'依赖势必解构传统艺术审美的逻辑原点，压缩文字在诸多领域的叙事权，简化人与审美对象之间的关系，人类的文化表达更多让位于图像叙事，文字精英们的生存空间受到文化边缘族群的挤压，这些都是图像霸权与文字表意的文化博弈下潜藏的社会影响。"①

数据新闻关涉的数据开源、机器技术以及"图像观赏"和互动，并非像它所呈现的那样具有超然的客观性，它背后所掩藏的权力关系和利益区隔，使得政府、新闻业、商业集团以及人和机器，围绕着数据的生产和传播展开激烈的或显明或隐匿的博弈与制衡。

四 数据新闻的技术之美②

在已有研究中，关注数据新闻技术和制作的成果是数量最多的。这一方向的研究，有的专门介绍各种专业技术或制作流程，有的则结合具体的数据新闻实践案例展开阐释。为叙述方便，在此先简述数据新闻的一般流程。

英国伯明翰大学城市大学布拉德肖（Bradshaw）依提出的数据新闻采编的"双金字塔"结构，如图 7 所示③。倒金字塔部分自上而下包括数据编辑、清理、情境化、综合 4 个环节，以传播为纽带，形成一个自上而下包括视觉化、叙事、社交化、人性化、个性化和应用化等 6 个环节的正金字塔结构。数据新闻通过可视化形成新闻故事之后，在各种平台发布实现社交化，读者可根据个人的兴趣和需求对新闻作品加以应用④。

---

① 张艳：《论数据新闻的图像表意与审美转向》，《编辑之友》2015 年第 3 期。

② 需要说明：结合具体的数据新闻作品介绍数据新闻制作过程中的技术，是一种较为适合的方法。但考虑到突出技术的清晰度，本文采用将技术与具体作品分别叙述的方法。

③ Bradshaw, Paul. http://online journalism blog. com/2011/07/07/ the-inverted-pyramid-of-data-journalism/.

④ 徐锐、万宏蕾：《数据新闻：大数据时代新闻生产的核心竞争力》，《编辑之友》2013 年第 12 期。

图 7　数据新闻的"双金字塔结构"

数据新闻制作流程一般包括以下几个环节[①]：

第一，确定选题、获取数据。选题通常是社会生活中的热点、重大问题以及与公众生活切身利益相关的题材。数据新闻多采用网上公开、免费获取的数据，诸如政府或第三方权威报告，或对网络搜索引擎、社交媒体内容、用户数据进行深度挖掘，或通过网络观察、调查或众包的形式收集数据。并采用多种信息渠道核实数据信息，保证数据的真实、可靠。

第二，处理、分析数据。数据处理可以分为数据清理、情境化和综合3个步骤。其中，数据清洗通常有两种做法：其一，检查数据的一致性，将新获取的数据转换成与已使用数据相一致的形式；其二，处理无效值和缺失值等。因数据库通常会存在重复条目、损坏条目、空白条目、错误格式、重复命名、数据丢失等问题，需借助一些软件工具对不完整的数据、错误数据、重复数据进行整理和清洗。

情境化是将搜集的数据置于特定的语境中解释，有助于理顺数据之间的逻辑关系，不至于在数据搜集阶段丧失焦点或错过有趣的报道角度。这就要求记者在生产数据新闻时以问题为导向，弄清数据由谁收集、何时收

---

① 在这一部分，主要参考王武彬《如何用数据讲一个好故事——从 2013 年数据新闻奖作品〈"傻瓜"的艺术品市场〉说起》，《新闻与写作》2014 年第 4 期；沈浩、谈和《数据新闻时代新闻报道的流程与技能》，《新闻与写作》2015 年第 2 期；胡艳《数据可视化在新闻报道中的应用前景探析》，《西南民族大学学报》（自然科学版）2014 年第 5 期；徐锐、万宏蕾《数据新闻：大数据时代新闻生产的核心竞争力》，《编辑之友》2013 年第 12 期。

集、为何收集、如何收集、有何意义。这也是使用二手资料时理应注意的问题。

数据综合常见方法是信息图表的糅合混搭，即将一个数据库中的信息合并到另一个信息图的数据之中，实时呈现事物的时空分布状况，实现信息的整合与导航。通过对比、叠加数据、挖掘"数据关系"，或延展时空跨度，揭示总体规律，或以超链接的形式向用户提供原始素材的来源，使数据地图、时间线、交互性图表成为不同时间、不同来源的数据信息整合框架。

第三，呈现数据，使用可视化技术将故事用信息图表呈现出来。随着读图时代的外延进一步扩展，从静态新闻图片跃升到互动性更强的信息图表。信息图表是对文本型和数值型信息形象化、互动化的呈现，包括图表、图解、图形、表格、地图和列表等，用来展示数据、提示要点、梳理进程、揭示关系、表达观点。目前的可视化技术可以施之于地图、时间轴、树状图、气泡图、网络图、散点图、热力图、标签云、流程图等形式来表达和呈现。

值得注意的是，数据可视化的效果高下取决于所用信息是否干净、精确和有意义。信息图表是为呈现数据、分析数据、解释数据服务的。当文本和多媒体能更好地讲述故事，当掌握的数据过少或没有明显的趋势和结论，当空间要素并不那么重要或缺乏吸引力时，当表格能更加简洁、高效地传递信息时，信息图表的使用可能反而成为累赘，可以弃之不用。

若要制作"美"的信息图表，就不只是数据呈现，而是信息图表驱动下对新闻的发现和深化。制作的信息图表欲达到卓越的水平，就需要在以下方面进行磨炼和提升。1. 视觉元素的多元运用与信息数据的综合表达。即在将传递效果较低的文字信息转换成直观、清晰的信息图表后，结合时间轴、按钮等辅助工具，将若干类别、组别的信息整合在一张信息图表中，从横、纵两个方面扩大和深化传统信息图表的信息量，再通过动画和交互增强读图的趣味性，用合理的设计引导，在相当程度上将阅读主动权交还到读者手中，信息图编排的合理性和创造性、美观表现力决定了图表信息表达的效度；2. 新媒体手段的综合运用与新闻报道的"人性化"趋势。无论是传统媒体还是新媒体，都需要面对公众越来越碎片化的时间和越来越少的注意力，而深度、复杂的新闻报道又意味着需要读者进行大量的信息处理，这就形成了看似无解的矛盾。事实上，如果能够恰当地综合运用可视化、动画、交互等手段，借助新媒体技术，信息图表就可以很好地简化读者的阅读难度，在有限的时间和注意力范围内，完整地呈现更多的文字和数据信息。美国学者保罗·莱文森认为，媒介能够根据人类的需要优胜劣汰的进化，凡是符合人类传播特点的媒介就能生存下来。数据新闻可以借助按钮、时间轴等工具将多张图表整合在一个页面中，降低阅读成本，化解上述无解的矛盾①。

　　"数据是美的"，在数据新闻时代，这一点似乎成为公理。正因为数据新闻是图像表意与可视化叙事逻辑的具体体现，也是受众以前少有接触的，因而在认知方式上颠覆了文字审美的静思，改变了受众信息接受的审美范式，成为碎片化时间轴上被广泛接受的获取信息方式。张艳对此作了详细的解析②：1.图像表意对审美想象中介的消弭，数据新闻遵循图像符号生成逻辑，通过文本、图形、色彩与图像等多种符号元素实现可视化叙事，读者由传统新闻作品中的文字想象美转变为欣赏图像的视觉美感，审美体验方式悄然转向，信息图给受众提供了一个新的认识世界的审美视角；2.图像表意使人对世界的审美聚焦发生位移。数据新闻所带来的审美文化的多重异变，最明显的就是人们对"图像观赏"的路径依赖使人对世界的审美聚焦发生位移。人们可以更加个体化的方式参与数据新闻的信息提取。"看新闻"转变为"用新闻"，互动性（如评论数、转发数等指标）的提高，将使相应的新闻页面广告投放参照体系随之调整。数据新闻的符号具象性特征产生的视觉快感，潜移默化地影响人们对世界的视觉认知模式，逐步调整人对生存世界的审美聚焦，形成"图像观赏"路径依赖，改变人对世界的符号审美表达，这会引起信息生产方式与接受方式的改变；3.遵循主体间性的审美原则。数据新闻运用的交互式信息图表、可视化数据地图以及基于时间轴的动态图像展示等图像表意手法，可以让读者成为创作者和欣赏者，通过鼠标点击、拖动，欣赏近乎自己创作的形态各异的图形美，同时读取自己关注的精细新闻内容，实现主体间性的美学享受；4.新媒体技术对传统审美逻辑限定的消解。新媒介技术条件下，人人既可

---

　　①　颜清华、徐腾飞、彭兰：《信息图表：如何更好地讲故事》，《新闻界》2013年第24期；彭兰：《"信息是美的"：大数据时代信息图表的价值及运用》，《新闻记者》2013年第6期。

　　②　张艳：《论数据新闻的图像表意与审美转向》，《编辑之友》2015年第3期。

以是传者也可以同时为受者，它实现了基于"艺术平权"观念下的信息再造，消解了传统艺术审美的结构关系限定，为表意关系、对象关系等注入了新的元素，进而形成了新的艺术形态与内容。文化权力"去中心化"的态势，使记者、编辑越来越多需要与程序师、团队其他成员合作，文化符号被拆解为信息图表中的碎片化元素，通过各种符号组合形成可视化信息传达，审美元素日渐丰富，人们的审美水平也因技术发展实现了螺旋式上升。

五 数据新闻作品分析

如前所述，本文所检索的文章中，国内、外数据新闻实践的案例研究文章的数量最众，两者合计占据总量的 51.0%，其中有关国内数据新闻实践的比例为 35.2%，国外为 15.8%。

1. 门户网站的数据新闻

2012 年，各行业都在寻找大数据带来的机遇，国内门户网站苦于没有正式的采编权，只能使用二次传播的方式，通过转载分发传统媒体作出的新闻吸引读者。正是国内特殊的媒介环境让这些网络媒体在"大数据"浪潮中寻求了一条出路。数据新闻制作是基于对数据进行的二次挖掘与分析，而对数据的加工正是网络媒体的长处；同时，网络媒体具有更丰富的多媒体呈现方式，更具个性化的订阅模式，同时还拥有传统媒体所不具备的交互功能。更为重要的是，数据新闻的商业模式更能契合门户网站的运营模式。这些优势使网络成为当下与数据新闻结合最为紧密的媒体。其中，门户网站与专业新闻网站是制作数据新闻的主力军，在相关的研究中，二者也是主要的分析对象。

2011 年，搜狐网"数据之道"栏目上线，成为国内首个试水数据新闻的门户网站，随后，网易《数读》、腾讯《新闻百科》和新浪《图解天下》相继上线①，数据新闻初露端倪。周善在其研究中用一张图表清晰地叙述了网易、新浪、搜狐、腾讯的数据新闻宗旨、开设时间和发布数量，笔者借用这个思路，将四大门户网站一些最新指标总结如表 1。

---

① 周善：《数据新闻：网站专业生产内容（PGC）的可循之途——四大门户网站的数据新闻实践》，《编辑之友》2014 年第 8 期。

表 1　　　　　　　四大门户网站新闻频道数据新闻栏目基本情况一览表

	图解天下＋热点制图	数　读	数字之道	新闻百科
宗　旨	致力于新闻视觉化，以图达意，提供轻松直观的阅读体验	用数据说话，提供轻量化的阅读体验	有图有真相，数字不说谎	新闻说明书，用数据解读新闻
上线时间	2012 年6 月 4 日	2012 年1 月 13 日	2011 年5 月 21 日	2012 年4 月 25 日
总期数（截止到 2015 年 8 月14 日）	"图解天下" 173 期，"热点制图" 110 期，还有 6 期 "特别策划"。共计 289 期	463 期	333 期	483 期

　　注：上表在周善所撰《数据新闻：网站专业生产内容（PGC）的可循之途——四大门户网站的数据新闻实践》一文提供的图表基础上更新其 "总期数" 制成。

　　数据新闻实践离不开数据的获取。数据按结构划分，可分为结构性数据和非结构性数据。结构性数据指 "存储在数据库当中、有统一结构和格式的数据"，包括政府组织、市场调查机构、基金会发布的各种统计数字、报表、调查报告等，非结构性数据指 "无法用数字或统一的结构来表示的信息"，包括视频、语音、文字、图片、产品信息、时间信息、地理信息等，其蕴含的信息量十分丰富，但分析难度较大。结构性数据本身较有逻辑性，只要以适当的形式表达出来，数据的意义就一目了然。而非结构性数据则不存在固有的逻辑联系，需要数据的挖掘才能发现数据之间的联系。周善对四大门户网站的数据新闻统计之后指出，"结构性数据占近八成，非结构性数据占比 20.20%，各网站又细微差别，新浪占 20.6%，腾讯占 19.98%，搜狐占 20.8%，网易占 19.42%"[1]。

　　在所检索的研究文章中，以新浪网 "图解天下" 为例的研究较多。"图解天下" 分新闻、财经、科技、体育、教育五个板块，共 173 期，它致力于新闻视觉化，以图达意，提供轻松直观的阅读体验。"图解天下" 的选题关注国内政治经济新闻和社会新闻，也以关心公共利益为重，寻找和捕捉与人们生活息息相关的信息，并以 "讲故事" 的形式呈现。如十八大召开期间 "图解天下" 特别策划了 4 期针对十八大的节目和 2 期国务院政府工作报告的节目[2]，这些节目利用其网站拥有的链接功能、

　　① 周善：《数据新闻：网站专业生产内容（PGC）的可循之途——四大门户网站的数据新闻实践》，《编辑之友》2014 年第 8 期。
　　② 参阅冼晓露《浅析新浪 "图解" 的数据新闻实践》，《新闻世界》2014 年第 12 期。

以及与网民互动设置，通过一键设置，作品十分容易与微博、QQ空间、手机快传、搜狐微博、人人网、新华微博、豆瓣、天涯等社交媒体链接。对新浪"图解天下"的研究指出，其对自我数据的开发和利用度不够，网络数据新闻交互性设计不够①。数据可视化手段单一、文字叙述过多等不足②。

作为四大门户网站的网易、搜狐、腾讯也在数据新闻制作方面尝试走出一条独特之路。网易"数读"是网易新闻的一个板块，由国际、经济、政治、民生、社会、环境、其他七部分构成。"数读"数据具有轻量、精致特点。主要以地图、标签云、流程图、抽象画形态组合以及动态图表等形式来表现视觉化的新闻③。每期的"数读"都设置了与新浪微博、QQ空间、人人网和有道云的一键链接，并设置了"跟帖最多"的查询方式④。"数读"的特点是信息图与文字叙述并重，每期结合一到两张信息图，用文字将信息图的意义进行解读和阐释，这也符合其"轻量化"的制作宗旨。网易"数读"在进行突发性、调查性报道的同时，可加入长期追踪型报道，使受众对于某一事件的了解更为全面详细。搜狐"数字之道"秉承"数化万物、图悉生活"的理念，由第一播报、排行、国内、国际、专题、话题、图表等13个栏目构成，已发布了333期。它设置了与其他社交媒体的一键链接，如微信、QQ空间、新浪微博、人人网、腾讯微博、豆瓣网以及搜狐微博等。在其制作的节目中，有一期题为《惊人的中国"高尔夫数学"》，利用法治晚报、央视网的数据和信息制作而成，它通过对中央各部委叫停高尔夫球场建设毫无成效的各种惊人统计数字的挖掘，揭示了其背后隐含的利益黑洞⑤。除了有网民留言，该期节目还设置了网民调查问题，就高尔夫球场屡禁不止的原因进行再度挖掘。

腾讯"数据控"是腾讯新闻出品的数据新闻，自2012年上线以来，已经发布数据新闻483期。在8·12天津爆炸事故后，腾讯在门户网站中第一个推出了《天津爆炸事故核心事实》《天津爆炸事故三大核心疑问》等

① 阮超男：《网络数据新闻的发展探析——以新浪图解天下为例》，《新闻世界》2014年第12期。

② 冼晓露：《浅析新浪"图解"的数据新闻实践》，《新闻世界》2014年第12期。

③ 王青原、赵伟亦：《网易数据新闻板块——"数读"的特点分析》，《新闻研究导刊》2015年第8期。

④ 参阅网易新闻首页（http://data.163.com）。

⑤ 参阅搜狐新闻频道（http://news.sohu.com/s2015/shuzi-380）。

新闻作品，以可视化图表告知事故地点、伤亡情况、爆炸物品、强度、空气状况以及天津瑞海物流危化品的危险性质与隐患①。

腾讯在使用非结构化数据制作数据新闻方面也有可喜的尝试，其第259期《外交部表态分析：除了抗议还说啥》，利用中国外交部网站的1000多篇文章负载的非结构性数据，分析了2009年2月到2013年5月外交部历任6位发言人有关中国外交政策的发言，这些发言共回答了约4514个提问，涉及16项事务议题，涵盖了21个国家和地区，编辑通过对这1000余篇新闻文本的数据挖掘，将分析所得的数据分为"议题""对象""态度"三类，然后按照外交部发言人在发言中提到的议题次数、对象次数及使用的表态词语的词频与关系进行连线，制成一个互动图表。通过图表演示，使读者能够更加直观、清晰、深入地了解中国政府在外交政策上的国家姿态②。

2. 新闻网站

与门户网站不同，以财新网、澎湃新闻为代表的专业新闻网站堪称国内实践数据新闻的先锋，并形成了自己的特色。

财新数据可视化实验室成立于2013年，它是国内最早结合新闻编辑和数据研发的虚拟实验室，其作品《三公消费龙虎榜》把2010年以来官方公布的90多个中央级单位的三公消费数据录入数据库，加以图形化和排序，将每个部门的支出和组成以及人均支出等数据可视化地生动呈现，使用户更加清晰地了解什么是三公消费、三公消费到底包含哪些内容，如何评估等。它不讲故事，也不给结论，而是让每个用户去发现不同的内容，是一种开放式的报道结构③。

2013年11月22日青岛黄岛中石化管道发生爆炸，财新记者第一时间到达事故现场获取大量包括照片在内的资料，杂志社记者、网络编辑、数据新闻及可视化团队协同合作。通过微信群将身处青岛、北京、上海、广州的工作人员组织在一起，一线记者拍摄的现场照片传回财新后方编辑室的同时，数据新闻团队也开启代码编写工作，并即时整合前方新闻和图

---

① 《天津爆炸事故三大核心疑问》，腾讯网新闻百科（http：//news.qq.com/newspedia/tjbzyiwen.htm），2015年8月26日查阅。

② 周善：《数据新闻：网站专业生产内容（PGC）的可循之途——四大门户网站的数据新闻实践》，《编辑之友》2014年第8期。

③ 财新数字可视化实验室：《数字说—2014三公消费龙虎榜》，财新数据可视化实验室网站（http：//vislab.caixin.com/? p=69），2015年6月18日查阅。

片，两天后上线了可视化互动图，该作品达到财新网当时单日最高流量为800万页面浏览量的纪录。在这个过程中，新闻不再以单一的新闻报道、图片的形式展现给读者和互联网用户，而是以地图上多维度的空间互动进行解读①。

澎湃新闻的"美数课"（"花边数据"）栏目是澎湃数据新闻推出的产品，将当日新闻热点事件以图表、图片等形式进行报道，并融合 Flash 动画、三维动画等模式综合呈现，也可整合至澎湃新闻 App 中进行浏览。"美数课"的一大特点在于其新闻内容虽然可以在 PC 端的网页上浏览，但是其图片配比、排版方式都是按照手机等移动端的展示需求进行设计的，其作品形式趋于简单、整体文件包小（1—2M，耗流量少）、设置进度条（让用户了解内容长度）、设置社交出口。澎湃做数据新闻的设计思路是移动端优先，适配 PC 端②，这一思路也代表了网络媒体数据新闻将越来越倾向于移动端的发展方向。

3. 纸质媒体

大数据时代，处于困境中的传统纸媒也在追赶数据新闻的大潮，其中常被提及的是《北京晚报》和《南方都市报》。

报纸上早期进行数据新闻制作的数据来源大致有两类，本报记者采访和权威机构的公开数据源。记者的主要工作是把这些数据整理成为简单易读的图表形式，而对数据进行科学分析实现对数据背后隐藏现象挖掘的作品较为少见，媒体多把精力放在挖掘数据和数据可视化上面，对数据分析的重视程度略显不足。

在处理数据和文字的关系时，取舍、薄厚的衡量标准是数据能否形象生动地代替文字讲述复杂的故事。较早进行数据新闻尝试的报纸，希望借助丰富、生动、形式各异的数据图表来简化文字叙述，一方面，数据图表可以把枯燥的版面变得鲜活起来。另一方面，数据的使用，在一定程度上弥补了文字报道客观性不足的缺憾③。

然而，在"纸媒已死"的当下，报纸受到平台、发布时间等"硬件"的多方限制，发展相对缓慢，虽然不少报纸努力进行改革与尝试，但就目

① 参阅韩巍《数据新闻与可视化报道——以财新传媒为例》，《新闻与写作》2014 年第 4 期。

② 黄子健：《澎湃数据新闻——传统媒体新探索》，《中国传媒科技》2014 年第 12 期。

③ 段晓敏：《大数据时代传统纸媒"数据新闻"的实践与价值——以〈南方都市报〉"数据"栏目为例》，《新闻世界》2014 年第 11 期。

前看，还收效甚微。

4. 电视媒体

电视新闻拥有视听语言丰富多样的优势，不仅可以通过 3D 虚拟空间和动画模拟等多种可视化技术呈现数据，还可以在与主播的互动中，把镜头语言变得更为生动灵活。在具体研究电视数据新闻的论文中，主要的分析对象是央视的《"据"说》系列节目。

2014 年春运期间，中央电视台与百度合作推出的《"据"说春运》节目，开启了电视数据新闻的先河。尽管这期节目只是将百度迁徙热点图动态呈现在电视屏幕上，但首次运用大数据来进行电视新闻的报道，《"据"说春运》节目在电视屏幕上真实再现了 36 亿人次的春运旅程[①]。随后，央视的《晚间新闻》栏目组又顺势推出了《"据"说春节》系列节目，进一步拓展了电视屏幕的数据新闻实践，不仅呈现形式更加多样，议题也逐渐丰富。其他电视媒体也开始相继进行数据新闻的实践，如江苏卫视的《大数据看迁徙》《大数据说消费》等，浙江卫视的《大数据看春运》《大数据看出行》等和湖北卫视的《湖北大数据》等。为此，众多学者将 2014 年称为中国的"电视数据新闻元年"[②]。

央视数据新闻《"据"说》系列，开创了电视数据新闻报道的先河，在内容和形式上都给受众带来了前所未有的体验，对收视率的贡献也有目共睹[③]。《"据"说》系列节目也成了对电视数据新闻进行学术研究的主要案例。常江等人对央视《"据"说》系列节目进行文本分析后认为，数据讲故事远非将数据嵌入新闻叙事那样简单，数据可以呈现背景资料，却难以全面呈现同一个新闻主题的多个角度，更无法提供新闻作为"故事"的关键因素：趣味性。将大数据技术运用于具有严格播出时间与编排限制的电视新闻中，要在极有限的时间与板块内用数据说清一个有意义的社会现象或热点话题并吸引受众的注意，既考验制作者对数据的挖掘程度，也考验制作者整合数据和事实的"讲故事"能力[④]。

---

① 镇涛、梅岚峤：《数据驱动新闻：电视新闻的创变与革新——以央视〈两会大数据〉、〈据说两会〉为例》，《科技创业月刊》2014 年第 11 期。

② 樊国庆、郑传洋：《"互联网＋"环境下电视数据新闻生产的可行性路径建构》，《南方论坛》2015 年第 2 期。

③ 常江、文家宝、刘诗瑶：《电视数据新闻报道的探索与尝试——以中央电视台〈晚间新闻〉"据"说系列报道为例》，《新闻记者》2014 年第 5 期。

④ 同上。

六　数据新闻带给传统新闻业的影响

大数据时代，数据新闻的异军突起带给新闻业的冲击是震撼的。所有搜集到的文章中，或多或少都论及到这个问题。诚如陈力丹所言："上升中的'大数据'研究排名第一……众多学者文章谈到，大数据将改变现有新闻理念，改变未来媒体的信息生产与呈现，使追求精确的'数据新闻'成为可能。"因此，"在大数据技术等因素的推广下，新闻业务将实现一些方向性调整，如趋势预测性新闻和数据驱动型深度报道分量有所增加，数据呈现、分析与解读能力提高，新闻生产中跨界合作增强"①。

1. 数据新闻冲击传统新闻理念

有研究者认为，数据新闻业务的开展，为记者提供了一种全新的报道思路。基于大样本、甚至是全样本，采取数据挖掘与统计的方法，可以更全面、深刻、完整地报道重大新闻主题。②然而，并非所有研究者都持如此乐观态度。有论者更是提出"警惕数据独裁，行业呼唤透明性"的警示。因为数据本身不是绝对客观的，用来处理数据的统计模型与相关数据挖掘技术更难以回避主观意图。数据和数据集并非客观，它们都是人类设计的产物。从这个角度看，数据收集需要有透明性以及一整套编辑准则的指导与规范③。

还有研究者认为准确性更是数据新闻报道中的核心要义所在。媒体的责任在于挖掘信息、发布信息与进行舆论监督，一旦新闻失实，媒体的公信力将受到重创。数据新闻的信息来源多是散布在互联网上的免费资源，由于互联网的匿名特性，信息的可信度相对较低，若记者不加求证，则可能会导致新闻失真④。

2. 记者角色的转换

数据新闻的生产需要团队协作共同完成，因此，过去曾在各口跑新闻的记者们，在大数据时代更需要沟通、协作的团队精神，要善于将自己的

① 陈力丹、廖金英：《2013 年中国新闻传播学研究的十个新鲜话题》，《当代传播》2014 年第 1 期。

② 刘春城：《理论与实务：大数据对新闻传播领域带来的新转向》，《视听》2014 年第 6 期。

③ 瞿旭晟：《数据入侵："538"博客的实践与启示》，《新闻记者》2013 年第 6 期。

④ 刘义昆：《大数据时代的数据新闻生产：现状、影响与反思》，《现代传播》2014 年第 11 期。

理念、思想准确恰当地与技术人员进行沟通，并在双方的沟通中碰撞出思想的火花。方爱华等研究者认为，在数据新闻团队中，需要三类核心人才，第一类，数据记者，这些记者通常由新闻记者转型而来，需要具备写作、调查、根据数据形成观点、制图、缩小数据搜索范围等能力，他们的工作职责是选题、挖掘数据和编辑数据；第二类，新闻应用程序开发者，他们需要具备数据深度研究、数据运算、从多种渠道快速获取数据等能力；第三类，数据可视化专家，他们除了具备从事图表设计的功底之外，还需要良好的新闻素养和较强的电脑技术，具有较高的新闻提炼和信息数据整合能力[①]。

3. 数据新闻专业人才的教育和培养

过去的新闻教育，主要以文科类课程为主，师资的教育背景大多也是如此。大数据时代的新闻教育应拓展课程设置理念，打通专业壁垒，实行文理结合，引进计算机科学、统计学等学科的人才，开设与数据新闻相关的数理统计、计算机科学等课程。在所有搜索到的文章中，基本没有文章是专门探讨专业人才教育和培养的，只是在一些文章中顺带提及或粗略泛论一二而已。

4. 新闻编辑能力的重构

与传统的报道方式不同，数据新闻报道对编辑提出了更高的要求。它不仅需要编辑具备文字写作、鉴别分析、网络运用等几项基本能力，还需要编辑掌握数据搜集、数据加工和数据可视化呈现等创新能力[②]。当然，编辑不一定是熟练掌握数据计算和数据挖掘的技能，而是要了解这些技术的基本应用与意义。

结　语

大数据时代，被海量信息裹挟着的人们，几乎没有时间耐心阅读一个文字叙事的完整的线性故事，碎片化的、浅阅读方式更能适合他们的生活和工作节奏，而数据新闻的生产正是因为能够满足这一需求而得到蓬勃发展，尤其在突发事件中，结合地图、时间轴等可视化技术的数据新闻作品更是能够准确、详尽地传播事件的发生、范围、影响，满足受众对事件全

---

① 方爱华、张解放：《数据可视化实践对数据新闻团队的启示》，《新闻世界》2014 年第 6 期。
② 张炯：《数据新闻学与新闻编辑能力重构》，《编辑之友》2014 年第 3 期。

过程的了解①。

　　尽管业界对数据新闻青睐有加，然而，质疑者的声音一直未断，新闻学界也有研究表现出严谨审视的取向。"我们生存的世界是一个复杂的系统，'黑天鹅事件'时有发生。黑天鹅事件指的是偶发的重大稀有事件，它在意料之外，却又改变一切。经济危机、革命运动、'9·11'事件都属于黑天鹅事件。黑天鹅事件呈幂律分布，不可预测。记者用大数据作报道时，应该对自己运用的工具抱有几分怀疑，对现实世界再多几分敬畏。"②数据新闻在带给人们欣喜之余，也给人们留下更多思考和不断实践的空间，好在我们一直在路上。

---

　　①　8·12天津爆炸事故发生后，澎湃新闻、新浪图解天下、财新在最短的时间内，分别推出使用地图、时间轴等可视化技术制作的作品，传播效果明显。这些作品均可在其各自网站中获取。
　　②　陈力丹、李熠祺、娜佳：《大数据与新闻报道》，《新闻记者》2015年第2期。

中国大数据新闻的现状与发展趋势

孙东临①　张　延②

内容摘要　数据软件技术的使用初衷是为专业学科中的大量实验数据提供科学统计和分析，它能显著提升结果的精确度，还可以节省大量时间。"数据新闻"与数据统计的软件技术伴生，形成大数据时代下新的新闻报道形式。它从现实中发掘可处理、分析的数据，在抽象和具象之间找到了结合点，提炼出值得关注的新闻事件。大数据新闻既有其独特的价值和积极作用，同时也存在一定的局限，对当下国内热捧的"大数据"新闻潮流应有所检视和省思。

关键词　数据新闻　大数据　可视化　数据素养

"数据新闻"（data journalism），也称为"数据驱动新闻"（data driven journalism），它依赖开源软件（open source software）获取、整理、分析大数据，着眼于发现其中的规律或异常，进而将所获得的发现组织提炼为新闻视点，通过运用可视化的呈现方式，编制出各种数字化的新闻报道。

一　生成数据新闻的限定条件

并非所有的新闻事件都可以用数据新闻的形式进行报道，成为数据新闻需要一些先决条件。

（一）新闻事件需要"可数据化"

传统的新闻"采、写、编、策"都要从事件本体出发，不论是按线性发展的纵向时间顺序描述，还是以小见大的横向深度探讨，都是对现实世

---

①　孙东临，首都师范大学文学院硕士研究生。
②　张延，首都师范大学文学院硕士研究生。

界进行如实客观的反映。但并非所有的新闻事件都能够用数字进行表达：一场电影发布会，一次政治会议，一起明星八卦……这些事件和数据不具有强关联性，所以通过数据形式报道的新闻事件需要具有可数字化的特性。通过分解和剖析新闻中的各个要素（拉斯韦尔提出的"5W"和"1H"），发现其中具有可以通过数字表达的元素，才能满足数据新闻的写作条件。

2014 年 5 月 8 日以来，我国南方出现大范围持续强降雨。新浪"图解天下"栏目在灾害出现后仅三天（截至 2014 年 5 月 11 日 22 时）便制作推出了数据新闻《南方暴雨地图》①，该则报道详细介绍了受灾严重的四大省市情况，一一列举此次暴雨引发的内涝、路积水、房屋坍塌、山体滑坡等灾害次数以及精确的受困、受灾人数。此次关于降雨灾害的新闻报道要素中 why（降雨量）、what（灾害类型）、where（灾害发生地）、when（灾害发生时间）、who（受灾人数）等都具备"可数据化"的条件，再借助地图将其整合罗列出来，就可以使读者对此次受灾情况更加一目了然。

（二）大量序列数据作为背景支持

顾名思义，"数据新闻"包含两个关键词："数据"和"新闻"，二者缺一不可。前者作为形容词，意指一种表现方式和报道手段，用来描述主语"新闻"，说明数据是作为报道内容的主要载体。数据新闻对数据的数量和质量都有一定的要求：少量、杂乱无序、与新闻事件无关的数据都不足以支撑整篇报道，对于一份内容翔实、思路明晰的数据新闻而言，只有大量的逻辑性数据组才能真正发挥其表达新闻主体的核心作用。

2015 年五四青年节前后，复旦大学国家网络传播协同创新中心、上海开放大学信息安全与社会管理创新实验室、复旦发展研究院传播与国家治理研究中心联合发布了《互联网与当代大学生系列研究报告》，该报告包含《90 后大学生的偶像观》《90 后大学生政治社会心态报告》《大学生如何看待互联网影响力人物》等十余篇包含大量数据信息的子报告。该系列报告通过"大学—学生"两阶段随机抽样的方式，从覆盖不同地域、不同办学层次（包含"211"重点院校，普通本、专科院校）的中国大学中抽取了 1708 位新浪微博大学生用户，并对样本用户近两年间（2013 年 6

① 新浪新闻中心图解天下：《南方暴雨地图》，新浪网（http://news.sina.com.cn/c/t/20140513/1423187.shtml），2014 年 12 月 6 日查阅。

月至 2015 年 4 月）发表的所有博文进行了质性内容分析。

通过随机抽样的方式获取一定数量的用户，再从每一位用户特定时段的所有微博中获取每一条微博的意见倾向，可以保证《互联网与当代大学生系列研究报告》的一系列研究结论是在具一定时间跨度的大量数据分析基础上得出的。若没有大量的数据作为支持，则难以支撑报告设定的两个涵盖意义甚广的关键词——"互联网"与"当代大学生"。数据新闻要得出科学合理的结论或向公众传达某种理念，便需要明晰掌握新闻事件的前因后果，然后将这些前因后果用数字的形式加以组织和呈现：从开始到结束，从表象到深入，林林总总积累下来，具有逻辑关系的大量数据贯穿始终。最后通过扎实有效的数据作为基础，经过严谨的分析，得出最终的结论。

（三）按照事件性质划分，以可延展性的发展事件为主

由大量数据支持的新闻事件不应该只有单薄的现时性背景，除非它（如突发事件）本身就有很多数字可以挖掘，否则还是更适用于传统的文字报道。可延展事件相对而言具有更多、更丰富的时空"景深"和历史积累，能够提供或挖掘出更多的可报道资料作为数据补充。可延展事件可以分为两类：一种是元定义下的长时间不断进展的新闻事件。例如：中国春运、美国总统大选、日本福岛核电站泄露等维持较长时间，持续产生新闻点的大型事件。另一种是衍生定义下的可延展事件。新闻事件本身是具有极强时新性价值的即时事件，但是通过将这个事件和其他同属性事件联合进行报道，将子事件的小数据整合成大数据，将这些事件联合起来作为一个大新闻从新的角度报道，也可以形成数据新闻。

我国每年例行召开的全国人民代表大会和全国政协会议（以下简称两会）是具有极强时新性的新闻报道事件，两会议题不但在空间范围上包罗全国各地，更在时间轴线上涵盖昨天今天明天，因此针对两会的报道有条件超越会议本体，结合我国全年发展大数据，进行更具时空延展性和发散性的深化描述与解读。2015 年 3 月 3 日至 15 日，《人民日报》针对两会专题推出实时报道"2015 两会特刊"，以数据新闻的方式同步更新两会每日选定的主题，将全年各行各业相关工作成果数据库集中梳理，进行专题大数据报道。作为回顾过去和展望未来的科学依据，多份不同主题的大数据新闻报道从不同视角、不同领域、不同层面清晰而直观地勾勒出了中国发展的宏观图景。

　　3月6日，《人民日报》两会特刊在"数说两会"① 专题头版制作了名为"一张图读懂政府工作报告"的整版报道，通过数据新闻的形式回顾了2014年的政府工作业绩，并具体提出2015年政府工作总体部署的预期目标数据：国内生产总值增长7％左右；居民消费价格涨幅3％左右；城镇新增就业1000万人以上；城镇登记失业率4.5％以内；进出口增长6％左右；能耗强度下降3.1％以上；拟安排财政赤字1.62万亿元；广义货币 M_2 增长12％左右②。在此基础上专题还对2015年政府工作内容的四个方面："把改革开放扎实推向纵深""协调推动经济稳定增长和结构优化""持续推进民生改善和社会建设""切实加强政府自身建设"③ 进行了引申解读，使受众能够心中有"数"地"温故而知新"。

　　3月13日，《人民日报》刊登题为《两高报告，见证法治中国新气象》的报道，文章以"最高法工作报告解读"及"最高检工作报告解读"两大部分数据新闻构成。第一部分《最高法2014年工作亮点》开篇指出，2014年最高人民法院受理案件11210件，审结9882件，同比上升1.8％和1.7％，随后列出"2010—2014年人民法院审执结案件数量走势图"及"2014年人民法院审执结各类案件构成图"，从"司法为民""司法公开""公正司法""平安中国""司法改革"五方面对2014年最高法工作进行了具体解读。第二部分《最高检2014年工作亮点》分为"反腐败——打老虎拍苍蝇""惠民生——建设平安中国""扬正义——加强法律监督""促公正——深化司法改革"四个部分。反腐败案件首当其冲，报道运用构成图说明了"立案侦查职务犯罪案件分类情况"，并指出2014年最高检严厉打击行贿腐蚀干部的问题，部署专项行动，查办行贿犯罪7827人，同比上升37.9％；打击"为官不为"和"为官乱为"——查办国家机关工作人员渎职侵权犯罪13864人，同比上升6.1％；开展国际追逃追赃专项行动，共抓获境内外在逃职务犯罪嫌疑人749人④。这篇报道通过列举各类案件特别是反腐败案件的"小数据"，汇集出可以反映"法治中国新气象"的"大数据"。

　　此外，贯穿两会特刊报道的"两会e客厅"专题版块则以"2014成绩单"的形式针对"快递""律师""法学会""民航""质检""最高法""工

---

①　吕中正、程晨：《大数据看热点》，《人民日报》2015年3月3日两会特刊第14版。

②　《一张图读懂政府工作报告》，《人民日报》2015年3月6日两会特刊第9版。

③　同上。

④　《两高报告，见证法治中国新气象》，《人民日报》3月13日两会特刊第14版。

业""证监会""交通运输""海关""保监会""中医""扶贫""职业教育"等关键词进行了数据解读，用数据的形式呈现出诸多行业在2014全年的发展和趋势。

二　数据新闻采制中的三大隐忧

"大数据元年"伊始，国内各大新闻媒体便呈现出对数据新闻的病态依赖，这种新的报道文体形式被视为一种流行趋势，为业内人士争相追捧。数据新闻虽然形式新颖，内在结构严密，弥补了传统报道的某些短板，但是从新闻报道的三大原则性要求（客观性、真实性、全面性）着眼，这一新闻品种在其采制的过程中如果操作失当，也会产生以下问题：

（一）提出观点的客观性

新闻报道客观性原则的要旨之一，是报道者应避免刻意裁剪、扭曲、操控事实以之印证一己的立场、意图和主张，不应以自己的价值判断取代客观的事实判断。有新闻学者评论："把观点隐藏起来，通过精心选择有力事实来间接表达意见。这种观点与客观性的本意有时相去甚远，甚至南辕北辙。"[①] 相对文字而言，数字往往是更加客观的内容载体，以数据为基础的新闻报道也应该更容易保持客观性，但实际并非如此。数据新闻的形成是通过把搜集的数据置于特定的语境中进行解释，寻找虚拟和现实之间的关联性。分析人员在这一过程中很容易将个人的解读逻辑导入，把主观经验寄托于不能发声的阿拉伯数字。在新闻编辑过程则表现为"用数据说话"，即当数据提示某一现象或者趋势时，记者不能得出这种情况的形成原因，于是以自认为合理的分析方法对此进行解释。这种做法偏离了新闻客观性原则，将严重影响新闻传播的导向，误导新闻获享者的认知。

2014年春运期间，百度上线"春运迁徙地图"，人们通过该网站可以获悉8小时内排在前十位的"迁入热市""迁出热市"和"最热线路"。央视综合频道《晚间新闻》栏目引入该网站数据，推出每天4分钟的"据说春运"专题报道，以动态图像形式向观众展示全国春运迁徙的情况，并结合数据与实际调查解读诸如"逆向迁徙"等新现象[②]。2014年1月26日

---

① 参见杨保军《新闻事实论》，北京新华出版社2001年版，第二章。

② 《据说春运：用数据讲述春运背后的故事》，央视网（http://m.news.cntv.cn/2014/01/26/ARTI1390742196469563.shtml），2015年3月16日查阅。

（春运的第十一天）的春运报道显示，根据百度提供的最新迁徙动态图，上海至滁州 90 分钟时长的高铁春运路线荣登最热门线路榜首。在提出这一现象后，新闻分析了这条线路受欢迎的原因："这条短途线路的变热，在一定程度上说明短距离迁移打工，不必远离家乡，或许会成为一种趋势。"笔者认为，对该现象的解读和分析在一定程度上缺乏说服力，总体可以归结为两点：一是如何证明这条线路的火热是"迁移打工"造成的？二是如何推论出短途打工会形成"趋势"？从结论反推的过程中依旧缺乏很多环节：务工人员占据这条线路乘客比例是多少？多长行程才算是短途线路？我国其他地区有哪几条铁路线也有类似的情况？连接这些线路的城市都是哪些？这些城市有什么特点？这些铁路线是否达到全国范围内高覆盖率？这些问题缺乏数据解答，因此不能证明推导过程的严谨性与客观性，也就无法证明提出结论的对错。

（二）调用数据的真实性

新闻真实的本质是新闻（报道）与相应的新闻事实的符合性，反映在数据新闻上则更多体现为应用的数据是否真实可信。事实上，许多数据来源都是公开的，任何一个读者都可以从中国国家数据网、美国纽约州的公开数据网站等企业网站、公共图书馆官网或者其他网络资源中搜索数据库信息。当前数据新闻的影响力较高，人们常常会本能信服它，不对其真实性进行质疑，但数据新闻也可能像文字报道一样出现失实和造假，而且数字造假比文字造假更加容易，只要改动一个数据，就可能使其反映的新闻事件性质发生巨大变化。以受人为主观因素作祟形成的数据造假为例，在数据新闻的制作过程中，数据提供者、报道者如果滥用特权，将有偿、寻租等不良风气带入数据新闻中，或者为了维护单方或多方利益对引用数据进行变动和修改，就可以制造出失实或虚假的数据新闻报道，这的确是数据新闻时代的一种新的隐忧。

2014 年 7 月 20 日，中新网发表文章《北京官方公布意见显示多数人支持公交地铁涨价》[①]，总结了当年 7 月 3 日至 20 日期间北京公共交通价格改革公开征集意见活动的调查结果："梳理北京市发改委公布的数千条意见建议可见，多数人认为当前票价较低，可以适当提高"。当日中午该

---

① 《北京官方公布意见显示多数人支持公交地铁涨价》，国际在线（http://news. sohu. com/20140721/n402497641. shtml），2014 年 11 月 18 日查阅。

则新闻在微博平台发布后，短短几个小时内便引发众多网友讨论。很多人质疑在这样一篇民调报告性质的新闻中完全没有数字作为理论支持，因此其结论的可信度难以服人。值得一提的是，人民网汽车频道在此之前做过同样的网上民调，却收集到完全相反的调查结果[①]。在参与投票的 841 名网友中，有 707 人（占 84.1%）反对涨价，认为低票价利于鼓励民众使用公共交通出行；只有 134 名网友（占 15.9%）支持涨价，认为票价应该与时俱进。考虑到两篇新闻调查时间和调查人群不同，得到调查结果不同是可以理解的。但相对而言，人民网的这篇"从群众中来，到群众中去"的数据报道显得更具可信性，投票数据的具体展示直观地呈现了这一部分被调查者的选择，可以让阅读报道的读者产生强烈的认同感。

（三）收集数据的全面性

全面性是再现新闻事实整体面貌的报道原则，也是实现新闻真实性的必然要求和手段。《大数据时代》一书中曾经提到"样本＝总体"这一概念，主张采用随机抽样法进行大数据处理，但该书作者舍恩伯格也说明："这只是一条捷径，是在不可收集和分析全部数据的情况下的选择，它本身存在许多固有的缺陷。"[②] 尤其是在追求整体真实和细节真实的新闻报道中，如果对于各方面的数据不能完全获得，而用部分代替整体，很容易使得报道走到错误方向。

除了上文提及的人为主观因素的影响，客观条件的限制也会导致数据资料的缺漏和偏误。数字化时代下，人们制造的数据量与日俱增，而对这些海量数据的存储、归类、提取的技术总有力不能及之处，或者需要不断地升级和发展。当前的数据资料调用还停留在"目录式"的初级阶段，缺乏匹配精确性和调用灵活性，往往难以实现完全范围的数据搜集，这主要体现在其依托的云计算分布式框架上。据统计，由于使用算法以及各公司租用数据中心组件的差异，导致应用程序的传统内部审计遗漏数据比例通常高达 60%。审计人员在仅剩的四成资料中看不到的问题也就不会出现在分析报告和数据新闻中，有些隐在问题潜藏和遗留在原始数据库中，并未得到挖掘和揭露。

---

① 《京公交地铁涨价市民反对呼声高称治标不治本》，人民网（http://auto.people.com.cn/n/2014/0711/c1005-25271165.html），2015 年 1 月 16 日查阅。

② 维克托·迈尔·舍恩伯格：《大数据时代》，盛杨燕、周涛译，浙江人民出版社 2014 年版，第 34 页。

由于主客观条件的限制，全面性原则更像是一个没有尽头的追求和美好的希望，之所以要坚守这条原则，是因为它"可以使我们防止犯错误和防止僵化"。新闻从业者只有迎难而上，通过掌握更加先进的科学技术和方法，才能更有效地贯彻数据新闻的全面性原则①。

三　数据新闻：走向更好的未来

数据新闻的诞生有力地影响着未来新闻报道的可能走向，其直观易懂的图文报道模式在新旧媒体上都具有良好的匹配性，昭示了一种更为开放和包容的新闻信息生成手段和传播样式。当然，数据新闻的进一步发展，也还需要为之创造和积累更健全的能力基础与传播条件：

第一，提升新闻从业者的"数据素养"。相较于培养争分夺秒的"时新性"意识，数据新闻记者要学会冷静思考和分析，能够在深度上加大数据挖掘力度，在广度上拓宽数据关联程度，善于在认知新闻事件的过程中选取反映新闻事件的最佳数据模型；同时也要提高与数据新闻相配套的文字编写能力，在数据新闻的表达中，那些看似简单的旁注解释往往具有画龙点睛之效，所以更需要记者兼具透彻理解数据逻辑的分析能力、简洁归纳话语的表达能力。

第二，搭建高品质数据库。大数据新闻作为数据驱动型新闻，必须有专业的结构化数据库作支撑。为了解决当下数据来源混乱的问题，可以采用公共和个人两条路径进行系统和全面地收集。公共机构（如政府网站、企业网站、科研机构和专业调研机构）的公开数据库主要来自以地理或行政区域为调查范围而展开的数据收集工作，包括家庭人口、薪资福利等资料，公共机构数据库有专业技术支持和团队人员辅助，具有系统性和权威性等优点；个人化数据主要来自社交和移动媒体，包括社交关系、社交行为、所属类别等个性化、多维度数据，这些数据可以适用于行为分析、情感分析、心理分析和社会分析等层面，填补单纯数字分析的空白。在将相关的公共化和私人化数据整合互鉴的基础上搭建起高品质、结构化的专业数据库，就可以为大数据新闻报道打下良好的物质基础。

数据新闻只是一个开端，伴随数字化科技的不断进步，未来的新闻业还将出现更为高级的数据新闻形式，它值得我们期待。

---

① 杨保军：《新闻理论教程》，中国人民大学出版社 2010 年版，第 167 页。

中国报纸对不同用户自行生产内容的使用情形

冯丙奇① 王艳萍② 莎木央金③ 王 杰④

内容摘要 本文使用随机结构周抽样方法，在中国重要报纸全文数据库 2014 年全年的报纸中获取 265 篇报道进行描述性分析，试图总结比较 2014 年度中国报纸对由精英群体与非精英群体自行生产内容的使用情形。结果显示，2014 年中国报纸对精英群体自行生产内容的使用量大致相当于对非精英群体自行生产内容使用量的两倍。这一比较显示，在获得报纸使用方面，精英群体的优越性远远超过非精英群体。

关键词 报纸 用户自行生产内容 精英群体 非精英群体

一 导语

"用户自行生产内容"（user generated content，UGC，下文简称"UGC"）尚没有通行界定，大致指所有媒介用户自行生产的所有内容，具体表现为不同的形式，比如旅游者撰写的旅游经验等。外在媒介形式具体表现为论坛、贴吧、博客、微博、微信等，即"社会性媒介"（social media）。社会性媒介是指用户生产的内容得以生产、使用与互动交换的平台。⑤ 在本文中，与社会性媒介相对而言的是传统大众媒介（报纸、杂志、广播、电

---

① 冯丙奇，中国传媒大学广告学院副教授。
② 王艳萍，桂林理工大学博文管理学院助教。
③ 莎木央金，甘肃省甘南州迭部县城西社区文秘。
④ 王杰，中国传媒大学广告学院硕士研究生。
⑤ Kaplan, A. M. & Haenlein, M., Users of the World, Unite! The Challenges and Opportunities of Social Media. *Business Horizons*，2010，53（1）：59 - 68.

视、电影、新闻网站等）。

UGC是在内容层面上的表述，社会性媒介是在媒介层面上的表述，两者是一种现象的两个侧面。本文在内容生产层面上进行讨论，因此使用前者。

因用户在内容生产过程中扮演着不同的角色（由简单转发既有内容到完全独创生产内容），不同研究者对"自行"因素的认知存在差异。究其本质而言，凡是"非自行"参与到内容生产过程中的用户，都应该带有比较明显的外在于自身需求的推广目的（比如水军）。所以在用户参与的自由自在属性与内容价值的角度上，只有"用户自行生产内容"能够代表社会性媒介的传播本质。国内研究者对UGC的称呼也不尽相同，主要区别在于是否强调"自行"因素，突出"自行"因素的称呼如"用户自制内容""用户自创内容"等。①

对于社会性媒介，国内研究者也有不同的称呼，比较通行的如"社交媒介""社会化媒体"等②。中文的"社会化"表述暗示一种过程，"社交"表述明显偏于关系，一定程度上两者都限于片面。本文在内容生产的视角中将其表述为"社会性媒介"，意在强调其内容生产过程参与者比较明显的广泛与自在属性。

用户能够自行生产并传播内容，表明社会公众能够发挥更明显的社会影响。不过在现有传播媒介体系中，这种影响的恰当发挥离不开传统大众媒介的"协助"——社会性媒介与传统大众媒介之间的互动。这一互动的内涵比较丰富，本文仅关注两者之间的内容互动。

国外已经有少量研究关注到传统大众媒介对UGC的使用情形。传统大众媒介对UGC的使用情形，显示着传统大众媒介的传播新形态，也在一定程度上显示出不同社会公众社会角色的转变。

到目前为止，国内类似研究仍处于缺乏状态。本文试图总结2014年度中国报纸对不同用户生产的内容的使用情形，进而大致显示不同内容生产者可能借助报纸的内容使用发挥社会影响的情形。

---

① 池见星：《论新媒体时代传者与受者的身份趋同——用户自创内容（UGC）研究路径探析》，《东南学术》2009年第4期；王斌：《从多元主体到参与式网络：媒介生产的空间扩散》，《新闻大学》2011年第2期。

② 邵国松、杨雯：《论用户自生媒体对用户的吸引力》，《国际新闻界》2009年第11期；汪慧、杨新敏：《社交媒介与谣言传播的新变》，《东南传播》2011年第6期。

二　理论背景

（一）社会性媒介与传统大众媒介之间的内容互动

从消息来源的角度上讲，有研究者将媒介之间的内容互动形象地称为新闻食物链（news food chain）①。处于该链条上的所有传播媒介之间无疑都具有相互依赖的关系，媒介之间的内容互动不是单向的，而是多向的（multidirectional）②。这种论点从特定的方面反驳了所谓的"共鸣效果"（consonance effect）与"溢散效果"（spill-over effect）。"共鸣效果"的说法认为，媒介中存在"意见领袖媒介"（opinion-leader media），当这些意见领袖媒介最先报道相关的新闻后，其他的媒介才会跟进，形成一股连锁反应，此即共鸣效果③。"溢散效果"的相关说法指出，一些"反对性议题"（counter-issue）往往先由"另类媒介"最先报道，之后议题由这些另类媒介流向主流媒介，这种现象即所谓"溢散效果"④。我们可以明显发现，无论共鸣效果，还是溢散效果，都偏向于一种单向的媒介间议题设置过程，这种单向性不利于我们对新媒介的传播角色进行深入、恰当的认识。因此，对媒介之间内容互动的双向性的强调，也是本文结论分析的观念基础。

（二）传统大众媒介对 UGC 的使用

其实传统大众媒介对 UGC 的使用远早于互联网⑤。当时获得使用的 UGC 的典型代表是受众写来的信件、电台的热线电话以及受众提供的新闻线索等⑥。但是，这些内容顺利通过传统大众媒介守门过程的概率比较低。比如，相关研究已经表明，最终得以发表的来信主要来自于高收入及受教

①　Rogers，E. *Audience and Online News Delivery：the Impact of Technology on Editorial Gatekeeping*. http：//web. mit. edu/comm-forum/papers/Rogers _ Audience. html. 2009-6-8.

②　Sweetser，K. D.，Golan，G. J. & Wanta，W. Intermedia Agenda Setting in Television，Advertising，and Blogs During the 2004 Election. *Mass Communication and Society*，2008，11（2）：197–216.

③　Noelle-Neumann，E. & Mathes，R. The 'Event as Event' and the 'Event as News'：The Significance of 'Consonance' for Media Effects Research. *European Journal of Communication*，1987，2（4）：391–414.

④　Mathes，R. & Pfetsch，B. The Role of the Alternative Press in the Agenda-Building Process：Spill-Over Effects and Media Opinion Leadership. *European Journal of Communication*，1991，6（1）：33–62.

⑤　Jönsson，A. M. & Örnebring，H. User-Generated Content and the News. *Journalism Practice*，2011，5（2）：127–144.

⑥　Wardle，C. & Williams，A. Beyond User-Generated Content：A Production Study Examining the Ways in Which UGC Is Used at the BBC. *Media，Culture & Society*，2010，32（5）：781–799.

育程度高的受众①。这已经表明不同社会公众接近传统大众媒介的便利程度的差异。

在社会性媒介传播条件下，在不受制于（或者说比较少受制于）传统意义上的守门过程的前提下，原来的普通媒介用户能更加便利地公开发表"自行生产的内容"，并由比较简单的"内容使用者"转变为"内容参与者"②。

公民新闻的相关研究者集中探讨了这一转变。在这些研究者看来，公民新闻赋予传统新闻报道过程中的"受众"以明显的权利，认为普通公众可以（也应当）参与到新闻生产过程中，甚至在"一些情况下，受众做的要好于专业记者"③。与此同时，传统意义上的守门人也不得不转变角色，很多时候转变为"引导者"（guidedog）④。

总之，社会性媒介内容生产过程显示出十分明显的"去中心化"倾向⑤，但绝不能将其等同于"媒介用户中心"。更恰当的说法应该是，传统意义上的媒介用户也参与到媒介内容生产过程中。无论如何，传统意义上的专业媒介从业人员仍扮演着适当的角色，或者说至少也扮演着内容参与者的角色，只不过其守门人的角色有了明显的转变。这也是本文立论的观念基础。

国外已有的少量研究已经关注到传统大众媒介对 UGC 的使用及相关现象。比如，英国主流新闻媒体网站对来自读者的内容的使用明显增加，只不过编辑人员对来自读者的内容的新闻价值与商业价值持怀疑态度，并仍旧采取传统的守门过程⑥。不过，国外已经有的少量相关研究并未明确

---

① Jönsson, A. M. & Örnebring, H. User-Generated Content and the News. *Journalism Practice*, 2011, 5 (2)：127－144.

② Van Dijck, J. Users Like You? Theorizing Agency in User-Generated Content. *Media, Culture & Society*, 2009, 31 (1)：41－58.

③ Gillmor, D. *We the Media*. Sebastopol, CA：O'Reilly, 2006. Platon, S. & Deuze, M. Indymedia Journalism：a Radical Way of Making, Selecting and Sharing News? *Journalism*, 2003, 4 (3)：336－355.

④ Bardoel, J. & Deuze, M. 'Network Journalism'：Converging Competencies of Old and New Media Professionals. *Australian Journalism Review*, 2001, 23 (2)：91－103.

⑤ 陈欣、朱庆华、赵宇翔：《基于 YouTube 的视频网站用户生产内容的特性分析》，《图书馆杂志》2009 年第 9 期。

⑥ Hermida, A. & Thurman, N. A Clash of Cultures：The Integration of User-Generated Content within Professional Journalistic Frameworks at British Newspaper Websites. *Journalism Practice*, 2008, 2 (3)，343－356.

关注不同类型用户生产的内容被传统大众媒介使用的情形，这些少量的研究仅为本文的研究提供一种宏观思考视野的参考。

三　研究方法

（一）分析对象的获取

本文的分析对象来自中国重要报纸全文数据库2014年全年的报纸。该数据库收录国内公开发行的700多种重要报纸。在不需要具体分析报纸类型因素影响的前提下，这一数据库大致能够代表中国报纸的报道现状。不过，本文的分析对象并不是2014年全年的报道，而只是使用UGC的报道。本文仅试图总结这些引用了UGC的报道中，不同用户生产的内容被引用的情形。

本文具体分析对象的获取过程包括如下步骤：

1. 基于随机结构周的抽样方法，在2014年全年中随机抽取出两个结构周共14天（见表1）。

表1　　　　　　　　　　用以代表2014年全年的14天

星期日	10月19日	6月15日
星期一	5月19日	4月7日
星期二	8月12日	10月21日
星期三	8月13日	9月17日
星期四	1月16日	4月24日
星期五	12月19日	7月11日
星期六	2月22日	7月5日

美国北卡莱罗纳大学教堂山分校的丹尼尔·里弗（Daniel Riffe）等早已经通过具体比较不同的抽样方法发现，一年抽取两个结构周的样本就足够代表日报一年的总体了[1]。本文的具体抽样方法是：给2014年中的所有周编号（年度开始与结尾时不完整的周排除在外），之后随机选出两个星期日，两个星期一，以此类推直至两个星期六。

2. 在上述14天的报道全文中搜索包含如下关键词的报道：博客、论坛、

---

[1]　Riffe, D., Aust, C. F. & Lacy, S. R. The Effectiveness of Random, Consecutive Day and Constructed Week Sampling in Newspaper Content Analysis. *Journalism Quarterly*, 1993, 70 (1): 133-139.

贴吧、微博、微信,这是几种目前国内使用率较高的社会性媒介平台。

3. 在上述过程获得的所有报道中,逐一查看并筛选出对 UGC 进行实际引用并明确具体生产者的报道。为更好地确保筛选过程的准确性,在选取过程中遇到不确定情形时,多名选取者进行讨论确定。

有的报道仅仅提及某种社会性媒介或其传播现象,这样的报道不符合本文的研究需要。这样的报道如:

"《昭通手机报》编辑室主任彭念敏于 17 时 05 分向昭通市民发出第一条地震手机信息,并于 17 时 31 分通过《昭通手机报》官方微博'@指尖上的昭通',发出第一条更为详细的微博信息,4 日早 8 时,赶在市民上班前,发布了第一期《昭通手机报·地震特刊》。"①

这一报道只是对彭念敏发微博的行为进行提及,并没有提及内容。

部分报道虽然对 UGC 进行了引用,但没有明确提及具体的用户,这一部分报道也不符合本文的分析需求。比如:

> 8 月 9 日凌晨,微博、微信等互联网公众平台以及 LED 照明领域内,盛传着一则名为"德豪润达董事长王冬雷带人视察重庆雷士照明"的视频。视频显示,8 日下午 3 点多,雷士照明重庆总部办公室,雷士照明董事长王冬雷的工作人员与相关人员起了分歧,并与雷士照明 CEO 吴长江等人员发生了肢体冲突。②

这一报道虽然明确提及具体内容,但是没有表明这一视频的生产者(包括上传者或转发者等)。

除以上两种情况外,无论报道以什么形式提及具体内容及其生产者,都属于本文的分析对象。比如:

> 9 月 16 日天士力公告显示,2014 年 9 月 11 日,李连达院士在科学网个人博客发表了《复方丹参滴丸不良反应争论的关键》等文章并被某些网站转载,其中提及公司"隐瞒不良反应""夸大治疗作用"

---

① 牛春颖、刘贱忠:《昭通新闻界:像战士一样冲上去》,《中国新闻出版报》2014 年 8 月 12 日第 5 版。

② 邓梅:《雷士照明再演"宫斗"大戏 吴长江三度被逐》,《企业家日报》2014 年 8 月 12 日第 2 版。

等毫无科学依据及事实依据的言论诋毁贬低天士力主打产品复方丹参滴丸，严重损害了公司及公司产品的良好形象和声誉，侵犯了天士力名誉权和经济利益。[①]

这一报道在提及李连达的博客内容时，是在交代这一案件的背景。这样的报道同样也符合本文的分析要求。

经过上述选取过程，最终共获得 265 篇报道。

（二）用户划分

国外相关研究主要基于媒介接近性因素，将媒介用户大致分为"精英群体"（elite groups）与"非精英群体"（nonelite groups）。其中非精英群体包括边缘化的、较少获得外界资助的、非主流的、历史显示难以接近主要新闻载体的群体，精英群体包括能获得较好外来资助的、得到较好组织的、主流的、知名的、传统上能较容易接近主流媒介的、能有效影响公众舆论的组织与个体[②]。本文借鉴上述分类，主要是基于传统大众媒介接近便利性因素进行区分。

基于分析对象的实际情形，本文所谓的"精英群体"包括：媒介（社会性媒介与传统大众媒介）及其各种人员、企业（或商业利益获取者）及其各种人员、社会管理服务机构及其有一定级别的人员、高校与研究机构、专业与研究人员、作家、知名演艺人士、知名网络人物、其他因特定原因得以广泛知名的人员、律师、医疗人员等。这些群体拥有更多接近传统大众媒介的动力与资本。

"非精英群体"包括：身份信息不明确的用户（即使真实身份属于精英群体）、普通社会公众、普通士兵、小规模经营者。

这里的传统大众媒介接近便利性表现为一条连续轴，并非一种绝对的表述，而是一种比较值，因为所有类型用户的具体情形都表现出明显的复杂性。比如同样是企业，有的企业社会影响力更大，拥有更加明显的传统大众媒介接近便利性。另外的企业则差得多。比如在目前情境中，小米公司本身就拥有更加明显的新闻价值，小米作为用户生产的内容就属于精英

---

①　尹烁、裴桂荣：《天士力诉李连达院士案终结》，《证券日报》2014 年 9 月 17 日第 C1 版。

②　Gamson，W. A. & Wolfsfeld，G. Movements and Media as Interacting Systems. *Annals of the American Academy of Political and Social Science*，1993，528（1）：114 - 125.

群体生产的内容，传统大众媒介加以报道的概率明显比较高：

> 而小米公司更是将饥饿营销的使用从手机扩展到了旗下的电视产品。2013 年 10 月 15 日，首批 3000 台小米电视机正式在小米官网上开卖。半个小时后，小米官方微博发布消息称，3000 台电视机在 2 分钟内售罄，如果要购买，需等一周。①

与其不同，如下报道中提及的"超级课程表"互联网公司，在传统大众媒介接近便利性上远比不上小米公司，比较而言其作为用户所生产的内容则不会获得那么多的报道：

> 记者同时还看到这家互联网公司发布于微博的一个招聘信息，以世界杯期间员工的福利和活动为"诱饵"吸引大家的关注，并用承诺"所有转发此微博都有机会获得一件国家队真品球衣"的方法推广招聘信息。②

不过这样的企业同样拥有接近传统大众媒介的动力与资本，这一点与非精英群体明显不同，因此也应当归属于精英群体之列。

有的报道中同时出现一名以上的内容生产用户。这种报道大致包括两种情形。一种情形中，报道中出现的用户同属于一类，这一类报道的归属很清晰；另一种情形报道中出现的内容生产用户不同，本文将对这样的报道进行两次统计。因此最终统计 UGC 获得引用的数量将超过分析对象的数量。

四 研究结果

（一）总体情形

通过上述的选取与逐一辨识过程，本文最终总结出 2014 年报纸报道对不同用户生产的内容的具体使用情形（见表 2）。

---

① 崔绍轩、马哲：《社会化媒体时代——手机广告"战事连连"》，《中国工商报》2014 年 10 月 21 日第 5 版。

② 李小彤：《足球盛宴考验管理智慧》，《中国劳动保障报》2014 年 7 月 5 日第 4 版。

表2　　　　　　　　　　　2014 年报纸报道 UGC 使用情形

	精英群体	非精英群体	两类同时引用	符合要求的报道
数量	180	91	6	265

表 2 相当明显地显示，2014 年中国报纸对来自精英群体生产的内容的使用远远超过非精英群体生产的内容，大致比例是 2：1。非精英群体虽然能借助社会性媒介进行内容生产，但是这些内容的社会影响力仍旧明显逊于精英群体。

（二）精英群体生产内容的使用情形

2014 年中国报纸在使用 UGC 时，对如下几类精英群体所生产的内容表现出明显的偏向：

1. 有广泛社会影响力的企业及其主要人员生产的内容

这样的典型如中国国际航空股份有限公司、小米的雷军、融创中国的孙宏斌等：

> 两年前，由于官网出现故障，中国国际航空股份有限公司个别国际航线票价显示为"0"元，许多人以为国航在进行特价促销，纷纷抢购并成功出票。随后，国航公司客户服务官方微博称 0 元机票有效。0 元机票有效，国航"损失"的仅仅是购票款，却赢得了公众的信赖，提升了自己的公信度与美誉度。[①]

> 近日，雷军在个人微博上称，小米 4 产能爬坡不错，希望下个月能达到 200 万台，从而实现该产品开放购买。[②]

> 根据协议，融创中国在签约后不久就交付了收购款项，而宋卫平等绿城中国一方的高管则交出管理权。融创中国董事长孙宏斌在收购协议签约之前的 5 月 17 日，曾在微博中表示："现在绿城没有资金问题，宋卫平个人又不缺钱。宋卫平、寿柏年转让股权给融创，是选择接班人，是为了绿城的品牌能发扬和传承，是嫁女儿，是对 20 年心血

---

① 李云：《"乌龙价格"蕴藏"乌龙价值"》，《经济日报》2014 年 10 月 21 日第 6 版。
② 侯继勇、汪传鸿：《小米渠道保卫战："晒数据"抵制黄牛》，《21 世纪经济报道》2014 年 10 月 21 日第 20 版。

绿城的无私真爱。"惺惺相惜的味道很重。①

2. 因某种原因产生广泛社会影响力的专业人员与研究人员、网络人物、社会公众人物等

这样的典型如：

因为广州中新知识城规划的挫折，新加坡"规划之父"刘太格表示，不要再叫他"规划之父"了，因为他在广州遇到了"规划之神"。出事官员大多不尊重科学，不知道常识，在山顶开挖大湖，在山地建百米大道，疯狂又狂妄。中山大学地理与规划学院教授袁奇峰曾经在微博上炮轰地方官员不懂规划，引起社会关注。②

"2月19日，最高人民法院座谈会，我的意见：支持最高法院强推立案审判和执行等全流程信息公开，如此倒逼各级法院法官严守流程……"2月19日，网络名人、免费午餐发起人邓飞在新浪上发微博说。③

而这一次"家·春秋口述史计划"的参与主体（为家族史奔波、采访、拍摄、记录）是高校大学生，绝大多数是没有受过专业训练的90后。该计划的主办方北京市永源公益基金会理事长崔永元，11月20日发微博评价这项计划说："你们关注历史，国家就有希望。"④

最近，知名编剧于雷跟北京歌华有线公司（以下简称歌华有线公司）较上了劲，他接连在微博发文，直指歌华有线公司收费有问题。……自觉吃了亏的于雷思来想去，总觉得这件事有问题，自己不应该忍气吞声。随后，他在网络上查询得知，有很多消费者遇到过同样的情况。

---

① 袁华明：《绿城与融创昨签终止股份出售协议 宋卫平重返绿城》，《浙江日报》2014年12月19日第9版。

② 赵申：《"政绩工程"之痛》，《中华建筑报》2014年10月21日第4版。

③ 罗书臻：《司法公开：在阳光下见证公正》，《人民法院报》2014年2月22日第1版。

④ 罗昕：《让学生们了解历史并非"非黑即白""口述历史"在高校先行 大学生亲自调查"家族史"》，《东方早报》2014年12月19日第A37版。

于是，他将自己的遭遇在微博上发布，得到了网友的普遍支持与呼应。知名博主"十年砍柴"表示，自己也有类似遭遇。①

（三）非精英群体生产的内容的使用情形

2014 年的报纸在引用这样的内容时，主要有两种情形。

1. 指代称呼，不具体提及用户信息。例如：

出生在香港的加州大学伯克利分校教授钱泽南，被看成是诺贝尔生理学或医学奖热门人选之一。对于钱泽南在基因研究方面的贡献，上海交通大学论坛上有人这样评价，"他的工作使我们对转录机器有更好的理解，特别是与发育和细胞分化的关系方面"。②

2. 具体提及用户信息。例如：

除了用户认知度的问题，各大网站、银行对"170"号段兼容性的问题仍然没有解决。"什么网站啊，连我新换的虚拟运营商号段都识别不了，手机号码格式怎么就不正确了？"网友"狗嘴里的象牙"在微博上抱怨。③

5 日 20 时 15 分，"@森林的画眉鸟"用手机发出一条微博，发微博的人叫文君鹏，是鲁甸县森林公安局的一名女民警。地震发生后，她在震中龙头山镇已整整坚守了 3 个昼夜。"腰酸得好像就要断了，可一想到地下埋着的同胞们，再累我也要挺住，祈祷，让我们看到一个个生命的奇迹。"这是文君鹏在最新的微博上的一段话。④

值得说明的是，这一报道中提及的民警文君鹏的微博是匿名状态，这

---

① 王硕：《天降有线电视欠款谁买单》，《中国消费者报》2014 年 12 月 19 日第 A1 版。

② 易鑫：《诺贝尔自然科学奖的冷思考》，《中国教育报》2014 年 10 月 21 日第 5 版。

③ 孙奇茹：《工信部共发放 41 张牌照　虚拟运营商"卡位战"收官》，《北京日报》2014 年 12 月 19 日第 10 版。

④ 陈晓波：《警徽，在灾区闪耀——我省公安机关全力投入抗震救灾工作纪实》，《云南日报》2014 年 8 月 12 日第 4 版。

说明该民警是以普通公众的身份（而不是民警身份）开通这一微博。

（四）同时使用两类用户生产的内容的情形

属于这一情形最有代表性的典型是《东方早报》8月13日的报道《古体诗歌如何写出当代情怀?》，其中共有7处明确提及 UGC:①

1. "炎黄子孙奔八亿，不蒸馒头争口气。罗布泊中放炮仗，要陪美苏玩博戏。"这首《写邓稼先》是出自第六届鲁迅文学奖诗歌奖获奖者川大教授周啸天之手，经网络传播后，引来一众网友吐槽和对周啸天获得"鲁奖"的质疑，更有不少网友将之与此前有"跑奖"嫌疑的湖北诗人柳忠秧做对比，称"方方啊方方，挡住了柳忠秧，没挡住周啸天!"

2. 潇湘晨报原副总编辑、资深媒体人徐林林在微博上说："一个叫周啸天的诗人获了鲁奖。上网拜读了周诗，感觉可获此奖者，仅兄弟供职单位至少不下十人。"

3. 网友翟春阳激愤地评论道："周啸天获鲁迅文学奖，既没有羞辱鲁迅，也没有羞辱鲁迅文学奖。是鲁迅文学奖羞辱了鲁迅。"

4. 然而，也有不少网友表示可以接受周啸天的作品，"看了一下，周啸天比柳忠秧好太多了。古体诗词也该在老干部体之外摸索条续命之路了。很吃力但注定多方不讨好。"网友"都灵疯马一"在微博上评论道。

5. 著名旧体诗人李子特别发表博文《我看周啸天先生获鲁奖》，文中称"周啸天先生诗的水平，我认为在诗词圈不算是特别好的，但也绝不是网上骂的那么不堪……网上列出的那几首，应该是博主特意挑选的烂诗，并不能代表周的正常水平。"

6. 一些网友认为车延高的诗歌毫无特别之处，无非是一句话里多敲了几次回车键，并将其命名为"羔羊体"。

7. 在发现了车延高武汉市委常委、纪委书记的身份之后，这种议论又上升了一个级别，有网友猜测，车延高或许是靠他的官员身份得到了这个奖。

---

① 徐萧：《周啸天成鲁奖首位古体诗获奖者 诗作风格引发争议 古体诗歌如何写出当代情怀?》，《东方早报》2014年8月13日第 A28 版。

五　结语

上述的简略考察与比较已经明确显示，在获得报纸使用方面，精英群体的优越性远远超过非精英群体。

对 UGC 社会影响的认知目前包括两种倾向：乐观主义与悲观主义。乐观主义者认为，一些诸如 YouTube 之类的在线用户驱动社区的发展会将守门权力（gatekeeping power）由传统大众媒介转移到普通公众[1]。也就是由精英群体转向非精英群体。悲观主义者认为，精英群体会迅速找到更好的方式来利用最新的技术，进而强化精英群体的社会影响[2]，只不过是权力从一些精英群体转向另外一些精英群体而已，非精英群体并没有获得赋权（empowerment）。以这一表述体系来看，本文的总结结果无法彰显一种守门权力的转移，而是显示出一种"转变"：守门权力由原来的传统大众媒介守门人主导转变为由传统大众媒介守门人与其他精英群体协作主导。

这一现象也很容易理解：无论是基于对新闻价值的考虑，还是对内容可信度的风险预期，报纸无疑更倾向于使用来自精英群体生产的内容。这符合已有的研究结论[3]。不过，即使非精英群体仍然处于边缘状态，从历史性视角出发，报纸对来自非精英群体生产的内容的较多使用，无疑还是明显有助于报纸报道多样性的提升[4]。

由于本文并没有对报纸的类型（机关报/大众报）以及报道的具体情形（比如作者）进行关注，因此将来的研究可以进一步关注报纸的类型以及报道自身因素与 UGC 使用之间的关联。当然，被报纸采用的内容自身情形（比如内容的倾向性等），也很值得进一步研究。

---

[1]　Bruns, A. *Gatewatching*: *Collaborative Online News Production*, New York: P. Lang, 2005.

[2]　Kperogi, F. A. Cooperation with the Corporation? CNN and the Hegemonic Cooptation of Citizen Journalism through iReport. com. *New Media & Society*, 2011, 13 (2): 314 - 329.

[3]　Paulussen, S. & Harder, R. A. Social Media References in Newspapers. *Journalism Practice*, 2014, 8 (5): 542 - 551.

[4]　Broersma, M. & Graham, T. Twitter as a News Source. How Dutch and British Newspapers Used Tweets in Their News Coverage, 2007-2011. *Journalism Practice*, 2013, 7 (4): 446 - 464.

网络舆论场域的公共性建构与监督生态治理

汪振军[①]　冀佳佳[②]

内容摘要　德国学者尤根·哈贝马斯注意到，公共领域是权力与道德关系的调节器，起着约束公权、保障社会整体合理性的作用。在中国，随着网络技术的发展，现代社会公共性平台的构建也存在于互联网所营造的虚拟舆论场之间。网络平台上的舆论发酵，不仅可以反映当下社会公众所关注的议题，而且还能间接地促进政治、经济和社会的转型，提高舆论监督的质量。由于我国特殊的媒介环境，网络舆论场往往既具有对权力依附的脆弱性，又受到市场利益的侵蚀，由此导致舆论监督的功能不能恰当地得到发挥。本文提出，网络舆论场域不能独立于道德与法律之外，理性、平等、开放和批判等原则是其精神的内核，只有做到准确监督、科学监督、依法监督和建设性监督，才能为网络舆论生态治理提供有力的价值支撑。

关键词　网络媒体　舆论场　公共性建构　舆论监督

舆论是广大社会成员对特定议题意见的集中反映。尽管对武器的批判不能代替批判的武器，但具有倾向性的意见集合在一起，往往能够形成监督和制约社会权力的巨大力量。新华社前总编辑南振中认为，在现实生活中存在着两个并不"重叠"的舆论场，一个是主流媒体着力营造的"媒体舆论场"，一个是人民群众议论纷纷的"口头舆论场"[③]。人民群众时时关注社会现实问题，发表意见与看法，通过口口相传的人际传播形成了"口

---

①　汪振军，郑州大学新闻与传播学院教授、郑州大学文化产业研究中心主任。

②　冀佳佳，郑州大学新闻与传播学院 2012 级传播学硕士研究生。

③　南振中：《把密切联系群众作为改进舆论报道的着力点》，《中国记者》2003 年第 3 期。

头舆论场"，也即"民间舆论场"。如果说，过去的民意舆论主要停留在街谈巷议，还不具备充分的传播势能，而网络时代的到来，则为它创造了极为便利的传播条件。与主流媒体舆论场宣传主流价值观的功能不同，网络舆论场降低了舆论形成的技术门槛，使舆论监督进入了信息时代。"信息时代正在导致'地理国家'和'区域社会'逐渐分离，而国家与社会的分离是公共领域存在的基础"①。网络作为舆论监督新场域逐渐崭露头角，它与政府、社会等组织共同主导了舆论监督的走向和力度。在社会转型期，随着网络舆论场公共性的不断建构，舆论监督的内容也越来越多地指向了预防和惩治贪污腐败、维护司法公正、维护社会弱势群体权益和防止权力滥用等方面，网民在舆论监督中的表达成为舆情监测的重要内容，成为网络问政的意见渠道，网络舆论监督所构成的矛盾与张力，成为依法治国的重要依据。

一　网络舆论场域公共性功能的再生产

如果从权力话语的角度透视中国历史，可以看出中国传统社会是一个"强政府—弱社会"的结构。在这种社会格局中，老百姓几乎没有话语权，缺少表达的权利与机会，更谈不上对政府权力的监督，其结果导致政府权力的极度扩张和公众权利的式微。一方面，在官本位的权力体系中，官方话语不管对错，都具有无限威力。另一方面，百姓话语权缺失，成为"沉默的大多数"。尽管也有少数人提出要重视百姓的言论，有所谓"水能载舟，也能覆舟"之谏言，但这种"民本"思想，并不具有现代"民主"的含义，仍然是基于维护统治阶级自身利益的考虑，百姓自身并没有被赋予具有法律意义的表达权。只是到了现代社会，这一问题才真正被人们重视。但是以往的舆论监督往往是主流媒体的监督，在这个过程中，舆论监督隐含的是国家权力的延伸，受众的知情权和表达权等权利依然得不到充分体现，舆论监督场域的公共性也没有真正构建起来。

网络平台的出现，为公众意见的表达和社会公共性的构建开辟了新的话语空间，舆论监督开始由媒体驱动变成网民和媒体协作驱动，其监督形式也从单一的批评报道演变为公开事情真相、及时追踪评论和发表批评性

① 许英：《论信息时代与公共领域的重构》，《南京师范大学学报》（社会科学版）2002 年第3 期。

意见等方式并存。当然，网络与古希腊时期的广场一样，是各种思想文化的集散地和社会舆论的"放大器"，但网络在构建意见共同体方面有着无可比拟的巨大优势：每个网民都有发表自己意见的自由和权利，不同的意见经过讨论构成公共性舆论，并对公共权力形成制约。在社会转型期，网络舆论场域为社会公共性平台的构建提供了极为便捷的条件。

（一）网络赋权使公众拥有一定的话语权。在福柯话语权理论的框架下，话语权经历了神权话语、意识形态话语和多元话语的嬗变，舆论场正在从一种声音走向众声喧哗。这种情况的出现一方面与公众权利意识的觉醒相关，另一方面还与尼葛洛庞帝所谓的网络技术"赋权"有很大关系。网络让公众掌握了发出自身声音的资源和机会，他们的分散力量经过互联网平台的发酵可以制约权力，保障社会的公平正义。网络舆论场的重要特征是公众能够平等、自由、公开地表达意见，个人的批判意识得以充分生发和相互激荡。在网络空间中，网民的身份具有虚拟性，少有财富、权力、地域的标签，只要拥有相应的硬件条件就可以自由地发表观点、表达看法。相比以往的大众媒体，网络使传统媒体的中心化状态得以消弭，新闻和评论的生产及把关权逐渐从精英阶层手中释放，网民拥有了放大自身声音的"麦克风"，人人都能成为"记者"，话语权得到空前的提高。与私人领域的封闭相区别，又与公共权力领域的神秘不同，网络是一个开放的世界，网民已经从被动接受信息的受众变成公开生产内容的参与者。网民集体参与生产的声音、图像、文字、视频正在以一种前所未有的速度呈现和传递，从而使互联网真正成为一个"民主话语空间"。

（二）网络为公众讨论公共事件提供意见平台。哈贝马斯认为，公共领域存在的重要条件是其与国家和社会的分离，以便其在讨论公共事务时能够居于中立的地位。"舆论监督的真正实行，需要建构公民社会，公民意识强的地区，居民为公共事务所吸引，接触传媒率较高，参与监督的动机是集体的共同目标，而非个人化的依赖、恩从关系和私人利益。"① 与以往相比，网络时代的公共交往机会没有选择上的巨大压力，网民变得敢于质疑一切，难以被资本和权力任意操纵，在一定程度上恢复了公共领域的中立性原则。在电子领域的公共交往中，网民作为独立的个体，既不作为利益所有者处理私人领域的事情，又不受制于国家权力的规则约束，他们

---

① 陈力丹：《论我国舆论监督的性质》，《新闻知识》2003 年第 11 期。

由关注一项公共事件集合起来，自由发表意见，并进行质疑与辩论，达成共识，形成民意。"舆论监督不是一种权力，而是一种权利。"[①] 这种权利的使用需要一定的渠道，而网络的出现恰好为公众提供了言论自由市场，没有网络公共性平台的供给，公众分散的舆论力量就难以聚集起来产生强大的影响力，从这个角度上看，渠道的作用显得至关重要。

（三）社会转型期为网民提供了持续不断的新鲜话题。目前，我国正处于从封闭社会向开放社会、从农业社会向工业社会、从计划经济向市场经济转变的关键时期，社会中传统和现代的因素并存，利益分化严重。这一方面极易导致社会安全问题，另一方面也为网络空间提供了丰富的话题。与大众媒体相比，网络的个人化程度较高，对社会话题的挖掘更加广泛和深刻，无论是国家大事，还是关系个人利益的小事，都能够出现在网民的视野中，这客观上为网民发起、呼应和参与话题提供了更多可能。"知屋漏者在宇下，知政失者在草野，知经误者在诸子。"（王充《论衡》）在网络舆论场中，住房、医疗、教育、环境卫生、反腐倡廉和交通拥堵等与网民切身权益相关的民生问题是公众关注的重点，也是公众进行舆论监督的焦点，它们既反映着网民在社会转型期的诉求、也为决策者提供了社会舆情的重要来源，同时又进一步刺激社会产生出更多的建设性话题，为网络舆论场域公共性功能的发挥准备了大量素材，使网络场域真正成为名副其实的意见碰撞领域。

二　网络舆论监督的过程及其价值实现

舆论监督具有狭义和广义之分，狭义的舆论监督是指公众对国家机构及其工作人员的监督，而广义的舆论监督则指向社会、经济、法治和文化等议题。网络为传统的舆论提供了新的载体，具体来说，"网络舆论监督是指社会公众利用互联网的舆论表达方式，对国家事务、社会现象、个人行为发表自己的观点、意见和看法，产生并形成一股强大的舆论压力，对现实社会起到监督、检查和评定的功效。"[②] 网络舆论场的公共性主要体现在网民借助网络平台对公共事件的关注和批评上，其效果则是对国家和社

[①] 孙旭培、刘洁：《传媒与司法统一于社会公正——论舆论监督与司法独立的关系》，《国际新闻界》2003年第2期。

[②] 关梅：《我国网络舆论监督的意义、问题与出路分析》，《新闻界》2009年第3期。

会的权力关系进行再平衡和制约。在新媒体语境下，网络舆论场域的舆论监督将极大地促进我国民主法治的进步和社会道德水平的提高。目前我国正处于社会转型期，利益诉求日益多元化，权力的滥用和社会风气的堕落已久为人们所诟病。网民通过网络对公共权力和社会丑陋现象等进行现实批判，发挥舆论监督的效能，不仅能为政府决策提供参考，还能营造一种风清气正的社会氛围。

从舆论的形成过程上看，网络舆论场域能量的发酵是一个不断发展的过程，当舆论监督的议题逾越社会道德和国家法律所能承受的底线时，网络围观的力量便会生成，公众抗争的效果也就凸显出来，从而将问题引向被解决的轨道。互联网具有便捷性、虚拟性、交互性和集成性的优点，因此，网络舆论监督可以做到监督主体广泛化、关注议题多元化和解决问题即时化。如图1所示，个人议题经过网络平台的发酵可以形成公共议题和政府议题，从而不断吸引更多公众的注意力，减少舆论监督的中间环节，提高舆论监督的效率。

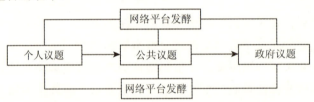

图 1 网络舆论监督：个人议题到政府议题

在舆论监督的过程中，个人议题之所以能够更为迅捷地转化为公共议题乃至政府议题，是因为网络舆论场弱化了传统把关人对舆论监督的干预，降低了公众对权力进行监督的成本，而政府和相关监督对象则会碍于舆论监督的巨大压力，进而采取符合社会公平正义的措施，以符合公众心理，防止社会的分裂和群体的剧烈分化。在新媒体环境下，个人议题转化成公共议题和政府议题不仅客观上打破了传统媒体时代由极少数传媒精英进行舆论监督的格局，还显现了网络舆论场域在社会治理中的作用，这对公民意见的自我校正和公民社会的构建都会产生积极的影响。

网络舆论场的舆论监督功能既受制于网络媒体本身的制度和属性，又与国家与社会的成熟程度相关。公共领域作为权力阶层和私人空间的缓冲地带，其功能是通过公众对公共事件的关注、评论和批评实现的。面对我国当下社会环境中的权力寻租、贪污、腐败、社会不平等、司法不公正、道德水平下降等问题，传统媒体作为"吹哨人"和"曝光者"的绝对优势不再明显，互联网逐渐成为舆论监督的又一个重要的前沿阵地。无论是原国家能源局局长刘铁男的落马、上海踩踏事件中相关官员职责缺位的揭发，还是"呼格案"中真凶赵志红的锒铛入狱、小悦悦事件的道德救赎和反腐领域"打虎拍蝇"活动的开展，都体现了网民对权力的批判和对社会正能量的呼吁。巨大的网民数量造成了信源的扩张，一些具备公共领域特质的网络应用，如播客、微博、贴吧、微信、论坛、QQ空间等成为网民对社会问题进行批判的重要平台，这种批判体现了网络的交互、虚拟、多元的技术特征，形成的是对"外部世界印象"的集体合意。

作为集体精神的网络现实批判，一方面是对社会道义的弘扬，另一方面带来的是具有约束力的舆论监督。在网络舆论领域内，每个网民都是议程设置的节点，任何时间和空间的动议、讨论都有可能形成舆论洪流。这对我国民主法治的进步、制衡国家权力的无序扩张、保护社会弱势群体的利益和防止社会道德水平下降都有极大地促进作用。从本质上看，网络公共舆论已经成为网民的意见表达渠道，使得聚民智、知民情、达民意有了更为广泛的现实可能。正如哈贝马斯所说，公共领域所形成的大众文化，绝不是背景和主流文化的消极框架，而是定期出现、反抗等级世界的颠覆力量。通过约束公共权力对私人领域的过分扩张，使私人领域的合法权益不受侵害，将公共权力的行使限制在法律框定的范围之内，实现了舆论监督的价值。

三 网络舆论场域监督功能失范的表征

哲学家黑格尔认为，"公共舆论是人民表达他们意志和意见的无机方式"，"无论哪个时代，公共舆论总是一支巨大的力量，尤其在我们时代是如此"[①]，"公共舆论不仅包含着现实界的真正需要和正确趋向；而且包含着永恒的实体性的正义原则，以及整个国家制度、立法和国家普遍情况的真实内容和结果。"[②] 但他又认为，"在公共舆论中，真理和无穷错误直接混杂在一起"[③]。其实，网络舆论场也是鱼龙混杂，正误并存。网络舆论监

---

① 黑格尔：《法哲学原理》，商务印书馆1961年版，第210页。

② 同上书，第332页。

③ 同上书，第333页。

督的质量与网民素质的平均水平呈正相关关系。一般来说，奉行新闻专业主义的媒体从业者经过完整的事实搜集和充分的调查研究，能够完成较高水平的舆论监督，而有些在思维上具有预设立场的网民则很容易被耸人听闻的标题和缺乏根据的谣言所左右，这给一些善于操纵公众的违法分子通过舆论监督的权力寻租来实现市场变现提供了便利。也就是说，与古希腊时代的广场和资产阶级革命时代的沙龙、咖啡厅不同，网络舆论场是一个虚拟的现代公共领域，其公共交往模式具有互联网平权化和扁平化的优势，也有网络本身的局限性。在网络舆论监督中，也不可避免地掺杂着网民情绪化的宣泄和不负责任的表达，某些娱乐化的新闻炒作与时政恶搞也使对公共事务的严肃讨论形同儿戏，舆论监督的效果难免大打折扣。具体说来，网络公共领域舆论监督功能的失范表现在以下几个方面。

（一）部分网民情绪宣泄多于理性表达。根据第 34 次中国互联网络发展状况统计报告显示，截止到 2014 年 6 月 30 日，我国网民数量达 6.32 亿，其中大学本科及以上学历的上网人员占比仅为 10.7%，比上年下降了 1.2 个百分点，而小学以下学历的网民占比为 12.1%，比上年底升高了 0.2 个百分点，中国网民继续向低学历人群扩散。高学历的网民数量偏少，舆论监督的质量就很难保证。网民是"网络我"和"现实我"的统一，由于网络公共领域的虚拟性，网民表达意见的随意性较大。在心理代偿机制的作用下，有些网民倾向于在网络空间中发泄自己在现实生活中的不满，最明显的表现是，网络公共领域的有些人惯以预设立场看待和评判公共事件，缺乏辨识和究问真相的积极动机或认知能力，从而使网络公共领域的监督功能出现异化，使舆论监督倒逼真相的本来意义受到扭曲。以对政府的舆论监督为例，网民在网络公共领域中的意见容易陷入"塔西佗陷阱"，即"当政府部门失去公信力时，无论说真话还是假话，做好事还是坏事，都会被认为是说假话、做坏事"。在药家鑫案的审判中，网民就极度担心司法审判会受到权力和金钱的影响，他们对"激情杀人"概念的歪曲理解一方面反映了网民整体法律素养的缺乏，另一方面也反映了网民在看待问题时更愿意选用简单的价值判断而非复杂的事实判断，这显然容易导致相关舆论监督挑战法律红线和道德底线。

（二）网络舆论场的脆弱性限制了舆论监督的质量和范围。公共领域成熟的标志是，从私人领域进入公共领域的私人拥有独立的财产和人格，可以自主地表达意见而不受国家权威和市场利益的控制。但在法制不健全的情况下，公民的表达权并不能得到充分保障。国家的网络新闻宣传政策一旦收紧，网络空间的舆论监督就有面临失语的危险。同时，随着市场经济的发展，一些组织和个人为了达到特定的经济利益和社会效果，往往通过雇佣网络水军和网络推手的方式"制造"舆论气候，使虚假的舆论充斥网络空间，造成网络民意的稀释，影响了舆论监督的范围和质量。网络公共领域在市场生存中的脆弱性和对政府管理政策的依赖性在一定程度上限制了网络舆论监督的效果。比如，被称为"中国网络第一推手"的杨秀宇就曾利用商业手段炮制不符合实际的舆论监督事件，其没有底线的炒作严重损害了中国慈善救援制度的形象，网络这一公器变为个人寻求经济利益的工具。

（三）娱乐化狂欢降低了网民对舆论监督的关切程度。在网络公共领域，许多严肃的公共话题被娱乐化地搞笑和调侃，网络的虚拟性和匿名性，网络公共领域的自由和平等，使网络空间迎来了"网民的狂欢"。"恶搞、拍砖、灌水、围观、转载、造谣、讨伐、攻击、PS等，上演了一场场假面舞会，有的甚至打破了道德底线，引发了网络暴力，并带来了网络广场政治和网络无政府主义的风险。"① 在现实中没有政治话语权的网民，开始用戏谑的方式看待公共事件，从中获得乐趣，逃避自己被社会剥离的感觉，这使舆论监督看起来像一场巴赫金狂欢。在这种广场式的群体狂欢中，每个人都成为一个不受控制的个体，他们展现自己的个性，群体呈现多声部效应，对一切神圣物和日常生活的逻辑予以颠倒、贬低、模仿、戏耍和歪曲，建立起一个和现实世界完全颠倒的世界。这种心态一旦被恶意利用，舆论监督就会演化为群体无意识的暴力，形成威胁社会安定团结的力量。

（四）一些网络舆论监督经常逾越法律和道德的边界。南京师范大学顾理平教授曾经列举了舆论监督失范的表现形式，如失真舆论、网络虚无主义、暴力舆论、极端舆论和媒体鄙视，这些所谓的舆论监督行为都有意或者无意地触碰了法律和道德底线，对社会产生了消极的影响。因此，如何平衡言论自由与名誉保护、网络问责与维护政府形象、信息公开与保护隐私之间的关系，是规范网络舆论监督的重要内容。在网络舆论监督的过程中，网民由于时间和精力有限，不可能对所有与议题关联的因素进行把

---

① 胡宁生、魏志荣：《网络公共领域的兴起及其生态治理》，《南京社会科学》2012 年第 8 期。

握，难以掌握议题的整体背景和事件较深层次的逻辑关系，加上受虚假的信息、未经确认的谣言、预设立场、网络激化的情绪和媒体应激式表达方式的影响，部分网民就会采取极端的网络行为，从而对国家、社会和他人的合法权益造成一定程度的损害。

四 健全网络舆论监督生态治理的措施

网络公共领域的舆论监督不能用好与坏的二元价值体系来判断，它是一种能量，需要正确地驾驭。民间舆论场与官方舆论也不是截然对立的关系，而是互动沟通，相互影响的关系。成熟的网络公共领域应具有现代公共领域自由、平等、理性、开放、公正的价值内核，能通过富有批判性的舆论监督约束公共权力的不当扩张和滥用，同时也有利于调和公共利益和个人利益的冲突与矛盾。建设成熟的网络舆论场，优化其舆论监督功能是个系统工程，需要网民、社会、国家的合力才能完成，需要营造良性和谐的舆论生态。

（一）提高网民的媒介素养，培养其理性表达诉求的能力，做到科学监督。1992 年美国媒体素养研究中心对媒介素养做了如下定义：媒介素养是指在人们面对不同媒体中各种信息时所表现出的信息的选择能力、质疑能力、理解能力、评估能力、创造和生产能力以及思辨的反应能力。"随着私人生活走向公共化，公共领域自身染上了私人领域的色彩。"① 网络公共领域舆论监督的失范，与网民的媒介素质较低有较大关系。在现实的政治和社会生活中，政府、媒体和教育部门要致力于增强网民的责任感和批判意识，提高网民的民主参与能力和对信息的甄别、理解、思辨能力，使网民认识到个人自律的必要性，用科学的精神、科学的态度和科学的方法切实引导和推动舆论监督在理性的轨道上运行。

（二）完善互联网运行规则和法规，使网络交往有法可依，做到依法监督。网络空间的舆论监督不是法外之地，网络公共领域的净化，既需要网民的个人自律，又需要互联网运行规则和法规的他律规制和保障。完善互联网运行规则和法规的目的，一方面是为了保障网民享有网络舆论监督的权利，另一方面是约束部分网民滥用舆论监督权利以达到自己非法目的的言行。通过恶意炒作、人肉搜索、网络推手进行虚假舆论监督的行为模

---

① 哈贝马斯：《公共领域的结构转型》，曹卫东等译，学林出版社 1999 年版，第 185 页。

式应该被置于法律规限和究责的框架之下，使网络公共交往有法可依。"舆论监督所代行的主要是公民所享有的法律权利中的表达权利和政治权利中的反对权利，所维护的则是所有的公民权利。"[1] 对于中国的互联网生态来说，公共领域的话语表达特别需要法律的进步，只有在法律的框架下，才能使网络公共领域最大限度地传达理性和负责任的表达和舆议之声。

（三）建立网络舆情反馈机制，保证舆论监督的对接效果，做到建设性监督。"开展新闻舆论监督，应该始终坚持重在建设，站在维护国家和人民利益的立场上，以改进工作、解决问题为目的，发挥新闻舆论监督在统一思想、凝聚力量、促进改革发展、维护社会稳定中的积极作用。"[2] 如果达不到预期的监督约束效果，公共领域的功能就得不到有效发挥。在网络舆论领域，网民缺乏解决现实问题的权力和资源，只有建立网络舆情的反馈机制，使国家对权力的扩张和私人领域的不当言行做出反应，才能让舆论监督产生效果。由于"缺乏权力因素的监督很难对监督客体发生作用，没有权力监督的介入只能依赖监督客体的自觉性，如果监督客体对网络舆论监督主体提出的批评、建议、检举、控告置之不理，权利在权力面前的弱小就会表现出来，监督成效自然难以体现。"[3] 因此，作为监督客体的政府应及时收集舆情信息、对网络信息充分把关，并在第一时间针对网络舆论监督做出反应和处理。对于舆情的公开反馈，可以通过新闻发言人、政务微博、权威机关发布等形式及时通报情况，以充分保障网民的知情权和表达权。

（四）完善网络软硬件建设，发挥知识分子的理性引导作用，做到准确监督。网民的意见能否代表社会的整体民意，关系到舆论监督的准确程度。在中国，还有 7.61 亿人不是网民，大量公众无法通过互联网的途径参与公共讨论。为此，国家一方面要加大互联网硬件建设的政策和资金倾斜力度，提高落后地区的互联网普及率，使更多的公众有机会上网，让网络民意与整体民意达到最大的公约数，并最终打通两个舆论场，增强公众对社会的整体认同感，防止社会群体的撕裂。另一方面，社会教育机构还要努力提高公众的网络使用能力和网络素养水平，使网络真正成为汇聚民意

---

[1] 展江：《舆论监督的反腐败功能》，《中国青年政治学院学报》2007 年第 2 期。

[2] 严三九、路鹏程等：《实践中的马克思主义新闻观——新闻报道经典案例评析》，高等教育出版社 2015 年版，第 252 页。

[3] 郭莉：《网络舆论监督和权力监督对接制度的建构》，《学术界》2013 年第 7 期。

与民智、进行舆论监督的公共领域。与此同时，提高网络公共领域舆论监督的品质，还需要发挥知识分子的理性引导作用。知识分子的特点是不仅具有专业知识，而且具有更系统的理性思维训练，他们的意见对于网络公共领域舆论品质的提升发挥着重要作用。所谓准确监督，即必须反映事实，用事实说话。正如马克思指出的，要"根据事实描写事实"①，舆论监督的时间、地点、人物、情节、数字等细节要依据新闻要素确凿无误，而不能抓住一点随意发挥，更不能似是而非，虚构想象。只有做到理性、准确，才能真正起到监督的作用。

在哈贝马斯看来，资本主义公共领域的转型源于公共领域和私人领域的融合、社会领域与内心领域的两极分化以及文化批判的公众转化为文化消费的公众，其公共领域不再独立于国家和社会之外，它正在受到国家权力和市场经济的双重侵蚀而趋于衰落。而对于中国来说，公共领域的转型出现在网络媒体的产生之后，网络舆论场域的形成，为公民行使话语权提供了前所未有的发声平台和传播条件，打破了传统媒介和社会精英的话语霸权，使许多网民的个人意见得以参与到公共舆论的会聚和发散，从本质上说，民间舆论场与主流舆论场并不完全对立，两者也有内在的一致性，其交叉和融合越多，说明民间和政府沟通就越多，就更容易取得共识。对于因网络而兴起的"民间舆论场"，政府和主流媒体也要有一个积极的态度，既要正视，也要引导。尽管网络舆论监督还存在这样或那样的问题，但通过国家、社会和网民对网络舆论场域生态的治理，积极、健康、理性的舆论监督势必将成为推动中国社会进步的强大动力。

＊本文为郑州大学基础与新兴学科方向"新媒体公共传播"研究项目阶段性成果。

---

① 马克思：《马克思恩格斯全集》第1卷，人民出版社1961年版，第191页。

☞ 贰　行业建设与媒介消费

- 新闻职业认同的褒奖及其建构
  ——南方都市报新闻奖学金获奖作品考察
- 新媒体环境下对农电视媒体的转型探索与实践
- 媒体融合中的社会责任与价值
  ——基于 28 家媒体社会责任报告的考察
- 手机新闻客户端的发展现状及趋向展望
- 大视频环境下传统广电内容生产的转向
- 关于"有线数字电视机顶盒"用户的"使用与满足"调查研究
- 大学生微信使用和新闻信息获享报告
- 台湾新闻传播的现状与发展（2014—2015）

新闻职业认同的褒奖及其建构

——南方都市报新闻奖学金获奖作品考察

肖燕雄[①]　邹璐泽[②]

内容摘要　所谓职业认同，是指以职业为纽带的社会群体，其内部成员对所从事的职业具有认同感和归属感。本文以南都新闻奖学金评选作为研究对象，通过对其评奖标准和历年获奖作品的分析，探讨其中的新闻职业认同现状和构成要素，从而为我国新闻职业共同体的构建提供参考。

关键词　南都新闻奖学金　新闻职业认同　新闻专业主义　新闻职业共同体

南方都市报新闻奖学金（以下简称"南都新闻奖学金"）由南方都市报（以下简称"南都"）报社于 2004 年设立，包括新闻奖学金与营销奖学金两个奖项，是面向中国境内高校在读大学生（含硕士研究生、本科生、大专生）的专项奖学金，其授奖对象不限专业、不限年级，每年度评审并颁奖一次，旨在鼓励与嘉奖怀有中国传媒产业抱负与新闻理想并付诸实践的高校学子[③]。经过 10 年的评选，南都新闻奖学金的评选已经初具规模，评奖机制也越来越健全，至今已有许多学生受惠，其中很多获奖者毕业后进入南方报业集团从事新闻工作，逐渐成为南方报业的中坚力量；还有不少获奖者就职于全国各地的新闻媒体，将"南都"的新闻理想扩散到更广泛的职业空间。

早期的南都新闻奖学金分设特别奖、新闻奖、优秀奖和入围奖，奖金分别是 1 万元、5000 元、4000 元和 2000 元，后来取消入围奖，分设一等、二等和三等奖学金，共奖励 35 人，奖学金总额 17 万元。申请作品分为新

---

　　①　肖燕雄，湖南师范大学新闻与传播学院教授，博士生导师。

　　②　邹璐泽，湖南师范大学新闻与传播学院硕士研究生。

　　③　南都网（http://Ind.eeo.com/Nancy/news/Tianjin/201210/t20121023_1377325.html），2015 年 6 月 6 日查阅。

闻类（消息、深度报道、人物报道）、评论类、多媒体类（图片、音频、视频）。新闻类的作品标准为：作品结构完整，逻辑性强，立场客观，调查深入，信息平衡。评论类的作品标准为：问题意识清晰，逻辑严谨，有独特的认知价值，文本精美，语言流畅，阅读附加值高。多媒体类的作品标准为：传播价值显著，题材故事新颖，呈现方式专业，兼顾采访的难度、坚持和独立性[①]。

随着南都新闻奖学金的知名度和影响力的进一步扩大，其评审机制也有了显著的进步：覆盖面从以往的八所重点大学扩大为中国内地所有高等院校，南都并深入各大高校举办颁奖典礼，同时进行主题演讲以及专家座谈等一系列活动，力图使南都的理念和价值观与高校的办学理念相融合。

本文尝试通过对南都新闻奖学金获奖作品的考察，描述其所构建的新闻职业认同的内涵。

考虑到前四届南都新闻奖学金的评选都是在定点的 8 所高校举行，缺乏代表性和说服力，因此本文选取评选范围扩大到全国高校的第五届至第八届的南都评奖的获奖作品作为研究文本，从获奖作品的题材、内容、报道手法等层面考察其所体现的新闻职业认同的基本要素。

一 信仰认同：媒体价值取向

涂尔干在《社会分工论》中认为，人们通常会认为血缘关系在对他人的道德认同上是一个特别重要的因素，但实际上，血缘关系并不十分有效。很多时候道德的力量更能够让人们团结起来，形成团体。在同一职业活动中，很容易在精神和道德方面形成一致性，而这种职业内部的团结，使得团体的职能更容易实现。从涂尔干的描述中，可以看出精神的力量对于职业团体的重要性，只有共同体成员内部有一致的追求和信仰，对职业有共同的认可和归属感，才能形成稳定、团结的职业共同体。在对南都新闻奖学金获奖作品的分析中，不难发现南都一贯倡导的新闻价值取向。它体现了在市场经济时代和新闻改革的大背景下主流市场媒体的价值观，也是南都新闻奖学金能够得到参赛者和业界以及学界认可的重要原因，更是南都新闻奖学金所构建的新闻职业共同体的极为重要的组成部分。

---

① 南都网（http://Ind. oeeee. com/nanyuan/news/jianjie/201412/t20141204 _ 1484180. shtml），2015 年 6 月 6 日查阅。

（一）重视调查报道，践行舆论监督

近年来，南都一直努力支持和重视以践行舆论监督为旨向的调查性报道，其新闻奖学金的评选也把调查性报道列为获奖的主体。纵观历年的获奖作品，调查报道可谓独占鳌头。

表1　　　2009—2013年调查报道在南都新闻奖学金的获奖数量统计

年份 奖项	2009	2010	2011	2012	2013
一等奖	1	2	4	5	5
二等奖	1	6	3	7	5
三等奖	2	6	7	10	10

上表显示了在南都新闻奖学金的历年评选中，调查报道的比重呈逐年上升的趋势，在2012、2013年的评选中，获得一等奖的五名参赛者都有调查报道入围，不仅数量上占据绝对优势，入选的调查报道也大多是曾引起社会强烈反响的重大报道。"富士康八连跳"和"广西传销系列报道"都曾引起舆论的关注，是获奖作品中调查报道的典型。

在第六届南都新闻奖学金的评选中，来自武汉大学的刘志毅卧底富士康28天，完成了对"富士康八连跳"的独家报道，成为2010年的年度重大新闻报道，引起了强大的社会反响，也引发了人们对大型企业员工生存状况等问题的关注。此后，几届的获奖作品也不乏对富士康事件的跟踪报道及对事件成因的深度调查，这些都体现了南方都市报对调查报道的高度重视。

在第八届南都新闻奖学金的评选中，来自河南大学的习宜豪以《探秘广西资本运作》的系列调查报道荣获一等奖，该同学跟随传销团队辗转广西南宁、北海，深入传销小区，亲历洗脑课程，用自己的亲身体验，剥去所谓的"政府保护""国家战略"的层层外衣，为读者还原了盘踞广西多年的传销组织的本来面目，用鲜活的事实证明了传销组织对人身安全和社会安定的危害，很好地践行了媒体的舆论监督职能。

南都对调查报道的重视和对媒体舆论监督权力的行使，不仅能够对广大新闻学子产生强有力的号召作用，也对已经呈碎片化状态的调查记者职业认同的培养有着良好的支撑作用。

（二）关注民生和弱势群体，传递人文情怀

南都新闻奖学金的获奖作品中，不乏对房价问题、就业问题、户籍制度、养老保险、食品安全、医疗保险、交通安全等民生热点问题的关注，体现了南都"民生本位"的新闻价值观。

表2　2009—2013年获奖作品中涉及民生和公共服务领域的作品数量统计

年份 \ 关键词	弱势群体	公众服务	民生热点	其他人文关怀话题
2009	3	1	2	1
2010	2	1	8	1
2011	2	2	10	5
2012	3	4	9	5
2013	4	9	12	10

上表显示了南都新闻奖学金评选对民生题材的重视：沈茜蓉的《穷孩子没有春天——寒门子弟为何离一线名校越来越远?》，陈一新的《开学了，孩子们的课桌在哪里?》，范承刚的《奢侈品代工厂的自杀女工》，徐乐乐关于"艾滋妈妈"这一隐形群体的系列报道，马毓关于"上访户"的报道《一元劳教案》，姚亚楠对农民工之死的系列报道，余婷受到李克强总理表扬的《流动的童年》等作品，都向公众展示了中国不为人知的角落中弱势群体的生存状况，体现了媒体人对弱势群体的强烈关注。陈敏"垃圾分类"的系列报道，雷军关于"消毒餐具"的系列报道，黄伯欣关于食品安全、环境、能源等领域及基层政府部门等一系列民生题材的报道，梁建斌的《小学生赶场"奥赛"　名校的敲门砖太沉重了》，李宁的《洞庭湖江豚之难》，廖梅的《"文革"遗伤心理研究：寻找"文革"隐伤者》等报道，则体现了南都对公共话题的重视，彰显了南都的人文情怀。

为公众服务是新闻媒体的重要职能，在新闻从业者内部形成对社会转型和阶层分化所产生的各种社会矛盾和民生问题以及弱势群体的利益关切，是新闻职业共同体所应具备的一种重要的价值关怀和专业认同。

（三）重视新闻真实性和客观性

近年来，随着媒体市场化程度的加深，传媒业的竞争日益激烈，有些媒体谋利忘义，通过不实报道和"黄色新闻"吸引读者。在"苏丹红""三聚氰胺""禽流感"等重大事件的报道中，也有媒体夸大其词，过度炒作，造成公众的恐慌。人们纷纷谈"红"色变，谈"奶"色变，谈"鸡"色变，这与媒体的渲染和误导不无关联，它不仅误导了公众，损害了公众的知情权，还引起了行业的动荡和社会的不安，长此以往也会损害媒体的公信力。新闻职业共同体的认同建构，就包括对新闻真实性和客观性原则的内化与坚守。

第五届南都新闻奖学金金奖的获得者蒋哲曾卧底广州五仙桥三个月，揭露了假烟的灰色经济链。南都给他的颁奖词中写道："新闻的根本原则就是对最新发生和最新了解到的事实的尊重和报道，任何要求如果与此相悖，新闻从业者都应该保持高度的警惕。"[①]

在第六届获奖作品中，来自陈莹的《工商局副局长靠 10 万房产贷 800 万？》一文，报道了江苏省南通市海安县工商局副局长通过 2006 年购得的一处房产第二年抵押给海安建行，获得了 800 多万元的贷款的事件，报道者通过多方的走访调查将事件原委呈现在公众面前，引起有关部门重视并介入调查，还原了网络上传播得沸沸扬扬的"江苏惊现最牛房产，一年增值 100 倍"事件的真相；罗琼则选取北上广为典型样本，以数据分析的方式对保障房掩盖下的楼市真相进行剖析，向公众证明了增加保障房的供给并不能从根本上解决房地产市场的供需矛盾；孙毛宁关于《河南三市大批车辆故障 疑因中石化汽油引起》的系列报道，通过周密的调查和翔实的资料向公众呈现了河南焦作、安阳、新乡三市大量品牌车无法启动的事件的原委，将车主与中石化负责人双方的意见客观地报道出来，不偏不倚，通过大量真实的细节诠释了"事实胜于雄辩"的新闻常识；来自汕头大学的居璐通过《京藏高速进京路暴堵 大货车绵延几十公里》《内地舆论界反思旅游市场恶性竞争弊端》和《专家：北京房租炒作空间有限 暴涨之后将回落》等三篇报道荣获三等奖，其在中国新闻社实习期间，通过一系列涵盖不同内容的报道展示了自己扎实的新闻采访基本功，她的理性分析和对报道客观性的重视体现了职业新闻人所应有的基本素养。

在第七届南都新闻奖学金的评选中，陈之琰的作品《乌兰察布逾百名检疫员疑因工作感染传染病——布病发病有反弹之势，2010 年发病数是 1992 年的 154 倍》，突破重重阻力，深入一线获得了一手资料，提示了内蒙古乌兰察布市大量检疫员感染布鲁氏菌病的原因是，乌兰察布市首次对牛羊进行大规模采血检疫时，由于采血工作的防护措施太过简陋，超过百名检疫员感染。由于社会各界对布病的认识不足，防范意识淡薄，导致了

---

① 第五届南方都市报新闻奖颁奖词。

此次布病的大爆发。报道及时让公众了解相关信息，不仅有效遏制了疫情的扩散，更极大地缓解了公众的恐慌情绪，促进了事态的良性发展；刘星的《我们都是神枪手——每一颗子弹都命中高考加分》，将视角聚焦到近年来十分热门却颇受争议的高考加分现象，报道了贵州的 105 名重点高中的高三学生为获得 10 分的高考加分，在射击测试中涉嫌作弊，面对多方的质疑，记者并没有偏信一家之言，而是通过多方的考证，力图将事件完整、真实地呈现在公众面前，体现了记者努力探求真相的职业素养。

在第八届南都新闻奖学金的评选中，赵振江的《技术争论十年未定 PM2.5 监测迷雾重重》，针对美国大使馆空气监测引发的争议，通过对中央权威部门的采访，冷静分析和解释了大众关注的 PM2.5 数据背后的技术与利益角逐，体现了新闻专业精神所追求的权威和准确，也体现了对新闻真实性的坚守。

在第九届南都新闻奖学金的评选中，来自南昌大学的许梦娜在对北京老外撞大妈事件的追踪中，发现已有报道的失真线索，她找到当事人深入采访，最终将事件的原委完整地展现在公众面前，扭转了舆论对大妈恶意敲诈老外的错误批评，还原了事实的本来面目，生动地体现了新闻专业主义所倡导的"客观、独立、真实、中立"的准则。

对以上作品的评选，实实在在地体现了南都奉行的新闻价值观：新闻要为事实、为真相说话，它对新闻从业者形成职业认同感和归属感起着关键的导向作用。

二　知识认同：媒体职业规范

所谓没有规矩，不成方圆，知识认同既是新闻职业共同体的必备要素，也是职业共同体内部形成规范、获得认同的重要因素。

（一）重视学术研究

与传统的新闻评奖有所不同的是，南都新闻奖学金作为面向在校大学生的新闻奖项，在重视培养学生的职业意识和实践技能的同时，也十分重视学生的学术素养，旨在塑造既有学术素养和专业知识，又具备独立实践和操作能力的职业新闻人。

在 2009 年首度打破以往只在定点的 8 所高校进行评选的第五届南都新闻奖学金的评选中，来自浙江大学传媒与国际文化学院的邵书错凭借发表在新闻传播类核心期刊《现代传播》上的论文《走入黄昏的中国新闻学——30

年中国新闻的回望与反思》荣获金奖，文章从理论高度探讨了目前我国新闻业面临的问题，并提出了自己的解决方案。它既有对新闻学研究的反思，也有对报业现实的寻根究底，不仅引起了学界的大讨论，也为学界和业界提供了解决有关问题的有益参考。来自南京大学新闻传播学院的张瑞倩发表在《新闻与传播研究》的《电视对少数民族传统文化的"修补"》一文，用民族志的方法呈现了"长江源村"村民的社会生活变迁，探讨了大众媒介在帮助少数民族"抵御"现代化冲击波中发挥的"文化修补"作用，既具有学术价值，又具有现实意义。来自中国人民大学新闻学院的许子豪在大部分新闻学子都专注于新闻理论和采访实践研究的背景下，在导师喻国明的带领下，通过社会调查的方式解读传媒经济行业，发表了《居民媒介消费结构的基本情况——基于天津居民的"媒介接触"的定量考察》，它既是对人大新闻传统的一种坚持，也为广大研究者提供了一种新型的研究方式。南都在对银奖的获得者刘烨鑫的颁奖词中写道：作者"在浮躁成为绝大多数研究生心态的时候，坚守学术之路，耐得住寂寞。"① 这些都彰显了南都对新闻学术的重视。

第六届南都新闻奖学金的评选虽然减少了对学术研究的奖励，但仍然有学术型成果获奖。来自浙江大学的栾玉波的作品《全媒体条件下新闻传播规律研究》阐释了对媒体发展规律的独到见解，体现了新生代的新闻学术科研能力和专业理论素养；暨南大学新闻与传播学院的盛佳婉撰写的《群雄逐鹿，胡舒立团队尚能胜否？》和《"夸大的恐惧"，谁之过？》两篇文章，分别刊载于《南方日报》和《新闻实践》，它们分别选取了胡舒立团队撤离《财经》另创财新传媒，以及如今负面新闻铺天盖地，一定程度上引起了公众恐慌的两个典型案例，通过对媒体前沿动态的关注，从理论层面反思媒体的功能，解析当前媒体格局，并对重大事件报道中政府与媒体的关系提出了建设性意见，在学术讨论中彰显了对新闻专业精神的坚持和推崇。

在学界和业界交流日益加深的今天，培养既有学术素养，又具备实践能力的职业新闻人显得尤为重要，学界的理论知识能够对新闻从业者提供更多的理论养分和指引，而业界的实战经验则为学界的理论研究提供了鲜活的素材，有助于理论和实践的同步发展，从而在共同体内部更加自觉地

---

① 第六届南都新闻奖学金颁奖词。

达成对新闻职业理念和操作规范的深度共识。

（二）重视对专业记者的培养

在社会分工日益精细的今天，新闻业也面临着新的改革，随着媒体种类的增多和类型的多样，专业记者日渐成潮流，除了传统的体育记者、娱乐记者和时事新闻记者外，财经记者、法律记者、双语记者也因其专业性和影响力越来越受到媒体的青睐。

1. 财经记者

在第七届南都新闻奖学金的评选中，张冉凭借《丽水集资案》中熟练的财经知识向公众揭示了房地产市场的暴利内幕，荣获一等奖；吴红毓然的《上市武装视频网站》一文，既体现了对媒介前沿的洞察力，也彰显了自己扎实的财经知识，得到了评委的一致认可；王晶晶也凭借《粤银监局：7 成房贷纠纷已解决 将查银行违法违规》《大宗商品价格节节走高 投资者如何浪尖起舞》和《"四季绿"勇夺"创业之王"现场获 1000 万元授信》三篇财经报道问鼎二等奖。在第八届南都新闻奖学金的评选中，冯叶通过对上市公司 IPO 造假的系列报道展示了自己对经济新闻的掌控力，显示了自己成为专业财经记者的巨大潜力；赵丽君的"绿色信贷"系列报道、欧阳凯对上市公司虚假贸易的报道和陈祥华对房地产行业的调查，也都体现了这些年轻的财经新闻报道者的良好专业潜质和素养。

2. 法律记者

在第六届南都新闻奖学金的评选中，张蕾的两篇作品《意大利政府：我们为什么要来中国打假》和《山东金乡：老支书遭蹊跷超期羁押》都显示了写作者扎实的法律功底，见证了法制专业知识在新闻采写之中的致用之道。

3. 双语记者

在第六届获奖作品中，宋嘉问通过对《胡锦涛的继任者担任军方要职》的翻译显示了自己扎实的英语功底和双语记者的潜质；符嘉的报道《辛格尔顿——胜利信鸽飞来广东》，利用自身的英语优势同被中国球迷戏称为"信鸽"的辛格尔顿展开了深度的对话，既提出了广大球迷感兴趣的问题，又拉近了读者和采访者的距离，显示了扎实的双语功底[1]；盛馨则通过跟踪报道圣丹斯电影节以及在骆家辉就职的新闻发布会的现场报道，

---

① 第七届南都新闻奖学金颁奖词。

显示了自己出色的英语能力，也让我们从中看到了新时代背景下双语记者的巨大发展空间。

职业共同体是职业不断发展的产物，而职业的发展则是社会分工不断细化的结果，专业记者的出现就是新闻职业不断发展的需要，它对新闻职业共同体值岗的细分化、专业化发展无疑有着重要的意义。

（三）推崇深度新闻

在全媒体时代，传统媒体面临新媒体的全面冲击。以互联网和手机为代表的新媒体以信息的及时迅捷取胜，作为传统媒体的报纸必须在深度报道上下功夫，才能在激烈的媒体竞争格局中占据一席之地。深度新闻的产生和流行也是新闻职业分工日益成熟和职业化程度加深的必然趋势。

在南都新闻奖学金的获奖作品中，以深度新闻为题材的报道为数众多。在第六届南都新闻奖学金的评选中，沈念祖的获奖作品《穷孩子遭遇问题学校——打工子弟学校的另一面》，反映了北京打工子弟学校的现状和存在的问题：在政府政策、投资办学者、老师和学生三个群体中，老师和学生无疑是最弱势的一方，其中尤以学生遭受侵害最大，而一向以弱者姿态出现在公众视线的民办学校投资者实际上已成为利益的追逐者和获得者。大量的社会援助发到学生手上的少之又少，反倒是学校负责人获益颇丰。该报道从客观事实出发，不仅揭露了有关校方用学生牟利的不良行为，也对政府对民办学校的忽视和放任自流提出质疑，并探讨了形成这种现象的深层次原因。

第七届南都新闻奖学金的获奖者赵明月的《中国微型企业调查：等死的"板材之都"》一文，通过深入实地进行采访取证，剖析了昔日的"板材之都"临沂板材业日渐没落的深层次原因：在产业链最低端做原始加工的家庭式小作坊随着加工厂数量的增多和劳动力的成本逐渐升高，营业额虽然有所上升但利润率却越来越低。与此同时，企业还要面对越来越多名目繁杂的税费，许多个体老板不堪重负，而银行大多向大中型企业倾斜，微型企业处境尴尬。昔日风光一时的"板材之都"的如今困境正是我国经济转型期的一个缩影：过度依赖国内市场、发展模式单一、产品附加值低、缺乏核心竞争力，这些成为我国大部分加工制造企业的通病。企业如何在经济全球化的背景下进行转型，是这篇报道带给读者的深层思考。

在第八届南都新闻奖学金的评选中，来自暨南大学的贺风铃通过《卖切糕的年轻人》一文，揭示了近年来公众有所非议的"切糕党"的真实情况，探讨了形成"切糕党"现象的深层次原因：受限于有限的教育水平和汉语水平的制约，南疆的农村青年在城市就业困难，社会需要以更宽容的心态来看待切糕及切糕背后的年轻人，在对"切糕党"的片面指责的背后，是亟须弥合的民族关系。

在全民阅读时代，面对新兴媒体的巨大冲击，传统媒体虽然在新闻的时效性上无法与新兴媒体抗衡，但是对深度新闻的重视和推重仍然是传统媒体立足的根本，它不仅能够使传统媒体在激烈的竞争格局中站稳脚跟，也是媒体获得公众认可的重要因素，其对新闻职业共同体的专业公信力的构建有着不容小觑的作用。

（四）重视国际视野

在经济全球化的今天，不仅世界经济正在联结成密不可分的整体，媒体资源也在进行着世界范围内的融合，我国的新闻从业者也必须学会放眼国际，拓宽自己的视野，以便能够在新一轮世界范围内的媒体竞争中占据自己的一席之地。

表3　　　　　　　　以国际视野为题材的获奖作品的统计

年份	2010		2011	2012		
作者	肖永鸿	周浩	刘文苑	王钟的	王悦	王鑫
获奖作品	哥本哈根日记	日本国民是如何变富的	自卫队日记	那些正在消失的境外华文电波	金日成诞辰100周年、朝鲜发射卫星坠落	塞浦路斯移民市场异军突起
涉及领域	环境	经济	国民精神	国际政治	国际政治	社会现象
涉及国家	瑞典	日本	日本	德国	韩国	塞浦路斯

上表中《哥本哈根日记》一文记录了作者在哥本哈根的见闻和与各国首脑们的亲身接触，向公众展示了哥本哈根在环境保护方面的先进做法和取得的成就；《日本国民是如何变富的》一文通过探讨20世纪60年代日本通过《国民收入倍增计划》摆脱战争阴霾，实现经济腾飞的成功经验，为转型期的中国实现经济增长方式的改进提供了参考；《自卫队日记》通过日本大地震时日本自卫队的紧急救援重现了"超人自卫队"的感人事迹，向世人揭示了日本能在第二次世界大战后迅速崛起的国民精神；《那些正在消失的境外华文电波》一文，通过BBC和德国之声华文广

播的停播，敏锐地捕捉到了时代变迁的讯息：中国与西方社会不再是公开敌对的关系，因而曾被认为是敌台的广播也悄然退隐，它通过对国际媒体的关注预测了国际政治的走势，极具国际视野；《塞浦路斯移民市场异军突起》则以地中海小国塞浦路斯的投资移民热潮作为研究对象，分析了在以往移民国家政策收紧的情况下，塞浦路斯作为目前欧洲唯一可以通过买房直接拿绿卡的欧盟国家对于中国第三代投资移民热潮有着强烈的吸引力的社会现状，反映了当下中国中产阶级乃至社会精英的躁动以及国际社会的走势。

上述涉及多个领域的获奖作品都通过对国际重大事件的报道及对他国成功经验的介绍，报道了国际社会的走势，既让公众加深了对世界各国情况的真实了解，又对我国社会的发展提供了借鉴，显示了新时代新闻专业精神中不断强化的国际化意识和外向拓展的广阔空间。

三　利益认同：新时期的媒体格局

与西方发达的市场传媒机制不同，我国的都市报媒体大多是脱胎于党报机关报，它们是在市场经济的浪潮中逐渐发展起来的，从以前的政府拨款到现在的自负盈亏，其市场化进程尚处于初级阶段。而网络媒体的崛起，给新闻传播领域带来了重大变革，媒介生态环境愈发复杂，逐渐形成了传统媒体与网络媒体并存的态势，二者既是竞争对手，又是合作伙伴。在这种环境下，想要构建稳定的新闻职业共同体就必须团结不同的媒体，在竞争和合作中保持平衡，形成媒体联盟来维护自身的行业权益，促进我国新闻业的不断进步和发展。纵览南都新闻奖学金历年的获奖作品，不仅能够感受到南都对新媒体的重视，更能体现其对媒体品格的坚持和对媒体权益的维护。

（一）重视与新兴媒体合作

南都新闻奖学金的历年获奖报道，很多都是从网络消息中获得第一手资料来源，继而进行深度的挖掘报道而成。在网络信息日益便捷的今天，传统媒体可以从网络中发现新闻线索，将传统媒体的深度报道与新兴媒体的快捷信息结合起来，实现两种媒体的双赢，从而形成相互支撑的利益共同体。

通过对历年获奖作品的分析，能够清晰地看到传统媒体和新兴媒体互相融合的态势，总体来说，大致分为以下三种模式：

表4   历年获奖作品中与新兴媒体合作的模式一览表

模式	新闻线索来源于网络	利用网络扩大影响力	产制网络新闻作品
获奖年份	第六届、第七届	第六届	第九届
主要获奖作品	俞正声来信之前，不受欢迎的病人；"微外交"时代来临——美国驻华使馆喜欢"晒家底"，英国驻华使馆最爱"直播"；年轻人为何"逃离科研"	图文报道甘肃舟曲灾情；北京"爷们"廖丹	那些正在消失的境外华文电波

1. 新闻线索来源于网络

在第七届南都新闻奖学金的评选中，姚雪鹏的《俞正声来信之前，不受欢迎的病人》一文取材于微博上一封写给俞正声的公开信，反映了"看病难"的问题，引起了舆论的反响；昌道励采写的《"微外交"时代来临——美国驻华使馆喜欢"晒家底"，英国驻华使馆最爱"直播"》也是直接从微博中获取的新闻线索和第一手资料；在第八届的获奖作品中，来自四川大学的丁舟洋通过取材于中科院博导程代展教授在科学网发表的一篇《今夜无眠》的博客，发表了《年轻人为何"逃离科研"》一文，揭示了当今许多名校的博士毕业后都选择放弃科研道路的现象，延续了钱学森曾经提出的"为什么中国有这么多聪明的学生，却培养不出杰出的人才？我们究竟哪里出了问题？"的思考，在科研界和教育界引发了热烈的讨论。

2. 利用网络扩大影响力

在第六届南都新闻奖学金的评选中，王凯利用微博呈现了大众媒体并未发掘和重点报道的甘肃舟曲灾情场景，成为全国图文报道甘肃舟曲灾情的第一人，也印证了自媒体时代"公民记者"的重要作用[1]；第八届南都新闻奖学金的获奖者车怡岑通过视频作品《北京"爷们"廖丹》展现了一对平凡的北京夫妻在疾病面前血浓于水的亲情，它通过全媒体网络的方式进行传播，得到广泛的关注。

3. 直接产制网络新闻作品

在第九届南都新闻奖学金的评选中，分别来自人民大学的霍仟和王钟的、南昌大学的许梦娜、清华大学的郭小荷、华南理工大学的廖家良、暨南大学的欧阳凯以及来自四川大学的岳家琛等都曾在知名网站实习的经历，他们的获奖作品都曾引发网络热议；其中尤以来自人民大学王钟的撰写的《那些正在消失的境外华文电波》最具代表性，体现了全媒体背景下

---

[1] 第六届南都新闻奖学金颁奖词。

传统媒体和新兴媒体在信源共享方面的密切关联。

（二）坚守媒体品格和新闻尊严

在市场经济的浪潮下，经济利益日渐成为许多媒体追逐的巨大目标，有的媒体和新闻人的社会责任意识淡漠，失范、失德行为日益突出，在这种形势下，想要构建为社会各界所认可和尊重的新闻职业共同体，坚守媒体的品格和尊严就显得尤为重要。

在第八届南都新闻奖学金的评选中，一等奖得主吴雪峰的作品尤为引人注意。通过《"助考"的秘密：研考泄题背后的作弊产业链》《湖北通山妇女结扎致死　官方百万买断追责权利》《好人之死：王培军死后留下的道德问题》《河南光山 22 小学生遭砍伤》《医结：荆州追打医生患者母亲跳楼》《湖北房县低保作假村民撕开骗局》等一系列新闻报道实习作品，吴雪峰向评委们展现了其不畏权势、勇揭时弊的可贵的新闻品格，它也正是新闻共同体维系其专业认同的一种职业精神。来自暨南大学的贺风铃也通过《卖切糕的年轻人》《两个人的村庄》和《扫大街也是公家的人》三篇作品展现了作者从人文关怀的价值取向出发，在浮躁、纷扰的媒体竞争压力下，坚守扎实采访、独立考察、公正报道的优良新闻品格和专业精神。这种品格和坚守，有助于增进公众对媒体的认同，维系新闻职业共同体的专业尊严，阻遏新闻业内的精神滑坡和道德腐化。

四　南都新闻奖学金所构建的新闻职业认同框架

南都新闻奖学金迄今为止已成功举办十届，有来自全国各个高校的400 余名学子获奖，他们中的很多人毕业后都投身于媒体，成为正式的新闻从业者，更有相当一部分人留在南方报业甚至直接留在南方都市报工作，成为南都的一分子。在对奖学金的获奖者采访中，曾有获奖者用"聚是一团火，散是满天星"来形容奖学金的获奖群体，更有往届的获奖者自愿担任下届奖学金的志愿者，并称自己这次回南方都市报只是想"感谢南方都市报对自己的鼓励"①，希望能为新一届的南都新闻奖学金评选工作贡献自己的一分力量。

详查历届获奖者名单，不难发现不少往届获奖者的名字再次出现在新

---

① 《获奖感言：上届获奖人，今届志愿者》，南都网（http://Ind. oeeee. com/nanyuan/news/ndnews/201011/t20101123_1160071.shtml），2014 年 1 月 19 日查阅。

近获奖作品的文本中。习宜豪、吴雪峰，都曾是南都新闻奖学金的一等奖得主，几年前，他们曾是初出茅庐的获奖者，几年后，他们已经成长为获奖者的实习指导老师。这就是南都新闻奖学金的力量，它不仅能够让有志于从事新闻职业、对新闻怀揣理想和热情的学子在这里找到归属感，引领获奖者汇聚为相对稳定的职业共同体，也使南都的新闻理念得到继承和传递。

通过历年获奖作品的评选，南都新闻奖学金生动地呈现了其所褒扬的新闻职业认同的基本框架：在信仰认同方面坚持南都的新闻理想和信念，关注民生问题和弱势群体，以服务公众为基本职能，敢于说真话，践行媒体的舆论监督职能；在知识认同方面，坚持新闻专业精神的基本原则，推崇深度新闻和调查报道，重视学界和业界的沟通以及专业记者的培养，形成统一的行业规范；在利益认同方面，重视传统媒体与新兴媒体间的合作，坚守媒体的品格和新闻尊严，以品格与尊严维护新闻职业共同体的生存。

当然，南都新闻奖学金的评选也并非十全十美，虽然参选作品和申报者数量逐年增加，评选范围也从最初定点的 8 所高校扩大到如今的全国高校，但纵观其合作媒体，仍然是以南方报业的媒体为主。虽然全国 28 个省份的高校学子都参与了南都新闻奖学金的申请，但是其地域影响力的差异也十分明显，其民间评选的性质也决定了南都新闻奖学金的评选缺少权威性。其次，该项评奖只是强调新闻职业认同的各要素，缺乏对职业共同体构建中存在的问题做深层次探讨。但是，南都新闻奖学金的评选毕竟以初显成效的方式呈现了构建新闻职业认同的一种本土尝试和可行路径。新闻职业认同和职业共同体的构建任重道远，值得所有新闻人像南都人一样作出不懈的努力和进一步的探索。

新媒体环境下对农电视媒体的转型探索与实践

陈小娟[①]

内容摘要 伴随中国农村市场的新变化、新媒体技术的冲击和中国传媒环境竞争的日趋激烈，对农电视媒体也在加快向新媒体融合的步伐，努力推动内容、渠道、平台、经营、管理等的深度融合。本文对新的技术条件下对农电视媒体的探索与实践进行分析，指出其存在的困境和问题，并提出相应的对策和发展趋势。

关键词 对农电视媒体 新媒体 转型探索 对策与趋势

我国农村正在发生深刻巨变，新农村建设、土地流转、农民工返乡、城乡一体化、新型经营主体蓬勃发展，这些具有丰富内涵的新农业为对农电视媒体提供了更多的发展空间。互联网特别是移动互联网的广泛应用正在大大加速改革发展进程，2015 年的中央一号文件提出，创新农产品流通方式，支持电商、物流、商贸、金融等企业参与涉农电子商务平台建设，农村电子商务与互联网金融等的兴起为推动农村经济社会发展带来新的希望和契机，也在催促对农电视媒体的转型探索需要加快步伐。中国传媒环境的变革也在走向深入，受众的媒介消费向移动化和碎片化方向发展，新的媒体形式和商业模式不断涌现，众多传统媒体纷纷尝试"全媒体"转型和数字化营销，与新媒体在内容、渠道、平台、经营、管理等方面展开深度融合。同样身处于这个大背景下的对农电视媒体，也在力保传统市场之外，向互联网、移动媒体市场进行多元化拓展，力求构建跨媒体、跨行业、跨市场的产业链系统。不言而喻，对农电视媒体的转型也需要综合考虑其具有的政府喉舌、社会公器及盈利机构等多重身份，需要一系列的自

---

① 陈小娟，江汉大学人文学院副教授。

我超越和创新，其转型进程既值得期待也面临着障碍和挑战。

一 对农电视媒体拓展新媒体的现状

当前国内主要的对农电视媒体包括中央电视台 7 套军事·农业频道，以及几家比较知名的省级对农频道，主要为河北电视台农民频道、湖北广播电视台垄上频道、吉林电视台乡村频道、山东电视台农科频道、浙江电视台公共·新农村频道、陕西农林卫视、河南电视台新农村频道等。作为唯一一家国家级的对农电视频道，中央电视台 7 套军事·农业频道下属各栏目把握机遇，以内容为核心向新媒体延伸，取得了一定的成绩。从 2001 年第一个专业对农电视频道吉林电视台乡村频道开播，到如今 7 大频道并举，省级对农电视频道在过去十多年里开疆拓土，也打造出了一批特色鲜明、风格独特、资讯实用、内容丰富的对农服务栏目。

（一）传统对农电视频道的发展现状

省级对农电视频道在过去十多年中相继开播，基本完成了规模的扩大、收入的增长和综合实力的增强。例如，河北电视台农民频道于 2005 年开播，从初创时期的 7 名员工发展至今拥有 225 名员工，频道省网收视份额由开播之初不足 1% 到 2014 年的 8.23%，广告收入由开播之初的 500 万元到 2014 年的 2.16 亿元，被评为全国最具影响力专业特色频道、最具专业创新力地面频道、中国十大影响力省级地面电视频道、中国品牌媒体百强——地面电视频道 10 强，综合实力在全国对农电视频道中连续六年排名第一[①]。吉林电视台乡村频道"情系民生、根植沃土"，以传播现代农业科技资讯、关注乡村百姓生活动态、弘扬地域文化为宗旨，全方位、多角度服务"三农"，长期在吉林省网所有频道收视排名中名列第二名，成长为特色鲜明、影响力强、极具上升空间的对农电视的品牌专业频道。河南电视台新农村频道恪守"沟通城乡，第一责任"的频道理念，通过整合资源，力图构建沟通城乡，权威实用的大农业媒体平台，为城乡观众提供时政、市场、科技资讯及文化娱乐、影视、法制等宣传服务[②]。湖北电视台垄上频道虽然 2012 年 5 月才成立，但是它建立在全国第一个地市级对农

---

① 《对农频道不好做？河北农民频道广告收入过 2 亿！》，记者网（http：//www. jzw-com. com/jzw/01/9800. html），2015 年 4 月 28 日查阅。

② 张磊：《用"互联网思维"运营农村频道》，《现代视听》2014 年第 8 期。

频道荆州电视台垄上频道的基础之上，其品牌栏目《垄上行》经过十年的打磨，已在区域产生了相当大的影响。依托《垄上行》品牌栏目及其巨大影响力创建的垄上频道，从一诞生就有良好的受众基础、内容生产基础、客户资源优势以及经营经验优势等，该频道创办后，依然坚持大打《垄上行》牌，不断扩大"垄上"品牌的影响力和辐射力，使其竞争优势得以持续保持。2014年垄上传媒集团线上广告经营收入超过6500万元，线下产业经营由2013年的4亿元翻倍增长为2014年的8亿元①。

除此以外，部分对农电视节目充分认识到对农电视传播身处的困境与危机，开始探索对农电视传播理念、受众定位、传播策略等层面的新转向，即由最初的对农民居高临下教育式"俯视传播"到现在的促膝谈心建议式"平视传播"，将电视媒介还原成为农所用的有益"日常生活用具"，而非只是"现代化、城镇化"等外部力量为农民安排的"工具理性用具"②，将内容的选择权"还"给农民。其次，将目标受众由单一的农民观众转变为对"三农"内容感兴趣的城乡观众，部分节目针对中央一号文件提出的要着力解决"新生代农民工"市民化、城市化的问题，将受众定位投向20世纪80年代出生的新生代农民工，如河南电视台新农村频道开办《打工直通车》栏目，湖北垄上频道开办《打工服务社》栏目，山东电视台农科频道则在老牌栏目《乡村季风》中开办周日特别节目"打工在线"。第三，传播内容跳出传统"农经节目"窠臼，由"对农致富信息"过渡到"涉农人物品格"，传播形式则由先前侧重"对农信息罗列"到目前的侧重"涉农精彩叙事"，关注点由"物"向"人"转变，栏目定位由包罗万象的"对农杂货铺"向展现新型农民故事呈现人性光辉的"涉农主题店"转变③。

（二）快捷多元的线上传播渠道探索

新媒体技术的迅猛发展，改变着对农传播体系，各种科普网站、致富信息网及农业网站以及势头正猛的移动新媒体正在逐步深入农村，动摇着传统对农电视媒体的地位。根据中国互联网信息中心发布的数据，截至2014年末，农村网民占比27.5%，规模达1.78亿人。这意味着不到4个

---

① 陈接峰、许凌虹：《地面频道转型：在服务"三农"中获得价值提升》，《电视研究》2015年第2期。

② 杨泽喜：《建构工具理性与价值理性契合的公共文化服务评估体系》，《中国地质大学学报》（社会科学版）2012年第2期。

③ 薛涛：《由"对农"到"涉农"：农业电视节目新转向》，《当代传播》2015年第1期。

农村居民中就有一个网民。农村互联网的普及打破了长期以来农村信息闭塞、城乡信息不对称的局面①。建立新型的与新媒体融合的对农传播模式，搭建起以互联网信息数据库为基础、手机为客户终端的新媒体交互平台，也成为当下对农电视频道努力的方向。

1. 对农电视频道的官方网站设置

对农电视频道基本都建立了自己的官方网站，这些网站与对农频道相互借势，进行台网合作，有效整合了媒体资源，扩大了对农电视频道的品牌影响力。中国农业电影电视中心暨 CCTV-7 农业节目于 2013 年 11 月 6 日从央视官网剥离出来，打造了一个新的影视互动全媒体平台"农视网"。首先，作为 CCTV-7 农业节目新的官方网站，"农视网"不仅整合了 CCTV-7 的农业节目资源，还网罗了其他媒体的"三农"热点、技术服务和信息资讯，构建了一个内容丰富、检索便捷的发布平台。以 CCTV-7《致富经》栏目为例，每期节目介绍的致富人物信息都会在网站导航部分滚动播放，增加观众的观看兴趣；为弥补节目侧重致富理念宣传导致农资信息缺乏的缺陷，官网将整合同类节目资讯作为重要内容打造；往期视频在官网与电视播放同步等，这些设置使《致富经》官网点击率持续走高，对提升整个栏目收视率也起到了重要作用②。其次，"农视网"打造了一个互动性更强的沟通平台。和原来 CCTV-7 官网的设计相比，"农视网"更注重与用户的互动，专门设置由一系列平台构建的"互动专区"，包括"今日话题""随手拍""热门活动""新闻爆料"等常设的互动入口，另外还陆续推出"今日微话题""有奖收视""精彩留言""农视观察征稿"等活动和话题，不断激发观众的参与热情。最后，以用户需求为出发点，推动 CCTV-7 和新兴媒体在内容、渠道和平台等方面的深度融合。"农视网"的官方微博每天发布的内容既包括媒体本身报道的新闻事件及涉农报道，还包括全国各地的热点新闻转发评论；"农视网"的微信公众号除了推送当天的节目介绍，还定期设置各种相关活动让观众通过微信参与；用户还可以通过下载农视网的手机 App 移动客户端浏览网页、点播视频。通过这些新媒体手段，用户可以直接参与到节目的制作中，提供线索、展开讨论或参加活

---

① 高尚全：《互联网推动农村巨变》，人民网（http://opinion.people.com.cn/n/2015/0720/c1003-27327479.html），2015 年 7 月 20 日查阅。

② 李维：《从〈致富经〉看涉农栏目在新媒体环境下的传播策略》，《新闻世界》2015 年第 2 期。

动，有效实现了台网互动和线下拓展，一个"三农"领域专业、实用又权威的视听互动平台正在形成①。

　　冀广天润公司的农民网 2009 年 5 月 1 日正式上线，作为河北电视台农民频道的官方网站，日点击量保持在 300 万以上。"农民网"以河北农民频道内容为基础，设有新闻、新农民合作社、农民频道、宽频、论坛和开心麦田六大版块。这里既有最新最全的农业要闻、合作项目、致富信息，又有多功能的时尚网上店铺供用户主开通，还可以加入合作群组，与天南地北的网友畅聊合作话题，在线购买便宜可靠的农资产品，既是农业生产互动平台，也是河北电视台农民频道的延伸。河南电视台新农村频道，即第 9 频道的官方网站 2015 年 6 月 18 日正式上线，包括《新闻开汇》《村长开汇》《播报河南》《12316 - 9 号直播间》《致富招招鲜》《就业与保障》等河南电视台第 9 频道所有的自办栏目都可以在网站上点播观看。山东电视台农科频道网站及手机报，也承担着农科频道整体的网络宣传、离播宣传、观众互动任务。进入网站，可以查阅农科频道每日播出的最新节目，参与农科频道各栏目举办的大型活动，浏览农科频道部分栏目播出的最新资讯，也可在"乡村社区"发表对频道及各栏目的意见。农林卫视则与中国农林卫视网进行有效整合，一手强化内容的深度和精度，一手强化产业的高度和广度，在实现海量信息总汇、打造网上知名论坛、建立农科专家博客群、推出视频搜索引擎等增值业务方面颇有作为。对农电视频道的网站建设使农民的信息获取更便利，使对农电视节目实现了再定位和时空的大延伸，同时也搭建起便利农民交流、满足农民利益诉求的新平台②。

　　2. 对农电视频道官方微博设置

　　对农电视频道的"微博营销"主要包括两类，第一类是将微博作为重要的信息来源平台，通过其获取线索来源，第二类是利用微博发布信息，进行议程设置，提高媒体关注度，扩大媒体知名度和影响力。吉林电视台乡村频道官方微博于 2011 年开通，粉丝一度达到 33300 多人。乡村频道微博发挥频道特色，帮助粉丝了解乡村频道的新闻、动态及节目内容并参与热点话题的讨论。它主要从四个方面开展宣传：第一，做现场报道，乡村

---

① 方勇涛：《电视对农节目与新媒体的融合——农视网对电视对农节目的借鉴意义》，《视听纵横》2015 年第 3 期。

② 杨磊、杨璐：《新媒体环境下河北农民频道的发展策略》，《新闻知识》2015 年第 4 期。

频道各栏目组编导、记者、摄像在下乡采访、拍摄短剧、演播室录制时，将所见、所闻、所采、所感编辑成微博，在微博上做现场报道。第二，做话题讨论，各档剧场及节目借助剧情内容、事件、新闻话题等激活用户和粉丝的情感神经，使得用户与关系链上的好友通过转发、点评、私信等方式互动并展开讨论。如剧场和《家长里短》栏目主要根据播出的剧目及情节设计讨论话题，《广角民生》栏目则针对每期调解事件设计讨论话题或针对新闻价值趋向展开评论。第三，节目微直播，也就是在节目播出的同时，适时发送关于节目进展内容及下节看点的介绍信息。第四，节目动态、节目预告及频道动态的宣传。河北电视台农民频道的各档节目都已推出热线、短信、微博等多种节目参与方式，如《三农最前线》栏目中"村里村外随手拍"版块，就是鼓励观众通过手机或相机把身边的新鲜事拍下来，再通过微博发给节目组①。河南电视台新农村频道官博在 2010 年 5 月 21 日开通后，对栏目内容生产带来很大影响，目前频道已经成立了河南电视媒体群的第一个新媒体部室，各栏目都相继建立自己的微博及微信公众号，频道官网和网络电商也都在升级改版，2015 年新农村频道的新媒体运营格局正在逐步完善②。各对农电视栏目的微博也一度风生水起，例如，CCTV - 7《致富经》栏目的微博致力于展示图文并重的节目预告，设置各种话题的讨论和互动让用户感受节目理念，目前粉丝已有 24 万③。

3. 对农电视媒体微信公众号打造

目前微信已成长为国内最大的超级 App，移动互联网进入微信时代后，微信公众号越来越为传统媒体所倚重，成为其开拓和抢占新媒体市场的重要平台。对农电视频道的微信公众号打造也呈现活跃的态势，很多频道不单有频道公众号，下属栏目也催生出各具特色的微信公众平台。

第一，对农电视媒体利用微信公众号扩大影响力，助力节目推广，参与节目互动，提高收视率，拓展受众群。微信被用于对农电视媒体的内容生产中，其精准营销的特性打破了传统的"闭门造车"现象，方便快捷和免费的即时交流弥补了单向传播反馈途径不足的缺陷；相对于传统的热线电话、短信与微博，微信对内容生产能发挥更大的功能，热线电话只能做

① 马凯：《浅析河北农民频道节目现状及内容建设措施》，《今传媒》2013 年第 8 期。
② 张磊：《用"互联网思维"运营农村频道》，《现代视听》2014 年第 8 期。
③ 李维：《从〈致富经〉看涉农栏目在新媒体环境下的传播策略》，《新闻世界》2015 年第 2 期。

一对一的交流，限制了节目容量；短信仅限于文字表达，而且需要及时回应；微信的语音功能使观众的语音留言经过选择可以成为节目内容，在有限的节目时间内实现密集的信息交换。如浙江电视台公共·新农村频道晚间档新闻栏目《新闻大直播》，其微信粉丝全天候通过微信的语音功能爆料新闻线索，从交通事故、车祸等突发事件到各种日常纠纷包罗万象，通过审核被采用的线索立即进入正在直播的节目，为节目注入最及时生动的讯息。其另一档服务类节目《房产装修我来说》的官方微信公共号开播后不久已有1万多粉丝，节目中"观众咨询专家解答"这一版块是借助微信平台完成的，这个平台有效规避了热线电话打不通等尴尬，随时的互动交流，让观众产生很强的参与感，有效满足用户的需求，节目组另外还设有专人回答粉丝提问，建立用户粘度，构建粉丝信任。

第二，有的微信公众号成为与对农电视母媒体有重要关联的独立平台。如湖北垄上频道的"打工服务社"微信公众号，最初是为服务同名电视栏目而创办的，现在它开拓出双轨并行、互为依托、贯通发展的新模式，发展为一个融合了同名电视栏目，整合了湖北人力资源和社会保障部门、司法部门、总工会、用工企业、垄上中国网、移动手机等相关部门和媒体的打工超级信息服务平台。"打工服务社"微信公众号从2013年开始创办，它将眼光对准新生代农民工。新生代农民工对手机的占有率高达98.9%，而且36%日均手机上网时间超过5小时[1]，手机网络不但是新生代农民工最重要的娱乐消遣载体、修复和改善情绪的"减压阀"，更是获取外界信息的重要途径。他们找准了做好农民工的职业介绍这个突破口，将微信公众号作为服务新生代农民工的重点社交渠道进行打造，搭建起新生代农民工和企业之间的信息对接平台，一定程度上解决了信息不对称、就业渠道窄等问题。《打工服务社》微信公众号对新生代农民工更深刻的意义在于，可以开阔视野，获得新知，促进自身发展，培养人的现代意识，对新生代农民工的城市融入产生特殊的渗透力和影响力[2]。2014年12月29日举行的湖北广播电视台2014首届"长江杯"媒体融合产品创新大赛决赛，"打工服务社"凭借828.6万的投资估值位列32个产品之首，夺

---

① 《调查称中国蓝领了解外界信息首选手机上网》，中国新闻网（http://finance. chinanews. com/it/2012/05-16/3893877. shtml），2015年7月30日查阅。

② 杨英新：《城市融入之推手：新生代农民工的网络媒介素养》，《中国劳动关系学院学报》2012年第2期。

得新产品类一等奖。2014年底，"打工服务社"公众号从一千多个公众号中脱颖而出，获得腾讯大楚网评选的"十大生活类微信号"称号。

（三）全面立体的线下活动营销①

活动营销是通过精心策划具有鲜明主题、能够引起轰动效应、具有强烈新闻价值的单一或者系列性组合的营销活动，以更有效地推动品牌传播和销售促进。对农电视频道通过活动营销可以有效实现市场的细分和异质经营，带来受众的同质化聚集，更有效地锁定具有潜在经济价值的目标受众。媒体的各种主题活动本身也是企业进行营销与行业竞争的重要渠道，可以帮助企业迅速占领市场份额，是对企业和媒体基于成本和收益核算基础上的适度市场细分所锁定的受众群的合理经营②。因此，大部分对农电视频道都凭借与受众的贴近性和公信力，策划各种大型活动，并综合利用网络、微博、微信及户外媒体、平面媒体、客户产品的销售终端，开展有条理有步骤的整合营销③。

利用新媒体实现活动营销的常态化成为当前对农电视频道运营的一大特点。浙江电视台公共·新农村频道在实践中探索出对农传播"活动化呈现"的成功路径，该频道举办的浙江农民创富大赛、"浙江魅力新农村"推选活动等大型电视公益活动，已经形成"节目活动化、活动节目化"的立体传播模式，具体有以下特点：第一，活动主题与当下政府中心工作、与农民生产生活的现实需求相结合，利用媒体的影响力寻求各方支持，与职能部门、企事业单位和其他媒体紧密协作，整合各类社会资源，引领社会各界广泛参与。第二，将各种新媒体手段引入活动流程，从前期多媒体宣传报道造势，到活动过程中海选投票、大众评审、对决等环节的微博、微信工具参与，公共·新农村频道不断与时俱进，打造立体式传播磁场，尽力扩大活动影响力。如2014年举办的"新农村建设带头人金牛奖"评选活动，在联合浙江电台新闻频道、省市县报纸等传统媒体和新闻网站对省内各地推荐的100位新农村建设带头人进行协同报道的基础上，运用旗下的"武林巷"网站等多媒体资源，包括《新青年创造》杂志、公交路牌广告、广场活动推广等共同参与活动品牌推广；不仅通过手机短信、声讯电

---

① 李维：《从〈致富经〉看涉农栏目在新媒体环境下的传播策略》，《新闻世界》2015年第2期。
② 王琳、罗忆：《中国电视活动营销的经济学分析》，载于郑保卫主编《媒介产业：全球化·多样性·认同》，中国传媒大学出版社2007年版，第293页。
③ 罗大成：《河北农民频道：地面频道广告营销135法则》，《广告人》2010年第4期。

话等形式吸引观众参与，还开通网络投票、微博留言、微信参与等渠道，鼓励观众以多种方式参与活动，使当年的观众参与率达到历年最高①。

河南电视台新农村频道大型活动的新媒体运营，则进行了新媒体公益募捐、微电影大赛等尝试。2014 年河南电视台新农村频道开始利用新媒体发起公益捐赠活动，首次活动是利用众筹网平台和"支付宝 E 公益平台"做智能手机微信便捷捐赠，所得款项用于援建贫困山区小学。此次活动迅速引起广泛关注，第一笔大额善款几天之内到账，与此同时，频道开始引入公募机构河南省宋庆龄基金会，与支付宝和基金会签订三方合作协议，使活动从初步尝试向系统的整合运作转化。之后，该频道于 2014 年 6 月 30 日正式推出了新媒体微公益捐赠项目——"让爱绽放，捐建校舍"，在支付宝的强力推荐下，仅仅一个月时间就吸引了全国各地两万名网友参与，募集到公益资金 25 万元，到目前为止，河南电视台新农村频道微公益品牌营销运作良好②。自从 2011 年新农村频道在河南媒体圈率先开展微电影创作以来，他们又相继作为主办方之一参与了"中国国际微电影大赛"活动，承办了主题为"喜迎十八大 微影添红彩"的河南省首届微电影大赛，引起了全省 100 多微电影制作单位和高校的热烈响应，共收到 200 多件参评作品③。新农村频道举办的"村官论坛""河南十大三农新闻人物评选活动"等品牌活动也在新媒体的助推下进一步扩大了影响力和美誉度，其省网覆盖了省内 108 个县，市网收视一直稳居河南所有落地频道前十名。

河北电视台农民频道每个周末都会有栏目组派出各自团队深入市、县乃至村镇，展开各种形式的线下活动。这些活动一方面是节目内容的重要组成部分，同时也是企业进行营销的重要帮手，各栏目都与广告赞助商有深度合作，在现场节目组做节目、广告商做销售，互相合作，配合默契，直接带动了商品的销量，提升了广告转化率。《非常帮助》栏目的赞助商雅迪电动车一年的冠名费高达 1300 万，可以说媒体和商家在注意力资源的争夺上达到共赢。

山东电视台农科频道大型活动的策划组织继续常态化，连续多年举办的活动包括：山东粮王大赛、金满田杯山东粮王大赛、中国寿光菜博

---

① 黄毅：《对农电视活动化立体传播模式探索》，《中国广播电视学刊》2011 年第 8 期。
② 张磊：《用"互联网思维"运营农村频道》，《现代视听》2014 年第 8 期。
③ 同上。

会、芭田杯优质农产品挑战吉尼斯大赛、新朝阳杯建设新农村致富金点子大赛、绿宝杯山东苹果王大赛以及海状元杯山东规模种植状元大赛等，这些活动无一例外实现了新媒体的搭载，最大化地营造了节目立体式的传播磁场。

湖北电视台垄上频道"打工服务社"栏目则是采取台网联动开展活动，不仅提高了网络受众参与的积极性，还有效延长了活动的传播周期，降低传播成本，提高了整体传播力①。栏目主办的"求职帮帮团"活动就是通过在同名栏目和微信公众号上登出企业招聘信息，农民工通过电话、留言等方式报名，每天中午12点在武昌火车站集结，由企业派出大巴，栏目主持人、记者带队，将报名的农民工统一送到企业面试，合格的立刻上岗，目的地主要在武汉本市，后来也扩展到东莞、深圳等地，从找工作到上岗，求职帮帮团为农民工提供的是一站式解决的服务。当农民工在工作中遇到困难，微信号也会通过栏目的报道、公众号的推送全力帮助他们解决问题。该活动举办一年半时间里，已经成功举办150多场，帮助4000名农民工找到工作，呼叫中心965333全年接到超过200000个求职电话。垄上频道还牵头举办了宝马奔驰送老乡回家等活动，即春节用宝马、奔驰等轿车将报名的老乡送到家门口，该活动通过节目和微信号一经推广，就产生了很大反响，微信号每天都更新活动细则，让活动更加真实可信。2014年春节共一万多名湖北农民工报名，车友会七万多名志愿者参与。该栏目和公众号共同举办的活动还包括最佳雇主评选、十佳中介评选、优秀农民工评选等活动，公众号的每日精心打理，为活动提供了保障，而活动本身不但树立了行业影响，也推动着公众号的传播。

（四）跨界整合，构建产业集成平台

作为公共服务体系建设的重要组成部分，对农电视媒体一直背负着社会宣传和产业特征的双重属性，扮演着宣传主体和市场主体的双重角色。就当前对农电视频道的现实状况来看，其从诞生到发展从来都没有摆脱过商品属性和对经济利益的诉求，一直面临着覆盖范围有限导致受众规模受限，内容定位集中导致多样性缺失，受众对象缺乏消费能力导致生存空间局限等困境。当市场和受众的双重驱动迫使传统媒体向媒介融合不断嬗变时，对农电视媒体也在这种大势下被裹挟前行。新技术的出现为跨界提供

---

① 宁丽波：《台网融合时代的电视媒体转型》，《传媒》2015年第3期。

了便利，给融合带来了途径，为克服收入结构单一的弊端，消除效率低下等现象，跨界思维成为媒体发展必须具备的思维模式。对农电视传统媒体也顺应潮流，努力寻找和开发与现有产品具有"战略匹配关系"的新产品，力图形成跨媒体、跨行业、跨市场的开放式价值链系统，重塑发展模式①。当前对农电视频道的跨界发展模式是以媒体影响力为基本依托，但不局限于媒体领域，也不仅仅附着于农业产业，而是围绕农业、农村、农民做文章，不断进入关联产业②。

1. 向农业领域的跨界整合

湖北电视台垄上频道向农业领域的跨界整合是通过"频道＋渠道"，"线上"与"线下"的打通运作实现的，也就是"线上"利用频道打造一系列品牌节目，"线下"整合大"三农"（农村、农民、农业）和小"三农"（农药、化肥、种子）的渠道，构建农资销售、农产品销售、农业信息咨询服务、农村金融保险等多项业务。目前已在"线上"打造了《垄上行》《三农湖北》《打工》《垄上气象站》《村委会值班室》等一批具有影响力的对农服务栏目，在"线下"则进行品牌经营和产业，目前拥有"垄上行新公社""垄上行新农会"和垄上优选名特优农产品交易平台等多个实体。垄上行新公社成立于 2009 年，是依靠栏目长期服务"三农"在农域市场积累的公信力，通过引进社会资本打造的集生产、流通、销售于一体的农资连锁服务体系，目前在湖北省拥有 700 多家农资直营超市和连锁店。他们还通过统一测土培肥、统一供种、统一防治和管理、统一组织收购等产前、产中和产后一条龙服务，推动农业生产方式的革新。"垄上行新农会"则致力于建构农民信息数据库，利用数据库开展点对点的精准营销，惠农团购营销等对农服务，培育开发农村移动互联网应用等，目前发展农民会员已超过 30 万人。

2. 向电子商务领域的跨界整合

伴随现代农业的快速发展和互联网等新媒体的崛起，农药、化肥、种子等农资产品的销售业态发生了重大变化，农产品的营销也进入"电子商务时代"。《钱江晚报》2014 年成立"钱报有礼"电子商务平台，其中商品

---

① 娄晓静：《互联网思维下电视媒体发展策略浅析》，《现代视听》2015 年第 2 期。
② 中国传媒大学广告学院《媒介》杂志社编：《中国优秀原创电视栏目宝典》，中国市场出版社 2008 年版，第 642—644 页。

有一半是农产品，这个平台以因农产品销售闻名的"窝里快购"电子商务
网站为基础，为解决其早期发展过快存在移动支付和后台大数据等遗留问
题而创办。像钱江晚报这样敏锐发现"电子商务"的趋势并着力构建农产
品电子商务平台的现象并不鲜见，浙江省农业厅将 2015 年农产品网上销售
目标定为 400 亿元以上，阿里巴巴启动"千县万村"计划，计划在未来
3—5 年内投入 100 亿元，建立 1000 个县级运营中心和 10 万个村级服务
站，将电商生态系统拓展到农村市场。京东计划在长三角、珠三角、环渤
海布局 10 万个村级配送站，并提供低息贷款等金融服务。

我国涉农电商发展迅速，目前虽然占比较低，但成长性很快。据中国
电子商务研究中心（100EC.CN）监测数据显示，2014 年，中国农村电商
销售额已超过 1400 亿元人民币，仅在淘宝、天猫平台注册的农村网店数就
超过 160 万个[①]。作为最早尝试"TV＋产业"的河南媒体，河南电视台新
农村频道近年来推出"9 号"系列产业，积极与社会资本结合进行其他行
业产业的拓展。2015 年，他们携手英国道尔顿公司，共同销售英国皇家道
尔顿家用净水器，推广学校、医院等企事业单位智能饮水工程，取得不错
的业绩。但令人遗憾的是，大多数对农电视频道在这样的互联网业态下，
并没有很好地抓住机遇，搭建起城乡之间的销售平台。比如浙江电视台公
共·新农村频道的《翠花牵线》节目，经过 8 年在农村市场的深耕细作，
打造出编导"翠花"的品牌形象，成为深受信赖的特色农产品宣传平台，
但是节目和频道的运作仅止于提供资讯和宣传，并没有顺势而为与电商接
轨，"人与信息"的关系没能在电子商务的大背景下转化为"人与商品"
的关系[②]。

3. 向人力资源产业的跨界整合

中国城镇化进程近年来不断加快，十八届三中全会以后"三权分立"
政策又加快了土地流转和集中，这些都促使越来越多的农民工涌入城市，
2014 年全国农民工总量为 27395 万人，其中新生代农民工占 56.5％[③]。
2010 年中央一号文件指出，要着力解决"新生代农民工"市民化、城市化

---

① 《2014 年中国农村电商销售额超 1400 亿》，浙江都市网（http://news.zj.com/detail/
2015/07/01/1580706.html），2015 年 7 月 1 日查阅。

② 楼菊英：《农业电视节目的多元化发展》，《视听纵横》2015 年第 4 期。

③ 《统计局发布 2014 年全国农民工监测调查报告国家统计局》，中国政府网（http://
www.gov.cn/xinwen/2015—04/29/content_2854930.htm），2015 年 7 月 20 日查阅。

问题。湖北电视台垄上频道"打工服务社"栏目正是找准了这个需求，他们推出同名微信公众号，将对农传播和服务的主体转向为进城的新生代农民工求职提供帮助，并由此展开媒体和人力资源产业的跨界整合。截至2015年6月，打工服务社微信公众号在短短不到两年的时间内已拥有3万多粉丝，与遍布全省的88个经济企业开发区进行合作，成为武汉本土三甲的人力资源公司。"打工服务社"微信公众号不仅经营传统的代招、劳务派遣、劳务外包等基础业务，还从事基于农民工用户规模化后的增值服务，比如培训、创业、政府购买服务、金融服务等，即达成了公众号与人力资源产业的双向互动，利用品牌、客户系统、导流、关联来建构经济效益与社会效益的双赢模式。公众号的内容，来自产业的服务过程和服务效果，以及服务中的典型案例。两者相互补充、发酵，共同推动了公众号与产业的良性互动和良性发展。

二　新媒体环境下对农电视媒体的发展困境

新媒体环境下对农电视媒体"互联网＋"的特征日益显著，都在逐步向集传统媒体、新闻网站、App终端等于一身的"全媒体"融合体演变，但对农电视节目在策划、制作、传播、反馈、互动、分享等方面还都面临着诸多困境和问题，特别是节目生产如何进行转化以适应多屏传播的要求和跨媒体呈现；对农电视媒体的运营如何以新的形态拓展和延伸阵地等。当下制约对农电视传播发展的主要因素包括以下几方面：

（一）农村传播生态持续低迷，对农电视频道功能受到质疑。当前农村传播生态表现为：电视仍然是农民接受外界信息的首选媒介，广播和报刊继续被边缘化，新媒体对农传播影响凸显，但要获得长足发展还有待时日。在这样的传播生态下，对农电视频道在农村的发展及其新媒体传播受制于各方面的因素，还未能取得太多有突破性的进展。首先，对农电视频道功能受到质疑，影响力有限。农业、农村和农民问题是关系改革开放和现代化建设全局的重大问题，中国的现代化最终要看农业和农村现代化的进程。对农电视频道处于社会场域、国家权力场域和"三农"场域之间的中介地位，承担着调和社会矛盾、平衡城乡落差、服务新农村建设、解决"三农"问题，实现国家发展战略的使命。但现实是，当下的省级对农电视频道尚未能够尽展所能地承担起这一重任。

在市场运作上，大部分省级对农电视频道采取独立运营、自负盈亏的运作机制，除了湖北电视台垄上频道、河北电视台农民频道等少数媒体在产业经营上经过多年的打拼，已取得不俗的成绩，大多数媒体的经营发展还都仅限于传统电视的广告、活动营销等领域，多元化的拓展不尽如人意，在新媒体和其他传统媒体及同类频道的冲击下，这些媒体的生存与发展承受着巨大的压力。从社会效益来看，省级对农电视频道的专业性受到质疑，所承担的社会责任也没有最大化地体现出来。对农电视频道长期存在的内容定位不准确，服务性、实用性差等现象并未得到很大的改善。以河北电视台农民频道为例，这个频道推出过《三农最前线》《致富情报站》等一系列品牌栏目和苏老三、大宽等一系列品牌主持人形象，其节目创意与构思都经过严格的调查论证，大多数节目广受欢迎，但也有一些节目缺乏实用价值和科学的指导意义。有农民观众称自己按照农民频道节目介绍的方法引进新项目，不但没有像节目宣传的那样发家致富，反而赔了不少钱；还有的节目过分追求娱乐性和猎奇性，缺乏专业性，而且脱离农村现实，引起观众反感①。河南新农村频道对农节目数量偏少，一天中有一半的时间是在重播，除了《新农村服务社》《致富招招鲜》等少量比较明显的对农节目外，其余大多是综艺文化类节目②。

对农电视频道现阶段的全媒体转型是希望达成数字媒体与传统媒体两种模式的优势互补，最终形成一个综合的信息传播和互动平台。在这个过程中，对农电视频道自身基本上都能坚守电视特长，服务基层的农民群众，在顺应时势的基础上保持优势。但是对农电视频道的新媒体拓展有沦为互联网、微博和微信公众号平台"二传手"的趋势③，其大多数内容来自电视栏目的简单嫁接，有的仅仅是把一些整档节目进行了分割，使之适应新媒体平台的播放特点，体现出信息大而全、缺乏个性特色、内容复制严重，采编的涉农信息准确性、实用性和权威性不足、更新缓慢等共同特点。媒体融合应该是现代科技与传统媒体的有机嫁接，决不是传统电视节目的直接挪移。数字化信息生产平台的内容生产应该是信息的专业生产、客户生产和用户生产的"三位一体"，也就是将专业新闻工作者在新型采编机制中借助信息技术手段生产的各种信息内容，广告客户所提供的关于

---

① 马凯：《浅析河北农民频道节目现状及内容建设措施》，《今传媒》2013 年第 8 期。
② 肖晴文：《河南电视台新农村频道内容特色、问题及对策》，《新闻世界》2015 年第 6 期。
③ 刘贤政：《全媒体时代对农电视节目的创新与坚守》，《中国广播电视学刊》2014 年第 11 期。

产品、服务和企业的信息内容，以及媒体用户在专业人员导引下生产的个性化信息内容进行整合，从而生产出公众个人需要的个性化信息和企业需要的商业信息。但是现有大多数对农电视频道还是以依赖专业人员进行内容生产为主的模式，还未能借助高度共享性的数字化渠道和终端，实现更为开放、自由和便捷的海量信息整合、加工和传播。[1] 究其根本，由于新媒体技术发展速度远远超越媒体业界的认知能力，而学界也不能给予有针对性的指导，导致当前对农电视频道与新媒体的融合缺乏清晰的发展目标，再加上受现有媒体管理体制和机制的影响，对农电视频道多年深耕积累的"公信力"和"专业化"与新媒体粗糙的信息制作内容及快捷的传播速度和范围未能有效融合，新媒体传播内容的浅层化还没有因为媒体融合而有所改观，传统对农电视频道在互联网的侵袭面前仍显得招架无力，防不胜防。[2]

（二）互联网普及率和新媒体使用成本制约对农电视传播的新媒体拓展。对农电视频道在新媒体环境下的传播效果与新媒体自身在农村的发展有很大关系。据第 36 次《中国互联网络发展状况统计报告》统计，城镇地区与农村地区的互联网普及率分别为 64.2%、30.1%，相差 34.1 个百分点。城乡互联网普及率差异有逐步扩大的趋势。造成这种差距表面上的原因是城镇化进程在一定程度上掩盖了农村互联网普及推进工作的成果，根本原因则是地区经济发展不平衡造成城乡数字鸿沟。另外，在人口结构方面，10—40 岁人群中，农村地区的互联网普及率比城镇地区低 15—27 个百分点，这部分人群互联网普及的难度相对较低。

互联网普及率直接影响农村网民的数量，新媒体使用成本相对较高也影响到新媒体在对农传播中的应用。新媒体的使用成本一方面是购买电脑、手机等硬件的成本，其次是网络使用费、话费等服务成本，这两样支出加起来是一笔不小的消费。截至 2015 年 6 月，中国网民中农村网民占比 27.9%，规模达 1.86 亿人，较 2014 年底增加 800 万人[3]。但是城镇网民仍然处于绝对优势，农村网民的增长速度显然不尽如人意，而且在整体网民规模增幅逐年收窄、城市化率稳步提高的背景下，农村非网民的转化难

① 张咏华等：《传媒巨轮如何转向》，南方日报出版社 2014 年版，第 140 页。
② 周宇豪：《传统媒体与新媒体融合的现状与困境》，《青年记者》2014 年第 10 期。
③ 中国互联网络信息中心（CNNIC）：第 36 次《中国互联网络发展状况统计报告》，2015 年 6 月。

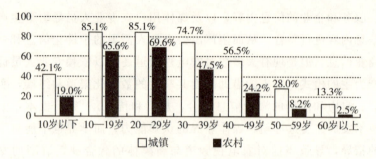

图 1 各年龄段人口互联网普及率

（图片来源：CNNIC 中国互联网络发展状况统计调查）

度也随之加大，未来将需要进一步的政策和市场激励，才能推动农村网民规模的增长。

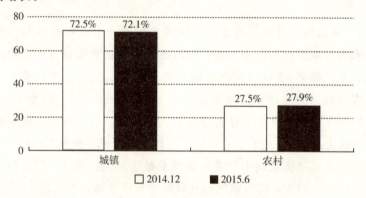

图 2 中国网民城乡结构

（图片来源：CNNIC 中国互联网络发展状况统计调查）

除了对农电视频道创办的各类网站、微博与微信公众号，各级政府部门和企业还创办有三类农业网站，比如由政府农业部门主办的公益性农业信息网，如中国农经信息网站；由企业主办以营利为目的的农业网站，如中国农产品信息网站；还有一类是由政府补贴企业营运的网站，如武汉农村综合产权交易所网站。到 2014 年底，全国涉农网站约有 6389 个，涉农网站已达 4 万多家，农产品电子商务年交易额已超过 500 亿元①。但是因为受到互联网普及率、新媒体使用成本等因素的制约，和对农电视频道的

---

① 《4 万多家涉农网站年交易额超 500 亿元》，发对网（http://www.fadui.com/news/show/127/），2014 年 10 月 28 日查阅。

网站一样，农民对这些网站的利用率并不高。伴随着农村互联网普及率的提升，互联网在农村网民生产、生活、娱乐中的重要性已逐步体现，但这并不意味着这部分网民对农业网站、对农电视频道的微博、微信公众号有很强的依赖性。比如对农电视频道微博粉丝数量都不多，陕西农林卫视粉丝数为 4899 人，浙江电视台公共·新农村频道也只有 4068 人，而且这些用户还包括一部分非农村用户，伴随着微博的式微，其粉丝数量和影响作用会更加受限。对大多数农村网民来说，互联网还未从单纯的娱乐工具转变为生活服务平台，这些都影响了对农电视媒体开辟的各类新媒介载体的传播效果。

（三）新媒体推广者和农村用户自身的局限性。传播主体指社会传播的具体承载者，主要包括信息发送者和接受者。在对农电视频道的新媒体拓展中，新媒体内容制作者、传播者和用户自身的因素也制约着这些媒体在对农传播中的应用。从传媒组织产业发展需求角度来说，一个传媒组织至少应该拥有四类资源，即人力资源、物质资源、组织资源和文化资源。人力资源因其具有的稀缺性和不可复制性成为第一资源和关键环节。媒体融合进入全媒体时期，在人力资源的配置上，通常的做法是"一套人马 N 个媒体"，即希望一方面将多个不同的媒体形态组合在一起，另一方面又能在较大程度上实现多个媒体的资源共享。目前对农电视频道的网站、微博及微信公众号的运营模式也多为从频道母体抽调人手，再聘请一些具有新媒体知识与技能的人员共同组建全媒体框架。这种做法存在的问题是，新媒体技术人员既缺乏对传统媒体的深度认知，又缺乏对党和国家的"三农"政策的了解和掌握，而传统媒体从业人员对新媒体技术的掌握和应用滞后于媒体融合的实际需要，最终导致了对农电视频道与新媒体融合过程中在技术层面缺乏有效的衔接，也从根本上影响了对农电视频道在媒体融合过程中理念的科学定位、清晰的现实发展策略的制定以及与新媒体进行融合的实践效果[①]。

电视、互联网及移动互联网等媒介在农村的逐步普及，扩大了农民信息接收的范围和内容；农村公共领域的构建及农村群体的态度和行为变迁，正在改变个体农民对外界信息的接受态度和行为；农民教育水平的相对提高，使他们对媒介信息的可接受程度逐渐提升。但是作为构成农村传

---

① 周宇豪：《传统媒体与新媒体融合的现状与困境》，《青年记者》2014 年第 10 期。

播生态中的三块"木桶的木板",最短的那一块往往起着决定性作用①,而农村整体文化水平和媒介素养的低迷,就是对农传播难以扩大影响的那块最短木板。农民有着迫切的信息需求,但是电脑和互联网等新媒体的使用需要相关知识,农民的文化水平较低,限制了他们应用新媒体的能力。随着"新生代"农民进城,留守农村的大多数是中、老年人和妇女儿童,作为媒介消费的弱势群体,他们接受信息的能力弱,话语表达能力差,他们选择、认识、分析、评价和传播各种媒介信息的能力,以及利用各种媒介信息的能力都不尽如人意,这些都是对农传播新媒体普及中需要应对的挑战,即要求新媒体的接受终端要足够便宜,传播通道足够通畅,信息获取足够简便等,但现在的媒体形态显然还没有提供特别理想的对应的服务。

以80、90后为代表的新生代农民工是近年来新增农村网民中的重要一群,和第一代农民工相比,新生代农民工受教育水平相对较高、善于接受新鲜事物,其网络特别是手机媒体的使用频率较高,超过一半的人每天的新媒体接触时长在1—3小时以上②。网络对他们来说,不仅是城市生活压力释放的减压阀,是社会关系重建与维系的重要纽带,也是舒缓恋乡情结的及时便捷渠道。网络媒介的互动性和低门槛为使用者提供了广阔的媒介参与平台,但新生代农民工利用各类新媒体改善自身生存状况的能力并不强。这主要表现为他们对互联网多是娱乐化而非工具化的使用,网络主要被用于聊天、购物、看影视剧和玩游戏,而利用网络求职,参与网络课程学习的新生代农民工则少之又少。例如,湖北电视台垄上频道"打工服务社"微信公众号经过两年的运作,在农民工中产生了较好的社会反响,成为当地农民求职的重要平台,但是其发展的最大瓶颈是用户量的增长趋缓,目前每日净增长8人左右,这与新生代农民工主动利用媒介意识不强、处理信息的能力不高有很大关系。

另外,新生代农民工的网络参与能力也较为欠缺。新生代农民工城市化是一个渐进发展的过程,基本上要经过"职业非农化—居住城市化—生活市民化—心理社会化"等几个循序渐进的转化过程。目前大部分新生代

---

① 徐敬宏、刘继忠:《当前"三农"传播的现状与问题探析》,《华中科技大学学报》2007年第4期。

② 陈芳:《新生代农民工媒介素养对其城市融入的影响探讨》,《中国报业》2012年第24期。

农民工还停留在居所转换这一阶段，至于文化心理层面的长期塑形，包括农民工对城市的文化价值观念、生活方式在心理上获得认同、在情感上找到归宿则需要经历更长的时期①。虽然新生代农民工普遍具有更高的教育水平和较高的新媒体使用比例，因而整体表现出较高的表达意愿，从而比他们的上一辈更少逆来顺受，更具现代意识和利益表达的意识，但是新生代农民工的表达并没有超越"人际渠道—新媒体—机构渠道"递减的差序格局，这一方面说明表达渠道的选择与成本和资源有关，另一方面则是顺从和附庸意识等传统文化思想的长期浸润以及社会制度化参与机制的普遍缺失导致对机构渠道表达的严重无力感，使得新生代农民工的人际表达仅限于获得情感慰藉与支持，而无法进入公共空间，促进问题的解决。

三　对农电视与新媒体融合创新之路

目前国内对农电视媒体都很注重利用新媒介平台发展读者、听众、网民、移动终端用户等信息受众，延伸影响力，今后还需要围绕用户展开运作，通过积累资本、技术、人才，通过体制机制转换，通过植入互联网基因，打造优质内容，实现产业增值，真正提升自己在数字媒体时代的竞争力。

（一）政府要加强农村新媒体基础设施建设，提高农民运用新媒体的意识

对农电视频道是一类公益性程度很高的公共服务产品，国家政策的扶持主要表现为在传输覆盖的支持和推动上，从"村村通"到"西新"工程等公共服务体系的探索，都有力推动了对农电视频道在农村的发展。但是信息基础设施的不足，成为互联网进入农村阵地的首要屏障。2015年农村地区的新增网民中，使用手机上网的达69.2%，未来几年内，手机上网将是带动农村地区网民增长的主要动力。政府与互联网企业应该共同带动农村地区互联网发展，政府需要加大互联网基础设施建设以及政策扶持，提升农村人口对于互联网的认知及使用，企业则需要针对农村地区的特性提供更贴近农村地区需求的应用，提升农村人口使用互联网的意愿。目前阿

---

① 杨英新：《城市融入之推手：新生代农民工的网络媒介素养》，《中国劳动关系学院学报》2012年第4期。

里、京东、腾讯等互联网企业纷纷推出针对农村地区的农业电商和农村金融服务，这些举措将对农村互联网发展起到带动作用①。在新的技术条件下，对农电视频道也需要尽早构建适应互联网和移动互联网的传播终端体系，在农村电信网、互联网、有线电视网的升级改造中不断抓住机遇，主动作为，扩大影响。②

其次，信息网络的基础设施建设只是新媒体在农村发展迈出的第一步，它的配套建设还包括网上结算、物流配送等一系列内容。政府需要对包括农业信息服务、农业信息的收集、加工、处理及分析、订单农业、网上农科教育等在内的一系列农业生产经营方式给予扶持。同时，政府还需要采取各种宣传教育方式，让农民对新媒体有正确的认识；需要树立应用新媒体的农民用户典型，以他们为榜样，鼓励带动其他农民使用新媒体；需要培养懂"三农"、懂技术的新型对农传播者，对农民使用新媒体进行培训，提高他们使用新媒体的能力。政府实施的大学生村官政策是一个比较好的可利用的突破口，这些具有丰富知识结构的新型对农传播者可以便捷地将他们对新媒体应用的理解和实践传递给农民。农民一旦从中获益，他们对网络新媒体的依赖和需求会迅速增长，最终会加快新媒体在对农传播中的应用。

（二）对农电视频道领导意识的增强与组织机构再造

在中国传媒改革的实践中，理念更新是媒体顺利实现战略转型的重要前提，对农电视频道的管理者必须意识到向"全媒体"转型的战略意义，并将这种理念革新内化为其他管理人员和采编人员的深层意识，形成从决策者、传播者到执行者整体的理念再造，最终顺利推进对农电视频道的组织革新，进而实现媒体向"全媒体"的转型。在这个过程中，需要建立先进的用人机制，重视知识性员工在创造价值过程中的特殊贡献，完善激励机制，使其成为真正的利益共同体。

这种理念革新意味着对农电视媒体的"全媒体"战略的转型必须要实现真正意义上的体制创新和组织革新，实现从人才培养到经营、管理以及运营方式的再造。目前在对农电视频道人力资源的统筹使用上存在着过度

---

① 中国互联网络信息中心（CNNIC）：第 36 次《中国互联网发展状况统计报告》，2015 年 6 月。

② 吴霜：《新媒体语境下对农传播的策略研究》，《东南传播》2015 年第 2 期。

强调"全媒体记者"的误区，即要求采编人员"一人多能"、身兼数职，要求他们在完成传统媒体的报道任务的同时，还能完成将信息即时发布至新媒体的任务。实践证明，"事事精"可能导致的结果是"事事庸"，人才再造的关键在于分化与引进，即在"全媒体中心"调度下各路人马的各司其职。擅长深度报道的传统记者继续致力于传统新闻产品的生产，擅长"全媒体"操作的采编团队负责即时新闻的采写、数字媒体平台的信息产品的编发和二次加工，"全媒体"传播的经营型人才则应不断着眼于运营与理念更新①。值得注意的是，重塑业务流程并不是一劳永逸的事情，"全媒体中心"要发挥总指挥部的职能，根据不同终端、不同受众的特点，不断更新信息产品的投放与呈现方式。

（三）打造优质内容，以复合型思路实现内容增值

当下，渠道为王、终端为王、体验为王等概念异彩纷呈，都有各自的道理。但目前的趋势显示，在媒介变革时代，内容生产仍然是对农电视媒体的核心竞争力，为适应外部媒介环境的剧烈变化，对农电视媒体的内容生产需要持有复合型思路：第一是打造具有品牌效应的原创对农节目内容仍然是基石，但需要以此为基础，对内容资源进行重新梳理、深度挖掘以及整合再生产，并且凭借强势的原创内容，完成内容的一次开发，多次生成和售卖，使其不断增值。第二是建立与移动互联网技术的信息智能相匹配的大数据库，通过数据挖掘和用户需求分析，针对不同农村用户提供个性化、定制化和精准化的服务，由单向传播变为互动交流，由信息传播变为信息服务。例如，湖北垄上频道的数据库已经细化到每一个村庄的土壤结构、养料结构，用户在新公社的农资直营超市只需要报出名字和身份证号码，就能看到他的土地面积、酸碱性等资料，超市据此定点配送适合种植的种子，定量配送土壤的养分，而且只要用户在这里享受过统一测土、配肥、供种、农药防治及栽培管理等任何一项服务，都将享受被统一收购的待遇，解决了农民最关心的上市销售问题②。大数据实现了以用户需求为导向，以提升用户体验为核心的传播理念，在潜移默化中实现了对农电视频道的媒介功能。第三是以一体化发展理念重塑新闻生产流程，实现内

---

①　张咏华等：《传媒巨轮如何转向》，南方日报出版社 2014 年版，第 140—146 页。

②　《垄上行：能做 8 个亿的农民电商》，电子商务研究中心（http://b2b.toocle.com/detail——6207387.html），2014 年 10 月 30 日查阅。

容传播互动化。传统的对农电视频道要善于利用数字平台的即时性、移动性与互动性，提高用户的参与度和黏性。例如，对农电视频道可以利用新媒体对社会网络热点进行聚合，以积极主动的议题设置介入公共事件的讨论，以客观准确的观点立场和严谨深度的真相报道赢得舆论的主动权[1]，最终推动认识的深化、促进问题的解决。在这个过程中，由于从形成传者→受者→信息反馈→受者→传者的互动传播模型，用户成为合作生产者，参与到媒体内容的制作传播和消费中，用户反馈将成为提升节目质量和多元性的重要手段。

（四）将农民受众转为农村用户，以系统化思维促进产业融合

传统对农电视媒体和新媒体正在融合发展，但是建立了网站、开通了微博和微信的传统媒体并不意味着就一定能够存活下来。数字媒体时代，传媒竞争的实质是用户之争，如何吸引受众，留住受众，成为媒体转型成败的关键。虽然目前农村的"空心化"现象比较严重，剩下的都是留守老人、留守妇女和留守儿童，但是一方面得益于农村的政策，另一方面得益于在城市打工的后代，这批人消费能力也在不断地增加。而且农村还有一批意见领袖，包括打工返乡人群、大学生村官、农村商户、当地的工矿主、养殖种植大户等，以及一批新型经营主体，包括种养大户、农资经销商、农民合作社、家庭农场等，这些新型经营主体在农业结构调整、农村改革及农民发家致富奔小康的过程中正在发挥越来越重要的作用。对农电视频道需要抓住这几类人群，为他们提供更专业、便捷、多元化的服务，为转型期对农电视媒体拓宽发展空间提供强力支撑。

互联网正以各种方式吞食着传统媒体的领地：用户流失、广告客户转移、收入锐减、权威动摇。很多传统媒体前赴后继地踏上进军新媒体的征程后又发现，转型投入不小，赚钱的却很少，"短期的现有业务在快速坍塌，但是新媒体业务也没有看到希望"，因为互联网所导致的传统媒体的转型与整合并不是单一要素所能改变的，只有包涵内容、经营、流程、体制机制等的全环节、全要素的产业更新才能构建竞争力和独占优势[2]。对农电视媒体的转型同样要避免出现片面新闻转型观、片面生产流程转型观等简单化倾向，只有树立系统化的思维，从观念转型、体制机制转型、内

① 李玉政：《探索传统媒体与新媒体融合的路径》，《甘肃日报》2014 年 8 月 25 日第 11 版。
② 喻国明：《互联网逻辑与媒体转型的关键》，《当代传播》2015 年第 1 期。

容生产转型等方面出发，跨界进入信息服务业、农村保险业、农村文化休闲旅游业以及养老业等产业①，开发新的信息服务与商业模式，对农电视媒体方能在业态急剧变革的背景中走稳自己的转型之路。

---

①　郭全中：《转型需要产业融合与系统化思维》，《传媒》2015 年第 1 期。

媒体融合中的社会责任与价值

——基于 28 家媒体社会责任报告的考察

马 凯^①

内容摘要 媒体融合是传媒领域一场重大而深刻的变革，它对媒体承担社会责任提出了新的要求。本文以我国第二批 28 家试点媒体发布的社会责任报告为解读对象，考察这些媒体如何在承担和履行社会责任的主题框架中表述和阐释其媒体融合的理念和行动方案。

关键词 媒体融合 责任 互联网思维 用户

2015 年 5 月 12 日，第二批试点媒体社会责任报告正式对外发布^②。经济日报、中央电视台、中国青年报、人民网、新华网 5 家中央新闻单位，北京青年报等 22 家地方新闻单位以及国家电网报 1 家行业类媒体分别报告了本媒体 2014 年度履行社会责任的情况。按照要求，上述媒体的社会责任报告均从各自履行正确引导责任、提供服务责任、人文关怀责任、繁荣发展文化责任、遵守职业规范责任、安全刊播责任、合法经营责任、保障新闻从业人员权益责任等八个方面提供报告，其中多数媒体还对其履行社会责任方面的不足以及改进的措施有所交代和说明。

2014 年 8 月，习近平总书记主持召开中央全面深化改革领导小组第四次会议，审议通过了《关于推动传统媒体和新兴媒体融合发展的指导意见》，该意见提出了"着力打造一批形态多样、手段先进、具有竞争力的新型主流媒体，建成几家拥有强大实力和传播力、公信力、影响力的新型

---

① 马凯，中国社会科学院研究生院新闻学与传播学系博士研究生。

② 详情及各家媒体的社会责任报告文本可通过中国记协网站（http：//www．xinhuanet．com/zgjx/zt/2014mtzrbg/index．htm）查阅，下文所引报告原文的内容，不再注明。

媒体集团，形成立体多样、融合发展的现代传播体系"① 的改革目标。此次发布的社会责任报告中，28 家媒体都对如何在媒体融合环境下履行社会责任做了阐释，由于这些试点单位是不同性质、不同类别和不同层级的媒体代表，且各家媒体推进媒体融合的进程并不完全一致，因此，这些报告对融合时代的社会责任表述以及推动媒体融合的构想和行动方案既有共性又各有特点，现将解读所得试述如下：

一　媒体融合的界定及阶段划分

"媒体融合"（Media Convergence，又译"媒介融合"）这一概念源自美国。1983 年，伊契尔·索勒·普尔（Ithiel DeSola Pool）在《自由的科技》一书中使用了"媒体融合"的表述，指出各种媒介在不断发展的过程中，呈现出多功能一体化的趋势。2003 年，里奇·戈登（Rich Gordon）根据不同传播语境下媒体融合所表达的含义归纳了美国传媒界当时存在的 5 种融合类型："所有权融合（Ownership Convergence）、策略性融合（Tactical Convergence）、结构性融合（Structural Convergence）、信息采集融合（Information-gathering Convergence）、新闻表述融合（Story-telling or presentation Convergence）"②。

我国新闻传播界关注和讨论"媒体融合"已经有近十年的历史，关于媒体融合的定义和内涵，目前仍无定见。许颖在《互动·整合·大融合——媒体融合的三个层次》中提到"媒介融合第一层次是媒介互动，即媒体战术性融合；第二层次是媒介整合，即媒体组织结构性融合；第三层次是媒介大融合，即不同媒介形态集中到一个多媒体数字平台上。在媒介融合的过程中，内容和服务应是媒介最重要的关注点。"③ 宋建武认为，媒体融合主要涉及信息传播领域的终端、渠道、业态及商业模式等三个层次。终端层次，主要是指一个终端设备能够兼容、播放多种媒体格式。渠道层次，指在以信息的数字化为基础的各项媒体技术革新的推动下，一种新的"大媒体（Mega Media）"系统的出现，它是一个技术上复合、内容上综合的系

---

① 李雪昆、赵新乐：《〈关于推动传统媒体和新兴媒体融合发展的指导意见〉审议通过引业界关注——媒体深度融合热潮将至》，国家新闻出版广电总局网站（http://www.gapp.gov.cn/news/1656/223719.shtml），2015 年 7 月 12 日查阅。

② 陈浩文：《媒介融合的分类：以美国媒体为例》，《中华新闻报》2007 年 7 月 4 日第 C2 版。

③ 许颖：《互动·整合·大融合——媒体融合的三个层次》，《国际新闻界》2006 年第 7 期。

统。业态及商业模式层次，指对技术、社会资源以及社会信息的整合，会产生一种新的业态和新的商业模式，这种传播方式和它特有的商业模式正在颠覆传统的大众传播体系①。人民日报社社长杨振武认为，媒体融合有四个层次：内容的融合，即全媒体概念，强调媒体产品的多样化，包括文字、图片、音频、视频等；渠道的融合，指新的传播形态；技术的融合，指媒体的数字化和电子化等；组织和产业的融合，即通过并购、收购等重新组合②。

中国自 1994 年接入互联网以来，媒体格局发生了重大变化，原来居于边缘位置的互联网等新媒体正在走向中心位置，具有了主流的影响力，不断挤压、渗入传统媒体原有的生存和发展空间，党中央提出的"媒体融合"战略，正是积极开拓媒体发展领域，把传统媒体的影响力向网络空间延伸，使媒体发展活力得到充分激发，新闻生产力得到极大释放，赢得未来的必由之路。

二 媒体融合时代对社会责任的要求

28 家试点媒体在其社会责任报告中阐述媒体融合环境下如何履行社会责任内容的文字篇幅如表 1 所示：

表 1　28 家媒体 2014 年社会责任报告中阐述融合环境中的社会责任所占篇幅

媒体单位	总篇幅（字）	媒体融合内容所占篇幅（字）	比重（百分比）
经济日报	14028	537	3.8
中央电视台	15005	1052	7.0
中国青年报	19300	3265	16.9
人民网	20363	2543	12.5
新华网	12958	3596	27.8
北京青年报	5040	1635	32.4
河北日报	19247	1622	8.4
内蒙古广播电视台	5691	121	2.1
包头日报	8039	731	9.1

---

① 宋建武：《以服务构建用户平台是媒体融合的关键》，《新闻与写作》2015 年第 2 期。

② 侠客岛：《人民日报老总谈媒体融合》，中华广告网（http：//www.a.com.cn/info/gc/2014/0911/275923.html），2015 年 7 月 27 日查阅。

媒体单位	总篇幅（字）	媒体融合内容所占篇幅（字）	比重（百分比）
辽宁日报	15843	1745	11.0
辽宁广播电视台	7655	304	4.0
黑龙江人民广播电台	10166	1603	15.8
解放日报	19074	1164	6.1
浙江卫视	13072	182	1.4
福建日报	11573	846	7.3
江西日报	14235	652	4.6
齐鲁晚报	7119	1380	19.4
河南日报	12320	968	7.9
湖北日报传媒集团	10667	514	4.8
湖北广播电视台	11759	2046	17.4
湖南广播电视台	5544	519	9.3
四川日报	16169	933	5.8
南方日报	21787	2706	12.4
贵州日报	7392	1112	15.0
云南日报	22295	2152	9.6
云南广播电视台	21722	2199	10.1
陕西日报	9051	1020	11.3
国家电网报	8317	1081	13.0

　　说明：表中统计的媒体融合内容的篇幅由两部分构成：一是报告中单独阐述媒体融合的文字，二是兼谈媒体融合与社会责任的文字，统计字数和百分比为约数，图表及图片说明文字未统计在内。

　　上表具体呈现了各家媒体在其社会责任报告中有关媒体融合环境下履行社会责任的相关文字篇幅，当然，篇幅大小与重视程度并不能直接画等号，但可以作为一个参考性的考量标准。上表显示，在2014年各媒体的社会责任报告中，北京青年报将媒体融合与履行社会责任结合阐述的篇幅最多，达到32％；新华网位居其次，占到28％。此外，中国青年报、黑龙江人民广播电台、齐鲁晚报、湖北广播电视台、贵州日报也都用超过15％的篇幅阐述了融合发展时代的媒体责任问题①，其他媒体则将媒体融合内置于一项或两项社会责任之中表述和阐释。还有少数媒体只在说明履行社会

---

　　①　其中，黑龙江人民广播电台有超过75％的阐述内容放在了篇末的"努力方向"中。

责任的不足与改进措施时，提及推进媒体融合等意向。

（一）媒体融合与正确引导责任

正确引导是各家媒体社会责任报告首位阐释的一项社会责任，有16家媒体说明了媒体融合环境下提高舆论引导能力的各种措施，包括：

1. 运营微信公众号、移动客户端，主打新闻评论，探索舆论引导新手段。随着媒体融合的不断深入，内容融合、网络融合、终端融合的趋势明显，舆论传播格局日趋复杂，微信作为新的社交媒体也对社会舆论格局有着不可忽视的杠杆效应。微信的朋友圈之间更易获得及时的信息资讯，垃圾信息较少，熟人圈传播具有信息互动快捷，可信度、到达率、转发率高等特点。如中国青年报的"中青评论"和"海运仓内参"两个微信公众号已经吸引了超过3万的粉丝，并与多家网络媒体开展了合作，初步具备了一定的品牌影响力。北京青年报已拥有20多个有影响力的微信公众号，新闻产品微信矩阵初见雏形，其中以"政知局"和"团结湖参考"最为成熟。解放日报"上海观察"（移动客户端）主攻上海政经深度报道和分析评论，原创和独家内容比例在90％以上。经过一年多的努力，"上海观察"在各区县和委办局已形成了一定影响，它推出的"韩正一周""政情""人事动态"等栏目受到读者肯定。

2. 创新采编流程，形成多媒体发布、多终端覆盖的报道强势。如人民网在报道中通过图文报道、新闻专题、网络访谈、图解摘编等多种形式，打通PC互联网、微博、微信、手机等多个平台。新华网对国内外重大敏感新闻事件的报道，在确保导向正确和内容安全的基础上，不断对报道进行全方位创新和升级，先后制作多个大型集成交互专题，通过图解、时间轴等最新的互联网表现形态，进行可视化展示。齐鲁晚报成立全媒体调度中心，集成电视新闻监控、齐鲁晚报网、壹点App、内部OA办公系统、呼叫中心线索系统等平台，实施即时、分层、高效、互动传播策略，形成多介质、多平台、多形式、全覆盖的立体传播新格局。传统媒体与互联网、手机等为代表的新媒体融合，实现优势互补，共赢发展，已是新时代媒体发展的大势所趋。

3. 建立辟谣平台。如针对石家庄汽车限购、河北平均工资、拆分河北等众多网络热传的虚假信息，河北新闻网、河北日报官方微博、微信运营的"河北网络辟谣平台""夜航君"等专栏抢先发声，独家发布辟谣微信数十条。2014年10月中旬，有关"广州发现首个埃博拉病例"的谣言在广交会开幕之际传出，南方日报通过全媒体微信、微博第一时间辟谣，发出了权威的声音，稳定了社会舆情。网络谣言传播的一个重要因素是真实信息模糊，存在信息暧昧。所以，制止谣言的关键在于保持信息畅通和信息公开，增强社会透明度。加快媒体融合步伐，利用新媒体平台，以最快的速度还原事实，可以更有效地遏制谣言的滋生与扩散。

（二）媒体融合与提供服务责任

有12家媒体阐述了媒体融合环境下如何更好地提供服务，这些措施包括：

1. 加强内容建设。适应新兴媒体传播特点，多生产精准短小、鲜活快捷、吸引力强的信息，在传播中抢得先机。如新华网以超级编辑部理念打造全球新闻中心，提升信息产品生产效能；重点发展"数据新闻"，创新产品形态；推出思想传播与深阅读平台——思客；不断优化移动融合媒体业务产品；不断夯实新媒体技术服务能力。中国青年报在两会报道期间，在新媒体领域，制作了41个视频产品以及融媒体专题、音频产品、网络时政游戏等。

对传统媒体而言，"媒体融合的关键不是媒介形式的叠加，也不是传统内容的平移，而是找到用户的真实需求，并在满足用户需求过程中将自己的专业价值变现。"[①]

2. 优化信息服务，强化用户理念。如辽宁日报强调：在报纸见报前新媒体中心就开始预热、提前报道，搜集网友意见和观点。一些报道策划，新媒体中心还要全员参与、实地采访、融合报道，形成报道合力。北青社区传媒正在努力打造"北青社区报＋社区驿站＋社区App（微信平台）"三位一体、互相支撑，试图构建覆盖全北京的社区入口和社交平台。贵州日报以新闻客户端和贵州旅游特产O2O电商平台为重要支撑，建设贵州省"7＋N"云工程的第一个"媒体云"应用平台，在媒体融合发展的过程中，既提供共性新闻产品，也加强个性化新闻生产和信息服务，有针对性地生产信息产品，做到量身定做、精准传播。

3. 提供公共服务。市场经营具有逐利性，加强公共服务，以公共传播平台建设实现国家利益与公民利益双向共赢，就是要补市场之缺，纠市场之偏。湖北广播电视台的社会责任报告介绍了湖北广播电视台与湖北电信

---

① 万小广：《媒体融合新论》，新华出版社2015年版，第20页。

合作开展"幸福新农村"IPTV项目建设，开发针对农村市场的"三务公开"、便民服务、党员远程教育、综合治理等信息化应用产品，推送各类"富农、惠农、便农、乐农"信息。他们在 2014 年发展 IPTV 用户近 30 万户。目前广播电视在国内农村地区仍然有着十分广泛的影响力，借助媒体融合发展的环境，依靠广播电视及其新媒体传播，可以为农村地区提供更好的精神产品与公共服务。

4. 举办公益活动。如"央视新闻"新媒体连续两年发起"就业有'位'来"活动，线上线下联动，帮助大学毕业生分忧解难，累计动员 3 万多家企业为大学毕业生提供了 88 万多个工作岗位。解放日报微信公众号"市民体育动动强"与单项体育协会合作推出了"马上系列"线下公益体验活动。

（三）媒体融合与人文关怀责任

有 2 家媒体在阐释人文关怀责任的时候涉及媒体融合的内容，例如，中央电视台推出大型音乐公益节目《梦想星搭档》第二季，创新线上线下互动捐助新模式，呼吁社会关注听障儿童群体，仅首期节目就通过节目现场、腾讯公益、支付宝钱包等渠道，筹集到总计可帮助至少 10 名听障患儿重回有声世界的善款。截至 2014 年底，央视媒体相关报道超过 1250 篇，"梦想星搭档"和"叫醒耳朵，一起唱"这两个微博话题阅读量均超过 2 亿次，节目微博话题总阅读量超过 5 亿次，讨论达 890 多万条。"央视新闻"新媒体还发起"帮盲童点亮梦想"新闻公益活动，在网络上为我国第一家盲童幼儿园募集急缺资金。人民网《十分感动》节目与阿里公益、钱江晚报联手为贫困儿童、留守儿童、外来务工子女招募"圣诞老人"，以微纪录片的形式在 PC 互联网、微博和微信平台报道了许多感人故事。

坚持组织和参与公益活动，也是增强主流媒体传播力、公信力和影响力的有效手段。借助媒体融合环境，发挥新媒体的广泛参与性、互动性、及时性的特点，吸引大量充满爱心、热心的民众借助新媒体参与公益活动的传播，既可以扩大公益活动的影响力，也有效地彰显了主流媒体人文关怀的责任担当。

（四）媒体融合与繁荣发展文化责任

媒体融合发展是巩固壮大宣传思想文化阵地的必然选择。有 8 家媒体阐述了媒体融合时代如何履行繁荣发展文化的责任，具体要点包括：

1. 深入宣传社会主义核心价值观。例如：南方日报借助分布在党政机关、高端社区、核心商圈和公共场所的南方全线通智慧终端，持续播出

"我们的价值观"等公益宣传片，倡导人们养成良好的道德素质和高尚行为；他们还推出了"我们的价值"微信公众号，将传统纸媒的核心价值观宣传移植到微信平台，用互联网语言传播社会主义核心价值观，初步形成了跨媒介、跨区域、跨读者群的传播机制，有力增强了宣传和传播效果。

2. 构建传统文化与地域文化的传播平台。例如：中央电视台创新推出的《中国谜语大会》，三场直播共吸引了 2.8 亿观众收看，该节目集趣味和益智于一体，在弘扬优秀传统文化的同时，探索电视传播向全媒体转型的路径，把许多"手机控"的年轻人拉回到电视机前。齐鲁晚报 2014 年在大运河申遗的关键节点，联合沿运河四省二市的多家主流媒体共同发起徒步大运河考察报道活动，他们充分利用微博、微信、网站等新媒体传播手段，前后发稿近 30 个版面、五六万字，对大运河的现状、开发与保护等进行了系列报道，以独家创意和特色报道宣传了运河文化和山东特色的地域文化。

3. 出文化精品，塑文化品牌。中国青年报、北京青年报、浙江卫视、湖南广播电视台等对融合环境下履行繁荣和发展文化责任提出了更高层面上的要求。例如：中国青年报与怡光国际经济文化集团有限公司、北京懋兰君文化艺术有限公司等机构联合筹拍电视连续剧《亲亲阿伦河》，全景展现当代大学生村官的奋斗历程；北青传媒投资出品的电视剧《北平无战事》《巨浪》等，还入选了 2014 年文化精品工程重点项目。

（五）媒体融合与遵守职业规范责任

目前，各媒体在融合发展的探索上，模式和路径各有不同，但整体方向一致，都是在流程再造上寻求突破，着手创建全媒体内容生产流程的整体架构，形成团队作战的合力，实现新闻信息一次采集、多种生成、多元传播。在这个过程中，同步完善内部管理，进一步规范采编工作流程，强化职业责任意识和问责能力。湖北广播电视台、四川日报、云南广播电视台 3 家媒体的报告中，在此部分介绍了本单位出台部门（员工）微博、微信、客户端管理办法等规章制度的情况。

（六）媒体融合与安全刊播责任

在传统媒体向全媒体转型的过程中，应该也需要制定与这一过程相匹配的新的安全刊播保障制度。有 4 家媒体对此做了介绍。中国青年报发布了《突发性事件全媒体报道应急预案（试行）》《全媒体报道组织架构》以及《全媒体报道流程方案》；辽宁日报、云南广播电视台以及国家电网报对集团网站、媒体法人微博、微信等，从账号管理、选题策划、内容来源、发稿权限、跟踪处理等关键环节作了具体规定。

（七）媒体融合与合法经营责任

有两家媒体在报告中对传统与新兴技术资源整合过程中的合法经营责任有所表述。经济日报以实施全媒体战略为契机，以市场为纽带，以专业经营队伍为支撑，全面整合报社广告资源同时注意规范广告创作和发布等各个环节，全年未发生合同纠纷或知识产权方面的争议；中国青年报社先后制定了《关于进一步加强中青在线网站（含移动产品集群）品牌建设的指导意见》《微信公号及法人微博广告管理办法（试行）》《二级微信公号管理办法（试行）》及《报社用户数据管理使用规则（试行）》，针对报社各移动端平台加强经营管理，不断完善广告发布政策。

（八）媒体融合与保障新闻从业者权益责任

媒体融合对保障新闻从业者权益提出了哪些新的责任和要求？各家媒体的社会责任报告对此均无阐释和说明，只有南方日报的报告中在"不断完善薪酬体系"的部分提到：为适应全媒体转型的需求，南方日报制定了全媒体考核细则，对全媒体岗位、全媒体产品内容，包括官方网站、即时新闻、官方微博、手机客户端、手机报、电子报等均设置了详细的考核规定。

三　融合时代媒体如何全面提升履责能力

媒体融合发展不仅表现在传播渠道和传播形态的变化，更涉及背后的资源整合、生产融合、内容融合、终端融合、渠道融合、组织和管理融合以及媒体与用户之间的深度融合等问题，它们都对媒体履行社会责任提出了新的要求。

（一）强化互联网思维，提高在网络空间的舆论引导力

中央印发的《关于推动传统媒体和新兴媒体融合发展的指导意见》中提出，"要强化互联网思维，坚持传统媒体和新兴媒体优势互补、一体发展"。互联网的思维方式是"开放、平等、共享、技术引领"的思维方式①。

舆论引导者的互联网思维水平影响着对舆论格局的认知。新媒体崛起

---

① 官建文、刘扬：《媒体融合发展需要强化互联网思维》，《光明日报》2014 年 12 月 15 日第11 版。

之前，传统媒体就是主流媒体，它自有其生产方式、传播方式、市场营销方式"三合一"的结合点，独享内容、渠道与市场的高端占位，统领着信息、舆论、价值观的生产与传播。新媒体的崛起打破了由传统媒体主宰的生产、传播以及市场逻辑，渐渐挤压传统媒体的优势，鲸吞原来由传统媒体垄断的市场，原先聚集在传统媒体上的受众注意力被无处不在的新媒体稀释，特别是年轻受众的注意力偏好大面积转移至新媒体。从舆论生态变化看，新兴媒体话题设置、影响舆论的能力日渐增强，大量社会热点在网上迅速生成、发酵、扩散，传统媒体的舆论引导能力面临挑战。要扭转这样的被动局面，传统媒体管理者及新闻从业者就要培养适应互联网传播格局的思维特质，按网络社会新生的传播规律引导舆论。

舆论引导者的互联网内容生产质量影响舆论引导的品质。在媒体融合时代，传统媒体必须在内容生产策略上与时俱进：一是在品质上追求专业权威。传统媒体要通过融合发展，把在信息采集核实、分析解读等方面的优势最大限度地发挥出来，将其延伸和拓展到新兴媒体。二是在传播上注重快捷精简，多生产精准短小、鲜活快捷、吸引力强的信息，在传播中抢得先机。三是在服务上注重分众化与互动化，"在新媒体出现之后，人们的需求不但是量的增加，还是层次的增加。过去人们对共性的东西有需求，现在对个性的东西也有需求，过去对理性的东西有需求，现在也对那些涉及人们的情感、情绪等过去在主流传播中很少的东西也有很大的需求。"[①] 要认真研究用户的不同需求，有针对性地生产特色信息产品，点对点推送，做到量身定做、精准传播；顺应用户的思路和习惯，跨主题、跨媒体、跨平台，想办法与用户更广泛地互动交流。四是在展示上实现多媒体化，实现内容产品从可读到可视、从静态到动态、从一维到多维的升级融合，满足多终端传播和多种体验的需求。媒体融合对于传统媒体的最大价值应该是借助技术的推动力突破内容建设的瓶颈，重建自己的公信力和影响力，在众声喧哗中成为舆论的引领者。

在媒体融合时代，媒体的属性、社会责任不能变。党中央推出媒体融合的重大战略部署，在于顺应数字革命和新兴媒体的发展，在全球传媒格局中提升主流传播的整体实力与核心竞争力，巩固宣传思想文化阵地、壮

---

① 喻国明：《媒体融合，重在应用"互联网思维"》，人民网——传媒频道（http：//media. people. com. cn/n/2014/0820/c14677-25500435. html），2015 年 7 月 20 日查阅。

大主流思想舆论。互联网时代"去中心"化趋势明显，但不意味着"去引导"和"无主导"。尽管互联网是一张扁平化、点与点相连的大网，但是"大V"等网络舆论领袖的存在说明点与点的能量是不同的，网络空间舆论仍然需要"压舱石"。媒体作为网络中的一个节点，要更好地运用新技术手段汇聚各方力量，发出进步声音，彰显使命担当，继续发挥舆论主导作用，担当好正确引导与繁荣文化的责任。

（二）以服务构建用户平台，提高用户黏性

互联网时代，用户就是群众，就是阵地；用户就是消费者，就是市场。因此从战略上看，媒体融合是否成功，取决于传统媒体机构能不能最大限度地覆盖用户平台，并在这个平台上建立起最强的用户黏性。

有学者指出："具有优势的新闻内容生产的传统媒体，一方面要面对这类产品没有版权保护的窘境；另一方面，也要看到这类产品虽然具有较强的刚性需求，但其用户黏性不足的现实。目前看，企图依靠新闻性内容集聚并黏住用户基本上难以实现。因此，从国内互联网应用的发展实践看，顺应全产业信息化、网络化的趋势，通过发展以本地服务为主体的O2O业务，实现用户的聚合是传统媒体机构融合转型中较为可行的途径。"[①]

相比新媒体和互联网平台，传统媒体机构有一个较为突出的优势：即对线下资源的整合能力。通过整合，传统媒体可以建立更精确、更有价值的用户数据库。北京青年报的社会责任报告中提到：该报扎根基层，建设社区传媒平台，其北青社区传媒已经拥有较强的线上线下影响力，在O2O、社区入口和社交平台等领域展现出来的潜在价值，引起了阿里、腾讯以及联想等战略投资者的关注，并已和阿里初步达成了A轮战略投资协议。湖北广播电视台的报告中介绍的基于三网融合技术、以有线数字电视为载体的"数字农家书屋"项目，以及与湖北电信合作建设的"幸福新农村"IPTV项目，都是以用户为中心构建服务平台的实例。传统媒体在融合背景下履行提供服务的责任，就要通过服务聚用户，利用数据库资源满足现实的用户各种需求，在此基础上将媒体的功能转变为枢纽型功能。在新媒体领域打造本地民生服务的综合平台。

（三）坚守主流媒体的价值

媒体融合是应对互联网技术迅猛发展之势而提出的媒介发展的新理

---

① 宋建武：《以服务构建用户平台是媒体融合的关键》，《新闻与写作》2015年第2期。

念，本质上是将互联网思维渗透媒介发展的意识、技术、内容、组织"四个方向"。"互联网技术的重要性往往让人们陷入误区，把媒体融合看成简单的技术融合，以致过分强调融合过程中媒介技术的作用，而忽视人文价值的关怀。"① 在传统媒体与新媒体的融合转型中，不仅需要在商业和市场力量上的投入，更需要价值坚守。表现在两方面：

第一，人文精神价值取向。新闻传播活动，归根结底是与人打交道的活动。在社会转型期，新媒体更是舆论争衡的交接面。媒体构建了一个合议空间，实际上扮演着政府与民众之间的桥梁角色。"为了缓解社会矛盾、润滑社会关系，媒体需要时刻注意言语方式——为人民服务，替百姓说话。"② 只有处处体现出人文关怀精神，才能打造顺畅的沟通关系，进而凝聚人心。

第二，合理竞争价值取向。媒体在融合的过程中，要有职业操守，有社会责任意识，坚持公平竞争，坚持有序竞争。在融合发展过程中，各媒体为提升市场占有率，纷纷拓展自己的媒介形态，力求成为综合性的大型传媒集团。如此一来，推进媒体融合的行动可能成为新环境下各媒体谋取利益的最佳实践路径。如何把握媒体融合的根本价值目标是各家媒体的管理者需深思的问题，也是在经营活动中处理好"利""义"关系的必然要求。

（四）提高新闻从业者的素质及能力

媒体要更好地履行社会责任，关键在于媒体从业者履责意识及能力的提升。新闻传媒业正在发生的变革，要求新闻记者编辑在保持传统媒体时代的职业道德和专业精神的同时，还要进一步提高适应新兴媒体与融合新闻传播的素质和能力。

第一，辨别多样化的新闻信息来源的能力。社会化媒体的崛起极大地丰富了新闻信息来源，同时也给编辑把关增添了难度，在采用博客、微博、论坛上网民们发布的信息时，稍有不慎就会出现差错。因此在新的传播环境下，新闻工作者对真实性原则的坚守还需要与时俱进，探索新的操作规程和把关技巧。

第二，整合繁杂而碎片化的信息，平衡与引导嘈杂的社会舆论的能

---

① 马正华：《媒体融合及其伦理挑战》，《视听界》2015 年第 1 期。

② 付晓光、周逵：《全媒体时代的媒体责任与价值——首批媒体社会责任报告观感》，《青年记者》2014 年第 19 期。

力。新媒体时代，公众获取信息的途径多样，也有了更多发言的机会。传统媒体对新闻传播中的舆论控制力被不断削弱，记者采写的新闻会比以往更多地受到公众的检视、挑剔与核查。在媒体融合背景下，记者编辑更要"善于选择和重组各方面的碎片化信息，以事实真相的逻辑力量去换取公众的信任；要善于平衡各种不同的观点，给各方以平等发言的机会，在协商对话中寻找解决问题的路径。"①

第三，全面掌握传播技术，创新新闻产品和服务的能力。这是媒体业态变化对其从业者最基本的要求。新传播生态下媒体对从业者的能力要求越来越从"单一"到"复合"，从网下到网上。越来越多的新事物开始进入传统采编人员的工作当中，从媒体微博账号运营维护到移动客户端发稿，从网言网语到信息制图，从搜索引擎优化到优化用户体验的产品设计等。只有全面掌握多种媒体的基本知识和技术，具备全媒体思维与团队合作意识，同时又特别擅长某一类型媒体的业务技能，才能适应现代新闻传播的要求，有效地担当起、履行好媒体社会责任的各项目标。

---

① 蔡雯：《媒体融合：面对国家战略布局的机遇与问题》，《当代传播》2014 年第 6 期。

手机新闻客户端的发展现状及趋向展望

董小菲[①]

内容摘要 移动互联网改变了新闻传播格局，新闻传播业因此面临巨大的转型压力，手机新闻客户端作为顺应这种变革的产物之一，发展到现在已基本确立了其在移动端的主导地位，这是本文选择其作为研究对象的主要原因。本文通过分类、对比、分析类型多样的手机新闻客户端，总结其发展现状的共性，并尝试对其未来趋向进行展望。

关键词 手机新闻客户端 综合类新闻客户端 垂直类新闻客户端

易观智库发布的《中国移动新闻资讯 App 市场专题研究报告 2015》表明，截至 2014 年 12 月，移动新闻资讯 App（又名移动新闻客户端）用户渗透率已达到 41.4%[②]，在移动应用中排名第四。中国互联网络信息中心（CNNIC）第 36 次《中国互联网络发展状况统计报告》显示，截至 2015 年 6 月，我国手机网民规模达 5.94 亿，手机网络新闻用户规模为 4.60 亿。这些数据说明，移动新闻客户端是网民在移动终端获取新闻的主要途径，而手机又是网民使用的主要移动终端，因此，手机新闻客户端已成为互联网信息传递的重要组成部分。

一 手机新闻客户端总体发展情况

根据艾媒咨询发布的《2015Q1 中国手机应用商店季度监测报告》以及应

---

① 董小菲，山东女子学院文化传播学院讲师。

② 用户渗透率反映目标群体在特定样本范围内的覆盖占有情况，具体计算公式为：用户渗透率＝目标应用用户数量/特定范围内的用户数量×100%。例如，新闻资讯用户全网覆盖率是 41.4%，说明在所有移动互联网用户中，新闻资讯用户覆盖占比为 41.4%。易观智库《中国移动新闻资讯 App 市场专题研究报告 2015》。

用市场商店排名分析平台"爱盈利"公布的2014Q1国内安卓市场排行的数据，选择在两份数据中，排名均为第一位的应用商店——"360手机助手"，以"新闻"为关键词，利用360手机助手的搜索功能进行检索，得到640个结果，剔除2014年以后未更新的，余305个，"死"掉的手机新闻客户端有335个，占全部检索到的客户端数量的52.3%，如图1。可见，手机新闻客户端在一拥而上之后经历了一次残酷的"大浪淘沙"式的竞争和洗牌。

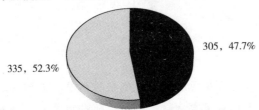

335，52.3%　　305，47.7%

■ 2014年及以后　□ 2013年及以前

图1　新闻客户端更新情况

继续剔除累计下载量小于10000次的应用，最终保留245个应用。截止到2015年6月30日，245个客户端的累计下载量为930480000次，本文在第一部分中将这245个应用作为研究样本。

（一）少数应用占据了大部分市场

如图2所示，手机新闻客户端的发展并未显示出长尾效应。表1显示，累计下载量在千万级以上的仅为14个，占样本总数的5.7%，但这14个应用（图3）下载总量为822420000次，占样本总数的88.4%。

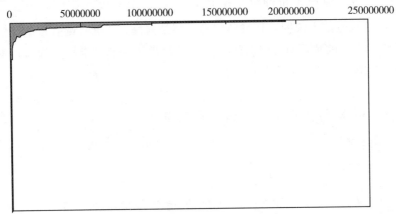

图2　手机新闻客户端累计下载量排行

表1　　　　　　　　　　　　　累计下载量

		手机新闻客户端	百分比	有效百分比	累积百分比
有效	1000万及以上	14	5.7	5.7	5.7
	100万至999万	29	11.8	11.8	17.6
	10万至99万	81	33.1	33.1	50.6
	1万至9万	121	49.4	49.4	100.0
	合计	245	100.0	100.0	

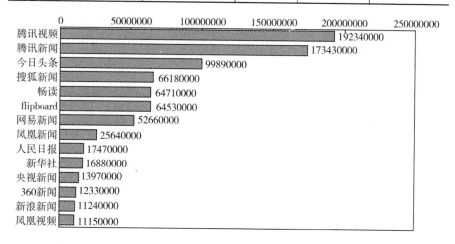

图3　千万级应用下载量

（二）内容分类以综合类为主，垂直领域表现不佳

手机新闻客户端内容以综合类为主，共有167个，占68.2%，做内容细分领域的垂直应用主要涉及商业、体育、汽车、科技、娱乐、军事、时政等内容的分类，总共75个，占30.7%。

表2　　　　　　　　　　　　内容分类及累计下载量

		累计下载量				频数	百分比
		1000万及以上	100万至999万	10万至99万	1万至9万		
类型	综合	14	18	47	88	167	68.2
	娱乐	0	1	3	4	8	3.3
	体育	0	3	7	6	16	6.5
	科技	0	1	3	5	9	3.7
	汽车	0	5	3	3	11	4.5
	军事	0	1	3	4	8	3.3

续表

		累计下载量				频数	百分比
		1000 万及以上	100 万至 999 万	10 万至 99 万	1 万至 9 万		
类型	商业	0	0	12	9	21	8.6
	时政	0	0	2	0	2	0.8
	其他	0	0	1	2	3	1.2
合计		14	29	81	121	245	100.0

下载量千万级及以上的均为综合类应用,有 14 个。垂直类客户端的累计下载量多数集中在十万级别及以下,有 64 个,其中下载量达到百万级的有 11 个。

整体上,各类应用的累计下载量集中在百万级及以下的数量级上,少数几个综合类客户端占据了大部分市场。

(三) 运营主体主要为商业机构

如表 3 所示,运营主体涉及传统媒体、互联网媒体①、商业机构②以及个人。

表 3 　　　　　　　　　　运营主体及累计下载量

		累计下载量				频数	百分比
		1000 万及以上	100 万至 999 万	10 万至 99 万	1 万至 9 万		
主体	传统媒体	4	3	20	39	66	26.9
	互联网媒体	6	4	5	2	17	6.9
	商业机构	4	22	55	74	155	63.3
	个人	0	0	1	1	2	0.8
	其他	0	0	0	5	5	2.0
合计		14	29	81	121	245	100.0

上表显示,数量最多的是商业机构,占全部的 63.3%,其次是传统媒体 26.9%、互联网媒体 6.9%,个人最少,仅占 0.8%。商业机构在数量上占很大优势,但其累计下载量超千万的仅有 4 个。

(四) 地方新闻客户端的累计下载量偏少

新闻内容的地区分类中,以全国性新闻为主,有 177 个,占 72.2%,

---

① 本文的互联网媒体是指获得《互联网信息服务许可证》的、有新闻发布资质的网络媒体机构。

② 本文的商业机构是指除传统媒体和互联网媒体外的技术企业和商业公司。

地方新闻客户端共有 51 个，占 20.8%。在累计下载量的表现上，地方类的只有一个在百万级别的——2012 年 1 月上线的"掌上天津"。因此，整体来看，地方新闻客户端的表现不乐观。

表4　　　　　　　　　　　　　地区分类和累计下载量

		累计下载量				频数	百分比
		1000 万及以上	100 万至 999 万	10 万至 99 万	1 万至 9 万		
地区分类	地方新闻	0	1	10	40	51	20.8
	全国新闻	14	26	64	73	177	72.2
	国际新闻	0	0	4	5	9	3.7
	其他	0	2	3	3	8	3.3
合计		14	29	81	121	245	100.0

二 手机新闻客户端分领域发展情况

为更详细和深入地了解手机新闻客户端的发展情况，本文接下来将按照新闻内容分类进行不同领域的分析。

（一）综合类新闻客户端发展情况

因综合类客户端数量很多（共 167 个），因此取排名前 20 的为研究对象，这 20 个客户端的累计下载量为 856760000 次，占综合类累计下载量总数（892220000 次）的 96.0%。

对图 4 涉及到的客户端作进一步归类，可将其再细分为传统媒体客户端、门户网站客户端、聚合新闻客户端①。

表5　　　　　　　　　　　综合类新闻客户端分类

客户端类型	客户端名称	数量	百分比
门户网站客户端	腾讯视频、腾讯新闻、搜狐新闻、网易新闻、凤凰新闻、新浪新闻、凤凰视频	7	35.0
传统媒体客户端	人民日报、新华社、央视新闻、人民新闻	4	20.0
聚合新闻客户端	今日头条、畅读、flipboard、360 新闻、zaker、百度新闻、Google Play 报亭、谷歌新闻和天气、微信精选	9	45.0

① 聚合新闻客户端是指自身不创造内容，而是通过技术手段抓取各种媒体的新闻内容、整合于自身平台的客户端。

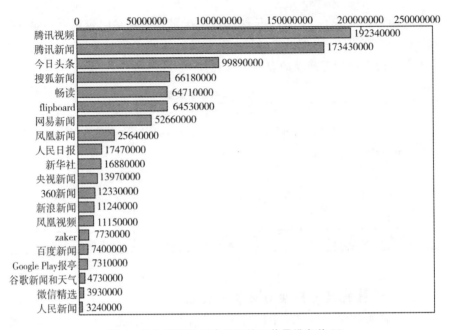

图 4　综合类新闻客户端累计下载量排名前 20

1. 门户网站客户端

传统五大门户网站——腾讯、搜狐、网易、凤凰、新浪依旧有不错的市场表现（早在 2013 年艾媒咨询公布的《2013 上半年中国手机新闻客户端调研报告》中，这五大客户端便是用户渗透率最多的应用），因此本文就选择这五大应用进行分析。

表 6　　　　　　　　　　门户网站客户端对比分析

内容及功能		腾讯新闻	搜狐新闻	网易新闻	凤凰新闻	新浪新闻
内容	首页布局	顶部:要闻＋栏目导航＋栏目管理 内容:焦点图图片＋标题＋摘要 底部:场景导航	顶部:订阅＋栏目导航＋栏目管理 内容:焦点图图片＋标题＋摘要 底部:场景导航	顶部:要闻＋功能＋头条＋栏目导航＋栏目管理 内容:焦点图图片＋标题＋摘要 底部:场景导航	顶部:头条＋推荐＋栏目导航＋栏目管理＋订阅 内容:焦点图图片＋标题	顶部:头条＋栏目导航＋栏目管理＋订阅 内容:焦点图图片＋标题＋摘要 底部:场景导航
	智能推荐	√	√	√	√	√
	地方新闻	√	√	√	√	√
	图片新闻	√单独设"图片"栏目	√单独设"美图"栏目	√单独设"图片"栏目	√单独设"图片"栏目	√单独设"图片"场景

续表

内容及功能		腾讯新闻	搜狐新闻	网易新闻	凤凰新闻	新浪新闻
内容	视频新闻	√单独设"视频"栏目	√单独设"视频"栏目、"互动直播"栏目、"视频"场景	√音视频整合,单独设"直播"栏目	√单独设"直播"栏目	√单独设"视频"场景
	音频新闻	√单独设栏目"有声"	√辅助功能"听新闻"、在视频场景设"微听"栏目	√在"视听"场景里设"电台"栏目	×	×
	整合新闻	√专题、专辑	×	√专题	√单独设栏目"专题"	√精读
交互	用户点评	√	√	√	√	√
	内容订阅	√	√	√	√	√
	导航设计	Tab 导航	Tab 导航	Tab 导航	Tab 导航	Tab 导航
	栏目切换	左右滑动	左右滑动	左右滑动	左右滑动	左右滑动
	分享设置	√	√	√	√	√
	新闻收藏	√	√	√	√	√
	媒体订阅	√	√	√	√	√
功能	离线下载	√	√	√	√	√
	新闻搜索	√	×	√	√	×
	天气	×	√在地方频道里	√在地方频道里	×	√在个人设置里
	主题设置	√	√	√	√	√
	线上活动	√在个人设置里	√下拉的更多里	√	×	×
	在线商城	×	√	√	√	×
	特色应用	游戏、创意截屏、书城、引入微信订阅号	微头条、个性频道定制	本地生活服务——网易本地宝、html5栏目"画报"	本地生活服务	

注:√表示有此项,×表示没有此项。

搜狐新闻客户端于 2010 年 6 月上线,腾讯新闻客户端于 2010 年 10 月上线,2011 年 3 月,网易新闻客户端上线,凤凰新闻和新浪新闻在移动端较为慢热,直到 2013 年 3 月才推出新版移动端应用——凤凰新闻,2013年 4 月新浪宣布将掌中新浪正式改名为新浪新闻。通过表 6 的对比可看出,经过这几年发展,五大客户端的发展已进入逐步完善的阶段,内容、交互、功能三方面的设置趋于一致。

（1）内容方面

除凤凰外，其他四家在首页布局上均采取了双导航的模式，订阅功能均集合在顶部的导航条里，这样做的好处在于用户不必通过点击底部的场景导航进入订阅频道①，在操作上更加简捷。

主体内容上，除了凤凰，其余四家采取的都是焦点图、图片＋标题＋摘要的形式。

智能推送目前是五家客户端都在采用的技术，其中，搜狐自2014年11月推出5.0版本，使用了"人工编辑＋机器算法"的混合推荐模式②，这是应对机器算法造成的"信息茧房"的有效尝试。

五家媒体均重视图片和音视频的产品及服务供给，将图片或音视频作为可订阅的栏目，或是整合到底部的场景导航中。搜狐、网易和凤凰还推出了单独的直播类视频栏目，可见对视频应用十分重视。着力打造音频的有腾讯、搜狐和网易，腾讯设置了"有声"栏目供用户订阅；搜狐在音频方面做工不少，每条新闻可以使用辅助功能"听新闻"的方式听取语音读报，在底部导航的视频场景里设"微听"栏目；网易将音视频整合到"视听"场景导航里，进入这一场景后用户可在"视频"和"电台"两个栏目间进行切换。

在整合新闻方面，除搜狐外，其他四家都进行了尝试。腾讯和网易并没有将整合新闻作为可订阅的栏目，只是在新闻摘要旁做了"专题"或"专辑"的标注；凤凰和新浪都开设了单独的订阅栏目，分别为"专题"和"精读"。虽然都是在整合方面的努力，但四家的这些整合在深度上是存在差异的。"专题"或"专辑"大多是同一主题的单条新闻的组合，"精读"则是将所有相关的内容（文字、图片、视频、相关阅读等）聚合在同一个页面中，是对内容的深加工。

（2）交互方面

交互方面，笔者所列的项目都是基本的交互操作，在这些项目上，五大客户端基本相同，这种现象被很多文章定性为是相互抄袭，但笔者不同意这种说法。笔者认为，早期相似难免存在抄袭的嫌疑，但经历了几年发展，几次版本的更新，新闻客户端在交互上依然保持着相当大的相似性，这恰恰说明用户在移动端的交互行为习惯已经定型，基本交互设置的趋同

---

① 在新闻客户端早期版本中，订阅功能大多位于底部的导航。
② 该模式在向用户推荐新闻时，采取机器算法推荐加网站编辑部门人工选择的双重推荐模式。

是对用户行为习惯的尊重，它可以带给用户熟悉而良好的操作体验。

（3）功能方面

离线下载和主题设置都属必备的功能，但在新闻搜索、天气、在线商城、线上活动等方面五家各有取舍。除新浪外，其他四家各有自己的特色应用。例如，网易在用户个人管理板块——"我"——建立以金币为基础的用户个人体系，一方面通过金币激励和任务引导来增强用户的成就感和归属感，另一方面引导用户去尝试新闻客户端接入的各种线上、线下产品及服务。搜狐的"微头条"，可以让用户无须进入微信和微博，无须订阅任何账号，即可直接查看微信及微博上的热点文章。

通过以上对比，可以发现：

第一，手机新闻客户端的用户界面趋于统一，基础功能也趋于一致，页面架构均趋向简约直观，这是各大客户端在长期的实践摸索中得出的共识，而不是简单的模仿或抄袭。这些趋同表明，手机客户端的新闻产品形态基本定型，手机新闻客户端的"结构形式规则"正在逐渐形成。

第二，自媒体纷纷扎根。在供用户订阅的媒体里，都有了自媒体的身影。搜狐、网易、腾讯在2013年相继开放平台，2015年，凤凰新闻的开放平台策略终于姗姗来迟，至此，网易、腾讯、今日头条、凤凰新闻等均接入了自媒体的内容，用户可直接对自媒体的内容进行订阅。

第三，聚合阅读价值凸显。由于用户在移动端的时间呈现碎片化，碎片化阅读理所当然地被认为是新闻客户端能够提供给用户的最好的阅读体验，因此算法推荐模式被广泛应用，但继而造成的结果是新闻客户端"没有态度、没有风格，千端一面"，在这种情况下，各大客户端开始发力"聚合"阅读，搜狐的混合推荐模式，各种专题、专辑的出现，都是不错的尝试。

第四，多场景阅读是趋势。除了采用图文、音频、视频等多种媒介表现形式外，很多客户端通过底部导航的设计，区分了看（视频）新闻、听（音频）新闻的不同使用场景。与此同时，客户端功能的位置愈加合理，以求便利用户在不同场景下都能获得优质的使用体验。

第五，整合资源寻求差异。对于手机新闻客户端来说，内容依然为王，但仅有内容也远远不够，向平台化转型是五大客户端都在努力的方向。各种功能和特色应用不断出现，不论是订阅功能入驻，还是多样的生活服务，或是丰富的线上活动，都是在朝着开放和合作的方向努力。但透过这些貌似一致的行动表面可以发现，各有不同的侧重点：腾讯、搜狐与微信的整合，腾讯的游戏资源整合，网易的本地服务等，都是在整合原有的资源优势。以产品和服务的差异功能区别于竞争对手，这是打破目前同质化局面的重要手段。

2. 传统媒体客户端

由于2014年6月人民日报客户端上线之后，人民新闻客户端不再作为主要产品运营（"深度"板块自2014年8月不再更新，目前只维持基本的新闻更新），因此，在下文的分析中只考虑另外三个客户端，如表7所示。

表7　　　　　　　　　传统媒体客户端对比分析

内容及功能		人民日报	新华社	央视新闻
内容	首页布局	顶部：栏目导航＋政务中心 内容：焦点图　图片＋标题＋摘要	顶部：要闻＋栏目导航＋订阅 内容：焦点图　图片＋标题 底部：导航	顶部：要闻＋栏目导航 内容：焦点图　图片＋标题 底部：场景导航
	智能推荐	√	√	√
	地方新闻	√仅有北京	√	×
	图片新闻	√单独设"图—镜头"栏目	√单独设"图片"栏目	√单独设"图解新闻"栏目
	视频新闻	√单独设"视—影像"栏目	√单独设"视频"栏目	√"电视"场景
	音频新闻	√单独设"听—播报"栏目	×	√"听电视"场景
	整合新闻	×	×	×
交互	用户点评	√	√	√
	内容订阅	×	√	×
	媒体订阅	√在"政务中心"订阅	√	×
	导航设计	Tab 导航	Tab 导航	Tab 导航
	栏目切换	左右滑动	左右滑动	左右滑动
	分享设置	√	√	√
	新闻收藏	√	√	√
功能	离线下载	√	√	√
	新闻搜索	√	√	√
	天气	×	√	√
	主题设置	√	√	√
	线上活动	√单独开设"帮—公益"栏目	×	√单独开设"话题投票"栏目
	特色应用	"问—民生"栏目、"评—锐度"栏目、"报—版面"栏目（人民日报）、"政务中心"	"动新闻"栏目、"评论"栏目	"时间链"场景、"电视"场景、"听电视"场景

（1）内容方面

三家应用的首页布局基本一致，而且与门户网站客户端的布局也是一致的，但与门户类不同的是，除新华社外，其他两家的导航都未设内容（栏目或频道）订阅功能，与门户类动则几十种的订阅类别不同的是，新华社可供订阅的类别也相当少，仅有12种。除地方新闻和整合新闻外，其他内容三家均有涉及，图片、视频均有应用，整合新闻方面未有突破。值得注意的是，三家客户端均没有娱乐类的栏目或频道，内容以严肃新闻为主，致力于打造权威性、公信力。

（2）交互方面

点评、分享、收藏、导航设计和栏目切换的交互设计基本一致，支持内容和媒体订阅的仅有新华社，央视新闻则均不支持。

（3）功能方面

功能方面，明显地体现出对各自优势的充分利用，尤其是特色应用。人民日报的"问—民生"栏目和"政务中心"，均是对自身党政资源优势的充分利用，例如，在"问—民生"栏目，网民可以直接向相应的党政机关部门提交自己的诉求。新华社将"全球设站"的效应搬到了移动端，打造"网上通讯社"，在可订阅的栏目——"各地"中，已覆盖到全国31个省。央视充分发挥其视频特色，打造"电视"和"听电视"两大场景，两大场景集合了央视的频道和栏目，用户可以在"电视"场景下收看央视新闻频道的直播，订阅央视的栏目。在"听电视"场景里将电视新闻"广播化"，通过点击下方场景导航的"听电视"按钮，即可收听正在直播的新闻的音频。在"时间链"场景下，用时间轴的形式将新闻呈现给用户，并实时更新。

通过以上考察可发现三大传统官媒的客户端存在以下共性：

第一，内容定位权威。就客户端所呈现的内容来看，与门户网站呈现的资讯信息量大、覆盖面广不同，传统媒体普遍是自身内容资源的集合，注重权威性、专业性，以严肃新闻为主，突出原创、突出独家、突出评论，努力打造优质的信息服务。

第二，依托原创内容打造特色栏目，传统媒体的内容优势在手机上获得了延续。发挥传统媒体采、编新闻的资源强项，打造具有独特内涵的特色栏目，这也是传统媒体区别于门户网站的最大优势。

3. 聚合新闻客户端

表 8　　　　　　　　　　　　　　聚合新闻客户端对比分析

内容及功能		今日头条	畅读	flipboard	360新闻	zaker	百度新闻	微信精选
内容	首页布局	顶部：用户＋Logo＋搜索导航；左侧抽屉＋Tab导航内容：标题＋图片	顶部：首页＋导航＋订阅内容：分栏目依次显示 焦点图 图片＋标题底部：导航	顶部：首页＋分类＋搜索＋用户内容：多种呈现形式	顶部：搜索＋Logo＋订阅＋用户导航；左侧抽屉＋Tab导航内容：标题＋图片	顶部：订阅＋用户内容：焦点图卡片导航底部：导航	顶部：搜索＋Logo＋订阅＋用户导航内容：分栏目显示图片＋标题＋摘要	顶部：推荐＋热点＋栏目导航＋订阅内容：多种呈现形式底部：导航
	智能推荐	√	√	√	√	√	√	√
	地方新闻	√	×	×	×	×	√	×
	图片新闻	√	×	×	×	×	√	√
	视频新闻	√	×	×	×	×	×	√
	音频新闻	×	×	×	×	×	√	×
	整合新闻	×	√专题	×	×	√专题	×	×
	用户点评						√	√
	内容订阅	×	√		√		√	√
	媒体订阅	√					√	√
交互	导航设计	左侧抽屉＋Tab导航	Tab导航	Tab导航	左侧抽屉＋Tab导航	Tab导航	左右侧抽屉＋Tab导航	Tab导航
	栏目切换	左右滑动	左右滑动	卡片布局	左右滑动	卡片布局	左右滑动	左右滑动
	分享设置	√	√		√	√	√	√
	新闻收藏	√	√		√	√	√	√
功能	离线下载	√	√	×	√	√	√	√
	新闻搜索	√	√	√	√	√	√	√
	天气	√	×	×	√	√	√	×
	主题设置	√	√	√	×	√	√	×
	线上活动	√	√	√	×	×	×	×
	在线商城	√	√	×	×	√	√	×
	特色应用	游戏	杂志	自制杂志	搜索模式		媒体、记者影响力排行	

　　聚合类客户端的市场基本仍被早期上线的几个客户端占领，2010 年的 flipboard，2011 年的百度新闻，2012 年的 zaker、今日头条和畅读，2013 年的 360 新闻，笔者未查到微信精选的上线时间，只检索到 2014 年 12 月 3.0 版本上线的新闻。尽管上线时间较早，但这些聚合类的产品在 2014 年以前大多很少被谈到。今日头条在创始人张一鸣 2014 年 6 月宣布获得 1 亿美元融资时，轰动业界。作为国外产品的 flipboard，早在 2011 年就推出了中文版，也是在 2014 年才开始重新组建团队，发力中国市场。360 新闻则在 2013 年上线不到一周后就下线，于 2014 年 1 月重新上线后迅速发展。

　　通过表 8 的对比，可发现：

　　（1）内容方面

　　首页布局上，聚合类客户端不像门户和传统媒体客户端那样，彼此长得很像，而是各有特点，在形式上体现出了较强的差异性。音视频的应用也不像门户类和传统媒体类那般流行，整合新闻方面也只有畅读和 zaker 推出了单独的专题栏目。

　　（2）交互方面

　　基础的交互应用，几家都有，基本保持了与门户网站和传统媒体相类似的操作方式。

　　（3）功能方面

　　几家均有搜索功能，但百度和 360 依托在搜索领域的技术优势，除了提供新闻搜索外，还提供搜索网页的功能，这为用户进行查询操作提供了更多的入口。在特色应用上，各家也都有自己的侧重点。其中，百度新闻借助其强大的搜索能力和大数据技术，提供了媒体影响力和记者影响力排行功能，充分尊重了原创的版权，也可提高媒体和记者在业界的影响力，实现共赢。

　　聚合类新闻客户端的共同点在于，本身不生产内容，这就决定了这类客户端在内容源上的差别不大，此类客户端要想冲出重围，首先必须强化核心技术，打造个性化和特色的服务，其次必须在用户的交互体验上下功夫。

　　4. 其他个性化客户端

　　除此之外，2014 年以来综合类客户端领域也出现了一些新的个性产品，比如 2014 年 11 月上线的听闻，通过真人录制的语音播报新闻。2014 年 3 月上线的孔庆东 V1 家，是一款由第一视频打造的个人专属客户端，个人用户和其粉丝可直接进行互动。2014年11月，新华社新华网络电视推出的首款超短新闻视频客户端——15秒，是视频应用领域的创新。2015年3月上线的并读新闻，支持用户通过阅读新闻参与广告分成。2015年4月上线的Point美图资讯日报，是一款支持用户自行发布观点并且自主互动的图片资讯类社交软件，是图片应用领域的尝试。

（二）垂直类新闻客户端发展情况

从数量上来看，垂直类客户端共有75个，占样本数量的30.7%。从表9可看到，以下垂直分类在综合类新闻客户端均有涵盖（综合类客户端一般都根据内容的不同分类，设置了单独的栏目或频道），并且很多综合类客户端也早在2014年前纷纷推出了自己的垂直客户端，比如2013年的新浪财经、2013年的搜狐汽车、2013年的央视体育等，因此垂直类新闻客户端面临较大竞争压力，尽管如此，依然获得了不错的发展。表9显示，体育类、军事类和时政类依然被门户网站或传统媒体占据优势，在其他类别里，垂直类新闻客户端表现很好。

表9　　　　　　　　　　　　不同类型的垂直类新闻客户端

商业类	体育类	汽车类	科技类	娱乐类	军事类	时政类
和讯财经 商业周刊 财经杂志 华尔街见闻 行业头条新闻 财经头条 第一财经 财经365 极客金融 21世纪经济报道 FT中文网 商情通 财新网 电商新闻 电商大爷 华商播报 看商界 深圳商报 商业科技 成都商报 界面	新浪体育 虎扑体育 足球魔方 球探体育比分 懂球帝 足球雷达 看比赛 CCTV5 雷达比分 第5频道 看球啦 体育汇 足球比分 台球会 足球地带 体育头条	爱卡汽车 汽车头条 搜狐汽车 爱买车 太平洋汽车网 汽车世界 车一百 汽车之家 卡车之家 汽车导购 凤凰汽车	中关村在线 太平洋电脑网 IT之家 钛媒体 36氪 虎嗅网 极客快讯 电脑报新闻客户端 快科技	八爪娱乐 爱豆 娱乐精选 橘子娱乐 娱乐圈圈 全民星探 有趣 娱乐猫	解放军报 米尔军事 铁血军事 环球新军事 环球军事 战略军事 军事档案 中华网新闻	澎湃新闻 参考消息

尽管都是专注垂直领域，但各个领域正逐渐形成自身的特色。

商业类客户端可再细分成两大发展策略，一类是专注做内容，一类则是打造金融理财工具，排名第一的和讯财经则是两大策略兼顾。

体育类客户端也可再细分成两类，一类是内容涵盖各项体育项目，另一类则是按照体育项目再细分，专注某一项或某几项，其中以足球、篮球为主。在内容展现形式上，以视频为主。

汽车类客户端与其他客户端不同之处在于，用户在使用此类客户端时大多有强烈的目的性——购车，因而汽车类客户端除了向用户提供全面快捷的资讯外，为用户提供车型对比之类的导购服务是其打造的重点功能。在资讯方面，搜狐、凤凰等发挥其开放平台的优势，引入自媒体，依靠"编辑部模式＋自媒体模式"两套生产体系。

科技类客户端可细分成两类，一类是资讯交流平台，另一类是交易平台。打造交易平台的在本质上与汽车类客户端是一致的，资讯服务是基础。作为资讯交流平台打造的，则汇聚行业的专家和意见领袖，注重内容原创。

娱乐类客户端强调"轻松活泼"气质的打造，因而除了内容上的有趣、好玩之外，娱乐类的客户端强调互动和社区，比如橘子娱乐推出的弹幕式评论，用户可边阅读边评论，发表的评论在该条新闻上实时滚动。这类客户端有聚合式的，如八爪娱乐；也有做原创内容的，如橘子娱乐。

军事类和时政类，由于其内容的局限性，市场表现并不好。而澎湃新闻虽然标榜自己"专注时政和思想"，在 2014 年 7 月上线时曾"立志成为中国第一时政品牌"，但目前的口号已经悄然改为"新闻和思想的最大平台"。

垂直类新闻客户端内容更专业更具体更有深度，更能满足一部分用户对某一领域的新闻阅读要求，这是垂直类新闻客户端的竞争优势所在。

三 手机新闻客户端发展共性

上述第一、二部分的考察表明，不同主体、不同类型的手机新闻客户端发展不尽相同，但由于其存在的介质是相同的，因此依然有很多共同点可挖掘，并且随着传统媒体和新兴媒体的不断融合，共性的东西会越来越多。目前，各大手机新闻客户端的发展呈现出的共性有：

（一）个性化的信息输出成主流

2014 年以来，手机新闻客户端几乎都配备了个性化信息输出的功能，这类个性化功能集中体现在三方面：一是内容的个性化推送。早在 2012 年 8 月今日头条上线时，就首次应用了"数据挖掘""推荐搜索"等技术。随后，其他新闻客户端相继应用此类技术，根据用户个人的使用行为，通过特定的算法匹配用户的喜好，实现针对不同用户的个性化内容分发；二是内容的个性化订阅。多数客户端在显著位置设置了供用户自由订阅内容的功能；三是界面的个性化设置，用户可对新闻客户端的界面（显示字体、字号、白天或夜晚阅读模式等）进行个性化设置。

发展到现在，上述三方面的个性化功能，已经成为绝大部分手机新闻客户端的"标配"。

（二）视频成重要新闻形式

由于网速和资费的限制，手机新闻客户端的内容呈现方式一度以图文为主。2014年，随着4G网络的全面推进，新闻内容得以在视频化上大展拳脚。除了在单独的新闻报道上采取视频化的呈现，开设单独的视频栏目或频道供用户订阅外，一些客户端已经在视频方面进行了场景化的探索，比如央视新闻、搜狐新闻、新浪新闻，在首页底部的导航上设置视频场景，用户可根据实际阅读环境进行选择。此外，2014年11月新华社推出视频新闻客户端——15秒，直接将短视频作为新闻内容的主要存在形态，可谓一次十分大胆的创新。

各大手机新闻客户端陆续瞄准视频领域，新闻内容的视频化俨然成为一种潮流，视频成为重要的新闻形式。随着移动通讯技术的进一步发展，在逐渐攻克视频直播稳定性、音质和数据传输等难题后，视频现场直播也将成为新闻客户端的重点发力方向。在这方面，腾讯新闻客户端在2014年启用了玫瑰直播系统，实现了突发事件中移动直播的快速分发与互动。随着技术的进一步成熟，视频化的呈现势将成为未来手机新闻客户端的主战场。

（三）同质化局面被打破

2014年以前，为了抢占市场，大量手机新闻客户端仓促上阵，相互模仿抄袭的痕迹严重，无论是内容还是形式，手机新闻客户端陷入了同质化的尴尬局面。在抢用户的红利期结束后，各大新闻客户端着力打造差异化，同质化逐渐破局，这些差异化主要体现在内容本身、用户界面及产品的生产线上。

首先是内容上的差异化，差异化的内容源于原创，或者依靠自身的采编团队制作，或者引入稀缺的内容资源。原创方面，例如网易的"Html5专题"——画报，2015年两会期间，Html5技术更是风靡各大手机新闻客户端。新浪的"精读"这类深度多形态产品的优势也日趋明显。"听闻"

则由真人录制新闻热点，保持每日在线更新。一些聚合类客户端也推出了自己的专题栏目，致力于新闻的精加工。内容引入方面，例如腾讯与 NBA 在 2015 年签署了五年合作协议，将在每个赛季直播数百场高清 NBA 比赛。此外，大量客户端开放平台，吸引自媒体入驻，也是引入优质资源的重要方式。

其次是用户界面上，传统媒体和门户网站的客户端尽管在布局和设置趋于一致，但其他的如界面风格、底部的导航等，都有自己的差异化设计，尤其是底部场景导航的设计，有明显的不同，力争让多种形式的信息，包括文字、图片、音视频等在更适合的场景下给用户更好的推荐。聚合类、垂直类客户端展现形式则更加丰富，互动形式也更为多样。

在产品的内部生产线上，也体现出诸多差异：如搜狐新闻的智能混合推荐系统，采取机器加人工的方式向用户推荐新闻；百度新闻结合百度乐播，将电台内容与新闻内容结合；腾讯新闻全量引入微信公众号内容，实现新闻客户端与微信的完全打通，满足用户不同场景下的阅读需求；360 新闻则把浏览器功能组合到新闻客户端里，打通了 360 手机助手、360 搜索、360 地图等系列产品，通过分析搜索引擎积累的数据，向用户提供更为精准的新闻。

四 手机新闻客户端的发展趋势

手机新闻客户端自诞生以来，短短四五年时间里经历了曲折的发展过程，甚至被唱衰，但是，事实证明这种新的产品形态已经成为新闻传播业转型的成功之作，它在未来一段时间仍会有较强的生命力。从目前手机新闻客户端的表现来看，这种新闻产品形态很有可能出现以下发展趋势：

（一）深度阅读时代将回归

中国新闻出版研究院公布的《第十二次全国国民阅读调查报告》显示，近年来我国手机阅读接触率逐年提高。2014 年，人均每天手机阅读时长为 33.82 分钟，比 2013 年的 21.70 分钟增加了 12.12 分钟。随着用户使用手机的时间越来越多，而且单次使用的时间越来越长，手机阅读方式的碎片化属性不再凸显，碎片化也不再是移动互联网的核心标志，在这种背景下，用户对高品质的深度内容的需求必然会逐渐加大。在前文的考察中可以看到，一些客户端开始通过聚合或深挖的方式打造自己的深度整合产品，这些产品目前大多还只是单条新闻集合式的专题或专栏，而且推出深度整合内容的新闻客户端数量不多，但这些深度内容在推出后，取得了很高的关注度。例如，新浪的"精读"栏目，针对事件做内容的精编，将不同的阅读元素（如与事件相关的文字、图片、音视频、网址列表、网友评论、媒体和专家解读等）在一个页面集中体现。和讯财经之所以在财经类客户端有突出表现，是因为其注重挖掘财经新闻表面下所隐藏的深层次的经济现象，针对搜集到的海量数据，运用统计学原理建立相应的数学模型，经过分析后形成市场价值判断。这些深度内容取得的良好关注度预示着，接下来手机新闻客户端的内容或将回归严肃的深度阅读时代，通过内容组织方式、产品交互形式等，给用户提供一种"沉浸式"① 深度阅读体验，或将是未来手机新闻客户端升级发展的核心方向。

（二）基于大数据的智能服务平台

趋于成熟的手机新闻客户端，其用户量和活跃度均已达到一定规模，而其用户在很大程度上是被免费的新闻资讯服务吸引的，这些新闻资讯服务由于大数据的应用而有了个性化特点，这也是大数据目前在新闻客户端的主要应用——基于一定的算法，提供个性化的信息服务。然而，现实的发展证明，靠新闻资讯服务未能实现很好的盈利，手机新闻客户端仅靠提供新闻服务来发展的路子行不通，于是，平台化成为目前的发展共识。

目前，在平台化发展思路的指导下，手机新闻客户端的运营模式日渐清晰，形成了各自的特色，各大客户端正在向集信息、消费、服务于一体的综合性平台转型。这些平台的用户中有个人、企业、政府等，面对如此复杂多样的用户需求，唯有借助大数据，才可能实现精准匹配。因此，未来大数据将在手机新闻客户端大有可为，通过与大数据的深度结合，打造基于大数据的智能服务平台。在这种平台上，信息智能匹配服务将作为基础的免费服务，重点推进的会是精准广告服务、电子商务服务、舆情服务等，这些服务也将成为客户端的盈利点所在。

（三）跨屏幕配合的可穿戴阅读

可穿戴技术近年来发展迅速。速途研究院发布的《2015 上半年可穿戴设备报告》显示，2015 年中国可穿戴智能设备出货量将达到 4250 万台。

---

① "沉浸"是指让人专注在当前的目标（由设计者营造）情境下感到愉悦和满足，而忘记真实世界的情境。手机新闻客户端用户的"沉浸式"深度阅读体验，则是指通过内容、界面和交互等的设计，使用户专注于正在阅读的内容，减少其他因素对用户的干扰。

易观智库发布的《中国智能可穿戴设备市场专题研究报告 2015》指出，2015 年中国智能可穿戴设备市场规模将会达到 135.6 亿人民币，2016 年，预计市场规模会增到 228 亿。这些更加便捷、移动化的设备逐渐在人们生活中占据重要地位，不少新闻供应商已经开始投资研发这些设备，开发出一些新的应用程序，以支持用户在智能手表或智能眼镜上阅读新闻资讯。

目前腾讯已顺势开发出了自己的智能手表终端——inWatch T，腾讯新闻、搜狐新闻等已经有适配于 Apple Watch 的客户端版本，安卓穿戴设备平台已经允许"360 新闻"向智能手表用户推送消息。

在向可穿戴设备进军的过程中，手机新闻客户端也正在通过技术手段，打通用户使用的各类设备，实现信息的跨屏阅读。腾讯新闻已经在这方面做了大胆创新，当用户在 Apple Watch 版的腾讯新闻深度按压时，屏幕会弹出"手机阅读"，与此同时，用户的手机客户端会出现"来自 Apple Watch 的新闻"，各类可穿戴设备的配合阅读，或将成为未来的新趋势。

2014 年以来，手机新闻客户端的发展逐渐走向成熟，作为向移动互联网转型的产品类型确立了自己的绝对地位，就目前的发展势头来看，未来一段时间内，手机新闻客户端仍然会是占重要地位的新闻产品，但也不能就此认定手机新闻客户端能够在长时间内保持住其在移动端的地位，随着网络和新媒体技术的进一步升级，尤其是移动终端设备的更替，移动新闻产品必将发展出更多新鲜、有趣和好用的形态。

大视频环境下传统广电内容生产的转向

于　炟①

内容摘要　在网络视频、移动互联网视频、IPTV、互联网电视等新媒体冲击下，传统广电受到前所未有的挑战。本文以广电媒体的核心资源——内容作为研究主题，探讨在大视频环境下广电的内容生产，全文从三个层面展开：首先分析大视频环境下泛渠道、泛内容、多终端和社会化对传统广电的挑战；继而探讨广电内容生产从传统向全媒体的转向，即通过内容生产从单一到融合、从单向到互动、从封闭到开放的转变，实现全媒体生产多信源采集、共平台生产、多终端发布的转向；最后讨论实现内容生产转变的系统保障。

关键词　大视频　内容生产　新媒体

互联网技术以其无往弗界的力量正在快速消解着几个世纪以来大众传播所拓展覆盖的所有疆域。21世纪以来，伴随着世界范围信息传播技术的日益创新、网络基础设施的互联互通、新媒体业务的加速融合和市场的快速交叉，我国视听新媒体②的发展日新月异，网络视频③、移动互联网视频④、IPTV⑤、互联网电视⑥等新媒体与传统电视构成大视频的传播格局。一方

---

① 于炟，清华大学新闻传播学博士，北京电视台新闻专业主任编辑。

② 本文讨论的新媒体是指基于互联网的各种视听业务形态，包括网络视频、移动互联网视频、IPTV、互联网电视。

③ 指采用 IP 协议，通过互联网传输的以 PC 为终端的视频业务。

④ 指利用移动通信网、移动互联网传送，通过手机等手持终端观看的电视服务。

⑤ IPTV 是指基于互联网 IP 传输协议，利用宽带网络传输，并以网络机顶盒加电视机为接收终端，向用户提供视频直播、点播及增值服务，具有回看、时移等交互式功能的新媒体业务形态，是现阶段典型的三网融合业务。

⑥ 互联网电视，即 OTT—TV，指通过公共互联网面向电视传输的 IP 视频和互联网应用融合的服务，接收终端为互联网电视一体机或机顶盒＋电视机。

面，视听新媒体业务的用户规模、经营规模以及产业规模迅速扩大；另一
方面，基于互联网技术的新媒体正在成为主流媒体的组成部分，在舆论导
向上占据了越来越多的话语权。在大视频媒介环境中，传统广电受到的挤
压日益强烈而明显。

一　大视频环境下的泛渠道、泛内容、多终端、社会化

视听新媒体对传统广电的挑战是全方位的，不仅涉及广电的内容、渠
道和终端的整个产业链，而且引发了传播模式的革命。在新媒介环境下泛
渠道、泛内容、多终端和社会化的传播中，一场没有硝烟的战争正在上
演，并愈演愈烈。

（一）泛渠道

基于互联网 IP 瓦解了传统广电渠道垄断。

就在世界范围内有线电视蓬勃发展的 20 世纪 80 年代，互联网技术的
两次革命性飞跃[①]——TCP/IP 协议确立和万维网及超链接发明使得互联网
及应用以惊人的速度普及开来并成为"第四媒体"。1994 年中国开始接入
国际互联网，随后进入互联网商用服务，并逐步形成了多元化、多层次网
络媒体格局[②]。进入 21 世纪，在国家信息化建设特别是"三网融合"政策
的推动下，电信网、广播电视网、互联网等基础设施不断升级，它主要体
现在宽带化和 IP 化两个层面。首先是传输网络向宽带化演进，无论是高速
光纤传输网络，还是用户接入网的宽带化，都在"宽带中国战略"中加速
演进。同时无线局域网（WiFi）普及以及无线城域网（WiMAX）技术推
广，促进了无线宽带接入网的建设。其次是随着 IP 技术成为网络核心技
术，业务承载网络和传输网络向 IP 化演进。同样值得关注的是，移动通信
网络向下一代演进，2009 年三大运营商获得 3G 牌照，3G 业务迅速展开，
2013 年 12 月中国移动正式推出 4G 商用服务，杭州 TD—LTE 实测网速下
载速度最高可超过 100Mbps[③]，2014 年预计建成 4G 基站 50 万个，销售

①　1983 年，TCP/IP 协议作为互联网标准协议，实现了网络技术语言统一；1989 年万维网
超文本链接和之后以图形化操作界面示人的 WWW 浏览器使得互联网从技术变成了一种传播媒介，
并得到迅速而广泛运用。
②　彭兰：《中国网络媒体的第一个十年》，清华大学出版社 2005 年版，第 156 页。
③　国家新闻出版广电总局发展研究中心：《视听新媒体蓝皮书：中国视听新媒体发展报告
(2013)》，社会科学文献出版社 2013 年版，第 238 页。

4G 终端 1 亿个，4G 将使得视听内容传输瓶颈迎刃而解。随着 4G 传输速度提升和资费下降，中国将迎来移动互联网视频的高速发展。

网络基础设施加速升级，视听新媒体业务迅猛发展。CNNIC 的数据显示，中国网络视频用户规模 2013 年 6 月达到 3.89 亿，网络视频成为互联网第一大应用服务；2014 年 6 月网络视频用户 4.39 亿，网络视频用户使用率为 69.4%，其中手机视频用户规模快速上升，达到 2.94 亿，与 2013 年底相比增长了 4709 万人，增长率为 19.1%，网络视频用户继续向移动端转移。另据工信部的数据，2013 年中国 IPTV 用户规模达到 2300 万；互联网电视（OTT—TV）更是呈现跑马圈地的乱象，据高盛公司对中国互联网电视市场预测，2015 年互联网电视机保有量将达到 1.5 亿台。

总之，传输的泛渠道打破了传统有线电视的传输垄断，实现了泛在化的传播。

（二）泛内容

大视频环境下内容生产主体和内容集成主体的多元化动摇了传统广电内容的垄断优势。

首先，是内容生产主体多元化。在制作机构层面，除了原有的专业影视制作公司以外，商业视频网站、非广电类的新闻媒体和电信运营商进入了内容生产领域，其自制节目所占份额和影响与日俱增。近年来，主要商业视频网站生产的综艺和娱乐节目、网络剧、微电影等自制节目数量不断增多。根据对优土、搜狐视频、爱奇艺、腾讯视频、乐视等 9 家主要视屏网站的统计，截止到 2012 年底，综艺娱乐类自制节目多达 200 余档[1]，其中，《向上吧，少年》《晓说》《我是传奇》《土豆最音乐》《健康相对论》《美食美课》《微播江湖》等产生了很大影响。另一方面，自制节目本身也呈现出差异化的竞争态势，比如腾讯视频主打体育类内容，搜狐视频突出大众娱乐和纪录片，优酷侧重主流励志，土豆强调时尚个性[2]。2012 年 7 月，总局出台的鼓励网络剧、微电影生产的"53 号"文件，进一步促进了视频网站自制剧的生产。在多元化内容格局中，非广电

---

① 国家新闻出版广电总局发展研究中心：《视听新媒体蓝皮书：中国视听新媒体发展报告（2013）》，社会科学文献出版社 2013 年版，第 30 页。

② 同上书，第 39 页。

类的新闻媒体也在分食蛋糕，体制内的新闻媒体纷纷成立视频制作部门，例如新华社新华电视（CNC）、人民网人民电视、中国国际广播电台（CIBN）电视中心等。此外，在三网融合推动下，电信运营商也开始涉入内容制作领域。随着媒介融合的深入，这些多元主体制作的节目正越来越多地反哺到传统广电媒体中，2012 年搜狐视频与湖南广电联合制作《向上吧，少年》，2013 年爱奇艺与河南卫视联合制作的《汉字英雄》都实现了网络和电视台的同步播出，优土出品的脱口秀节目《晓说》也同时在电视台和广播电台播出。除了栏目，自制剧也开始反哺电视台，优土和爱奇艺生产的自制剧分别进入了省级电视台的采购订单。2014 年，视频网站自制剧将达到 1400 集。

除了机构生产的内容外，个人生产的内容也是内容主体多元化的重要来源。用户生产的内容（UGC），从网络视频诞生起就成为重要的内容来源，特别是在重大事件发生时，自媒体 UGC 往往是首发消息来源，比如温州动车事故，央视新址大火等事件的报道。近年来，UGC 出现了品牌化趋势，注重内容原创和质量、价值的提升，如搜狐视频将 UGC 内容进行栏目规划，并以主体化的方式展现；PPS 的 UGC 主推娱乐化内容，并投入 1.5 亿元建立广告分成模式[①]。

自媒体视频成为新的进入者。近年来传媒及相关专业背景的人士，开办自媒体视频栏目的现象颇受关注，例如，原央视罗振宇辞职创办网络周播脱口秀"逻辑思维"，自 2012 年 10 月开播以来，网络播放量已经超过 4000 万次，微信公众号订阅量 70 万，并建立了会员制商业模式。这些视频自媒体释放的能量和引领的趋势不容小视。

不论机构还是个人，内容生产主体的多元化正在瓦解传统媒体的内容垄断。

其次，内容集成发布主体多元化。随着视听新媒体向产业链上下游的渗透，内容集成发布平台日趋多元化，打破了传统广电内容集成发布的垄断。民营视频网站和互联网企业通过版权购买、获取和节目自制构建了内容平台，优土、腾讯视频、搜狐视频、爱奇艺等均已成为综合内容集成平台。视频网站大规模引进购买国内外内容版权，具有传统广电无法比拟的

---

① 国家新闻出版广电总局发展研究中心：《视听新媒体蓝皮书：中国视听新媒体发展报告（2013）》，社会科学文献出版社 2013 年版，第 31 页。

优势。2012 年优酷网内容成本高达 7.371 亿元人民币，占综合净收入的 41%①，乐视网通过版权引进已积累 10 万小时的影视长视频，优土、搜狐视频等 12 家主要商业视频网站共有电影 5.5 万部，电视剧 40 万集，动画片 1.5 万部，综艺节目 6000 多集②。

目前以传统广播影视为主体生产的节目仍然是内容的主要来源，但无论是在从内容生产还是集成发布方面，前者的一元垄断已经被打破。从数量上看，尽管广电多年积累了海量内容，但其所沉淀内容的价值参差不齐，又由于内容没有转化为产业，成长性受到局限。如果说传统广电具有内容优势，那么也是一种有限的优势。

（三）多终端

商业视频网站依托综合的在线内容平台，向移动端、电视端大举扩张，通过一云多屏进行多终端布局，全媒体、多终端的传播稀释了传统广电的传播力。近年来，主要商业视频网站，如优土、搜狐视频、爱奇艺、乐视都在进行全媒体平台布局，通过手机客户端、OTT—TV（机顶盒、一体机）等向移动端、电视端拓展。

互联网企业的"电视梦"虽远没有在移动端布局那样势在必得，但 OTT—TV 无疑给其提供了占领客厅电视的契机。在铺天盖地的各色互联网电视播放器、机顶盒中，乐视网的乐视盒子和乐视互联网电视一体机，爱奇艺的木星盒子，PPTV 的 PPbox 等获得互联网电视集成牌照许可。马云和史玉柱合股成立的阿里云溪投资 65 亿入股华数互联网电视 25%，推出天猫魔盒，也在布局 OTT—TV。随着 BAT 三巨头为代表的互联网力量强力介入 OTT 业务，政策上的取舍和进退似乎成为这场客厅之争的关键因素。

近几年的智能电视接口普遍可以将广播数字信号、宽带、USB 棒装置等接入电视机，电视机正在变成一个显示屏，成为公共互联网的一个重要出口。当带宽足以使高清视频节目内容在互联网中稳定播放的时候，广播电视的优势将不再独具。总之，互联网电视丰富多样的内容，收视的个性和自主选择以及互联和分享的应用对传统广电无疑是一个巨大的

---

① 国家新闻出版广电总局发展研究中心：《视听新媒体蓝皮书：中国视听新媒体发展报告（2013）》，社会科学文献出版社 2013 年版，第 103 页。

② 同上书，第 102 页。

挑战。

（四）社会化①

互联网作为传播媒介颠覆了传统媒体单向的广播式的传播模式，削弱了传统媒体对信息的集中控制模式，一场社会化传播的革命方兴未艾。

传统的大众传播主要是垄断信源、自上而下、单向的信息流动，是点对面的传播，传者和受众位于传播的两极，仅仅通过信息连接而不能直接互动。互联网的出现彻底颠覆了传统的传播模式。一方面从底层结构上，互联网"分布式"网络结构形成了一张由许多网点连接而成的网络，每个网点都有多种途径通向相邻点；另一方面，超链接技术使得信息之间不再是线性、一元的传播，而是网状的多元的彼此联通。互联网技术造就了网络传播的去中心化、开放性、多元的互联互通，改变了传统大众传播信息单向流动，改变了传播者与受众、受众与受众间以往的有限关联而出生发出更为丰富的互动关系。

随着网络媒体从 Web1.0 进入 Web2.0 时代，网络媒体经过网络化、社会化，正在经历即时化时期②。即时化是指大规模同时在线的网民实时互动，即所有人对所有人的实时互动。各种"表哥"、房姐、腐败不雅视频经微博传播、迅速发酵而受到快速处理的"秒杀事件"，体现了新媒体平台上即时社会化传播的特点。

如果说以社会化媒体、社会化传播为核心特征的 Web2.0 时代削弱了传统媒体的内容生产垄断，那么以即时媒体的即时化传播为核心特征的即时网络时代则消解了传统媒体内容传播垄断。从信息控制权来说，互联网使得传统媒体信息集中控制被逐步分散降解了。

综上所述，大视频环境下的泛渠道、泛内容、多终端、社会化传播特征，使得传统广电广告严重流失，受众规模化地向新媒体转移。在美国，已经有 500 万个家庭不再收看传统的有线电视或卫星电视，这些家庭被称为"零电视家庭"。在中国，有数据显示，视频用户收看视频网站的日均时长已经达到了 1.8 小时，超过电视的 1.68 小时；收看视频网站周平均频次 5.53 次，超过电视的 5.4 次；从产业角度统计，新媒体产业的收入增速

---

① 亦称社交化。

② 方兴东：《微博时代的传播机制变革与网络治理模式》，载于熊澄宇、金兼斌编《新媒体研究前沿》，清华大学出版社 2012 年版。

高于传统广播电视媒体，有人预计，到 2016 年，互联网广告收入将超过广播电视的广告收入[①]。

二　大视频环境下广电内容生产转向：从单一到融合、从单向到互动、从封闭到开放

当信息生产发布、信息传输渠道和信息接收终端都难以控制时，全媒体内容生产正在成为传统广电应对大视频环境的内容战略。广电全媒体内容生产是相对传统内容生产而言的，全媒体生产就是改变传统的单一内容采集、分散制作加工、单渠道发布的生产过程，实现多信源采集、共平台生产、多终端发布的转变。相对于传统的内容生产，全媒体内容生产有三个层面的改变：即从单一到融合、从单向到互动、从封闭到开放。

（一）从单一到融合

过去，传统广电面向单一的电视播出，其内容生产是一次性的，主要用于满足电视的播出需要。近年来，随着传统广电新媒体平台的建立，成品节目开始复用和再利用到各自的新媒体平台。但将传统广电节目平移到新媒体平台的这种简单的"1＋1"并不是全媒体生产，而实现创意、制作、播出整个流程的全媒体融合才是关键所在。

在节目创意阶段，应基于跨平台创作的思维，树立大视频观，对制作前、制作中、播出后的所有资源进行综合设计，形成针对不同播出平台、不同的受众群体的节目系，实现电视直播流、IP 网络点播、手机互动等的立体化综合创意思路。以《中国好声音》为例，节目在创意之初形成了以电视播出为主体、网络点播和衍生产品为两翼的协同设计。在电视上《中国好声音》每周在浙江卫视直播，同时依托"好声音"的强收视还研发了《K 歌之王》；在网络上节目组将此前大量的海选和前期工作制作成了《冲刺好声音》网络节目，为《中国好声音》聚集了大量的人气。在内容制作阶段，打破电视内容与新媒体内容各自为政的生产方式，面向多种来源进行信息采集，不仅通过摄像机，而且利用手机等移动智能终端及互联网的图文、音视频多媒体资源；不仅依靠专业记者，也重视 UGC 的内容，依托同一个内容库，面向多终端、多平台进行信息加工。

---

① 汪文斌：《网台融合创新发展》，中广互联网（http://www.sarft.net/a/124309.aspx），2014 年 12 月 16 日查阅。

全媒体节目生产的基础是改变分散分割、各自为战的制作模式而向生产聚合转型，依托同一个内容生产平台，生产适合不同媒体平台的内容，向不同终端发布。

（二）从单向到互动

在传统广电的广播模式下，形成了点对面的单向传播模式，互联网的"分布式"网络结构则决定了其互动社交化传播的特性，彻底颠覆了广电的单向模式。新媒体的技术进步使得互动正在成长为用户的重要需求。在新媒体时代，视频用户已经从单向的信息接受者向互动的内容生产参与者的角色转型。基于这种变化，就需要改变过去单向制作的内容生产模式。

移动互联网的跨屏关联是突破电视单向传播，实现实时互动的钥匙。通过手机、PAD等终端，运用语音识别、机顶盒适配等技术，手机可以识别大屏幕的节目流，这时手机就变成了社交电视的客户端，成为电视与观众互动的媒介。

当跨屏互动成为趋势时，传统广电需要在内容创作和生产时改变过去的线性思维逻辑，考虑与观众和用户之间的互动。互动可以分为三个层面，一是收视层面的个性收看；二是使用层面，如推送、收藏、投票、打分、答题等以及朋友、圈子之间的分享、讨论；三是广告内容的支付、购买等。

收视层面的个性收视，指的是在画面呈现和内容上提供多种选择。在画面呈现上提供给观众线性叙述之外的多景别、多机位、多角度的选择，如足球比赛直播，对于进球时刻进行仰视、俯视、平视等角度进行编辑，对明星球员进行专机位拍摄并剪辑；在内容上，对虚构类的节目可以提供不同版本的线性叙述，对于在有限节目时长内无法容纳的信息进行编辑，供观众进行附加选择收视，比如交友节目中，附加编辑嘉宾们更多的个人信息，如个人照片、资料等。使用层面的互动，可以是将重要信息推送到观众的手机屏，比如养生节目中的方剂、方法、治疗手法等，烹饪节目中的菜谱、生活服务窍门等，观众可以就信息进行收藏，也可以是观众间社交分享和交流讨论等，选秀节目的观众还可以通过手机跨屏投票，竞赛类节目的观众可以通过手机跨屏答题。广告内容的支付、购买是针对节目中预先植入的广告物品、服务等设计的，观众可以通过手机跨屏实现支付和购买。苏宁入股PPS，就是看好移动互联网客户端的支付和购买。

跨屏互动突破了技术瓶颈，助力传统广电内容生产从单一向互动的转变，这一转变对于广电媒体无异于一次浴火重生。

（三）从封闭到开放

在过去由传统媒体主导的新闻传播活动中，职业新闻工作者是新闻采集、编排和发布的主体，他们的工作任务与专业技能构成了新闻业务的主要内容。社会化媒体的出现，使原本由记者编辑承担的一些专业性的工作迅速转移到了社会化媒体的用户身上，在自媒体、社会化媒体参与的传播活动中，信源、传播者、媒体、受众之间的关系变化正在改变传播的性质和形态，内容生产既是职业化的工作，同时也可以是全民参与的活动。在外延和内涵都发生了变化的传播中，专业内容生产者不再是新闻传播活动中唯一的主体。这就要求传统媒体内容生产从封闭转向开放。

开放的内容生产是指将公众参与纳入到专业化的内容生产中，形成专业新闻报道与公民参与的融合机制与互补效应。"众包"（crowdsourcing）是实现内容开放的一种路径，它是互联网带来的新的生产组织形式，是指一个公司或机构把过去由员工执行的工作任务，以自由自愿的形式外包给非特定的大众网络的做法①。目前，众包模式已经成为传统媒体和网络媒体内容生产的组成部分。在赫赫有名的网络媒体《赫芬顿邮报》（http：//www.huffingtonpost.com/）的信息采集系统中，由 12000 名公民记者提供的参与式新闻是其内容的重要来源。借用"众包"模式，该报在 2007 年启动"Off The Bus"的公民新闻项目，在重大事件（如大选、金融危机、飓风等）发生时，开放选题，招募志愿者共同参与新闻采写。对于重大事件的报道，这种开放的"分布式"新闻报道方式具有专业记者难以取代的功效。

数据新闻为实践"开放新闻"的理念提供了另一种可能。数据新闻是基于可以公开获取的海量数据挖掘、提炼和产出新闻，从数据中发现故事，编制出对公众有意义和有价值的报道。随着数据分析和可视化技术门槛的降低，公众有时也可以根据自己对数据的理解，作出自己的分析和新闻表达。英国《卫报》数据新闻的特色之一，就是将制作新闻所使用的数据完全公开，所有原始数据均可以免费下载，供公众用来作进一步分析。这种设计充分调用了数据新闻的可互动性，使其可以被不同的用户加以个

---

① 百度百科众包词条解释（http：//baike.baidu.com/link？url＝ifX-hfbxlt02tVxO8Ell shY YoTUE02EsXlSqU_WeKeltItXLycajWJ3_VDReJaSs），2015 年 6 月 6 日查阅。

人化，而个人化后的数据新闻又可以再度社会化，进一步扩大此种新闻产品的传播和应用范围。总之，在新媒介环境下，将公众参与纳入专业化的内容生产体系，实现从封闭到开放的转向，即是传统媒体内容生产面临的发展机遇，也是一种超越自我的挑战。

总之，传统广电只有实现了从单一、单向、封闭转向融合、互动、开放的全媒体生产转向，才能在大视频的挑战下迎头赶上，获得新的生机。

三　大视频环境下广电内容生产的系统保障

内容生产的融合、互动、开放是大视频环境下广电内容生产方式的革命，因此支持原有单一内容采集、分散制作加工、单渠道发布的流程和机制也必须进行变革，以适应全媒体跨平台内容生产的需要，这就需要技术系统和组织系统的融合作为支持和保障。

（一）技术系统融合

大众传媒的历史演进是媒介技术进步驱动的。传媒发展是内容、技术的双轮驱动，内容必须由技术作为支撑。英国广播公司（BBC）在新媒体环境下的全媒体改革，就是依托技术创新完成的，BBC战略发展总监 John Tate 认为"如果说内容为王，技术就是王冠上那颗宝石"。

目前广电系统内部传统电视和新媒体大都各自为政，而广播模式下的媒介资源、生产、播出是一个单向封闭的系统，无法适应多信源、跨平台、多终端的全媒体生产、播出要求，因此需要建立融合的生产系统来支撑全媒体时代的内容生产。如果说传统电视与新媒体融合的核心是实现内容生产转型，那么从技术上构建一个融合的内容生产系统则是转型的前提。

融合的生产系统包括两个层面。第一个层面是媒介资源系统融合。媒介资源是基础的内容资源库，库中储存了广电几十年播出的节目和素材，打通底层资源库，实现传统广电媒介资源和新媒体媒介资源共享是建立融合生产系统的第一步。凤凰集团就通过其内容平台"章鱼"，实现了内容在凤凰卫视和网站的共享。第二个层面是生产制作系统的融合，建立统一的内容生产服务平台，实现共平台生产。内容生产服务平台是一个在云基础支撑平台之上，涵盖内容汇聚、内容加工生产、节目综合管理和分布下发的全套流程的一体化平台，是融合生产系统的核心，北京电视台新媒体中心正在建设的"内容生产服务平台"具备融合生产系统的特征：一是全汇聚，具备全方位的信息收集汇聚能力，对于各种信号、格式（比如来源于电视、广播、网络、手机的素材），无论内网还是公网，均提供入口，并将其汇聚到内容资源池中，使其成为生产素材。二是全媒体，具备对图文、视频、音频等全媒体内容及多格式内容的加工和管理。三是全发布，将加工完成的内容转换成适配的格式推送、发布到各个业务平台，并在不同终端播出，包括 IPTV、网站、手机、PAD。四是"云"生产，满足广域网、局域网内容的快速编辑发布，支持网络移动生产、编辑。

总之，一个由共享的媒介资源库和联通的制作平台构成的共平台生产是实现全媒体内容生产的基础支撑。

（二）组织系统融合

在传统广电单一内容采集、封闭式生产、单一渠道传播的线性模式下，形成了各频道、部门条块分割的管理结构，每一个生产部门有单独的管理体系，部门之间缺少沟通。由于没有融合机制，新媒体和传统媒体融合的门槛很高。

当互动、开放的生产传播模式成为全媒体时代的主导时，需要构架融合的组织系统来实现全媒体的内容生产。

BBC 的改革经验清楚地证明了组织系统融合的巨大意义。在 2007 年之前的十年里，除了局部产品的亮点外，BBC 新媒体转型少有成果，其分散、拆分的组织系统是造成失败的主要因素[①]。2008 年，BBC 开始进行生产系统的改革，首先是确定了按照产品而不是内容或媒介形态作为生产单位，之后据此标准确定了新闻、体育、学习、青少年、广播、网站等 10 大产品，并且按照产品进行团队重组。每一个产品团队都得到了足够的授权和足够的预算，负责跨平台的内容生产，负责包括电视、网站、平板电脑、手机终端的全媒体的内容规划生产和内容输出，通过一个团队的内容生产实现对多个平台输出。

原先的 BBC 广播新闻、网络新闻和电视新闻这三大部门不复存在，通过整合电视、广播、网络这三个核心业务部门，推出多媒体新闻部和多媒体节目部。过去单个业务部门的总编辑改为每日轮班的方式坐在"全媒体总编"的位置上，其他所有记者编辑以其为中心，合并在一个大厅里集中工作。各频道、部门也相继开始按生产要素进行重组。例如，原 BBC1 台的几档王牌新闻播报节目《一点新闻》《六点新闻》及《十点新闻》和 24

---

① BBC 讲座内部打录稿。

小时新闻频道共享一个制作班底。

BBC 最近 5 年的改革卓有成效，一家有着 90 年广电传统的媒体成功转化为一家新媒体时代的媒体集团，为其实现"全媒体战略"迈出了关键的一步。BBC 创立的跨平台的生产中心模式，不仅为其所津津乐道，同时也为其他传统媒体所效仿。从 BBC 传统媒体与新媒体融合的经验来看，只有自上而下的整体转型，才能推动这一改革，而顶层设计是这一战略成败的关键。

结 语

在泛渠道、泛内容、多终端、社会化传播的大视频环境下，传统广电单一内容采集、封闭生产制作、单渠道发布的单向生产传播模式必须改变，内容生产从单一到融合、从单向到互动、从封闭到开放的变革，是实现多信源采集、共平台生产、多终端发布的全媒体生产传播模式的路径选择。实现内容生产向融合、互动、开放的转向必须依靠技术系统融合组织系统融合作为支撑，唯此广电全媒体内容生产体系的建构才能最终得以有效实现。

关于"有线数字电视机顶盒"用户的"使用与满足"调查研究

段　鹏①

内容摘要　有线数字电视机顶盒作为国家信息化建设的重要一环，具有广阔的发展空间。但同时日趋白热化的市场竞争使得"用户为中心"成为市场竞争的主要特征。本文的调研从"以用户需求为导向"的市场思维出发，通过问卷调查，针对有线数字电视机顶盒用户的使用行为、认知度和满意度、需求程度以及付费意愿等进行了实证考察和分析，并对广电有线数字业务的优势和不足以及在未来可以有效改进的若干方面进行了探讨，旨在为广电行业数字业务的科学发展提供有价值的建议和参考。

关键词　有线数字电视机顶盒　用户分析　使用与满足　问卷调查

一　调研背景

（一）政策背景

1. 国家信息化发展战略

《2006—2020年国家信息化发展战略》明确指出，信息化是当今世界发展的大趋势，是推动经济社会变革的重要力量。大力推进信息化，是覆盖我国现代化建设全局的战略举措，是贯彻落实科学发展观、全面建设小康社会、构建社会主义和谐社会和建设创新型国家的迫切需要和必然选择。

信息化旨在充分利用信息技术，开发利用信息资源，促进信息交流和知识共享，提高经济增长质量，推动经济社会发展转型的历史进程。经过

---

① 段鹏，中国传媒大学文科科研处处长、教授，博士生导师。

多年的发展，我国信息化发展已具备了一定基础，进入了全方位、多层次推进的新阶段。抓住机遇、迎接挑战、转变经济增长方式、更新发展理念、破解发展难题、创新发展模式、大力推进信息化发展，已成为我国经济社会发展新阶段重要而紧迫的战略任务。我国信息化发展的战略目标是：到 2020 年，综合信息基础设施基本普及，信息技术自主创新能力显著增强，信息产业结构全面优化，国家信息安全保障水平大幅提高，国民经济和社会信息化取得明显成效，新型工业化发展模式初步确立，国家信息化发展的制度环境和政策体系基本完善，国民信息技术应用能力显著提高，为迈向信息社会奠定坚实基础[①]。

广播电视行业作为国家信息化战略的重要一环，肩负着重大的改革创新责任。有线数字电视机顶盒作为广电行业数字化、信息化的重要突破口，在"国家信息化战略"的大背景下具有广阔的发展空间。

2. "三网融合"发展战略

三网融合是一个多层次的概念，包括技术融合、市场融合、业务融合、产业融合、政策融合和监管融合等方面。就一般意义来说，三网融合是指电信网、广播电视网和互联网的融合。三网融合并非三种网络的合并，而是发挥不同网络的优势，使用户能够通过任意一种物理网络获得所需要的信息服务。它的出现源于网络技术、数字技术和计算机技术的进步和产业融合，其影响与意义早已超越技术的范畴，涉及政治、经济、文化乃至国家安全与竞争力塑造等多个层面，成为信息社会建设的重要内容。无论是在美国、英国、日本等发达国家，还是在中国、印度、巴西等发展中国家，"三网融合"均被纳入国家级的发展战略规划之中。

具体来看，三网融合的出现引发了有线电视行业基础技术、业务形态、市场结构、产业形态和生存方式的全面变革，从而推动着有线电视企业组织结构、市场发展策略以及行业制度与政策的不断调整。

许多西方发达国家在 21 世纪初，已经基本实现了三网融合。中国三网融合几乎与国际同步发轫，近年来在国家强力推进下，呈爆炸发展之势。在中国的三网融合进程中，电信网和互联网先行高速发展，从体制、技术、网络、市场、用户、规模等各个方面都基本具备了融合的条件。广电网则因为体制不统一、技术缺标准、网络分散、市场分化、规模不

---

① 　中共中央办公厅：《2006—2020 年国家信息化发展战略》，新华社，2009 年 9 月 24 日刊。

足等原因缓慢前行，成为中国三网融合的短板，严重制约和迟滞了三网融合进程。

从长期来看，三网融合并不是终极目标，而是信息化转型和信息社会建设的中间步骤。广电网，特别是有线电视网，作为三网融合的核心构成，其转型路径和发展状态对国家三网融合的实施进程乃至成败有着至关重要的影响。我国有线电视行业在市场化、产业化发展尚不充分的状态下，被置于三网融合这一重大决策的核心位置。这要求有线电视行业和相关企业在短时间内既要快速实现数字化转换、双向化改造，不断提升有线网络安全保障水平，又要加快公司化和市场化经营，提升有线网络的规模化、集约化、产业化经营水平，还要实现节目内容和服务业态的不断创新和丰富。在全球步入信息时代的大背景下，中国有线电视能否回应变化、顺应发展，不仅关系有线电视行业能否实现持续发展，更直接决定着中国三网融合的进度、程度和质量，进而在更高层面上影响到国家信息化的发展进程和经济社会现代化的实现程度。因此，三网融合背景下中国有线电视的转型与发展也就更具紧迫性和战略意义，而有线数字电视机顶盒作为广电行业在三网融合进程中转型和发展的核心产品和重要发力点，具有重要的战略价值和意义。

3. "宽带中国"战略

宽带网络是新时期我国经济社会发展的战略性公共基础设施，发展宽带网络对拉动有效投资和促进信息消费、推进发展方式转变和小康社会建设具有重要支撑作用。从全球范围看，宽带网络正推动新一轮信息化发展浪潮，众多国家纷纷将发展宽带网络作为战略部署的优先行动策略，作为抢占新时期国际经济、科技和产业竞争制高点的重要举措。根据《2006—2020 年国家信息化发展战略》《国务院关于大力推进信息化发展和切实保障信息安全的若干意见》（国发〔2012〕23 号）和《"十二五"国家战略性新兴产业发展规划》的总体要求，2013 年 8 月 1 日国务院正式下发《"宽带中国"战略及实施方案》，明确了"宽带中国"战略及具体的实施方案，旨在加强战略引导和系统部署，推动我国宽带基础设施快速健康发展。

"宽带中国"战略发展目标是：到 2015 年，初步建成适应经济社会发展需要的下一代国家信息基础设施。基本实现城市光纤到楼入户、农村宽带进乡入村，固定宽带家庭普及率达到 50%，第三代移动通信及其长期演进技术（3G/LTE）用户普及率达到32.5%，行政村通宽带（有线或无线接入方式，下同）比例达到95%，学校、图书馆、医院等公益机构基本实现宽带接入。城市和农村家庭宽带接入能力基本达到20兆比特每秒（Mbps）和4Mbps，部分发达城市达到100Mbps。宽带应用水平大幅提升，移动互联网广泛渗透。网络与信息安全保障能力明显增强。

到2020年，我国宽带网络基础设施发展水平与发达国家之间的差距将大幅缩小，国民可以充分享受宽带带来的经济增长便利和发展机遇。届时宽带网络将全面覆盖城乡，固定宽带家庭普及率达到70%，3G/LTE用户普及率达到85%，行政村通宽带比例超过98%。城市和农村家庭宽带接入能力分别达到50Mbps和12Mbps，发达城市部分家庭用户可达1吉比特每秒（Gbps）。宽带应用深度融入生产生活，移动互联网全面普及。技术创新和产业竞争力达到国际先进水平，形成较为健全的网络与信息安全保障体系[①]。

"宽带中国"战略的实施将给广电行业带来更大的机遇：带宽问题的解决将为高清数字电视业务的普及、有线数字电视机顶盒业务的拓展和推广提供可靠的网络技术支持。实际上，"宽带中国"战略的受益方不仅限于广电行业，作为其主要竞争对手的电信行业和互联网行业也是最大的受益者，而且由于二者有着丰富的市场运作经验，在更高的技术支持下，甚至拥有比广电更大的发展优势。因此，如何有效抓住机遇，应对更加艰难的竞争考验成为摆在广电行业面前的现实而紧迫的问题，而如何充分发挥广电自身优势，有效巩固和拓展有线数字电视机顶盒市场也就此成为广电赢得竞争优势，实现可持续发展的重大课题。

（二）市场背景

1. 有线数字电视机顶盒的发展趋势分析

（1）机顶盒的高清化、多元化。基于竞争需要，有线数字电视机顶盒高清化将更为迫切，有线高清机顶盒的市场机会将会体现在整转及替换市场上。此外，机顶盒产品形态走向多元化，硬件和应用产品更新换代速度加快，从目前OTT TV机顶盒产品类型的特征来看，已经有了消费电子的雏形：产品形态走向多元化，并且产品更新换代速度相对传统机顶盒而言明显加快；内置WiFi路由器、体感游戏功能、无线路由功能、家庭网

---

① 国发〔2013〕31号文件：《"宽带中国"战略及实施方案》。

关功能都正在或有望被集成进入机顶盒。这些功能的集入将促进家庭内部成员的互联、家庭终端设备的互联、家庭外部成员的互联及家庭外部终端的互联，在彻底改变内容获取方式以及内容本身的同时，引发更多新的变化。

（2）内容和宽带将成为机顶盒承载的最重要价值，也是未来机顶盒发展的最核心因素。对目前各类型机顶盒承载的内容而言，同质化仍然比较明显。随着产业链的融合发展，内容与硬件的对接，产品之间的差异化将越来越明显。基于电视平台的软件应用开发也正呈现多元化发展趋势，将会逐渐渗透到娱乐、学习、社交、消费等各个领域，并促进"电视机＋机顶盒"成为数字家庭中心。①

2. 有线数字电视机顶盒市场现状分析

数字机顶盒市场快速增长，随着国家"三网融合"发展战略的深入推进，电信行业主导的 IPTV 和互联网行业主导的 OTT TV 飞速崛起，利用各自强大的资金实力和对消费市场的敏感，使其用户规模不断迅速扩大，机顶盒新增市场逐渐形成有线、IPTV、OTT TV 机顶盒"三分天下"的局面。

相对于来自于电信和互联网行业的两大主要竞争对手，有线数字电视机顶盒有其自身的优势：一是已有用户规模优势。格兰研究数据显示，截至 2013 年 9 月，中国数字机顶盒用户总量达 2.25 亿户，全民数字机顶盒普及率超过 50％，全民数字化程度达到 51.7％。其中，有线数字电视机顶盒仍占据总体市场七成份额。目前全国有线电视用户已经超过 1.3 亿户，这种已有的用户规模优势是其他竞争对手所无法获取的。② 二是内容制作优势。相比于电信和互联网行业，电视节目制作和分发属于广电行业的老本行，因此在内容制作和选择方面广电行业具有先发优势，如果能够将这一优势保持，就能够使有线数字电视机顶盒在激烈的竞争中取得强大的核心竞争力。三是政策优势。在中国，广电行业在维护国家意识形态安全方面有着重要的政治作用，因此，能够享有更多的国家政策支持。

而有线数字电视机顶盒的劣势主要体现在资金和市场敏感度方面：在资金方面，相比于其他两大竞争对手，广电行业处于绝对的下风；在市场

① 格兰研究：《2013 中国机顶盒白皮书》，2013 年 10 月 18 日发布。
② 格兰研究：《国内机顶盒市场发展浅析》，《电视技术》2013 年第 24 期。

需求的敏感度方面，由于广电行业长期处于国家的垄断保护之下，在应对市场变化的灵活性方面并不占优势。

面对具有丰富市场竞争经验的强大对手，广电行业必须尽快转变思维，熟悉市场，尊重市场，才能在日益激烈的竞争中保全自身，脱颖而出。日益激烈的竞争决定了：在转变思维的过程中，需要始终围绕"用户需求和体验"为中心去改进产品和服务，而这也就构成了此次调查研究的核心出发点。

二　调研目的

此次调研从"以用户需求为导向"的市场思维出发，旨在通过有效的问卷调查实现以下目的：

· 了解有线数字电视机顶盒用户的使用行为；

· 了解用户对有线数字电视机顶盒相关业务的认知度和满意度，从而为有线数字电视机顶盒及相关服务的有效改进提供可靠的用户反馈；

· 了解用户对有线数字电视机顶盒不同增值业务的重要度认知，推断用户对各种业务的需求程度，进而指导有线数字电视智能机顶盒业务的市场推广策略；

· 通过对用户付费意愿的调查，指导增值业务收费策略的制定。

三　调研方法——问卷调查法

调研采用问卷调查法进行相关资料的搜集、整理和分析。整个过程主要分为前期准备、问卷设计及测试、调研实施、调研复核和数据分析报告五个阶段。

其中，调研执行步骤及质量控制的具体手段包括：

第一，项目计划及前期准备阶段：严格制定项目的执行计划及研究方法，确定问卷调查的取样地点为北京、南京、深圳、成都；因为在前期的资料准备阶段，发现这四个城市有线数字电视机顶盒的使用率较高，因此在这四个城市能够对"用户需求"这一问题进行更有效的调查。

第二，问卷设计及测试阶段：根据调查目的及调查对象特点确定相关指标并设计问卷，对答卷中可能涉及的模型进行初步构建，并据此优化问卷。

根据调研对象和目的，此次问卷在设计中重点强调六大主题：受访者的基本信息、有线数字电视机顶盒的使用行为调查、有线数字电视机顶盒的用户认知度、有线数字电视机顶盒的用户满意度、有线数字电视机顶盒的用户需求、用户的付费意愿调查。每个主题下设多个小问题，以选择题（包括单选和多选）、量表问题以及开放性问题等多样化的方式呈现，旨在获得较为客观全面的调查结果。最后，根据问卷填写的逻辑需要对各个问题进行重新排序，对问卷整体结构进行优化。问卷设计完成后，随机选择 20 人进行问卷填写测试，根据测试结果再次优化问卷。这种问卷填写测试前后重复两次，根据测试反馈最终确定用于调查的问卷最优版本。

第三，实施阶段：本次问卷调查共发放问卷 500 份，分别为北京 200 份、深圳 150 份、成都 75 份、南京 75 份。四个地区各派一个负责人，负责当地的问卷发放和回收。鉴于此次调查的目标主要是作为智能机顶盒潜在消费主力的年轻人群，因此，此次调查主要是通过街头拦截的形式，地点多选在商场、高校等年轻人较多的地方。

第四，复核阶段：确定复核的基本内容、方法及比例，对有明显逻辑性错误或填写不合格的问卷予以废除。经过筛选，最终回收有效问卷 375 份，其中北京 147 份、深圳 112 份、成都 52 份、南京 64 份；问卷最终的有效回收率为 75%。

有效回收率分析：首先，由于此次调查设计较为复杂，问卷较长，因此要求受访者填写问卷的时间较长，这就导致了此次调查的"拒访率"较高：根据各地负责人反馈，在调查过程中，受访率只有 15%，即在街头拦截的 100 个人中，只有 15 人愿意填写问卷，这给调查增加了不少难度，但最终 500 份调查问卷全部发放并回收；第二，为保证对目标人群的有效锁定，在回收的问卷中排除了一些"非目标受访者"（主要是对有线数字电视机顶盒没有兴趣的受访者）填写的问卷；第三，在回收的问卷中排除了一些"逻辑错误"的调查问卷。经过认真筛选，最终调查人员在 500 份回收问卷中确定了 375 份符合分析标准的问卷。鉴于问卷本身设计的严谨度和复杂性，以及筛选标准的严格度，此次调查中 75% 的问卷回收率是合适的。

第五，分析总结阶段：将所有经过复核的有效答卷录入计算机；运用统计软件 SPSS 对有效答卷进行数据分析总结。

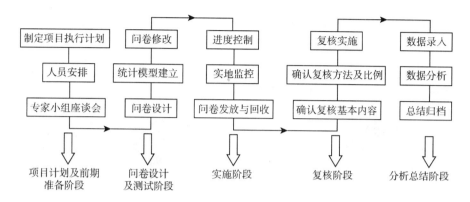

图 1 调研方法的进展流程图

四 调研对象基本特征描述

（一）调查对象性别描述

在此次随机抽样调查中，四个地区受访者中女性比重稍大于男性，但总体上男女性别比例较为均衡。

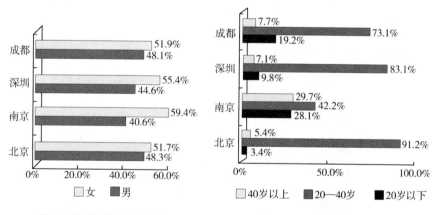

图 2 调查对象性别描述　　**图 3 调查对象年龄描述**

（二）调查对象年龄描述

调查数据显示，20—40 岁年龄段的受访者占据了受访者的绝大多数。考虑到当下有线电视的忠实用户主要集中在 40 岁以上的人群，而 40 岁以下的年轻群体则更倾向于使用互联网，"加速远离电视"的倾向已经显现，因此，能否争取到年轻用户将决定有线数字电视业务未来的发展；此外，年轻人对新事物更为敏感，有潜力成为智能机顶盒的主要用户群体。因此，此次调查在涵盖所有年龄段的同时更倾向于针对 40 岁以下的年轻人群体进行调查。

（三）调查对象月收入描述

月收入在 3000 元以下的受访者在四个地区受访者中占绝大部分，这和受访者以年轻人居多以及一大部分受访者的学生身份有直接关系。

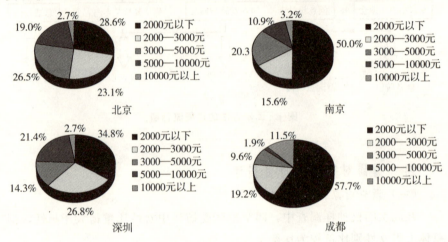

图 4　调查对象月收入描述

（四）调查对象学历描述

研究数据显示，四个地区调查对象的学历程度普遍较高，以大学为主，大学及以上的受访者占七成以上；高中、初中及以下受访者所占比例不足三成。

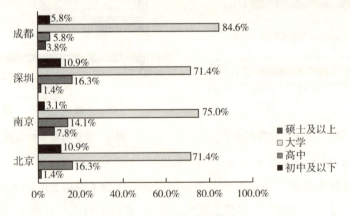

图 5　调查对象学历描述

（五）调查对象职业描述

本研究中被访者的职业分布比较分散，人数分布最多的职业为学生、职员，见表1。

表 1　　　　　　　　　　　调查对象职业描述

	北京	南京	深圳	成都
学生	25.9%	51.6%	34.8%	63.5%
职员	27.2%	7.8%	29.5%	11.5%
工人	3.4%	1.6%	—	3.9%
医生	1.4%	—	10.7%	—
教师	2.0%	7.8%	4.5%	1.9%
自由职业	8.2%	6.3%	11.6%	5.8%
工程师	4.8%	6.3%	2.7%	—
公务员	6.1%	3.1%	1.8%	5.8%
律师	0.7%	—	—	1.9%
私营业主	4.1%	4.7%	6.3%	1.9%
管理人员	7.5%	4.7%	2.7%	1.9%
退休	1.4%	6.3%	1.8%	1.9%
其他	7.5%	—	—	—

（六）调查对象家庭构成描述

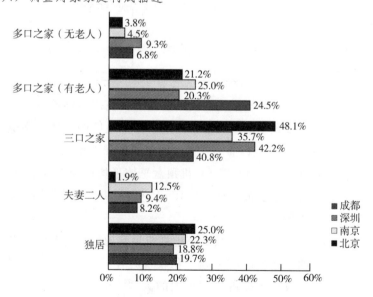

图 6　调查对象家庭构成描述

四个地区受访者的家庭构成所占比例最大的均为三口之家,其次是家中有老人的多口之家。收看电视和上网不一样,前者更多是一种家庭成员共同参与的活动,一般来说,家中有老人或小孩的家庭,使用电视的可能性更大。

以上调查分析显示,本次问卷调查的对象以中低收入、中上等教育水平、中低年龄段的学生、职员为主。

五 调研结果分析

(一)受访者对有线数字电视机顶盒的使用行为分析

1. 超过50%的用户使用率构成了有线数字电视机顶盒在市场竞争中的用户基数优势。

表 2 　　　　　　　受访者家中收看电视节目的终端使用情况

	北京	南京	深圳	成都
有线数字机顶盒	65.3%	54.1%	57.1%	60.7%
互联网(OTT TV)	6.8%	28.4%	15.2%	26.8%
卫星数字机顶盒	17.7%	10.8%	5.4%	5.4%
地面数字机顶盒	8.2%	1.4%	1.8%	—
IPTV 数字机顶盒	3.4%	1.4%	—	5.4%
使用模拟信号	5.4%	4.1%	1.8%	1.8%
使用其他终端	6.1%	—	24.1%	—

从上表中可以看出,当下人们收看电视节目使用的终端设备具有多样化的特征,但以有线数字电视机顶盒为主,四个地区的有线数字电视机顶盒使用比例都在50%以上;而 IPTV 机顶盒缺席深圳市场,在其他三地市场的平均使用率为3.4%;OTT TV 机顶盒总体平均市场占有率为19.3%。由此可见,有线数字电视机顶盒在与 IPTV 和 OTT TV 的市场竞争中拥有明显的用户基数优势。

2. 在现有有线用户中,有线数字电视机顶盒的使用情况较稳定。

由图可知,四个地区的收视频率和收视时长呈现出各自不同的特点:成都、南京地区的收视频率占比重最大的为"一天多次";深圳、北京地区的收视频率占比重最大的为"一天一次",这种不同也许和不同地区的生活节奏有关,北京、深圳的生活节奏较快,因而看电视的频率相对较

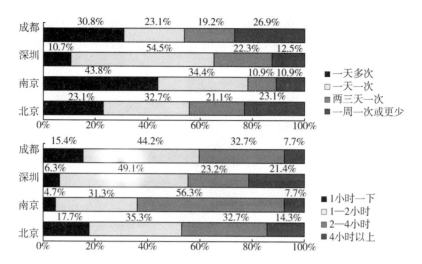

图 7　调查对象使用有线数字电视机顶盒收看电视的频率以及每次收看的时长

低。但综合来看，四个地区的受访者保持每天开机的比率均超过半数。

此外，成都、深圳、北京地区每次收看电视时长在 1—2 小时的受访者所占比重最大，分别占 44.2％、49.1％、35.3％，而南京地区则是每次收看 2—4 小时的人数最多，占比 56.3％。综合来看，四个地区受访者的收视时长均集中分布在 1—2 小时、2—4 小时这两个时段。

在综合收视频率和收视时长方面，四地区中半数以上的受访者每天至少开机一次，且半数以上的收视时长集中在 1—4 小时。由此可见，有线数字电视机顶盒在已有用户中的使用情况比较稳定，也比较理想。

3. 现有有线用户对机顶盒的使用多处于"看电视"层面，而在"用电视"层面使用不足。

调查数据显示，得分较高的机顶盒使用业务集中于"看电视"层面，分别为：综艺类 3.29、电视剧类 3.25、新闻类 3.22、电影频道类 3.07，介于"一般"和"有时使用"之间；"用电视"层面的增值业务得分较低，介于"从不使用"和"很少使用"之间。

这一调查结果说明现有用户对有线数字电视机顶盒的使用仍限于传统有线电视业务，而更具有智能机顶盒特点的增值业务的市场并未被充分开发出来，这也在一定程度上削弱了有线数字电视机顶盒所具有的"用户基础"优势——用户基础优势是源自于有线电视的传统业务，而在"用电视"的智能机顶盒层面，有线数字电视机顶盒并不比 IPTV 和 OTT TV 机顶盒更具优势。因此，在以"用电视"为特点的智能机顶盒市场上，有线数字电视机顶盒的"用户基础优势"很容易被瓦解。以下的调查结果分析同样也证明了这一点。

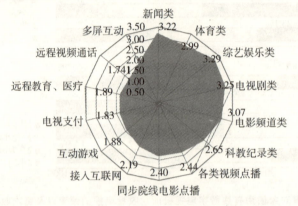

图 8　受访者对有线数字电视机顶盒提供的各项业务的使用度①

4．"免费赠送"成为有线数字电视机顶盒吸引用户的最主要因素，用户忠诚度不稳定。

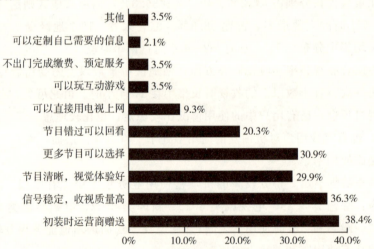

图 9　用户最初购买和使用有线数字电视机顶盒的主要原因

调查数据显示，在使用有线数字电视机顶盒的原因上，"初装有线电

———————————————

①　该使用度量表以 1 代表"从不使用"，2 代表"很少使用"，3 代表"一般"，4 代表"有时使用"，5 代表"经常使用"。

视时有线运营商赠送"这一因素以 38.4％的占比排在了第一位。当用户是通过免费的方式获得时，用户忠诚度就不太可能是稳定的，因此也就再次说明有线数字电视机顶盒所具有的"用户基础"优势并不可靠，随时有可能被迅速发展的竞争对手取代。

当然，除了"免费"的因素外，有线数字电视机顶盒本身所具有的一些优势也得到了很多用户的肯定，比如"信号稳定，收视质量高""节目清晰，视觉体验好""更多节目可以选择""节目错过可以回看"等。这些优点可以作为有线数字电视机顶盒自身所具有的优点发扬光大。但是，这些优势仍然是属于"看电视"的智能机顶盒基础功能层面的，而在"用电视"的智能机顶盒增值业务层面，用户的认知似乎还很缺乏。

（二）有线数字电视机顶盒用户的认知度分析

1. 用户对有线数字电视机顶盒与其他类型电视接收终端设备的区别认知模糊。

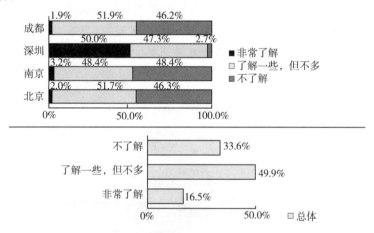

图 10　调查对象对有线数字电视机顶盒与其他类型电视接收终端设备区别的认知程度

研究数据表明，从总体情况来看，用户对有线数字电视机顶盒与其他类型电视接收终端设备的区别"了解一些，但不多"的受访者约占半数；其次是"不了解"，约占 33.6％；"非常了解"所占比例仅有 16.5％。

2. 用户对有线数字电视视频基本业务与增值业务区别的认知欠缺。

研究数据显示，受访者对有线数字电视视频基本业务与增值业务区别的普遍认知是"不了解"（44％）和"了解一些，但不多"（44.8％），"非常了解"的受访者仅有 11.2％。

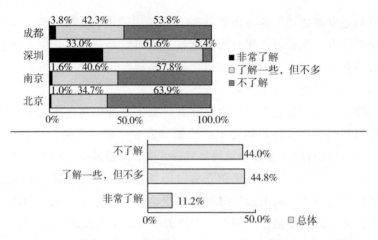

图 11 调查对象对有线数字电视视频基本业务与增值业务的区别的认知程度

虽然深圳地区的有线数字电视机顶盒用户对不同类型的电视接收终端设备以及有线数字电视基本业务与增值业务的认知度较高，但是总体上用户对这两方面的认知还都比较欠缺。

3. 用户对有线数字电视机顶盒基础业务的认知度较高，而对增值业务的认知度普遍偏低。

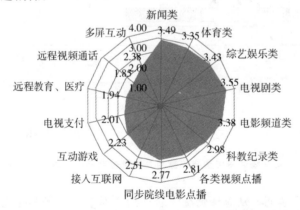

图 12 受访者对有线数字电视机顶盒提供的各项业务的认知度①

根据调查数据，得分较高的业务集中在"看电视"的基础业务层面，分别为：电视剧类 3.55、新闻类 3.49、综艺类 3.43、电影频道类 3.38、

---

① 该认知度量表以 1 代表"很不了解"，2 代表"不了解"，3 代表"一般"，4 代表"了解"，5 代表"非常了解"。

体育类 3.35，认知程度介于"一般"和"了解"之间；得分较低的业务多为"用电视"的增值业务层面，分别为：远程视频通话 1.85，远程教育、医疗 1.94，认知度介于"很不了解"和"不了解"之间。

通过以上分析，我们可以看到，已有有线用户对于有线数字电视机顶盒的特点和增值功能的认知存在着很大的缺失。认知度的不足进而导致了机顶盒相关业务使用度的不足。已有用户尚且缺乏对有线数字电视机顶盒的了解，其他非用户群体对有线数字电视机顶盒的认知程度也就可想而知了。对有线数字电视机顶盒认知度的缺乏暴露了广电行业在市场宣传方面的不足。面对市场营销经验丰富的电信和互联网行业的竞争对手，广电行业必须打破先前的"计划经济"思维，真正面向市场，在打造独特的核心竞争力的同时，致力于加强对自身产品的营销和推广，让更多人更好地了解自家产品和业务，从而吸引更多的用户，并指导用户更有效便捷地使用有线数字产品和服务。

（三）有线数字电视机顶盒用户满意度分析

1. 用户对有线数字电视机顶盒提供的各项业务尤其是增值业务的满意度总体偏低。

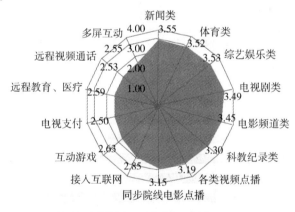

图 13　受访者对各项业务的满意度①

调查数据显示，受访者对各项业务的评分全都在 4 以下，尤其是对"接入互联网""互动游戏""电视支付""远程教育、医疗""远程视频通话""多屏互动"几项增值业务的满意度都在 3 以下，说明有线数字电视机

① 该认知度量表以 1 代表"很不满意"，2 代表"不满意"，3 代表"一般"，4 代表"满意"，5 代表"非常满意"。

顶盒在满足用户需要方面还存在诸多不足，特别是在智能机顶盒的新增业务方面还有很多地方需要改进。

2. 用户对高清双向数字机顶盒性能体验的满意程度总体偏低。

调查数据显示，受访者对高清双向数字机顶盒性能的各指标评分都未达到"满意"，其中各项得分分别为："操作界面、导航设计" 3.20 为最高，"遥控器操作便捷度" 3.09，"节目点播的流畅程度" 3.07，"时移回看的流畅程度" 3.08，"外观设计" 3.05，针对这些方面的满意度介于"一般"和"满意"之间；在"性价比"方面，受访者的满意度最低，只有 2.87，介于"一般"和"不满意"之间。以上数据分析说明，有线数字电视机顶盒在产品体验上还有很大的提升空间。

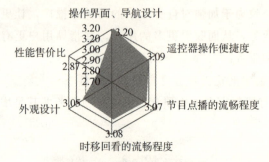

图 14 受访者对高清双向数字机顶盒性能体验的满意度①

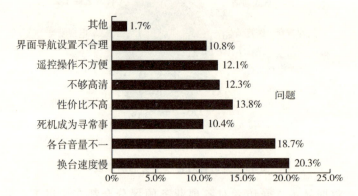

图 15 受访者对有线数字电视机顶盒存在问题的反映

根据受访者反映，有线数字电视机顶盒在用户体验方面存在的问题主

① 该认知度量表以 1 代表"很不满意"，2 代表"不满意"，3 代表"一般"，4 代表"满意"，5 代表"非常满意"。

要有：换台速度慢、各台音量不一、易死机、性价比不高、不够高清、操作不便捷、界面导航设置不合理等，其中反映最多的问题是"换台速度慢"，占 20.3%，其次是"各台音量不一"，占 18.7%。

有线数字电视智能机顶盒作为一种相对较新的媒介消费业务，对用户而言在接受方面需要一段适应过程。这就更需要在产品的设计方面尽可能考虑用户的使用习惯，并在设计改进的过程中充分地吸收目标用户的意见，不断改进机顶盒的业务和产品体验，只有体验做好了，用户才会乐意购买相应的产品和服务，对产品和服务性价比才会有满意的评价。

（四）有线数字电视机顶盒用户需求分析

1. 用户对有线数字电视机顶盒的增值业务需求尚不显著，但对"用电视"的机顶盒新功能心存期待。

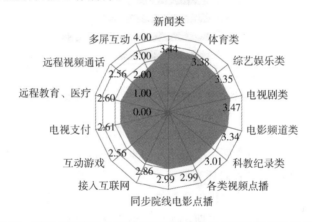

图 16　受访者对有线数字电视机顶盒提供的各项业务的重要度①

调查数据显示，有线数字电视机顶盒各项业务的重要度指数总体不高，浮动范围为 2.5—3.5，介于"不重要"和"重要"之间。其中得分较高的业务分别为：电视剧类 3.47、新闻类 3.44、体育类 3.38、综艺娱乐类 3.35、电影频道 3.34、科教纪录类 3.01，介于"一般"和"重要"之间；得分较低的服务分别为：互动游戏 2.56、远程视频通话 2.56、远程、教育医疗 2.60、电视支付 2.61，介于"不重要"和"一般"之间。

"重要度"指标能够反映用户对机顶盒不同功能的需求程度。从调查

---

① 该认知度量表以 1 代表"很不重要"，2 代表"不重要"，3 代表"一般"，4 代表"重要"，5 代表"非常重要"。

数据看，重要度得分较高的业务多集中在"看电视"的基本业务层面，如电视剧类、新闻类、体育类、综艺娱乐类节目等，然而智能机顶盒的优势，如同步院线电影点播、接入互联网、互动游戏、电视支付、多屏互动等"用电视"层面的增值业务并没有被受访者看重。

尽管多数用户对智能机顶盒"用电视"层面的新业务功能需求并不强烈，但不少人还是对这些新业务心存好奇，怀有期待，如图 17 所示。

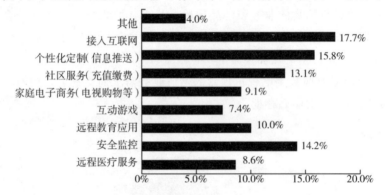

图 17　受访者期待有线数字电视机顶盒增值的业务

对新的业务并无强烈需要但怀有好奇和期待，这一方面说明智能机顶盒市场当下还处于市场培育期，增值业务的重要性被公众广泛接受还需要一段时间；另一方面，只要人们怀有期待，"用电视"的新功能进入千家万户是指日可待的，因此，应该对机顶盒智能化的发展趋势充满信心。此外，市场培育期正是争取用户的关键时期，如果能够将这一阶段有效利用，就可以充分发挥有线电视既有的"用户基础"优势，顺利完成现有有线用户向有线数字智能机顶盒用户的转换，从而在智能机顶盒市场的激烈竞争中赢得主动。

2. 多屏互动、同步院线电影点播这两种服务的满意度与重要度相关性最强，可重点推广。

"Spearman 相关系数"用来衡量定序变量间的线性关系。相关系数为正数，表明两者具有正相关性。相关系数的绝对值越大，相关性越强，相关系数越接近于 1 或 -1，相关度越强，相关系数越接近于 0，相关度越弱。通常情况下，通过以下取值范围判断变量的相关强度：相关系数 0.8—1.0 极强相关；0.6—0.8 强相关；0.4—0.6 中等程度相关；0.2—0.4 弱相关；0.0—0.2 极弱相关或无相关。从对调查结果的统计分析看，有 14 种机顶盒业务的满意度与需求重要程度之间均具有显著相关性（**）。从相关程度来看，主要呈现为强相关、中等程度相关和弱相关。其中，呈现强相关性的几项业务依次为：多屏互动、同步院线电影点播；呈现出中等程度相关的业务依次为：电影频道、科教纪录、远程教育医疗、新闻、各类视频点播、互动游戏、综艺娱乐、电视支付、接入互联网、远程视频通话、电视剧；呈现弱相关的服务为体育类。SPSS 的统计分析结果具体如下：

相关系数

			新闻类满意度	新闻类重要度
Spearman 的 rho	新闻类满意度	相关系数	1.000	0.463**
		Sig.（双侧）		0.000
		N	375	375
	新闻类重要度	相关系数	0.463**	1.000
		Sig.（双侧）	0.000	
		N	375	375

** 在置信度（双测）为 0.01 时，相关性是显著的。

相关系数

			休育类满意度	体育类重要度
Spearman 的 rho	体育类满意度	相关系数	1.000	0.362**
		Sig.（双侧）		0.000
		N	375	375
	体育类重要度	相关系数	0.362**	1.000
		Sig.（双侧）	0.000	
		N	375	375

** 在置信度（双测）为 0.01 时，相关性是显著的。

相关系数

			电视剧满意度	电视剧重要度
Spearman 的 rho	电视剧满意度	相关系数	1.000	0.404**
		Sig.（双侧）		0.000
		N	375	375
	电视剧重要度	相关系数	0.404**	1.000
		Sig.（双侧）	0.000	
		N	375	375

** 在置信度（双测）为 0.01 时，相关性是显著的。

相关系数

			科教纪录满意度	科教纪录重要度
Spearman 的 rho	科教纪录满意度	相关系数	1.000	0.539**
		Sig.（双侧）		0.000
		N	375	375
	科教纪录重要度	相关系数	0.539**	1.000
		Sig.（双侧）	0.000	
		N	375	375

** 在置信度（双测）为 0.01 时，相关性是显著的。

相关系数

			视频点播满意度	视频点播重要度
Spearman 的 rho	视频点播满意度	相关系数	1.000	0.462**
		Sig.（双侧）		0.000
		N	375	375
	视频点播重要度	相关系数	0.462**	1.000
		Sig.（双侧）	0.000	
		N	375	375

** 在置信度（双测）为 0.01 时，相关性是显著的。

相关系数

			同步院线满意度	同步院线重要度
Spearman 的 rho	同步院线满意度	相关系数	1.000	0.643**
		Sig.（双侧）		0.000
		N	375	375
	同步院线重要度	相关系数	0.643**	1.000
		Sig.（双侧）	0.000	
		N	375	375

** 在置信度（双测）为 0.01 时，相关性是显著的。

相关系数

			互动游戏满意度	互动游戏重要度
Spearman 的 rho	互动游戏满意度	相关系数	1.000	0.451**
		Sig.（双侧）		0.000
		N	375	375
	互动游戏重要度	相关系数	0.438**	1.000
		Sig.（双侧）	0.000	
		N	375	375

** 在置信度（双测）为 0.01 时，相关性是显著的。

相关系数

			电视支付满意度	电视支付重要度
Spearman 的 rho	电视支付满意度	相关系数	1.000	0.438 **
		Sig.（双侧）		0.000
		N	375	375
	电视支付重要度	相关系数	0.438 **	1.000
		Sig.（双侧）	0.000	
		N	375	375

** 在置信度（双测）为 0.01 时，相关性是显著的。

相关系数

			远程教育满意度	远程教育重要度
Spearman 的 rho	远程教育满意度	相关系数	1.000	0.491 **
		Sig.（双侧）		0.000
		N	375	375
	远程教育重要度	相关系数	0.491 **	1.000
		Sig.（双侧）	0.000	
		N	375	375

** 在置信度（双测）为 0.01 时，相关性是显著的。

相关系数

			远程视频满意度	远程视频重要度
Spearman 的 rho	远程视频满意度	相关系数	1.000	0.415 **
		Sig.（双侧）		0.000
		N	375	375
	远程视频重要度	相关系数	0.415 **	1.000
		Sig.（双侧）	0.000	
		N	375	375

** 在置信度（双测）为 0.01 时，相关性是显著的。

相关系数

			多屏互动满意度	多屏互动重要度
Spearman 的 rho	多屏互动满意度	相关系数	1.000	0.657 **
		Sig.（双侧）		0.000
		N	375	375
	多屏互动重要度	相关系数	0.657 **	1.000
		Sig.（双侧）	0.000	
		N	375	375

** 在置信度（双测）为 0.01 时，相关性是显著的。

由分析结果可知，多屏互动、同步院线电影点播两种服务的满意度与重要度相关性最强，可以重点推广。

（五）用户付费意愿分析

1. 用户为有线数字电视业务付费的意愿普遍不强。

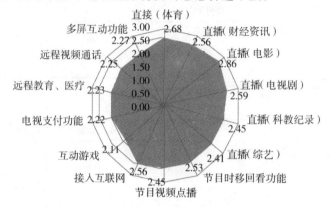

图 18 受访者对增值业务的愿意付费程度[①]

根据数据分析，所有业务的得分均在 2—3 分之间，即付费意愿介于"不愿意"和"一般"之间。表明用户为有线数字电视业务付费的意愿普遍不强。

2. 当要求必须为有线数字电视增值业务付费时，用户愿意支付费用多处于 5—20 元/月这一区间，此外，用户的月收入与愿意支付费用之间呈显著正相关关系，见表 3。

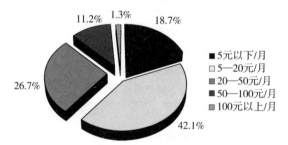

图 19 用户每月愿意为有线数字电视增值业务支付的费用

① 该认知度量表以 1 代表"很不愿意"，2 代表"不愿意"，3 代表"一般"，4 代表"愿意"，5 代表"非常愿意"。

表 3 受访者月收入和愿意支付费用的相关性分析

		收入	愿意支付的费用
收入	Pearson 相关性	1	0.131*
	显著性（双侧）		0.011
	N	375	375
愿意支付的费用	Pearson 相关性	0.131*	1
	显著性（双侧）	0.011	
	N	375	375

* 在 0.05 水平（双侧）上显著相关。

图 18 显示，近 61% 的用户在要求为有线数字电视增值业务付费时，倾向接受少于 20 元/月的付费额度，说明用户普遍不愿意在有线数字电视增值业务上支出太多。同时，由图 19 可看出，用户愿意支付的费用额度与其月收入呈显著正相关关系，收入越高，愿意为增值费用支出的额度就相对较大。考虑到大部分的调查者属于中低收入的年轻群体，因此调查得出的结论应该符合年轻群体的收入特点。为了巩固和发展年轻用户，机顶盒增值业务的收费并不宜过高。

从 SPSS 输出结果也可以看出，尽管用户收入与意愿支付费用成正相关，但相关度较弱，这说明用户收入多少不是用户消费多少的决定性因素，还有众多其他因素（包括用户对有线数字电视机顶盒相关业务的认知度、需求度和满意度等）影响人们的付费意愿和付费额度。有线运营商可以通过加大市场传播力度提升用户对相关业务价值的认知，通过加强用户调查以改进服务，提升用户的满意度。一旦有线数字电视机顶盒业务的高价值被用户感知，用户的付费意愿也会随之增强，意愿付费额度也会得到提高。

（六）调研结果总结分析

从以上调研结果的分析可以看到，用户对有线数字电视机顶盒的认知度和满意度偏低；用户目前对机顶盒的使用还多停留在"看电视"的阶段，对"用电视"的实际需求不高，但对这些智能机顶盒新功能却怀有较大的兴趣；此外，用户为机顶盒付费的意愿普遍偏低，且愿意付费的额度与用户的收入状况呈正相关，但付费意愿及意愿付费额度可以通过有效的市场手段得到提升。

1. 认知度偏低说明对于有线数字电视机顶盒的市场传播力度不足。以前往往只是通过"免费安装"的高成本市场方法和行政手段进行市场推广，少有针对有线数字电视机顶盒的特点和功能进行有效的市场宣传和用户教育，使得机顶盒对很多用户而言都是一个"不明不白"的存在，更多被认为仅仅是一种"看"电视的辅助工具。因此，尽管有线数字电视机顶盒目前占有了绝大多数的市场份额，但这种市场占有是虚高的，现有的用户忠诚度不足，很容易流失。

2. 使用满意度不足说明之前有线数字业务在用户需求调查和用户反馈搜集方面的工作不足。如果缺乏切实有效的市场需求调查，仅仅通过行业内部的主观推测无法产生真正让用户满意的产品和服务；在服务过程中忽视对用户反馈的搜集和对相关体验的改进，也就无法真正做到"以用户为中心"，用户满意度也就无从提升。较低的产品和服务认知，再加上较低的用户满意度，使得当下有线数字业务的用户基础很容易被竞争对手用更激进的营销和更有特点的产品瓦解。缺乏为用户的考虑，实际上源自于广电行业长期以来形成的"计划经济"思维，源自之前广电行业享有的市场垄断优势，源自消费者选择自由的缺乏。在当下垄断优势瓦解、竞争不断升级的市场环境下，"计划经济"思想的残留已经成了广电部门进步的最大思想阻碍，对市场的相对不敏感已经成了广电后续发展的最大弱点，有必要引起高度重视。

3. 当下对"用电视"的实际需求不高，但用户在调查中显示了对智能机顶盒新功能的极大兴趣。这一方面说明智能机顶盒市场当下还处于市场培育期初期，增值业务的市场普及还需要时间，新业务需求的激发还需要更为深入的市场培育和更为有效的市场宣传过程；另一方面，兴趣就是需求的导向，只要人们怀有期待，"用电视"的新功能进入千家万户也就指日可待，因此应该对机顶盒的智能化市场前景充满信心，有必要在市场调查和市场培育方面加强研究和投入。

4. 用户的付费意愿低。这一方面是由于我国用户尚未形成为信息服务付费的习惯，尤其是在大众信息服务方面，"免费午餐"已经成了大众传播行业的惯例；另一方面也反映出之前在用户信息服务需求方面缺乏深入的挖掘——对于体验一般的业务，用户需求和使用意愿不足，当然是不愿意付费的；但是，如果一项服务能够俘获用户的兴趣点，能够提供"高性价比"的消费体验，那么用户为相应的产品和服务付费还是有可能的。此外，年轻人的群体收入相对较低，但却是有线数字业务主要的潜在客户，因此，在今后的市场推广方面，如何针对增值业务进行有效包装并合理定价，这一问题将直接影响用户对相应业务的接受程度，并直接影响有线数字业务整体的市场份额，如何获得这一重要问题的最优解需要深入实际地调研考量和与时俱进地筹策力行。

＊本文系北京市社会科学基金项目（重点项目）"媒介整合背景下北京电台电视台发展策略研究"（项目编号：15ZHA002）的阶段性研究成果。

大学生微信使用和新闻信息获享报告

曹博林[①]　王　蕾[②]

内容摘要　本研究通过调查来自不同地区的 563 名大学生，探究微信使用与新闻、公共信息获取及分享之间的关系。调查发现，大学生平均每天使用微信 30—60 分钟，微信上好友的数量均值在 101—150 之间。大学生使用微信的主要社交行为是"发送文字或语音即时信息""给微信朋友发布的内容点赞"和"在微信朋友圈给别人照片评论"。而在微信的新闻获享行为中，大学生整体上通过微信获取有关时政新闻或社会热点信息的频率较高。具体的行为中，"翻看微信推送新闻报道"和"订阅官方新闻报道"也较为普遍。另外，微信使用时长、微信朋友数量和微信的社交使用都对大学生的微信新闻信息获享有着显著的正面效果。使用微信越频繁的大学生，其使用微信进行新闻信息获享的频率更高。大学生的微信朋友越多，通过微信进行社交的频率越高，使用微信获取和分享新闻的频率也越高。

关键词　微信　大学生　社交　新闻　社会热点

一　背景介绍

20 世纪 90 年代以来，互联网飞速发展，人类的社会政治生活已全面步入了信息化、网络化以及数字化的"新新媒介时代"。随着网络信息技术的勃兴，一些注重快捷传递信息、交流分享内容、开拓维护社会关系的

---

①　曹博林，香港城市大学媒体与传播系博士候选人。

②　王蕾，中国传媒大学传播学博士、中国传媒大学互联网信息研究院助理研究员，中国传媒大学—德州农工大学（Texas A & M University）国家公派联合培养博士生。

社交媒体逐渐成为人们特别是以大学生为主的数字年轻一代日常生活的一部分。就社交媒体在国内的应用而言，以人人网为代表的 SNS 社交网站增加了五湖四海众多校友间强关系的互动交流；以新浪微博为代表的 Microblogging 平台则以弱关系连接为积淀，对社会舆论监督起到了强有力的推动作用；而会聚即时通讯、信息收发、评论关注互动、强弱关系一体化发展的微信平台更已成为移动互联时代社交媒体应用领域的新宠儿。据中国互联网络信息中心（CNNIC，2014）第 35 次报告显示，截至 2014 年 12 月，我国手机网民规模 5.57 亿，网民上网设备中，手机使用率达 85.8%。在社交媒体的使用中，微博用户和社交网站用户都有不同程度的下降趋势，37.4%的微博用户和 32.6%的社交网站用户转向使用微信平台[①]；目前微信用户规模已接近 5 亿人，其中大学生成为主要的用户群体，占总人数的 64.51%，男性居多，20—30 岁年龄段人群占 74%[②]。可见，微信已然成为国内最广泛使用的社交网络服务。

在数字化网络环境中，人们的生活随着信息技术的更新换代也在不断进行调整，技术的发展和人们的生活方式在相互适应和改造着对方。当代大学生是一出生就被数字媒体环绕的"网络族群"（Net Generation）[③]、"数字原住民"（Digital Native）[④]、"Y 世代"（Generation Y）[⑤] 青年，他们是未来中国经济文化建设和政治生活的重要组成部分，也是有别于其祖父辈而率先享受改革开放成果以及面临社会转型期各种困境的群体。如学者刘凤书所言[⑥]，这一代年轻人身上具有双重矛盾性的特征：在他们身上物质主义和理想主义并存、国际性和民族性兼备，现代和传统并列，享受物质繁富的同时也经受着为过上更好生活所带来的巨大压力，他们面临前所未有时代机遇但也陷入安全感极度缺乏的困境。本文旨在考察具备互联网

①　Mao, C. (2014). Friends and Relaxation: Key Factors of Undergraduate Students' WeChat Using. *Creative Education*, 2014.

②　2014 微信分析报告，道客巴巴（http://www.doc88.com/p-1721946875534.html），2015 年 6 月 26 日查阅。

③　Tapscott, D. (1998). *The net generation and the school*. Milken Family Foundation, available at: www. mff. org/edtech/article. taf.

④　Prensky, M. (2001). Digital natives, digital immigrants part 1. *On the horizon*, 9 (5), 1–6.

⑤　Bolton, R. N., Parasuraman, A., Hoefnagels, A., Migchels, N., Kabadayi, S., Gruber, T., ... & Solnet, D. (2013). Understanding Generation Y and their use of social media: a review and research agenda. *Journal of Service Management*, 24 (3), 245–267.

⑥　Liu, F., (2013): Urban Youth in China: Modernity, the Internet and the Self, Routledge.

或移动互联网使用优势的大学生是如何使用微信的，他们在何种程度上通过微信获享新闻信息，关注社会和时事？同时也从中探讨微信作为一个媒介平台的特征以及其带给社会和青年们的价值和意义。

二 "微"出来的信息时代

微信（Wechat）是腾讯公司 2011 年 1 月 21 日推出的一款支持 iPhone、Android、Windows Phone、BlackBerry、Symbian 等多种移动媒体平台的即时通讯软体，智能手机用户可以通过手机在线商店进行免费下载安装使用。作为移动互联网背景下的一种自媒体，微信主要有即时语音通信、公众账号和朋友圈三种传播方式，即时语音可实现点对点人际传播和群体间多点传播，公众账号是一种一对多的大众传播方式，用户可根据自身需求对关注内容进行"私人定制"，朋友圈是用户之间分享信息以及围绕媒介内容进行讨论交流的场所。据腾讯 2015 官方公布信息，目前微信已覆盖 90% 以上的智能手机，截止到 2015 年第一季度末，微信每月活跃用户达到 5.49 亿，用户覆盖 200 多个国家、超过 20 种语言，微信公众账号总数已超过 800 万个，移动应用对接数量超过 85000 个，微信支付用户达到了 4 亿左右；微信用户平均年龄只有 26 岁，97.7% 的用户在 50 岁以下，86.2% 的用户在 18—36 岁之间，有 41.4% 的用户关注公众号主要目的是为了获取资讯，36.9% 的用户是为了方便生活和学习知识①。

可以说，微信已不单单是一个集结了众多功能的手机应用，它基于原始即时通讯平台庞大的用户群，已成为人们日常生活中不可或缺的使用工具。微信作为一种时下备受推崇的社交媒体平台，对大学生的生活、学习、人际交往、价值观念等方面都产生了重要的影响。它替代 QQ，成为人们排队等车或无聊时打发时间的首选方式；替代电话短信，成为人际传播中更快捷和直接的交流方式；替代名片，成为在会议或聚会中结交新朋友的重要方式等。有研究通过对全国 28 个省（区、市）208 所高校 2500 名大学生的调查发现，84.7% 的大学生都在使用微信。在使用时间方面，42.2% 的大学生使用微信已经有一年以上的时间，24.7% 的大学生使用微信有半年多的时间，31.9% 的大学生使用微信不到半年的时间；每天使用

---

① 2015 微信用户数据报告，TechWeb（http://www.techweb.com.cn/internet/2015-06-01/2158984.shtml），2015 年 8 月 1 日查阅。

微信一小时以下的大学生占 63.7%，1—2 小时的占 24.2%，3—5 小时的占 6.5%，5 小时以上的占 5.7%[①]。

尽管微信的使用蔚为壮观，但大学生们如何使用微信进行信息获享仍是一个新的话题。本文旨在通过对大学生的微信使用进行调查，用以分析新趋势下大学生们的新闻获享方式和习惯。

基于以上，本文提出的研究问题如下：

· 大学生的微信使用的基本状况（包括使用年限、使用频率，朋友数量和社交行为）是如何的？

· 大学生在微信中的新闻信息获享状况是如何的？

· 微信的使用年限是否与大学生的新闻信息获享频率相关？

· 微信的使用频率是否与大学生的新闻信息获享频率相关？

· 微信中的朋友数量是否与大学生的新闻信息获享的频率相关？

· 微信中的社交行为是否与大学生的新闻信息获享的频率相关？

三 研究方法

（一）抽样

本研究通过问卷调查的方法来探究微信使用与中国 Y 世代大学生（年龄在 18—35 岁）的新闻信息获享现状。研究抽样方法采用的是滚雪球的方式（snowball sampling），问卷的参与者来自北京、武汉、天津、河南、南京、陕西等大中城市的不同专业领域。问卷发放和回收时间于 2014 年 12 月下旬至 2015 年 1 月底，共计回收问卷 575 份。剔除其中不使用微信的样本 6 份和未完成的样本 6 份，本研究的最终有效研究样本为 563 份。

（二）测量方法

1. 微信使用

微信使用的整体概况主要从四个方面进行测量，分别是：微信使用年限（length of using time）、使用频率（frequency of using on a typical day）、微信朋友数量（numbers of friends）和微信的社交使用（social use）。其中，微信使用年限的问题为"您第一次使用微信是在什么时候？"选择项包括"从不""小于 6 个月""6 至 12 个月""1 至 2 年"以及"大于 2 年"。微信每天使用频率的选择项包括"从不""每天少于 30 分钟""每

---

① 郑晓娜：《大学生微信使用现状调查与分析》，《思想理论教育》2014 年第 2 期。

天 30 至 60 分钟""每天 1 至 2 小时""每天大于 2 小时"。另外，微信上朋友数量的选择项从"少于 50 个"至"多于 200 个"5 个选择项。微信的社交使用主要分为微信用户本身的发布行为和与朋友的互动行为，具体包括："发布文字或语音即时信息""发布微信群消息""组建或加入某些微信群""发布个人生活动态""发布学习动态""发布心灵鸡汤""给微信朋友发布的内容点赞""在微信朋友圈给别人博客评论""在微信朋友圈给别人照片评论"等九项。调查参与者被要求在给出的五点李克特量表作答，"1"代表从不，"5"代表总是。信度测试显示，这九项行为测量方式的信度优秀，科伦巴赫 $\alpha = 0.88.$

2. 新闻信息获享

微信中的新闻信息获享行为相当于用户在微信中的公共性媒体使用，而微信的公共性使用主要指用户通过微信参与社会公共事件或关注社会议题的表现。具体行为包括："翻看微信推送新闻报道""订阅官方新闻报道""讨论/探讨社会公共议题""获取有关时政新闻或社会信息""发布社会公共新闻或公共热点事件""发布时政新闻或政策信息""用微信组织或参与社群/社区活动"等七项。同样的，所有这些问题，调查参与者都是在五个刻度的李克特量表上作答，数字越大，说明此类行为出现的频率越高。这七项具体公共性微信使用的信度也较好，科伦巴赫 $\alpha = 0.86.$

3. 人口统计变量

本研究控制了三个常用的人口统计变量，分别为：年龄、性别（男＝1，女＝0）和教育程度。教育程度分为三个层次：本科、硕士研究生、博士研究生。

四 研究结果

在 563 位大学生参与者中，男女比例较为均衡，其中男生 306 名（54%），女生 257 名（46%）；83% 的参与者为本科生，平均年龄为 22 岁。另外，参与者的所属专业也较为平衡；36% 来自人文社科专业，32% 来自理工科，另外 32% 来自经济管理、医学等其他科目。基本的调查结果显示，一半的大学生已使用微信 1 至 2 年，另外 40% 的大学生已使用微信半年到一年左右。大学生平均每天花费 30—60 分钟的时间使用微信，其微信上的好友数量均值在 101—150 之间。在使用微信的社交功能中，参与调查者使用较为频繁的功能包括："发送文字或语音即时信息"（M＝3.43，SD＝

1.03），"给微信朋友发布的内容点赞"（M＝3.28，SD＝0.97）和"在微信朋友圈给别人照片评论（M＝3.09，SD＝0.98）"。详见表1。

表 1　　　　　　　　　　　大学生微信社交的使用频率

微信社交行为	M（SD）
发送文字或语音即时信息	3.43（1.03）
给微信朋友发布的内容点赞	3.28（0.97）
在微信朋友圈给别人照片评论	3.09（0.98）
发布个人生活动态	2.94（1.02）
组建或加入某些微信群	2.81（1.00）
发布微信群消息	2.80（1.11）
在微信朋友圈给别人博客评论	2.74（1.10）
发布学习动态	2.58（1.02）
发布心灵鸡汤	2.42（1.11）
总平均值	2.90（0.74）

而在微信的新闻信息获享行为中，大学生整体上通过微信获取有关时政新闻或社会热点信息的频率较高（M＝3.28，SD＝1.00）。在具体的行为中，"翻看微信推送新闻报道"（M＝3.18，SD＝1.03）；"订阅官方新闻报道"（M＝2.84，SD＝1.06）也较为普遍。详见表2。

表 2　　　　　　　　　　大学生微信新闻信息获享行为的频率

微信新闻获享行为	M（SD）
获取有关时政新闻或社会热点信息	3.28（1.00）
翻看微信推送新闻报道	3.18（1.04）
订阅官方新闻报道	2.84（1.06）
讨论/探讨社会公共议题	2.63（1.00）
发布社会公共新闻，公共热点事件	2.39（1.06）
用微信组织或参与社群/社区活动	2.31（1.09）
发布时政新闻或政策信息	2.28（1.00）
总平均值	2.70（0.76）

由表3中相关关系系数可见，大学生的各项微信使用行为指标与新闻信息获享行为都呈显著的正相关关系。其中，微信的私人性使用行为与微信的新闻信息获享行为呈现出强相关（γ＝0.62）。

表 3 微信使用行为与新闻信息获享行为相关关系

	微信使用年限	微信使用频率	微信朋友数量	微信社交使用行为	微信新闻获享行为
微信使用年限	1563				
微信使用频率	0.26*** 563	1563			
微信朋友数量	0.25*** 561	0.41*** 561	1561		
微信社交使用行为	0.25*** 551	0.48*** 551	0.42*** 549	1 551	
微信新闻获享行为	0.14*** 552	0.37*** 552	0.41*** 550	0.62*** 541	1 552

* $P \leqslant 0.05$；** $P \leqslant 0.01$；*** $P \leqslant 0.001$。

在此基础上，我们试图控制性别、年龄、教育程度的影响，因而通过多元回归分析来检测微信使用与新闻信息获享的关系。从表 4 的结果来看，回归模型拟合度良好，自变量和控制变量可解释 43.7% 的方差。具体来说，除了大学生的微信使用年限与新闻信息获享频率并无显著性关系，微信使用频率、朋友数量和微信社交使用都与微信的新闻信息获享频率呈正相关关系。也即是说，使用微信越频繁，朋友数量越多，使用微信的社交功能越多的大学生，新闻获享频率越高。而从具体系数来看，微信的社交使用对于新闻信息获享的影响尤其大。

表 4 大学生微信使用与新闻信息获享

	大学生新闻获享频率			
	非标准化回归系数	标准误差	标准化回归系数	显著性
性别	0.19	0.05	0.12	$p < 0.001$
年龄	− 0.00	0.01	− 0.00	n. s.
教育程度	− 0.07	0.06	− 0.05	n. s.
微信使用年限	− 0.07	0.04	− 0.06	n. s.
微信使用频率	0.06	0.02	0.09	$p < 0.001$
微信朋友数量	0.10	0.02	0.18	$p < 0.001$
微信社交使用	0.54	0.04	0.51	$p < 0.001$
调整后的已解方差	0.437, $p < 0.001$			

五　结论及讨论

本研究调查了来自不同地区的 563 名大学生的微信使用与新闻信息获享情况,研究发现,微信使用频率、微信朋友数量和微信社交使用对于大学生的微信新闻获享有直接的正面效果。使用微信越频繁的大学生,其使用微信进行新闻获享的频率更高。大学生的微信朋友越多,以及通过微信进行社交的频率越高,他们使用微信获取和分享新闻的频率也越高。微信是一种兼具私人化使用和公共化使用的两重性质的媒体。在私人化使用方面,微信是一个社交媒体,是人际传播和组织群体传播的工具,能进行一对一、一对多或多对多的交流。而在公共化使用方面,微信中公众账号的兴起以及许多微博知名账号"转战"微信,为微信平台提供了诸多的知识、新闻和信息。对这些账号的关注、跟踪和分享,已经成为人们新闻获取的主要渠道之一。然而,之前较难解答的问题是,微信的私人化使用与公共化使用之间的关系是如何的?一种假设是,大学生依赖微信进行过多的私人化使用,沉醉于社交之中,而并没有通过微信进行相匹配的公共化使用。微信的朋友数量过多,会使得大学生花更多的时间应付各种社交,也疏忽了对公共事务的投入和关注。本文的结果显示,微信的私人化使用与其公共化之间存在着相辅相成的关系。越多的朋友和越频繁的微信社交使用,并不会降低大学生通过微信进行信息获享的频率;相反,在与朋友互动和社交的过程中,大学生也通过微信在关注和参与社会生活。由此可见,微信作为公共媒介的属性在大学生生活中占据着比较重要的位置。

本项调查表明,男性大学生通过微信获享新闻信息的频率显著高于女性大学生。这与以前诸多调查的结论一致。相比女性大学生,男性大学生更为关注时事以及社会事件[1],特别是在发布社会公共新闻或热点事件、时政新闻或政策信息方面,男性大学生表现得比女性大学生更积极;而在微信的私人化使用上,本研究并未发现男大学生与女大学生存在差异。

从整体来看,大学生对微信的使用多是浅层面的使用,在报告中呈现的"30 分钟—1 小时"的微信每日使用频率中,多数大学生并非一次性的使用半个小时及以上,而是分散性的以每次几分钟的形式获享新闻信息。

---

[1]　Welch, S. (1977). Women as political animals? A test of some explanations for male-female political participation differences. *American Journal of Political Science*, 21 (4), 711–730.

另外，大学生"在微信朋友圈给别人发布的内容点赞"和"翻看微信推送的新闻报道"这种参与度较低的行为频率较高；而"用微信组织或参与社群、社区活动""发布时政新闻或政策信息"这类要求高度参与和投入的行为频率明显较低。微信的这种使用特性延伸自微博时期，与印刷时代截然不同。浅层次的关注和投入是移动互联网的特点之一，可能也是新一代大学生的一种思考和行为习惯。

台湾新闻传播的现状与发展(2014—2015)

佘绍敏①

内容摘要 2014—2015 年度台湾网络媒体持续发展，传统媒体接触率和广告费再创新低，但是主要传统媒体的网站或应用程序 App 的使用率已开始提升，表明传播媒体转型初见成效。受众媒体接触方面，电视依然是民众最主要的消息来源，其次是网络，受众的媒介使用进入多屏时代，手机成为民众最常使用的上网工具，但是受众对媒体的信任度却在持续下降。传播规制方面，酝酿已久的"广电三法"依然处于"协商"状态，但台湾当局在推动广电媒体的全面数字化、增强广电媒体活力、建设智慧城市等方面多有着力。媒体表现方面，传媒自律与他律机制有所完善，传统媒体艰难转型，独立媒体继续发展，与此同时，"内容农场"异军突起，新媒体则在政治选举和社会运动中发挥越来越重要的作用。

关键词 台湾媒体 媒体转型 广电三法 独立媒体

一 现状

（一）大众传播发展概况

出版业方面，根据台湾"行政院"主计总处 2015 年 3 月发布的数字，2014 年台湾出版业家数为 3676 家，其中新闻出版业 220 家，杂志出版业 1240 家，比 2013 年略有增长。书籍出版业 1748 家，其他出版业 468 家②。

---

① 佘绍敏，两岸关系和平发展协同创新中心、厦门大学新闻传播学院新闻系副教授。
② "行政院"主计总处：《统计月报 104 年 3 月第 590 期》，"行政院"网站（http://www.stat.gov.tw/lp.asp? ctNode＝2114&CtUnit＝1041&BaseDSD＝30），2015 年 6 月 20 日查阅。

表 1　　　　　　　　　　近十年出版业概况

年份	出版业				
	总计	新闻出版业（家）	杂志（含期刊）出版业（家）	书籍出版业（家）	其他
2005	3449	195	945	1741	568
2006	3461	176	941	1766	578
2007	3520	193	961	1775	591
2008	3086	198	982	1748	158
2009	3187	189	1018	1770	210
2010	3326	193	1078	1789	266
2011	3418	207	1121	1757	333
2012	3562	209	1183	1772	398
2013	3593	212	1181	1763	437
2014	3676	220	1240	1748	468

资料来源："行政院"主计总处。

通讯传播事业方面，台湾"国家通讯传播委员会"（NCC，以下简称"通传会"）公布的数据显示，截至 2015 年第 1 季，台湾有 171 家无线广播电台，5 家无线电视台，6 家直播卫星广播电视服务经营者，112 家卫星广播电视节目供应者。有线电视系统经营者 56 家，有线电视播送系统 3 家，有线电视订户数达 5012159 户，普及率为 59.65％；有线电视数字机顶盒订户数为 4131941 户，占有线订户数比例为 82.44％。此外，数字付费频道订户数为 1241557 户。卫星节目供应商境内 89 家共 173 个频道，境外 31 家共 115 个频道。多媒体内容传输平台 1 家，频道总数 178 个，订户数 1286077 户①。

各类电信服务方面，移动通信占电信服务总营收的比例已经超过一半，达到 58％。数据通信收入（含移动通信数据服务、互联网与加值服务等）也逐年攀升，占电信服务总营收的 46.31％，比 2013 年占比的 41.16％增加五个百分点，具体数据如下②：

---

① "国家通讯传播委员会"："统计资料"，"国家通讯传播委员会"网站（http://www. ncc. gov. tw/chinese/gradation. aspx? site _ content _ sn＝1960&is _ history＝0），2015 年 6 月 20 日查阅。

② "国家通讯传播委员会"：资讯橱窗·统计资料专区·通信传播综合类·年度统计图表·电信年度统计图表，"国家通讯传播委员会"网站（http://www. ncc. gov. tw/chinese/news _ detail. as-px? site _ content _ sn＝1994&is _ history＝0&pages＝0&sn _ f＝3358），2015 年 7 月 20 日查阅。

表 2　　　　　　　　　　　**通讯服务业 2005—2014 年数据**　　　　（单位：百万户）

	2005	2006	2007	2008	2009	2010	2011	2012	2013	2014
4G 用户数										3.4
3G 用户数	1.3	3.4	6.9	11.29	15.8	18.7	20.86	22.7	24.8	23.5
移动通信用户数	22.2	23.2	24.3	25.4	27.0	27.9	29.0	29.6	29.8	30.1
移动通信普及率（%）	97.4	101.6	105.8	110.3	116.6	120.4	124.8	126.9	127.6	128.4
固网宽带账号数	4.3	4.5	4.8	5.0	5.0	5.3	5.2	6.4	7.0	7.4
固网宽带普及率（%）	19.1	19.7	20.9	21.8	21.6	22.9	23.8	27.7	30.0	31.7
移动宽带账号数	1.2	3.3	6.5	10.8	14.2	16.5	17.9	17.8	18.1	19.0
移动宽带普及率（%）	5.2	14.3	28.4	46.8	61.5	71.2	76.9	76.4	77.4	81.0

资料来源：台湾"国家通讯传播委员会"

台湾 4G 服务在 2014 年 5 月底由中华电信首先开通，台湾大哥大、远传、台湾之星、亚太 GT 紧随其后，用户数量增长迅猛，年底已达 340 万。据台湾资策会 MIC 统计，台湾移动电话用户达 2922 万，在 4G 推出不到一年的 2015 年 3 月，4G 用户数已达 518 万，渗透率达 17.7%[①]。

2014—2015 年度媒体发展趋势与上一年度相似，网络媒体持续发展，不断挤占传统媒体的生存空间。根据台北市媒体代理商协会发布的《2015 年台湾媒体白皮书》[②] 统计，2014 年台湾网络媒体广告比 2013 年增长 18.3%，户外广告略增 2.9%，广播广告基本持平。电视、报纸、杂志的广告皆呈现负增长，以报纸跌幅最大，达 8.9%，杂志以 8.5% 的跌幅紧随其后。广告量方面，有线电视连续十年居首，网络广告已连续三年超越报纸，位居第二位。

---

① 曾嬡：《全球第一！台湾 4G 商转近一年，渗透率 17.7%》，《数位时代》网站，2015 年 5 月 20 日（http://www.bnext.com.tw/article/view/id/36315），2015 年 7 月 1 日查阅。
② 台北市媒体代理商协会：《2015 年台湾媒体白皮书》，台北市媒体代理商协会网站（http://www.maataipei.org/upload/1432174866.pdf），2015 年 7 月 5 日查阅。

表3　　　　　　　　　　　　　　主要媒体广告量　　　　　　　　　　　（单位：千元）

年度	无线电视	有线电视	报纸	杂志	广播	户外	网络
2005	4352728	16677636	15547064	6545124	3076384	2844436	3048000
2006	4125130	14906171	14771396	6359225	3965920	3650537	3698000
2007	4094286	14047643	13667979	6444696	3770670	3351388	4950000
2008	4445461	13582111	11078926	6050076	3838620	3369590	5976000
2009	4343651	15819154	10008866	5058703	3761484	2861572	6989000
2010	5060629	19861782	11955662	5549827	4482972	3288964	8551000
2011	4899729	21175082	10674408	5677641	4139539	3680282	10215000
2012	3999707	20059287	9522068	5340950	3555348	3591644	11601000
2013	3817132	20992491	8679067	5293617	3120841	4168427	13680000
2014	3681093	20906497	7906026	4844362	3122120	4287798	16177000

资料来源：台北市媒体代理商协会。

数字广告日益受到广告主关注。近几年来，数字广告中单纯的网站广告的比例逐渐下降，越来越多的人利用网络观看视频，视频影音广告成为数字广告的重要组成部分，广告占比越来越多，2015 年为 15.27％，比 2012 年初次测量时的 4.90％大有增长。另一方面，随着手机上网的普及，移动广告也不断增加，2015 年移动广告已占数字广告总量的 19.95％，而这个数字在 2012 年初次测量时是 5.2％[1]。

表4　　　　　　　　2011—2015 全年度台湾数字广告量占比　　　　　（单位：％）

年份	移动广告	社群口碑营销	关键字广告	影音广告	网站广告
2011	—	8.20	30.10	—	61.70
2012	5.20	8.10	30.50	4.90	51.30
2013	8.10	7.42	30.04	8.13	46.31
2014	14.10	6.30	29.10	11.10	39.40
2015	19.95	5.24	27.15	15.27	32.39

资料来源：台北市数位行销经营协会。

（二）媒体接触行为概况

台湾传播调查数据库 2014 年针对台湾民众媒体使用行为所做的调查、

---

① 台北市数位行销经营协会：《2014 年台湾数位广告量统计暨 2015 预测报告》，台北市数位行销经营协会网站（http://www.dma.org.tw/upload/ResourceTrend/20150415104519469.pdf），2015 年 6 月 10 日查阅。

尼尔森 2014 年媒体大调查以及世新大学"2014 媒体风云排行榜：跨世代媒体使用行为"等调查描摹了台湾民众的媒体接触行为①。

在电视、报纸、杂志、广播与网络这五大媒体中，电视的接触比例仍为第一，一般民众中高达 89.3％使用电视，在 16—65 岁这个年龄段则为 88％。民众平均花费在电视的时间达 2 小时 50 分钟，与 2010 年相比，看电视的比例少了 5 个百分点，每天观看的时间减少 14 分钟。在一般民众中，网络使用率为 73.7％，报纸为 46.3％，广播为 30.5％，杂志为 27.3％。

媒体使用已进入多屏时代。调查显示，受众在观看电视的同时，还玩手机（26.2％）、看报纸（7.8％）、读杂志（4.2％）、听广播（2.1％）、上网（18.2％）。边看电视边上网的比例比 2010 年增加近一倍，一心多用现象较为普遍。

网络是台湾民众接触率第二的媒体，上网比例从 2010 年的 52％增加到了 69％，且每天上网时间达 3 小时 49 分钟，换言之，消费者的一天在扣除睡眠时间后，有近四分之一的时间在上网。电视是 40 岁以上民众娱乐的主要来源，而 18—39 岁民众则偏向使用网络来获得娱乐，其中以 18—29 岁的年轻人最为突出，他们平均每天在网上从事娱乐活动的时间高达 3 小时，显著高于其他年龄层的娱乐上网时间，在线电玩、观看网络影音及社群网站是他们的三大娱乐活动。

民众最主要的消息来源渠道是电视，达 60.8％，其次是网络（24.8％）、报纸（9.7％）、广播（2.3％）、杂志（0.2％）。以网络为主的消息渠道中，通过门户网站焦点新闻获取消息的比例最高，达 40％，其次是门户网站点选新闻类型（27.2％）、传统媒体的官网或应用程序 App（20.9％）。在网站类型方面，民众最常上门户网站，占 31.1％，其次是社交网站（30％）和搜索引擎（18.6％）。民众最常使用的上网工具则以手机居冠，占 54.4％，其次为桌面计算机（48.8％）、笔记本电脑（20.4％）和平板电脑（16.1％）。

就影响力而言，从 2010 年开始，网络影响力开始超越报纸，且逐年上升，已经接近电视。在使用习惯上，尽管门户网站使用率依然最高，传统

① "科技部"传播调查资料库（http：//www.crctaiwan.nctu.edu.tw/ResultsShow_detail.asp? RS_ID＝24）；2014 尼尔森用户行为调查报告（http：//www.nielsen.com/content/dam/nielsenglobal/tw/docs/Taiwan-Media-Behavior-Report-2015ch.pdf）；中国时报网站（http：//www.chinatimes.com/realtimenews/20140721003135-260405），2015 年 6 月 20 日查阅。

媒体的网站或 App 等使用率已开始提升，说明传统媒体加大力量建设新的信息渠道已初见成效。

网民上网最常访问哪些网站？《数字时代》以 Alexa.com、创市际 com-Score 网络产业两家监测机构 6 个月的监测数据为基准，制作"台湾网站 100 强"榜单，榜首由 Facebook 拿下，YouTube、Yahoo 奇摩、Google 和中时电子报紧随其后。"最多人群集的聚落"前十名为 Yahoo 奇摩、Facebook、Google、痞客帮、ETtoday 东森新闻云、YouTube、Giga Circle、联合新闻网、随意写 Xuite 和 LIFE 生活网；"最多人使用的网站"前十名为 Google、Yahoo 奇摩、Facebook、YouTube、痞客帮、联合新闻网、维基百科、随意写 Xuite、苹果日报和 yam 番薯藤。来自大陆的网站也开始占有一席之地，淘宝、百度、腾讯、新浪微博进入前 30 强，且排名都较前一年有所上升①。

媒体涵盖率方面，《2015 年台湾媒体白皮书》②亦显示网络保持持续增长。

表5 　　　　　　　　2005—2014 年媒体涵盖率　　　　　　（单位：%）

年份\媒体	2005	2006	2007	2008	2009	2010	2011	2012	2013	2014
电视	95.5	94.5	94.5	95.5	94.4	93.4	91.1	91.1	89.4	88.3
报纸	50.5	45.8	45.1	43.9	42.2	43.0	40.6	39.6	35.4	33.1
杂志*	35.2	31.8	32.2	31.7	28.5	30.1	30.5	30.5	28.4	26.1
广播	28.6	26.6	24.9	23.8	23.1	23.1	21.1	19.4	21.5	22.1
网络	35.5	39.1	45.5	48.1	49.2	51.8	52.7	57.1	61.6	68.5
户外*	83.0	79.9	83.1	79.4	79.2	79.7	79.8	83.2	83.1	80.6

注：*杂志为过去七天看过周刊/过去二周看过双周刊/过去一个月看过月刊/过去两个月看过双月刊/过去三个月看过季刊，户外媒体及店内广告为过去七天接触比例，其余均为昨日阅读率。
资料来源：台北市媒体代理商协会。

相比之下，传统媒体的消费者继续减少。据台湾"行政院"主计总处 2015 年 3 月发布的统计月报，台湾每百户报纸份数从 1998 年起逐年递减，2013 年为 16.44 份，杂志自 2001 年开始也是逐年递减，2013 年

---

① 编辑部：《网路产业谁领风骚？2015 台湾百大热门网站揭晓！》，数位时代网站（http://www.bnext.com.tw/article/view/id/35475）；林瑞益，《中时电子报 台湾第一传媒网站》，中时电子报网站（http://www.chinatimes.com/cn/newspapers/20150302000745-260302），2015 年 6 月 30 日查阅。

② 台北市媒体代理商协会：《2015 年台湾媒体白皮书》，台北市媒体代理商协会网站（http://www.maataipei.org/upload/1432174866.pdf），2015 年 7 月 5 日查阅。

为 7.0 份①。

表6   每百户份数

年度 媒体	1999	2000	2001	2002	2003	2004	2005	2006	2007	2008	2009	2010	2011	2012	2013
报纸	51.7	46.9	41.4	40.4	37.9	35.4	33.7	29.5	27.9	24.5	22.5	22.0	20.0	18.6	16.44
杂志	17.7	18.2	19.1	18.3	16.3	15.6	14.7	14.4	13.1	12.2	11.6	10.5	9.0	7.9	7.0

资料来源:"行政院"主计总处。

伴随着台湾民众网络使用的持续增长,无线网络普及率继续提高。根据台湾网路资讯中心 2014 年 10 月进行的"台湾无线网路使用状况调查",全台 12 岁以上民众共有 16372581 人有使用网络的经验,上网率为 78.2%,使用过"行动上网"(即使用电信公司服务上网)的比例达到 77.8%,主要使用 3G 或 3.5G,94% 的用户使用智能手机连网;与 2013 年调查相比,2014 年民众的"曾经行动上网率"增长了 12.8%。在无线区域网络(即使用 Wifi 接入)的使用上,民众"曾经区域上网率"为 54.7%。2014 年调查显示,无论行动上网或区域上网,连网设备皆以智能型手机为首,平板电脑次之,笔记本电脑再次之。整体上看,网民无线上网(包括行动上网和区域上网两种方式)呈现稳定上升趋势(图 1、2)②:

不仅仅是成年人和青少年热衷于电子产品的使用,儿童也加入网络使用大军。儿童福利联盟文教基金会公布的《2015 年儿童 3C 产品使用与上网行为大调查》显示,3C 产品已成台湾小小"行动原生族"生活中的必备品,超过一半(57.4%)的小学高年级学童拥有自己的计算机(包括平板计算机、笔记本电脑及桌面计算机);近一半拥有自己的智能型手机(47.9%),相较于 2013 年成长了 1.6 倍③。

2014 年"科技部"传播调查资料库对全台 9—17 岁儿童及青少年网络使用情形与动机的调查发现④,儿童及青少年上网天数与时数随年级上升

① "行政院"主计总处:《统计月报 104 年 3 月第 590 期》,"行政院"网站(http://www.stat.gov.tw/lp.asp? ctNode=2114&CtUnit=1041&BaseDSD=30),2015 年 6 月 20 日查阅。

② 台湾网路资讯中心:《台湾无线网路使用状况调查》,台湾网路资讯中心网站(http://www.twnic.net.tw/download/200307/20150202b.pdf),2015 年 7 月 15 日查阅。

③ 儿童福利联盟文教基金会:《2015 儿童上网行为调查发表记者会》,儿童福利联盟文教基金会网站(http://www.children.org.tw/news/advocacy_detail/1403),2015 年 7 月 1 日查阅。

④ "科技部"传播调查资料库:《"无网不利":超过半数青少年透过网路找资讯、获得娱乐并学习新事物!》,"科技部"传播调查资料库网站(http://www.crctaiwan.nctu.edu.tw/ResultsShow_detail.asp? RS_ID=29),2015 年 7 月 26 日查阅。

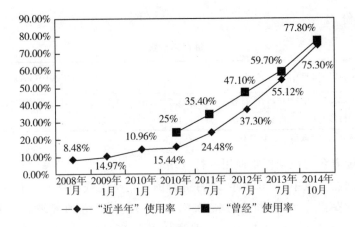

图 1　网民行动上网使用率

资料来源：台湾网路资讯中心。

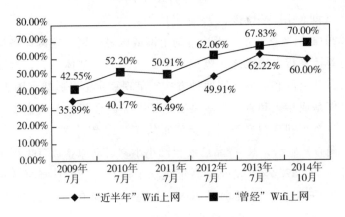

图 2　网民区域上网使用率

资料来源：台湾网路资讯中心。

而有所增加，其中高中生上网天数高达 6 天、每天上网分钟数高达 162.44 分钟。儿童及青少年使用网络的主要动机为"找有用的资讯""获得娱乐"和"学习了解新事物"。中学生网络信息搜索前三名为"朋友的近况与动态"（60%）、"电影资讯（含影集、微电影）"（58%）与"游戏资讯"（49%）；而三到六年级小学生则是"游戏资讯"（75%）、"朋友近况或动态"（45%）与"卡通影片"（37%）。从青少年的上网时数、频率与背后动机，可看出网络在青少年生活的各方面扮演重要角色，青少年越来越依赖网络。

（三）媒体认知态度评估

2014 年的多起重大新闻事件（马航失事、太阳花学运、澎湖空难、高雄气爆、北捷杀人事件、食品安全危机与九合一选举等）拉动新闻类电视频道收视，平均收视达到 2.95，高于 2013 年的 2.81 和 2012 年的 2.75[①]。

尽管受众更多地关注新闻信息，他们对媒体的信任并未水涨船高。根据 2014 年传播调查数据库台湾社会变迁基本调查[②]，有 52% 的人对台湾媒体感到失望，更有 63% 的民众认为媒体是社会乱源。调查显示，台湾民众认为当下媒体最重要的问题分别为"媒体政党色彩鲜明"（34.1%）、"媒体质量不佳"（28.3%）及"新闻同质性"（22.4%）。细分新闻节目与非新闻节目两类可以发现，对于新闻节目的内容，台湾民众认为"内容重复"（25%）、"不够中立"（20.2%）及"内容同质化且一窝蜂"（14.8%）三大问题较为严重。至于非新闻节目，则是"节目内容不佳"（26.9%）、"节目内容同质化"（21.1%）及"缺乏本土节目"（16.6%）高居前三名。

将此次（"科技部"传播调查资料库一期三次）调查与台湾社会变迁基本调查计划五期四次（2008 年）、四期四次（2003 年）的媒体可信度调查相对比（图 3）可以发现，2014 年民众的五大媒体可信度皆为最低，具体得分依次为电视 64.95 分，报纸 56.99 分，网络 51.23 分，广播 49.77 分和杂志 47.24 分。以整体媒体可信度平均分数看，相较于 2003 年的 60.69 分、2008 年的 61.83 分，2014 年的 54.03 分不仅为三次调查的最低，甚至已低于 60 分这一及格线。可信度下降幅度以电视最为突出，网络虽从 2003 年最后一名攀升至 2014 年的第三名，但相较于 2008 年，其媒体可信度也是大幅降低，已经低于及格线[③]。

世新大学的"2014 媒体风云排行榜：跨世代媒体使用行为"调查也发

---

① 凯络媒体周报：《回顾 2014 年十大媒体要事》，凯络媒体周报网站（https：//twncarat. wordpress. com/2014/12/31/%E5%B0%88%E9%A1%8C%E5%A0%B1%E5%91%8A%EF% BC%9A%E5%9B%9E%E9%A1%A72014%E5%B9%B4%E5%8D%81%E5%A4%A7%E5% AA%92%E9%AB%94%E8%A6%81%E4%BA%8B/)，2015 年 6 月 23 日查阅。

② "科技部"传播调查资料库：《政党色彩鲜明、同构型高，媒体被六成民众视为社会乱源！》，"科技部"传播调查资料库网站（http：//www. crctaiwan. nctu. edu. tw/ResultsShow _ detail. asp? RS _ ID＝23)，2015 年 6 月 23 日查阅。

③ "科技部"传播调查资料库：《2014 年台湾民众媒体可信度创三次调查来最低》，"科技部"传播调查资料库网站（http：//www. crctaiwan. nctu. edu. tw/ResultsShow _ detail. asp? RS _ ID＝25)，2015 年 6 月 23 日查阅。

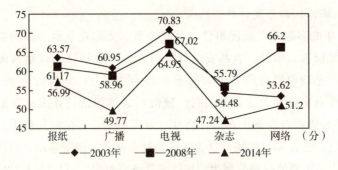

图3 五大媒体三次调查可信度得分

资料来源："科技部"传播调查资料库。

现民众对电视的信任度最高，达41.2％，其次为网络（26.3％）、报纸（21.5％）、杂志（8.4％）、广播（7.3％），另有21.1％的人不相信任何媒体①。两个调查都显示网络相对于其他媒体信任度排名有所上升。

那么，记者心目中的新闻媒体可信度如何？台湾媒体观察教育基金会在2014年9月至2015年1月针对记者群体进行的调查发现，台湾整体新闻媒体可信度的平均分为6.22分（满分10分），偏向略为满意。记者认为可信度高的前十名新闻媒体依序是"中央社实时新闻""公视新闻""联合新闻网""联合报""TVBS新闻""经济日报""联合晚报""苹果日报网站""udn新闻""工商时报"。以媒体类别来看，记者认为报纸的可信度最高，新闻杂志居次，电视第三，新闻网站最低。在各家报纸中，记者认为可信度最高的是"联合报"，其次是"经济日报""联合晚报""工商时报"和"苹果日报"。在13家电视新闻中，记者认为可信度最高的是"公视新闻"，其次是"TVBS新闻""udn新闻""非凡新闻""台视新闻""民视新闻"。网络新闻媒体共有9家列为评分对象，记者认为"中央社实时新闻"可信度居首，"联合新闻网""苹果日报网站"居次。

（四）传媒新规制

近几年台湾大众传播相关法规方面备受瞩目的是广电三法的修正和数据汇流法规的酝酿。台湾的广播电视产业一直到2005年都是由"行政院"新闻局依据"广播电视法"担任事业主管机关，"交通部"邮电司掌控电

① 中央社：《调查：常用媒体 电视网路最多》，中时电子报网站（http://www. china-times. com/realtimenews/20140721003135-260405），2015年5月20日查阅。

波频率及广播工程，处于"双头马车拉扯"的状态，广电产业传播政策不够明晰。面对数字时代科技汇流的冲击，台湾各界倡议以更宏观的视野来订定传播政策，整合广电与电信产业，将内容、服务、营运与工程技术一体化治理①。在这一背景下，"通传会"于 2006 年正式挂牌成立。"通传会"认为，20 世纪 90 年代形成的"广电三法"（广播电视法、卫星广播电视法、有线广播电视法）在许多方面已经不合时宜，为了因应数字汇流时代的挑战，对现有法规的调整已是刻不容缓。因此，"通传会"成立之后，力图推动数字汇流，拟草通讯传播法，但是进展缓慢，只能对现有的"广电三法"进行有限度的修法。

"行政院"于 2010 年 12 月公布数字汇流发展方案，将汇流法规架构调整期分为两个阶段，第一阶段为广电与电信产业分别修法，第二阶段完成"广电三法"及"电信法"草案（或汇流形式规范架构）。修法的主要目标是移除既有法规不必要的障碍；鼓励产业发展、跨业经营与竞争；保护消费者、公民和弱势族群权益；为市场公平与科技发展拓展新兴服务潜能。"广电三法"修正草案属于第一阶段修法②。

"通传会"提出的"广电三法"修正案，在"广播电视法"部分，修正重点是为配合"立法院"审议通过公民与政治权利国际公约及经济社会文化权利国际公约，修正有关广播、电视节目内容之禁止规定；在"卫星广播电视法"部分乃因应频道节目内容之监理亦须配合数字汇流趋势，予以齐一化管理，将其定位为频道法；在"有线广播电视法"部分，主要为调整有线广播电视产业整体市场结构及管制架构，系统经营者与电信业者间的相互跨业提供汇流服务。此外，"通传会"在"广电三法"中对党政军退出媒体相关规范亦加以合理化调整③。

"广电三法"修正草案由"立法院"于 2012 年 3 月交付相关委员会审议，决议通过"广电三法"修正案，并保留条文择期进行"党团协商"。"立法院"于 2012 年 11 月起直至 2014 年 1 月，历经多次协商会议，"意见尚难统合"，此后 2015 年 1 月两度审查，决议为"协商后再行处理"。"广电三法"修正重点包括调整党政军退出媒体条款，放宽经营区限制、加速

---

① 台湾"文化部"：《2014 台湾文化创意产业发展年报》，台湾"文化部"网站，2014 年 12 月 31 日（http：//stat. moc. gov. tw/Research. aspx？type=5），2015 年 6 月 1 日查阅。

② 何垂芬、李默德：《广电三法修法进度报告与展望》，《NCC News 6 月号》第 9 卷第 2 期。

③ 同上。

有线电视数字化建设与调整收视费用管制机制以及加强自律方式、强化媒体自身责任等，对于这些修法方向及内容，台湾各界均有高度共识①。迄今未完成修法最主要的症结点，在于上下游产业间对"有线广播电视法"修正草案第33条"必载"条文（于有线电视平台上应该必载的无线电视频道数目）有所争议。"通传会"于2015年3月邀请社会各界召开"广电三法修正草案座谈会"，经讨论后，对于"必载"议题产生初步共识，即必载民营无线电视业者指定一个频道，为上下游产业共识基础，在此基础上思考有无其他方案可以提供更多优质节目内容，又能兼顾系统营运自主性及频道市场机制②。

除了悬而未决的"广电三法修正草案"在不断进行朝野磋商之外，台湾政府部门在以下几个方面展开对台湾大众传播相关规制的订立或修正：

1. 推动数字化

2014年底，"行政院""通传会"及"内政部营建署"共同制定光纤全面到府的新政策，新建建筑将强制要求开发商建设光纤到府网络，换言之，就像水、电、煤气线路一样，光纤网络未来将变成室内线路的一环，从固网业者的电信室到用户家里的变电箱这段电信线路全部都要由开发商自行兴建，再由用户决定使用哪一家电信公司的宽带服务。"通传会"表示，"行政院"希望借此落实"宽带上网是人民基本权利"政策③。"通传会"初步规划将率先对公有建筑、3户以上集合住宅，以及1000坪以上大楼，推动强迫光纤到府政策④。

另外，对偏远地区，"通传会"也采用补助方式提高数字化水平。根据"通传会"统计，台湾2015年第一季有线电视数字化比例平均82.44%，但台东仅0.47%，且关山区、成功区还没开始数字化；金门、马祖数字化比例也挂零，由于挂零区域的收视属于播送系统，依照原本规定，有线广播电视事业发展基金无法补助。2015年中，为推动偏乡数字化，"通传会"

---

① 工商时报：《NCC 促广电三法年代过关》，2014年10月20日，"'行政院''国家'资讯通信发展推动小组"网站（http：//www.nici.ey.gov.tw/News_Content.aspx? n=566705AB20E98613 & sms=FDAC2FE5D02E9999&s=8FA89A44CCC5CC5D），2015年7月24日查阅。

② 何垂芬、李默德：《广电三法修法进度报告与展望》，《NCC News 6月号》第9卷第2期。

③ 林淑惠：《光纤全面到府 明年玩真的》，中时电子报网站（http：//www.chinatimes.com/cn/newspapers/20141120000152-260204），2015年7月20日查阅。

④ 《2015年3月媒体大事件》，台湾"科技部"传播调查资料库（http：//www.crctaiwan.nctu.edu.tw/QuestionnaireSurvey_detail.asp? QS_ID=13），2015年6月6日查阅。

修改《促进有线广播电视普及发展补助执行要点》，将播送系统纳入补助范围，未来有线广播电视事业发展基金将可挹注偏远地区进行数字化，让当地民众早日享受数字化的便利。目前，有线广播电视事业发展基金是由各家有线电视系统从营业额提拨1‰注资，未来播送系统也要缴交1‰营业额至基金专户[①]。

2. 进一步规范广播电视节目冠名

"通传会"于2012年10月开放节目冠名，希望企业冠名有助于促进媒体内容发展。2013年初《民视第一发发发》成为台湾第一个冠名节目，同年4月中天《SS小燕之夜》成为台湾第一个品牌冠名节目。"通传会"于2014年4月2日扩大开放冠名赞助广播电视节目的范围，可以品牌或产品名称为冠名，亦可包含商标图像及相关附属图案。同年7月，"通传会"公布修正电视节目赞助暂行规范，其主要内容有：烟品、跨境婚姻媒合、非法交易之商品及服务、政治团体禁止赞助；新闻/时势评论及儿童节目不得接受冠名赞助；生产处方药或"中央"卫生主管机关公告指定药物厂商可冠名赞助，但不可用药名；酒类限制播放时段，为晚上9点至上午6点时段可以播放[②]。2014年台湾电视冠名节目大幅增加，不仅台湾制作的综艺、戏剧节目获得冠名赞助，回放剧、外购戏剧也开始加入冠名队伍，例如1998年制播的《叶青歌仔戏》和2007年韩剧《咖啡王子1号店》。此外还有同一戏剧由不同企业冠名，例如《世间情》；同一企业冠名许多节目，例如白河台影文化城[③]。冠名政策的实行为台湾广播电视产业的发展注入了新的活力。

3. "电影法"修正草案

"立法院"2015年5月22日三读通过"电影法"修正案。台湾"电影

---

① 《汇流政策研究室电子版》第36期，汇流政策研究室网站（http://ccs.nccu.edu.tw/word/NEWS_FILES/5151752015.pdf），2015年7月10日查阅。

② 凯络媒体周报：《显眼的位置，不显眼的操作：浅谈"冠名赞助"》，凯络媒体周报网站（https://twncarat.wordpress.com/2015/01/29/%E5%B0%88%E9%A1%8C%E5%A0%B1%E5%91%8A%EF%BC%9A%E6%B7%BA%E8%AB%87%E3%80%8C%E5%86%A0%E5%90%8D%E8%B4%8A%E5%8A%A9%E3%80%8D/），2015年6月30日查阅。

③ 凯络媒体周报：《回顾2014年十大媒体要事》，凯络媒体周报网站（https://twncarat.wordpress.com/2014/12/31/%E5%B0%88%E9%A1%8C%E5%A0%B1%E5%91%8A%EF%BC%9A%E5%9B%9E%E9%A1%A72014%E5%B9%B4%E5%8D%81%E5%A4%A7%E5%AA%92%E9%AB%94%E8%A6%81%E4%BA%8B/），2015年6月23日查阅。

法"自 1983 年公布后从未进行大幅度修正，22 日通过的修正条文删除了原有的"配合'国家'政策、弘扬中华文化、激发爱'国'情操、阐扬伦理道德"等条文，并且也一并删除"电影播放前须播放政令倡导影片"的规定。修正条文还将营利事业投资"国片"可抵免营所税的优惠再延长 10 年，以鼓励振兴电影产业。为鼓励外国电影业者到台湾拍片，提升台湾电影产业水平，修正条文也增订来台支出制作相关费用以及购买货物、劳务等，达一定金额得依加值型及非加值型营业税法规定可以退税。另外，对于过去电影院没有建立全台计算机票房统计机制，三读修正条文也增订将售票机制入法，以计算机计算，让全台票房更加精准，以进一步健全电影产值统计资料。若业者不配合办理建置系统，修正条文也订定罚则，经警告并限期通知不改正者，可处新台币 2 万元以上、10 万元以下罚款①。

4. "广播电视法"部分规定废止

2014 年 11 月，"通传会"宣布，"广播电视法"中的节目输出、输入审查规定抵触国际公约的言论自由精神，即日起停止适用。仅大陆节目输入依"两岸人民关系条例"，仍须经"文化部"审查。"通传会"表示播送内容由业者自律，违法采事后追惩②。

5. 台湾网络智能政策白皮书草案定稿③

为了顺应网络快速发展与广泛应用的国际趋势，推动政策数字化，台湾"行政院"于 2015 年 4 月正式宣布已完成《网络智慧新台湾政策白皮书》草案，希望 2020 年前构建起一个具有"3i"概念的网络智慧新台湾。所谓"3i"概念主要指，网络化（interconnected）、智能化（intelligent）、包容化（inclusive）。"白皮书"内容涵盖五个方面、分别是基础环境、透明治理、智慧生活、网络经济及智慧土地。在基础环境方面，将提升资讯基础建设，发展资讯安全防护网；在透明治理方面，将加速资源开放，满足民间"知"与"用"的权利，构建全民网络参与环境力量，创新服务模

---

① 符芳硕：《〈电影法〉修正案三读 看电影不再有政令倡导》，新头壳网站（http://newtalk. tw/news/view/2015-05-22/60427），2015 年 7 月 1 日查阅。

② "科技部"传播调查资料库：《2014 年 11 月媒体大事件》，"科技部"传播调查资料库网站（http://www. crctaiwan. nctu. edu. tw/QuestionnaireSurvey _ detail. asp? QS _ ID＝9），2015 年 5 月 25 日查阅。

③ 余至浩：《台湾网路智慧政策白皮书草案定稿，5 大架构横跨智慧与开放政府精神》，iTHome 网站，2015 年 4 月 17 日（http://www. ithome. com. tw/news/95304），2015 年 5 月 25 日查阅。

式；在智慧生活方面，将结合通信与智慧科技，运用到护理、教育、文化等领域；在网络经济方面，强调创新创业，提升电子商务及网络金融的环境与安全，再造经济成长新动能；在智慧土地方面，将借由资讯科技建立起民众、环境及社会三方面的互动关联①。

二 值得关注的传媒议题

（一）传统媒体继续摸索转型道路

传统媒体在新媒体压力下继续摸索转型途径。以联合报系为例，2014年4月联合报系推出一系列手机应用，如"搭车吧，台北"App是一个综合型交通信息查询工具，提供公交车动态、YouBike租借状况、高铁时刻表及捷运站周边景点等信息；"健康微日记"App通过追踪自身的健康曲线，改良生活习惯；"联合影音"App则包含了联合报、经济日报、联合晚报与udn tv的新闻内容，实时新闻随时更新。2014年5月联合在线推出"udn读小说"App，与女性文学网站红袖添香合作，提供上万本小说以满足读者多元的阅读喜好。联合在线还与联合文学合作推出"数位风华"系列App，系列中每个App就代表每位作家的世界。联合报系还推出针对台湾运彩开盘比赛提供专业分析的App，结合报系新闻网，提供赛事结果与实时讯息。

台湾其他报纸也大力开发手机应用程序。中时电子报App于2014年9月2日改版上线，新版App跨界融合各大媒体，集合中国时报、工商时报、旺报、时报周刊、周刊王等报章杂志提供实时新闻、深度报道，并有24小时随选中视、中天在线影音直播，为用户提供世界各地第一手新闻信息。自由时报于2014年11月推出选举专刊App供读者下载，除了提供选举相关新闻及数据外，选举当天还有实时开票功能。

2014年3月"太阳花学运"期间，各传统媒体也新招迭出。例如《苹果日报》在网络平台上运用互动事件簿呈现学运始末，采用时间轴贯通连接，只要用鼠标点选页面上的箭头，或是键盘左右键，即可浏览事件簿上的新闻内容与图片，相关影音也可通过事件簿做链接。在330大游行时，"苹果"推出新闻打卡，采用与之前事件簿设计类似的方式，运用鼠标点选箭头与键盘左右键，就可以借由图片、文字及影片链接，结合地图让读

---

① 刘深魁：《聚焦网络智慧台湾推出"新政"》，《福建日报》2015年4月29日。

者了解当天游行各地的状况。

2014 年底的九合一选举，各传统媒体也竞相开辟新的信息传递路径。udn 联合新闻网与公民记者团队沃草合作，早在 7 月就针对台北市长选举推出"市长，给问吗"提问平台，将各候选人的回复状况一一呈现在网页上，提供给一般民众参考。九合一选举临近时，udn 联合新闻网、中时电子报及自由时报电子报皆推出选举专页，其中 udn、中时以数据图表为主要特色，而《自由时报》则划分县市，整理各区选举报道。《苹果日报》推出"2014 选举斗阵擂台"专区，与 Google"市民发声"、沃草、未来事件交易所、网络温度计等多家媒体合作，打造选举专区网站①。

从 2015 年"台湾百大网站"排名来看，传统媒体的努力颇有成效，具有传统媒体背景的大众传播媒体有 13 家入榜，且进步幅度都不错，《自由时报》上升了 25 名、中时电子报上升了 15 名、《苹果日报》上升了 9 名、联合新闻网也往前进了 4 名②。适用于移动上网的应用程序日益普及，媒体类的网站最为明显，移动终端流量大幅度超越了电脑端。以《苹果日报》为例，在强调报道影音化、图像化、实时化的策略下，相对于电脑端平均每月约 518 万的触达人数，行动端的数量超过 800 万，以 2014 年 12 月的流量来看，移动对应电脑端的比例达 167%。东森新闻云、中时电子报、《自由时报》等主流媒体，也都呈现类似状况。如果以浏览的网页数来看，主要新闻媒体电脑端流量成长约 31%，但移动端成长率高达 247%；杂志类部分，移动流量也成长了 127%③。可见，传统媒体不拘泥于原有信息传递载体，积极开发移动媒体，其表现颇为亮眼。

（二）"内容农场"异军突起，社交媒体依然强势

所谓内容农场（Content Farm），指以转载网络上的文章为主，通过社交媒体加速传播进而吸引流量，带动广告销售的网站。2014 年年中爆红的 GigaCircle 就是一个例子。

2014 年初 GigaCircle 上线，一开始先做英文网站，但反响不佳，之后

---

① 曾玉婷等：《九合一大选倒数 媒体先掀"网战"》，铭报即时新闻网站（http：//mol. mcu. edu. tw/show _ 2009. php？ nid=164985），2015 年 6 月 22 日查阅。

② 凯络媒体周报：《回顾 2014 年十大媒体要事》，凯络媒体周报网站（https：//twncarat. wordpress. com/2014/12/31/%E5%B0%88%E9%A1%8C%E5%A0%B1%E5%91%8A%EF%BC%9A%E5%9B%9E%E9%A1%A72014%E5%B9%B4%E5%8D%81%E5%A4%A7%E5%AA%92%E9%AB%94%E8%A6%81%E4%BA%8B/），2015 年 6 月 23 日查阅。

③ 同上。

改变网站经营方式，只用了三个月时间就名列台湾网站第七名①。作为一个以集合其他网站的内容为内容的网站，GigaCircle 采取了类似直销的"上下线"拆账模式，每一位发文者可以从读者的点击中赚钱，每千次点击收到 2—4 美元不等。此外，每一位转发或分享的人，也可获得一定比例的佣金，抽佣比例由发文者决定。每一位使用者还可以建立自己的下线，并从下线收入中抽取 15％的佣金。下线多的使用者，可以从下线的收入中抽取稳定的收入。GigaCircle 创办人郑捷文将这种经营方式称为"联盟营销"，认为"联盟营销"不需要缴钱入会，与直销并不相同，GigaCircle 采取的是网络营销的方式，推广者加入企业的伙伴合作计划，因此取得一组授权码，用来协助企业销售产品，消费者通过该授权码的连接成交，企业因此发放部分佣金给推广者，Google、PChome 等网站也有这种机制②。

　　GigaCircle 的异军突起引起了许多争议。网站设计者的初衷是为了鼓励那些喜欢在网络平台上分享自己文字的人，让他们在文章大受欢迎的同时，也获取一定比例的"稿费"——稿费来自广告主在平台下的广告预算。但是，许多用户发现了一个更快致富的方式：不需要自己写文章，直接转帖网络上他人创作的热门文章，对文章略作修改或者抓住读者猎奇心理，换个耸动标题，以此吸引眼球，冲高流量，赚取稿费红利。《商业周刊》总结其两大争议，一是文章品质不佳，内文未经查证，标题耸动；二是著作权问题，有抄袭盗用、偷文章赚钱之嫌③。

　　2015 年 7 月 21 日登录"台湾社群排行榜"，在"内容农场"项下，前五名分别是 LIFE 生活网、gmter.com、TEEPR 趣味新闻、BuzzHand 和 GigaCircle④，点击相关 Alexa 数据⑤可以发现，排在接入口第一位的都是

　　① 庄雅茜：《台湾最受争议网站　你转贴就有钱赚》，《商业周刊》第 1396 期（http：//www. businessweekly. com. tw/KWebArticle. aspx？ID＝55488&pnumber＝2），2015 年 7 月 15 日查阅。

　　② 邹家彦：《是盗取他人文章的"内容农场"，还是创新商业模式的内容平台？专访 GigaCircle 创办人郑捷文》，"科技报橘"网站（http：//buzzorange. com/techorange/2014/11/25/interview-with-gigacircle-jeremy/），2015 年 7 月 15 日查阅。

　　③ 庄雅茜：《台湾最受争议网站　你转贴就有钱赚》，《商业周刊》第 1396 期（http：//www. businessweekly. com. tw/KWebArticle. aspx？ID＝55488&pnumber＝2），2014 年 8 月 13 日查阅。

　　④ 台湾社群排行榜网站（http：//social. board. tw/？ filter＝内容农场），2015 年 7 月 21 日查阅。

　　⑤ Alexa 网站（http：//www. alexa. com/siteinfo），2015 年 7 月 21 日查阅。

Facebook，分别占比39.8%、54.2%、41.3%、44.1%和20.1%，这一方面说明Facebook是内容农场网站的主要分享站点，另一方面也体现了台湾网民的Facebook黏着度。

相对于传统媒体，被称为内容农场的网站尽管获取了大量的点阅率、转载率和流量，但其技术门槛低，商业模式容易被复制，长期而言，其生存和发展依然面临极大挑战。

（三）新媒体在政治活动中扮演重要角色

根据"科技部"传播调查资料库2013年（一期二次）针对全台湾民众媒体使用行为调查的数据，门户网站（包括奇摩新闻网、联合报新闻网等）是最多台湾民众搜集、浏览、点阅与观看和政治与公共事务新闻有关的网络媒体管道；而转帖、转寄、发文、制作、留言与评论和政治与公共事务新闻有关的网络媒体平台则以"社交网站"排名第一。进一步分析发现，使用网络的民众，如果愈常采取在网络上搜集、转帖、发文等政治性使用行为，其小区参与和政治参与程度也越高。这样的分析结果可能意味着：在网络上的政治传播相关行为，可以促发真实生活中的政治参与[①]。

2014年3月的"太阳花学运"充分展现了数字新媒体的"实时性、弹性、协作性"[②]，学生们用拖鞋架着平板电脑，借助免费的网络直播服务，实时转播"立院"现场，并通过网络协作平台，进行文字转播与事件记录，展开后续议题的扩散与讨论。在学运中，懒人包和网络影音串流直播等新方法成为广为人知的传播形式。"凯络媒体周报"称为"媒体事业的数字落差总体检"——新兴的网络媒体较能跟得上社会脉动，甚至直接参与事件现场；而较保守的传统媒体在采纳与融合新媒体上显得力有未逮，使得这一事件"树立一种以科技媒体为主的传播运用典范，也影响了年底九合一选举传播方式"[③]。在"太阳花学运"中，传统媒体依然发挥其传播效果，但新媒体所显示出来的传播能量已令世人刮目相看。

"太阳花学运"凸显网络新媒体的重要性，促使台湾政府开始运用新

---

① 《新媒体与公民参与》，"科技部"传播调查资料库网站（http://www. crctaiwan. nctu. edu. tw/ResultsShow _ detail. asp? RS _ ID=12），2015年7月1日查阅。

② 凯络媒体周报：《回顾2014年十大媒体要事》，凯络媒体周报网站（https://twncarat. wordpress. com/2014/12/31/%E5%B0%88%E9%A1%8C%E5%A0%B1%E5%91%8A%EF% BC%9A%E5%9B%9E%E9%A1%A72014%E5%B9%B4%E5%8D%81%E5%A4%A7%E5% AA%92%E9%AB%94%E8%A6%81%E4%BA%8B/），2015年6月23日查阅。

③ 同上。

媒体进行沟通。学运之后，政府在政策拟定时尝试开放网络论坛，2014 年 7 月"经贸'国是'会议"首次尝试网络直播的方式，让网民以观察员身份在"经贸'国是'会议"期间参与讨论。"行政院"发言人室亦设立"新媒体小组"，于 9 月由新媒体小组人员在 YouTube 影音平台尝试进行院会后记者会的现场直播演练①。

选举也是新媒体大显身手的地方。2014 年底九合一选战的台北市长之争，一方是以传统方式选战操盘，另一方却是以新媒体为主的非典型创新，台北市长当选人柯文哲以非传统方式打赢选战，网络是胜选的关键，他的支持者自称"婉君"，以区别于"网军"，形成庞大支持力量。九合一大选结束，许多人认为"网络世代大幅左右战局"，Facebook 俨然成为具有庞大影响力的选战媒体。在地方选举中也是如此，以中坜区候选人王浩宇为例，通过"我是中坜人"粉丝团，采取"快闪即 PO"实时关心地方议题，得以在选战中获胜，以第二高票当选"议员"②。

（四）媒体自律、他律双管齐下

台湾在过去的一年中发生多起备受媒体关注的大事件，2014 年 3 月持续三周之久的"太阳花"反服贸运动开始，5 月台北发生致 4 死 24 伤的捷运随机杀人事件，7 月 48 人在台湾复兴航空澎湖空难中罹难，8 月高雄发生十多年来台湾最严重的石化气爆事故，9 月爆出馊水油、回锅油、饲料油混充食用油的食品安全问题，11 月台湾进行史上最大型地方"九合一"选举，12 月全台 22 县市"议长"选举。跨入 2015 年，2 月又发生复兴航空台北飞金门班机空难和高雄监狱犯人挟持人质事件。在这些事件的报道中，媒体的表现受到各方关注，公民团体和管理机构不时呼吁媒体回归新闻专业。

在 2014 年 7 月澎湖空难发生第二天，台湾媒体观察教育基金会（媒观）、公民参与媒体改造联盟、卓越新闻奖基金会、台湾少年权益与福利促进联盟即发表共同声明，呼吁"媒体应发挥新闻专业，勿造成'国人'集体创伤"。声明进行了四个方面的呼吁：首先，媒体应提供正确详实信息，尽管现场状况混乱，媒体有义务提供第一手信息让民众知晓，但更应

---

① 谢莉慧：《"行政院"首次尝试直播记者会 体验新媒体威力》，新头壳网站，2014 年 9 月 4 日（http：//newtalk.tw/news/view/2014-09-04/51064），2015 年 7 月 24 日查阅。

② 《2014 年 12 月媒体大事件》，台湾"科技部"传播调查资料库网站（http：//www.crctaiwan.nctu.edu.tw/QuestionnaireSurvey_detail.asp? QS_ID=10），2015 年 6 月 22 日查阅。

具有安定人心的功能，应该力求新闻正确性；其次，媒体应恪守内部新闻自律纲要，平面与电子媒体皆不应过度使用悲伤者痛苦、哀号的图片影像，应在封锁警戒线外采访、报道，避免妨害救难（援）工作之进行；再者，各媒体应该严守自身的新闻专业，应以谨慎和尊重事实的态度报道，勿对事故加以揣测，同时，针对可能会对受难者以及"国人"大众的心理可能造成阴影的讯息应进行筛选，并对受难者及其家属的隐私全力保护；最后，各家媒体主管与业主，应关注第一线媒体工作者在灾难伤亡现场采访可能造成的心理创伤，不但应该关注其劳动权益，更应在事前与事后提供媒体工作者心理咨询或协助①。8月"媒观"发布澎湖空难媒体表现观察报告，认为虽然各大媒体很快启动自律机制，但在第一时间的报道上对事件相关人士的人权不够尊重的现象仍然普遍存在（如事件第一天当晚反复播放相关人士情绪激动画面），还有电视媒体前往当事人家中进行采访，或是阻碍伤员运送过程。"媒观"认为媒体的报道主要是在煽动情绪与诉诸感官，无助于大众理解飞行安全相关知识与讯息②。

在两次复兴航空的空难事件中，"通传会"也呼吁媒体应避免侵入式采访或情绪性报道，尊重受难家属感受，秉持同理心③，遵守自律规范，启动自律机制审慎报道④。

另一起备受关注的媒介事件是 2015 年 2 月 11 日发生在高雄大寮监狱的在押犯挟持人质事件。有白晓燕绑票案和陈进兴挟持南非武官事件的教训在前，此次事件一发生，"无线卫星广播电视公会"第一时间启动自律机制，四度呼吁各新闻频道报道此事件"应注意维护人质安全、勿妨碍办案，回避以夸张、煽情、刺激及详尽手法报道犯罪过程，以避免犯罪行为引起民众恐慌不安"。尽管如此，当日各大电子媒体仍纷纷以现场报道以及电话联机方式进行实时报道，出现挟持人质的犯人联系媒体，刊登声

① 台湾媒体观察教育基金会：《媒体应发挥新闻专业 勿造成"国人"集体创伤：我们对于澎湖空难的共同声明》，台湾媒体观察教育基金会网站（http：//mediawatch. org. tw/node/4736）2015 年 6 月 22 日查阅。

② 台湾媒体观察教育基金会：《723 澎湖空难媒体表现观察结果报告》，台湾媒体观察教育基金会网站（http：//mediawatch. org. tw/node/4826 ），2015 年 6 月 22 日查阅。

③ 《2014 年 7 月媒体大事件》，"科技部"传播调查资料库网站（http：//www. crctaiwan. nctu. edu. tw/QuestionnaireSurvey _ detail. asp？QS _ ID=4），2015 年 6 月 22 日查阅。

④ 《2015 年 2 月媒体大事件》，"科技部"传播调查资料库网站（http：//www. crctaiwan. nctu. edu. tw/QuestionnaireSurvey _ detail. asp？QS _ ID=12），2015 年 6 月 22 日查阅。

明，而被挟持的典狱长亦接受电视台电话专访这样匪夷所思的场景①。此外，有部分电子媒体企图以空拍方式取得画面，进行现场转播。针对自律之下仍呈现出的报道乱象，"媒观"等媒改团体发表声明，要求媒体应高度自律，确保事件当事人安全，避免刺激嫌犯、危及人质安全，避免过度揭示事件现场信息，暴露警力布署与事件地点相关信息，导致人质救援产生困难；呼吁保障媒体劳动权，确保采访记者人身安全；同时呼吁"法务部"与媒体同业明确区分采访现场界线，既要求媒体恪守自律原则也要求作为主管机关的"法务部"采取保障人质安全与记者生命安全的态度，明确执行媒体采访界限，避免媒体成为传话的中介，以免渲染犯罪行为、将罪犯英雄化，引发对此类犯罪事件的模仿②。

媒体自律和公民团体的监督有助于净化媒体环境，而政府管理单位和执法机构也是纠正媒体乱象的重要力量。2012 年的李宗瑞偷拍事件被揭发后，各大媒体竞相报道，事后相关管理机构和执法单位的介入，凸显了台湾媒体的他律机制。《自由时报》在 2012 年 8 月 14 日以"李宗瑞之父，请辞元大金董事"为影剧版头条标题，刊登 3 张经过马赛克处理的裸女照，被台湾检方依妨害秘密罪起诉副总编辑及记者等 3 人，台北地方法院审理后，依妨害秘密罪判处《自由时报》相关责任人各 3 月徒刑，分别得易科罚金新台币 18 万元、9 万元。全案历经二、三审驳回上诉，于 2015 年 3 月定谳③。除《自由时报》外，《中国时报》将两张从网络下载的偷拍照刊登在 2012 年 8 月报纸头版及内页，相关人员亦由"最高法院"驳回上诉定谳，判处 3 月徒刑，可易科罚金，缓刑 2 年，各应向公库支付新台币 10 万元④；中天电视台也因播出交媾图被"通传会"判定"违反节目分级"，于 2012 年 10 月被"通传会"开罚 30 万。

（五）记者工作状态引起关注

2014 年 10 月 26 日成立的"媒体工作者劳动权益小组"公布针对横跨

① 林靖堂：《监狱挟持事件 NCC、媒观谴责媒体重演白晓燕案》，今日新闻网站（http：//www. nownews. com/n/2015/02/12/1606813），2015 年 6 月 22 日查阅。

② 台湾媒体观察教育基金会：《媒体应高度自律 保障记者劳动权：我们对于监狱受刑人持枪挟持事件的看法》，台湾媒体观察教育基金会网站（http：//mediawatch. org. tw/node/4883），2015 年 6 月 22 日查阅。

③ 中国新闻网：《台湾一报社主管刊登李宗瑞迷奸照片 判刑定谳》，中国新闻网网站（http：//www. chinanews. com/tw/2015/03-12/7124606. shtml），2015 年 6 月 22 日查阅。

④ 中国新闻网：《台湾一家媒体刊登李宗瑞不雅照 法院判四人缓刑》，中国新闻网网站（http：//www. jx. chinanews. com/2015/0501/1769004. html），2015 年 6 月 22 日查阅。

不同形态媒体工作者的问卷调查结果，显示记者工作超时、项目繁杂且薪资停滞等情况。记者在工作中遭遇劳动条件恶劣、工作要求不合理的问题，不仅对记者的身心健康造成影响，新闻产品的质量也无法保证。针对这一调查结果，台北市劳动局长赖香伶表示，未来台北市劳动检查将先从媒体业介入了解。媒体业生态特殊，媒体工作者工时长、过劳，媒体老板因无法详载工时规避"劳动基准法（劳基法）"。赖香伶提出，未来将建立劳动检查的举发信息平台，改善媒体劳动环境[①]。

2015年2月13日，媒体工作者劳动权益小组公布一份2014年底九合一大选前跑选举新闻的记者劳动情形调查，有七成记者每天工时达13小时以上，几乎所有人加班都没有加班费。记者单日最长工时平均为14.38小时，50名采访2014年底九合一选举新闻的记者中有37位（74%）表示，单日最长工时达13小时以上，已违反"劳基法"单日加班不得超过4小时的规定。调查还显示，42位（84%）记者在选前都曾停休或被迫停休，并有高达36位（72%）记者连续上班7天没有休假，还有记者连续上班28天没有休假，这显然也违反"劳基法"每7日应有1日为休假日的规定。就记者发稿量（包含实时新闻）而言，单日最多平均数为6.64则，其中最多的为16则[②]。

台北市政府自2015年3月起针对媒体业实施项目劳检，检查结果显示受查的34家媒体"全数违法"，其中尤以未给付加班费、未设置打卡出勤记录，以及每日工作超过12小时等违规状况最为严重，劳动局将待业主陈述意见后方进行裁处[③]。根据劳检报告，34家业者都有违反《劳动基准法》相关法规。其中，香港商苹果日报台湾分公司（《苹果日报》）、自由时报公司、工商财经数字公司以及中天电视公司等4家，均有8项违规，为违规最多的业者。《苹果日报》违规项目包括延长工作时间未依规定加给工资、未依规定置备劳工出勤记录、延长工作时间未经过工会或劳资会议同意、延长工作时间超过法令规定（每日延长工作时间连同正常工作时间超

---

① 《2014年12月媒体大事件》，"科技部"传播调查资料库网站（http：//www.crctaiwan.nctu.edu.tw/QuestionnaireSurvey_detail.asp? QS_ID=10），2015年6月22日查阅。

② 林雨佑：《每天跑15小时　血汗记者呐喊：赖香伶救我！》，新头壳网站（http：//newtalk.tw/news/view/2015-02-13/56965），2015年7月20日查阅。

③ "科技部"传播调查资料库：《2015年4月媒体大事件》，"科技部"传播调查资料库网站（http：//www.crctaiwan.nctu.edu.tw/QuestionnaireSurvey_detail.asp? QS_ID=15），2015年6月22日查阅。

过 12 小时或每月延长工作时间超过 46 小时)、使劳工于休假日出勤未加给工资等①。

记者工作方式与其他行业有很大不同,上班打卡并不适于记者工作性质,对工时的核算难度很大。在媒体竞争环境恶劣、传统媒体收入锐减的情况下,记者工作压力大,时间长,收入却不见增长。对于记者工作状态的了解和关注有利于传媒产业的健康发展。

(六) 独立媒体"公众营运模式"逐渐浮现

台湾学者陈顺孝将"独立媒体"定义为独立于政府、政党、财团之外,为基层民众发声的媒介,又称为公民媒体、另类媒体。他按照独立媒体成员是个人还是团队、媒体本身是侧重采写还是编辑,对独立媒体进行分类②:

第一类是团队采写类,例如报道社运的《苦劳网》、深耕生态的《环境信息中心》、服务移民移工的《四方报》、聚焦农业的《上下游新闻市集》、重视媒体改革的《新头壳》、关注社会议题的《PNN公视新闻议题中心》。

第二类是个人采写类,例如专注环保的朱淑娟、关怀弱势的江一豪、调查疫情的李惠仁、探讨教育的彭明辉、反对置入性营销的黄哲斌、深耕韩国新闻的杨虔豪。

第三类是团队编辑类,例如汇集和诠释网民观点的《全球之声》、导读新闻议题的《关键评论网》、让人架站发稿的《PeoPo公民新闻平台》、导览政府预算等公开信息的《零时政府》。

第四类是个人编辑类,例如选刊好文的《懒人时报》、以信息图表解读新闻的《台湾社会事件信息图表》和《Baagic 咩即可—消费者热线》。

《苦劳网》是台湾创办历史最久的独立媒体。1997 年 9 月世新、政大等校的学生于世新大学社会发展研究所架设网站,收集台湾社会运动相关资料,这是《苦劳网》的雏形。1998 年 9 月,网站正式定名为"苦劳网","cool"与"loud"谐音构成"coolloud",成为《苦劳网》的英文名称,并定位为"运动的媒体、媒体的运动"。独立媒体工作者劳动过程特性之一是时间无法固定,《苦劳网》采取"自报公议记点制"的给薪方式,在此

---

① 林雨佑:《苹果工会:不应用责任心 让记者工作吃到饱》,新头壳网站 (http://newtalk.tw/news/view/2015-04-20/59146),2015 年 7 月 20 日查阅。

② 陈顺孝:《独立媒体生态系的汇聚与苗壮》,台湾媒体观察教育基金会网站 (http://mediawatch.org.tw/node/4624),2015 年 7 月 20 日查阅。

薪资制度下，《苦劳网》核心团队的成员须向其他伙伴"报告"自己的工作内容及花费时间，然后团队一起讨论评议，厘清劳动的必要性与价值、是否与个别成员投注时间相对应，以此计算劳动报酬①。

刘昌德认为，独立媒体在网络世界的生存空间，至少经过了二十年来众人的冲撞与尝试，才逐渐形成现在一个有"小众"基础的新闻场域。从1990年后期开始，email、BBS与网站建构了一个网络新世界，给予第一代数字媒体工作者相对独立的创作空间，南方电子报、苦劳网、环资中心电子报等在网络"荒野"建立了滩头堡。2000年中期以后，伴随着传统新闻媒体的衰退与随之傍生的专业价值沦丧，许多新闻工作者作出了新的人生选择，也引发了台湾新闻场域的变化——一部分带着传统价值理念的资深新闻工作者，结合具备数字科技素养与熟悉网络逻辑的新世代，成为独立媒体的生力军。几位获得多项新闻奖的独立记者与公民记者，逐渐能以专业声望与人际脉络，获得足够收入，投入各自领域的深入报道，并成为主流媒体邀稿或采访的焦点人物。在个人的努力之外，打组织战的独立媒体，也在社群网站与社会运动中，累积一定规模的支持。上下游新闻市集、苦劳网、环资、新头壳、四方报、公库、公视的PNN与PeoPo等独立媒体，分别通过捐款、销售、补助等不同形式的"公众"或"公共"支持，得以自主营运，也让所属的记者能够获得一定的报酬。集体组织的出现，众筹网站WeReport与专业团体独媒协会的实践，同样标志了小众新闻场域的成形②。在商业模式之外，"公众营运模式"作为一个新的选项，崭露头角。

---

① Brandon：《独立前行17年 苦劳网另类实践》，共志网（http：//commagazine2011. blogspot. tw/2014/12/17. html），2015年5月18日查阅。

② 刘昌德：《独立媒体 生死关头》，共志网（http：//commagazine2011. blogspot. tw/2014/12/blog-post _ 11. html），2015年5月18日查阅。

☞ 叁 媒体法制与政策

- 中国网络音视频服务的规制变革
- 新闻舆论监督的"程序正义"
  ——以"记者随投诉人一起采访"为示例
- 我国新闻与传播涉讼案例中的"注意义务"
- 中国转型期的传媒政策概要

中国网络音视频服务的规制变革

赵艳明[①]

内容摘要　网络视频等新媒体技术影响了中国广播电视的管理体制和内容把关模式，如何用传统的治理原则、方式、机构与网络音视频的规制实现对接，这是本文试图考察的问题。经过多年来的了解和磨合，国家出台的一系列针对网络视频发展和管理政策，已将网络视频纳入整个影视业的监管体系之中，国家监管政策将深刻地影响着网络视频业的发展走向。

关键词　网络视频　规制　国家政策

网络视频比传统广电业天生更具有市场属性。视频网站和传统广电媒体作为社会组织的起点本来就不同：目前国内主流的视频网站（如 2005 年正式上线的"土豆网"）往往是由海外资本投资创办的，其"出身"决定了行业主要采用商业运营的模式；而广电媒体在诞生之初是事业属性的宣传机构，后来逐渐走向了"事业单位，企业管理"的路径。虽然二者后续的发展路径逐渐收拢，但是他们对于市场化的理解和市场运营方式却有本质的不同，这从广电媒体开办的视频网站的集体溃败就可略见一斑，而网络视频在播映方式上具有的天生优势更使得许多传统广播电视台集体惊呼"狼来了"。

网络视频的快速发展和影响力的增强，不仅影响到广电媒体，也极大地冲击了中国广播电视的管理体制和内容把关模式。过去，作为传统媒体的广播电视一直被视为"党和政府的耳目喉舌"，虽然随着传媒市场化的改革，广电业"企业管理""制播分离"已经被普遍采用，但广播电台、电视台还是由各级政府行政管理部门直接设立和主管的，整个传统媒体的

---

①　赵艳明，北京交通大学语言与传播学院讲师、广播电视学博士。

行为空间仍然被限制在国家框架之内。

　　国家实施的广播电视管理覆盖了播放终端的电台和电视台、对播出节目实行事前审查、对制作节目和播出节目的机构颁发许可证、针对不同内容类别进行专项审查以及开展非常规的专项整治行动等；在对内容的规制方面，则通过行政手段在节目选题、生产、交易、片源、播出、传送比例、导向等多个环节都制定有详细规定。

　　而对于互联网来说，任何提供视听服务的网站都可以成为潜在的网络广播电视台，可以使人们更轻易地获得国内外的视频节目而免受国家审查。相对于网络上传播的文字信息，影像内容由于其生动形象、受众面广、接受度高等特征，所引起的社会影响力更大。互联网上开放和多元的内容（特别是视频节目）可能会对国家意识形态带来冲击。因此，传统的治理原则、方式、机构如何与网络音视频的规制实现对接，成为新媒体技术对国家监管提出的挑战。

一　网络视频管理部门的博弈

　　网络视频服务应该由谁管？是监管广播影视节目的广电总局，还是互联网行业的主管部门信息产业部？显然，在国内网络音视频市场上，拥有内容资源优势的广电机构和拥有网络资源优势的电信运营商作为两大利益集团，都在试图争夺产业发展的主导权。如唐建英所论述的：

　　作为这两个行业的管理者，广电总局、工业和信息化部既是行业政策的制定者，又是资产所有者，与其下属机构、企业的经营管理之间有着不可分割的利益关系，角色的多重化必然使这两个政府管理机构为各自所代表的行业利益争夺对网络音视频服务的管理权，并促使规制决策偏向他们所代表的利益集团[①]。

　　早在2000年，广电总局出台《信息网络传播广播电影电视类节目监督管理暂行办法》，规定广电总局是"信息网络传播广播电影电视类节目的主管部门"，并对网络传播的影视节目内容和活动进行界定。接下来，在2003年《互联网等信息网络传播视听节目管理办法》（第15号令），2004年同名修订版（第39号令）中，广电总局对所管辖的网络音视频业务范畴

---

　　① 唐建英：《博弈与平衡：网络音视频服务的规制研究》，中国广播电视出版社2011年版，第211页。

不断地"跑马圈地"①，明确规定了"从事信息网络传播视听节目业务，应取得《信息网络传播视听节目许可证》"。后又将所约束的互联网视听节目服务统一概括为"制作、编辑、集成并通过互联网向公众提供音频节目，以及为他人提供上载传播视听节目服务的活动"②，显示了技术发展对传统媒介概念和国家监管的挑战。2006年广电总局还成立了信息网络视听节目传播监管中心，专门负责对网络视听服务的管理。

实际上广电总局的监管也存在着困境。网络音视频服务的市场参与者不只有广电机构一家，电信机构、互联网在线服务公司也是重要的网络视频运营商，如上文所提到的中国电信开通的互联星空服务等，且不必说资本实力更加雄厚的民营公司。虽然广电总局掌控着各类网络音视频服务许可证的发放权，但在2008年以前并未发挥太大的规范作用。从事信息网络传播视听节目服务的百余家网站中，只有少数国有媒体创办的视频网站有《信息网络传播视听节目许可证》，大部分没有遵守39号令。

这很大程度上是因为中国的互联网实施多重管理，缺乏独立规制主体所致。作为传输通道的电信计算机网和网络服务提供商都是由信息产业部管理的，信息产业部在《电信业务分类目录》中早已将视频点播（VOD）划在增值电信业务类的国内多方通信服务业务之中。而广电总局出台的部门规章显然未有约束互联网行业的效力。2005年广电总局出台《关于立即停办违规开办网络电视等信息网络传播视听节目业务的通知》《落实中办国办〈关于进一步加强互联网管理工作的意见〉实施细则》以及泉州事件③等

---

① 2000年《信息网络传播广播电影电视类节目监督管理暂行办法》对网络音视频服务的界定是：通过信息网络以非广播方式（包括但不限于点播方式）传播广播电影电视类节目的业务及相应的编辑、播放、传输广播电影电视类节目等活动。以广播方式播放、传输节目，属于广播电视节目的传播，由《广播电视管理条例》规范，不适用本办法。

2003《互联网等信息网络传播视听节目管理办法》对约束对象的规定是：在互联网等信息网络中开办各种视听节目栏目，播放（含点播）影视作品和视音频新闻，转播、直播广播电视节目及以视听节目形式转播、直播体育比赛、文艺演出等各类活动。

2004修订后的《互联网等信息网络传播视听节目管理办法》将约束对象的范围进一步拓展：以互联网协议（IP）作为主要技术形态，以计算机、电视机、手机等各类电子设备为接收终端，通过移动通信网、固定通信网、微波通信网、有线电视网、卫星或其他城域网、广域网、局域网等信息网络，从事开办、播放（含点播、转播、直播）、集成、传输、下载视听节目服务等活动。

② 2007年12月29日《互联网视听节目服务管理规定》（广电总局、信息产业部第56号令）第二条。

③ 2005年12月，泉州市广电局叫停了上海文广新闻传媒集团和福建省电信有限公司泉州分公司在该市进行的IPTV测试项目。该项目暴露了各大媒体的种种矛盾，被称为"泉州事件"。

都显示了广电、电信业之间的种种矛盾和部门利益的博弈。

直到 2007 年 12 月广电总局和信息产业部共同发布《互联网视听节目服务管理规定》（第 56 号），明确规定了两个监管部门的职能划分——广电总局实质上具有管理音视频网站的主导地位，信息产业部仍作为互联网行业的主管部门配合监管——其规制的权威性和规范性才得以提升，并显示了两大利益集团具有"合谋"的趋势。然而在接下来三网融合推进的过程中，两部门之间的各种摩擦可能还会不断加剧①。

二　网络视频经营主体：国资与非国资

可以说，2008 年 1 月 31 日起开始实施的《互联网视听节目服务管理规定》（56 号令）在整个视频网站业界引起很大轰动。这项由两部委共同出台的新规则，作为目前国家针对网络视频业务出台的最权威和最具规范性的一部规章，不仅重申了从事互联网视听节目服务应当"取得广播电影电视主管部门颁发的《信息网络传播视听节目许可证》或履行备案手续"，第八条又规定了"申请从事互联网视听节目服务的网站必须为国有独资或国有控股单位"。

如果说 2004 年的广电总局第 39 号令是将外资挡在了互联网视频领域的门槛之外（虽然并未得到严格执行）②，那么 2008 年的上述新《规定》

---

①　如广电总局对于互联网电视的管理。互联网电视是"三网融合"的一个典型业务，简单来说就是用电视机作为终端接入互联网以及收看网络视频节目。2009 年《广电总局关于加强以电视机为接收终端的互联网视听节目服务管理有关问题的通知》强调，通过互联网连接电视机或机顶盒等电子产品，向电视机终端用户提供视听节目服务等相关业务的企业，需要取得广电总局核发的一系列"许可证"，这项规定除广电业外更涉及了互联网产业、家电业、电信业，被业界解读为工信部和广电总局谈判后相妥协的结果。2010 年广电总局下发的《互联网电视内容服务管理规范》和《互联网电视集成业务管理规范》，显示广电总局对互联网电视将采取"集成服务＋内容服务"的管理模式，分别颁发内容服务和集成业务两类牌照。截止到 2012 年底，"互联网电视集成业务"牌照已经颁发给 CNTV、百视通（上海 SMG 旗下）、南方传媒（广州电视台）、杭州华数（杭州电视台和浙江电视台联合）、中国国际广电电台的 CIBN、湖南广电以及中央人民广播电台的 CNBN（央广广播电视网络台）七家机构，全部是清一色的广电背景的企业，其他行业（如互联网企业、电信企业）一家都没有。广电总局这一举措，使得互联网电视不能随意接入公共互联网，而必须与持有互联网电视牌照的企业合作，而核发牌照又是有限制的，这就严格限制了互联网电视的市场准入，设置了很高的行业壁垒，并明确了未来广电业对互联网电视的主导控制权。但是同样也就使得互联网电视对消费者的吸引力大大降低。

②　2004 年出台的《互联网等信息网络传播视听节目管理办法》修订版（广电总局第 39 号令）第六条明确规定了"从事信息网络传播视听节目业务，应取得《信息网络传播视听节目许可证》"，同时规定"外商独资、中外合资、中外合作机构，不得从事信息网络传播视听节目业务"。

则进一步确立了国有资本的控制地位。这一系列文件对网络音视频内容服务管理经营者资格的限制或歧视，"在某种程度上显示出有关管理部门对众多非国有资本在新兴市场提供音视频服务的忧虑，担心不能在意识形态调控方面继续掌握主导权"①。

然而在网上从事互联网视听服务的主要企业都是由海外风险投资介入的民营公司，如优酷网、土豆网、激动网等，如果严格按照《规定》中第八条的资格要求，很多大型视频网站都将在规定正式施行之日也就是 2008年 1 月 31 日之后，因为经营主体不合法而面临停业的风险。如当时的一则评论就曾冠之以这样标题："网络视频 1 月 31 日逝世，享年 2 岁？"②。

这样的窘境一直延续到 2008 年 2 月 3 日，"广电总局、信息产业部负责人就《互联网视听节目服务管理规定》答记者问"发布了管理规定的详细解释——"《规定》发布之前依法开办、无违法违规行为的，可重新登记并继续从业……《规定》发布之后申请从事互联网视听节目服务的，必须符合《规定》第八条所列的条件"。——也就是说《规定》所要求的经营主体的资质只针对新进入者，《规定》出台之前的拥有外资和民营资本的视频网站可以"既往不咎"。其实考虑到视频网站的实际情况，《规定》的可执行性并不强，因为如果严格执行《规定》，那对视频网站的打击将是毁灭性的，甚至会扼杀了正处于上升趋势的整个网络视频业界。

随后在 2008 年 3 月 31 日，国家广播电影电视总局颁发的首批《信息网络传播视听节目许可证》获批名单中，央视国际、新华网、SMG 旗下的东方宽频等符合国有性质的网络媒体或传统报纸广播电视媒体建设的视频网站占据了大半席位，成功突围的激动网、优度和光线传媒等三家民营企业都是视频点播类网站，作为国内网络视频行业龙头的土豆网和优酷网等视频分享网站均没有上榜。从这点看出，国家政策对民营视频网站并非"一竿子打死"，清晰的版权意识和严格的内部审查机制就成为他们拿到牌照的保证。而监管网友上传的视频分享网站则更有难度，因此广电总局的审批也更为严格谨慎。直到 2009 年初，视频网站的几家龙头土豆网、优酷网、我乐网、酷六网等通过自我内容审查积极向政府政策靠拢，先后取得

---

① 唐建英：《博弈与平衡：网络音视频服务的规制研究》，中国广播电视出版社 2011 年版，第 208 页。

② 参见 http://www.xuancheng.org/thread-158106-1-1.html。

了广电总局颁发的《信息网络传播视听节目许可证》，在短期内已不必为从业资格担心。

事实上，国家这项政策出台以来一直争议颇多。既有学者提出：市场进入规制过严，影响投资与创新，在许可证成为市场稀缺资源后，可能发生权力寻租活动，从而带来效率损失和运营成本的增加，因此建议"开放市场，放宽对私人资本、外资的限制"①；也有学者认为："广电总局的新规定不过是国家总体上文化产业政策的一个反映。国家采取了以国有资本为市场准入门槛的政策，这既有助于实现国家整体文化产业战略的目标，也能在内容上提供健康向上的舆论导向。这是之前的非国有资本视频网站没有动力做到的"②。

国家政策的出台，表明视频网站已正式被纳入整个互联网监管的范畴之中，且从资本属性上为新的进入者设立了很高的门槛——这样的高门槛限制了今后新开办的视频网站，即便没有完全停止审批，但也完全有可能以技术性原因控制总量，既有利于管理，还可以集中发展国有大型企业。

如今的互联网行业，就如何华峰所看到的：

"最重要的和最有商业前途的一些领域都已成为大公司的天下；新兴应用则大多仍在为寻找盈利的商业模式而苦恼，在这些领域里挣扎的小公司面临着或夭折或被收购的命运。更重要的是，伴随着中国对互联网监管的日渐收紧和加强，新兴的互联网公司不再像过去一样有无限的想象空间、充足的时间与丰裕的资金，来度过早期的发育阶段。……在中国加强对互联网监管的大势趋下，监管政策不仅会对互联网公司允许提供的内容和服务作出限制，甚至有可能对资本的自由进入形成约束。"③

高风险高投入的视频行业亦是如此。在政策风险的考量下，很多中小视频站的风险投资开始撤资或进入观望。资本作用和国家对视频播客网站领域监控一系列政策的出台，加速了网络视频行业的重新洗牌，2009 年以后国内能够保持正常运行的视频播客网站数量迅速减少。总之，由于复杂的技术门槛、高昂的市场准入成本以及对外资、个人和民营资本的准入政策限制等多种因素，都使得视频网站的传播渠道和经营主体难以实现多元

---

① 参考唐建英《博弈与平衡：网络音视频服务的规制研究》，中国广播电视出版社 2011 年版，第 222—231 页。

② 胡凌：《互联网对广电管理体制的挑战》，《清华法律评论》2009 年第 1 期。

③ 何华峰：《互联网：最好的时代即将过去》，《财经》2008 年第 2 期。

化发展，垄断性经营的寡头竞争格局正在形成。

这种格局反而可能更有利于国家的控制和国有资本加入竞争，2009 年底，在央视网基础上组建的国家网络电视台（CNTV）就备足马力、长驱直入网络视频行业了。

然而，虽然在已获得视频牌照的网站中，广电机构自身的网站因其国有资质和广电总局的"偏袒"占据多数，但在目前国内网络视频行业格局中，民营、外资的网络视频企业却占据了国内大部分的网络视频市场份额，优酷网、搜狐视频、土豆网三家外资视频网站在观看时间上分列前三，并没有因为广电总局对于经营主体的限定而受到实质性影响。除了CNTV 之外，广电机构及其他国有机构的视频网站影响力逐渐式微，几乎销声匿迹，一个个捧着民营公司望眼欲穿而不可得的宝贵牌照，却走不出自己的产业发展之路并加入到在线视频行业的市场竞争之中，这已成为不争的事实。

三 网络视频的内容监管

2007 年底，除了《互联网视听节目服务管理规定》之外，广电总局又相继发布了《关于重申禁止制作和播映色情电影的通知》《关于加强互联网传播影视剧管理的通知》，对传播内容进一步规范。2009 年 3 月 31 日，广电总局在其出台的《关于加强互联网视听节目内容管理的通知》（广发〔2009〕22 号）中，对网络视听节目内容做了更细致和全面的规定，除涉及国家安全、社会稳定、思想道德、文化传统等"禁载十条"外，还要对包含恶意曲解、蓄意贬损等 21 项内容进行剪节或删除。

总体来看，对网络视听节目不良内容的认定主要有三类，实际上这些内容与传统广播电影电视的禁载原则没有实质性区别。第一类属于政治性言论，包括危害国家统一、泄露国家秘密、破坏民族团结等；第二类是一般社会危害性信息，如宣扬淫秽、色情、暴力、赌博、教唆犯罪等；第三类是侵犯第三人权利的内容，如诽谤、侵犯隐私、盗版等。最后还有一个包含"其他不良信息"的兜底条款。"这些标准的一个重要特征是全部由行政机关进行决定和审查"[①]。在广电总局建设的区域性的和全国联动的视听节目监控网络中，对于第一、二类不良内容，一旦发现立即由网站管理

---

① 胡凌：《互联网对广电管理体制的挑战》，《清华法律评论》2009 年第 1 期。

人员删除或由 ISP 服务商进行过滤，网站负责人要承担相当大的责任；对于第三类内容，则没有对网站的统一规制，特别是对盗版问题，网站有时会以版权法的"避风港"原则规避责任。

而对于在网络上传播的特定影视节目，则必须要取得各类许可证。同时，从事自办节目的视频网站，还应当持有"广播电视节目制作经营许可证"和"互联网新闻信息服务许可证"。如下表①所示：

具体服务内容	所需许可名称	法规来源	备注
互联网视听节目服务	《信息网络传播视听节目许可证》	《互联网视听节目服务管理规定》第七条	原《互联网等信息网络传播视听节目管理办法》要求对网络视听节目按四个类别实行分类管理：新闻类、影视剧类、娱乐类、专业类。后两类并不需要取得专门许可证
时政类视听新闻服务	《广播电视播出机构许可证》或《互联网新闻信息服务许可证》	同上，第九条、十七条	源自《广播电视管理条例》和《互联网新闻信息服务管理规定》
主持、访谈、报道类视听服务	《广播电视节目制作经营许可证》和《互联网新闻信息服务许可证》	同上，第九条	源自《广播电视节目制作经营管理规定》和《互联网新闻信息服务管理规定》
自办网络剧（片）类服务	《广播电视节目制作经营许可证》	同上，第九条	源自《广播电视节目制作经营管理规定》
影视剧	《电影片公映许可证》《电视剧发行许可证》或《电视动画片发行许可证》	《广电总局关于加强互联网传播影视剧管理的通知》	源自《电影管理条例》《广播电视管理条例》和《广电总局关于实行国产电视动画片发行许可制度的通知》
理论文献影视片	《理论文献影视片播映许可证》	同上	源自《中共中央办公厅关于加强编辑制作出版涉及党和国家领导人重大题材作品管理的通知》（中办发〔2006〕29 号）和《广电总局关于印发〈重大革命和重大历史题材电影、电视剧剧本立项及完成片管理规定〉和〈重大理论文献影视片剧本立项及完成片管理规定的通知〉》（广发〔2006〕47 号）

自此，广电总局已对互联网视听节目建立了较为严格的监管体系。从 2006 年到 2009 年，广电总局先后多次对违法违规网站及包含色情低俗的

---

① 胡凌：《互联网对广电管理体制的挑战》，《清华法律评论》2009 年第 1 期。

节目内容进行查处和清理①，处理结果从警告、行政处罚直至吊销营业执照，监管手段不可谓不严格。对民营网站而言，特别是视频分享类网站，最主要的不是寻找如何满足《互联网视听节目服务管理规定》第八条中关于国有资产控股的出路，而是进一步强化网站自己的内容管理，时刻加强与监管部门的沟通，使自己在这个已经建立好游戏规则的竞赛中不因犯规而被取消游戏资格。

四　网络视频对广电媒体的路径依赖

综上所述，网络视频业对传统的广电媒体形成了冲击，也对传统广播电视管理体系构成了挑战。经过多年来的了解和磨合，国家出台的一系列针对网络视频发展的管理政策已将网络视频纳入整个影视业的监管体系之中，近年来针对新媒体视频的政策更是频频出台，且监管措施和力度都不容小觑。

一般研究中常用媒介传播信息的能力、政府与媒介的传统关系、媒介的渗透性或侵入性、媒介的可接近性②这四个标准来衡量大众媒介在表达自由方面受限制的程度。按此标准，对广播电视实施较严格的内容规制主要基于以下理由："一、资源稀缺。广播电视所需的频道和频谱为稀缺资源，并非人人都能获得许可，许可证获得者只是公众使用频谱的代表，因此必须对公众负责，提供信息、教育和高品质的娱乐。二、社会影响力巨大。由于广播电视内容以电子通信手段传播，传播速度快，范围大，受众广泛，社会影响力巨大。特别是地面无线广播电视节目，接受门槛低、容易接

---

①　如2006年国家广电总局下发了《关于依法查处非法"网络电视台"有关情况的通报》，查处违法违规网站，通知相关管理部门注销该网站的经营许可，断其互联网接入服务，直至吊销营业执照。

2008年3月21日国家广电总局公布的互联网视听节目服务抽查情况中，土豆网等32家视频网站因为内容违规遭到了警告处罚。这次抽查是国家广电总局于2007年12月20日到2008年2月20日之间根据《互联网视听节目服务管理规定》开展的，抽查中发现的问题主要有两方面，一是登载的视听节目中含有淫秽色情、恐怖暴力、危害国家安全和利益内容的影视片、纪录片、专题片；二是在未取得《信息网络传播视听节目许可证》的情况下，擅自从事互联网视听节目服务。土豆网是当时唯一一家因为内容违规而遭到警告处罚的国内主要视频分享网站。

2009年1月全国整治互联网低俗之风，广电总局向视听节目服务网站发布了《关于清理互联网低俗视听节目的公告》，要求各网站立即开展自查自纠，全面清理色情低俗节目，对其中131家网站予以关停处理，对9家予以行政处罚。

②　陈绚：《对新闻传播限制的规则探讨》，《国际新闻界》2007年第7期。

近，而且具有入侵性，儿童无意间接触不良内容的可能性很大，所以需要特别的管理和约束，保护未成年人，并尊重成年人拒绝收看的权益"①。

与广播电视相比，互联网具有传播信息容量大、传统上不受规制或限制较少、媒介的侵入性较弱、儿童等群体不易接近等特性，这成为对包括网络视频在内的互联网内容实施较轻规制的前提。

而在中国网络环境下，虽然国家对网络视频的规制内容与对广播电视的规制相比仍采用相对较宽松的管理，然而近年来国家政策对网络传播影视内容的规制正明显收紧，其审查标准日益向电视台靠拢也是不争的事实。如上文所述，2007年底两部委共同出台了《互联网视听节目服务管理规定》，这是国家对长期以来已有实践进行的确认和整合，作为广播电视行政管理机构的广电总局"如愿以偿"地成为互联网视听节目服务的行业主管部门。紧接着，广电总局对于在网络上传播的特定影视节目的内容进行严格控制——必须要取得《电影片公映许可证》《电视剧发行许可证》《电视动画片发行许可证》《理论文献影视片播映许可证》等——这也就意味着没有"许可证"的各类影视剧，一律不得在互联网上传播。许多视频网站在"出身"上，已经有违广电总局关于"国有资质"的规定了；如果在播出内容上再犯规，很可能成为被排除出局的对象——2008年至2009年广电总局对于违规视频网站的处罚和查封不可谓不严格。即便没有各类影视节目公映和发行的"许可证"，但是播映有《广播电视节目制作经营许可证》的机构制作的节目，或者是播放拥有《广播电视播出机构许可证》和《广播电视频道许可证》的广播电视台上已经播出过的各类节目，是符合广电总局规定的最保险最安全的内容，这就成为各视频网站提供节目的首选。

尽管国家政策明显收紧，但是在具体实践中，操作的空间却还是相对广阔的。互联网海量的传播空间和传播的不确定性，以及网络空间更大的表达自由度，使得国家对网络的控制不可能像对待广播电视那样皆在掌握地精严裕如，某种意义上也可以说，国家对视频网站实施了强监管，但却获得了弱效果。

2011年以来网络自制剧和微电影因其成本低廉、内容差异化较大成为

---

① 唐建英：《博弈与平衡：网络音视频服务的规制研究》，中国广播电视出版社2011年版，第153页。

视频网站的香饽饽，成为视频行业应对影视版权的花费日渐高涨和实现盈利的手段。如搜狐视频《搜狐大视野》通过外包制作播出过反映同性恋生活的《爱情同志》《纯爱的天空》等纪录片，这种边缘题材不可能在电视上播出，可见网络影视内容尺度、题材范围比之电视节目还是相对宽松的。不过紧接着，网络自制节目亦被纳入了国家的监管视线。2012 年 7 月 9 日广电总局和国家互联网信息办联合下发了新规定——《关于进一步加强网络剧、微电影等网络视听节目管理的通知》，明确要求"互联网视听节目服务单位按照'谁办网谁负责'的原则"，对网络剧、微电影等网络视听节目一律先审后播；网络视听节目行业协会组织开展行业自律，组织审核人员培训与考核；政府管理部门依法对业务开办主体进行准入和退出管理，表明了政府要加强对自制节目管理的态度。

出于人力物力的考虑，自制剧由广电总局来审核是不现实的，这就对视频网站自制节目提出了更高的要求——通过"自律"和加强内容审查，使网站内容更加向主流意识形态和价值观靠拢。有人认为这会增加网站运营和审核成本，给视频网站盈利的预期带来了不利；而这却可能是对电视台利好的消息，这使得视频网站本身有与电视台进行内容联动的更强烈需求，进而可能会强化网络视频业发展对传统广电影视产业的路径依赖。

这种路径依赖，不仅表现为网络视频影视内容的获取在很大程度上来自于传统广电影视业，还表现在商业运行模式上视频网站积极与广电媒体展开合作。宣传、内容、广告、平台等层次上的台网联动随之就会成为网站与广电媒体实现合作的主要形式。

国家致力于将互联网纳入到传统媒体的管理体系之下，不管其监管效力的强弱，都客观上促使网络视频将其生存之道纳入传统的媒体格局之中，在一定程度上网络视频甚至成为身着新技术外衣的传统媒体影视内容的延伸。除了发展迅速的新媒体技术，国家监管政策也将深刻地影响着网络视频业的发展走向。

新闻舆论监督的"程序正义"
——以"记者随投诉人一起采访"为示例

姜德锋①

内容摘要 新闻舆论监督实践中，记者随投诉人一起采访被投诉的对象，往往会引发采访冲突，其中违反新闻操作规范和新闻伦理规范的问题，尚未得到充分的重视和反思。在这类采访中，记者与投诉人一同出场，有失媒体应持的中立姿态。新闻舆论监督与司法活动一样，宗旨是维护社会规范，守卫公平正义。新闻人应借鉴司法活动中实体正义与程序正义并重的思想，提高舆论监督的"程序正义"意识。强调新闻采访的"程序正义"、提高程序意识，既可以规避许多采访冲突，也能促进新闻界服务社会水平的提升。

关键词 舆论监督 程序正义 采访冲突 新闻客观性

"采访冲突"大多发生在新闻舆论监督实践中，冲突的原因和强度各不相同。本文关注记者随投诉人一同采访被投诉对象所引发的"采访冲突"，这类冲突也暴露了媒体行业自身的一些业务与伦理问题，提示新闻工作者需要树立新闻舆论监督的"程序正义"意识并恪守相应的职业规范，它不仅是新闻传播效果的保障，也是减少采访冲突的重要法门。

一 随投诉人采访被投诉对象，易发"采访冲突"

2014年6月20日，江苏省广播电视总台电视新闻中心两名记者到南京航天管理干部学院采访。此前有家长向媒体反映，该校近几年存在虚假宣传和违规招生现象，记者于是跟随学生家长刘先生前往该校招生部门，

---

① 姜德锋，黑龙江大学新闻传播学院传播系主任，副教授。

现场调查事情真相。

采访之初，记者并未表明自己的媒体身份，但随着采访的深入，南京航天管理干部学院的工作人员开始怀疑起来，并电话喊来了保安人员，其后记者说明了自己的真实身份和采访动机，但现场依旧发生了肢体冲突，两名记者和学生家长刘先生均遭到围堵和殴打，采访器材被损坏，摄影记者还一度被强行关进房间，直到民警接报后赶到事发现场。

南京航天管理干部学院违规招生并围殴记者和家长，此事曝光后引发了社会舆论的关注，人民网和中央电视台新闻频道都对此进行了详细报道。根据央视的报道，南京航天管理干部学院近年来招生中一直存在违规问题，因此江苏台记者的调查和监督，是主动履行媒体的社会责任，该学校阻挠采访活动并围殴记者，无疑是违纪甚至违法行为，理应受到舆论谴责和党纪国法的处理。

不过，在新闻舆论监督的具体实施过程中，江苏电视台记者的采访行为也并非无可挑剔。事实上，记者当天的采访并不完全符合新闻操作规范和伦理规范，这也是引发"采访冲突"的重要原因。其中的关键，就在于新闻记者是否可以"随投诉人一起去采访被投诉对象"的问题。

该起事件中，江苏电视台新闻中心记者开始时采取的是暗访，随后才因对方招生人员的怀疑而明确表明了记者身份和采访意图。在这一过程中，新闻伦理问题已经出现并开始叠加。首先，暗访的方式，正如罗恩·史密斯所论，往往存在欺骗的道德问题。当然此处记者主要是观察式暗访，还属于轻微层次上的"被动的欺骗"[1]。

其次，记者先是同学生家长一同出场，一同向校方提出相关质询，然后又突然表明身份要求进行采访，这就难免不让对方产生"记者帮家长出气"或者"家长找来记者曝光"的抗拒心理：被欺骗了又要被曝光。于是被举报一方的招生人员丧失了基本的理性，围殴记者和家长，抢夺采访设备，采访冲突升级，记者挨打，场面狼狈。从表面看，江苏电视台记者正常履职却被围殴的遭遇实属无辜，相关学校的工作人员可谓是无法无天，但深究起来，记者的做法也有欠妥之处。在一般情况下，记者不宜随投诉人一起去采访被投诉的一方，以保持其居中调查、独立采访的职业准则。试想，如果当事记者一开始就独立前往被投诉的南京航天管理干部学院进

---

[1]　罗恩·史密斯：《新闻道德评价》，李青藜译，新华出版社2001年版，第295页。

行正常采访，详细调查相关投诉情况，听取他们的解释（不论其解释是否合理），那些招生人员还会轻易丧失理性撕破脸皮，并动手打记者抢设备吗？

此类"采访冲突"的发生，当然也会妨碍对事实真相的调查，增加媒体开展舆论监督的阻力，乃至无法使有关的违纪违法行为尽快受到处理。

记者随投诉人一起去调查采访，虽然不是每次都引发剧烈冲突，但事实上也不利于深入调查的进行，不利于既有矛盾的化解。十年前，笔者在一家省级报社的都市报任记者时，就曾经历这样的采访挫折。当时，有多名业户向记者反映哈尔滨一家商场的物业服务不佳和乱收费问题，记者没有深入思索就与几名商户一起找到该商场的物业部门进行现场调查，但当记者表明身份和采访动机后，物业负责人立刻变了脸色，他先是埋怨业户们不该找媒体将内部矛盾公开化，然后又诉苦称自己一直在尽力协调解决，最后竟然拂袖而去，称："记者能解决，你们这些业户就跟报社记者谈吧"。现场琐碎的争辩和失控的局面，导致记者一无所获，不仅采访失败，甚至在商家眼里记者还被当成了业户们找来的帮腔的，而这其实并非记者上门采访的本意。显然，类似的行为和结局，也无益于维护新闻媒体的权威和形象。

二 随投诉人一同出场的症结在于程序失当

新闻舆论监督实践中，记者跟随投诉人一起采访被投诉对象所引发的采访冲突，以往大多被纳入监督对象殴打记者阻碍采访的框架内讨论。这类采访冲突被涉事媒体披露之后，其他媒体也会纷纷关注和转载，在声援同行的同时，又以舆论造势促使打人一方承认错误赔礼道歉，而其中媒体自身的操作失当及新闻伦理问题却一直未能得到应有的重视和反思，以至于记者随投诉人一起采访投诉对象并由此引发的"采访冲突"长期存在，仍时有发生。

2010年4月，《长江商报》两名女记者随投诉人前往华中科技大学一分校，调查投诉人住房权益被侵害事宜，记者在现场采访中遭该校工会主席陈某辱骂，并被其驾驶的车辆轧伤了右脚。

2013年"3·15"消费者权益日前夕，四川电视台接到群众反映，称成都贝凯商贸有限公司所售婴儿奶粉中发现了异物，该台两名记者随即同投诉人一起到该公司核实情况。但该公司在"连来意还未了解清楚的情况下，便开始了他们的野蛮行径"。结果是两名记者不同程度受伤，摄像机严重损坏，后来幸亏警察赶来把他们送医救治。

2013 年 1 月，中央电视台驻湖南记者站记者马喜，在随中华环保联合会一起调查拍摄平江县一家造纸企业非法排放污水时，遭到该企业人员无端殴打。

上述都是记者随投诉人一起采访而引发的采访冲突，而当笔者就"随投诉人一起采访投诉对象是否合适"这一问题，向黑龙江省广电系统的记者调研时，许多记者不假思索地表示："我们在新闻一线经常这样采访"。

可见，不论是实践中还是在思想认识里，记者随投诉人一起采访虽不时引发采访冲突，但媒体人并没有认真反思这些冲突。或者说，没有把采访冲突及打记者事件与自身的采访方式联系起来进行反思，没有认识到这是一种含有道德风险的采访方式。事实上，在上述所有采访冲突案例中，媒体记者的调查目的都具有正当性，这也是后来所有相关人不得不赔偿损失、赔礼道歉的主要原因，其中暴露的是这些部门和人员法律素养、媒介素养的严重缺失。但从媒体一方来看，也应认识到记者随投诉对象一起采访这种方式在新闻操作规范和新闻伦理上的妥当性问题。

实践表明，一旦新闻舆论监督的记者和投诉人一起出现在被投诉的单位或个人面前，后者必然心生反感，出现对立情绪，而且还可能迁怒于采访的媒体。他们会本能地以为记者是站在投诉人的立场上，是在帮投诉人说话出气。被投诉者这些本能的心理反应，反映在行为上，就是他们或者无端指责投诉人扩大事态，或者借机发飙阻挠记者调查采访，严重时甚至引发采访冲突乃至人身伤害，使局面失控，使记者维护社会规范、守卫公平正义的正当行为受阻。上述案例中的记者本来都是希望到现场查清真相展开客观报道，没有偏袒任何一方的主观预设，更没有搞"有罪推定"，但由于记者是随投诉人一同出场，至少在被投诉的一方来看其作为媒体客观调查的可能性便大可诘疑，形式上的不当使记者本来正当的行为变得难以接受和允可。

众所周知，在司法实践中，既要强调实体正义，又要特别注意程序正义，因为只有程序正当合理，才能确保实体正义的实现，如果司法程序失当或过程形式存在不足，实体上的正义就会受到怀疑。法谚对此说得非常清楚："正义不仅要实现，而且要以看得见的方式实现"。

新闻舆论监督与司法活动一样，目的都是要维护社会有序运行，守卫社会公平正义。所以媒体不仅要努力发掘和报道事件真相以及各方观点，并借助公开传播所形成的舆论力量，使偏离社会规范的越轨行为受到公众的谴责或行政法律的制裁，还应努力确保以公平正当的方式，去发掘和报道事实真相并由此发挥媒体特有的强制效力，用"看得见的正义"令相关各方当事人口服心服无话可说。只要媒体本身出以公心，并能在程序上谨守公平公正的原则，新闻实践中许多类似的"采访冲突"还是可以缓解甚至避免的。

三 "程序正义"：新闻专业精神的固有内涵

事实上，新闻专业精神，如客观性理念[①]其本身就包含着对新闻报道"程序正义"的追求。例如，媒体在报道有争议的事件时，应"至少报道事实的两个方面"，尽量使不同声音都有同等的表达机会，在舆论监督的报道中，应给予监督和批评对象解释、申辩的机会；另外，像严禁居高临下的审问式采访、不能欺骗引诱采访对象和随意披露信息源等，其内在精神也都是对形式规范的追求。

而在前述"采访冲突"中，本文之所以认为相关媒体的操作，即随投诉人一起采访被投诉对象的行为，存在违反新闻行业规范和新闻伦理规范的问题，根据的也正是客观性等新闻专业精神和伦理的考量。

具体而言，首先，这种做法违反中立和平衡原则。新闻报道特别是新闻舆论监督的报道，应以客观、公正的立场探查事实真相并将其公之于媒体的传播，使偏离社会规范的行为受到舆论的压力，迫使其回到正确的轨道上去。而随投诉人一起采访被投诉对象的行为，不仅使媒体形式上的中立打了折扣，接下去的采访互动，也不会再是媒体出于公心的追问和对方冷静的答辩，往往只能是被投诉者的心理乃至行为上的抵触和拒斥。

其次，这种做法表明媒体对新闻客观性的把握不尽到位。新闻舆论监督中客观性与中立立场是相互关联的，平衡中立是要求记者与事件的相关方均保持距离，客观性还要求记者克服主观性和先入为主，不以预设的观点和想象操控对事实的客观、全面的调查和报道。更为重要的是，客观性原则不仅要体现在报道的新闻文本中，而且要体现在前期的调查和采方过程中。记者和媒体往往只在意报道文本内容以至结构的客观平衡，而事实上，在与当事各方"亲密接触"的采访和调查中，记者行止的客观公正同

---

① 吴飞：《新闻专业主义研究》，中国人民大学出版社 2009 年版，第 29 页。

样重要，如果置身其间的当事人无法感受到媒体的客观公正，他们又怎样才能相信媒体的立场和报道的文本能够公正呢？

江苏省广播电视总台电视新闻中心的记者，在调查南京航天管理干部学院违规招生事件时，最初采用的是暗访，当偷录行为引起对方怀疑后，才不得不表明了自己的身份和采访动机。之所以采用暗访的形式，应该是记者希望采访拍摄到考生家长与校方招生人员对质的真实现场。在论及记者为什么要常常随投诉人一起采访投诉对象时，接受笔者调研的电视新闻人也都往往坚持认为，只有一同去采访，而且是不动声色的暗访，记者才能获得事件现场的真实情况，这样记录原生态的片子，也会更加生动和好看。而对于这种采访方式引发的冲突，他们则很少在意，或者将冲突责任全部归因于采访对象。

不难理解，随投诉人一起采访被其投诉的一方，这样的行为虽然不断引发采访冲突和打记者的现象，但却被新闻人不断使用，其原因多是广播电视新闻记者对"有冲突的场面和有冲击力的镜头"的追逐或偏爱。

电视新闻记者追求现场画面生动、真实，本来无可厚非。但是，如果无视其中的伦理问题，不顾暗访中隐含的道德风险，不在乎与投诉人一同出场所要面对的公平性质疑，则显然是不可取的。如前所述，新闻舆论监督与司法活动一样，意在维护社会规范，守卫公平正义，所以也必须借鉴法律实践中实体正义与程序正义并重的原则，在实践中遵循新闻舆论监督的"程序正义"。而且，由于舆论监督所要诉诸的往往只能是道义的力量，所以媒体和记者更应确保自己的行为正当和高尚，包括在采访和报道的形式上客观公正、平等待人、以理服人，这样才能充分彰显媒体的公信形象，最大限度地优化舆论监督的影响和效果。

其实，就电视新闻记者而言，除了追求现场和画面的生动直观外，在舆论监督报道中还应努力提高现场提问的水平，以及用事实逻辑说话的能力。"我问故我在"，新闻记者应该能够根据事实和背景材料，归纳出矛盾与问题的症结所在，并以此向被投诉、被监督的对象当面求证，努力探究出未知的事实与真相，帮助公众形成对新近发生或发现的事实、事件的真实了解与正确认识。在这一方面，中央电视台记者就 2014 年河南省高考体育加分存在的问题，对该省体育局宣传处处长袁军的采访堪称成功的典范。此次采访没有家长与官员面对面的质询与分解，只有记者与官员两个人，记者通过步步紧逼的追问，使这位官员在事实逻辑面前张口结舌理屈词穷，最后不得不恳求记者："能不能你问之前咱先沟通沟通?"至此，体育主管部门在高考体育加分上的不作为、乱作为问题，以及事件的责任归属，观众已经一目了然。"央视记者问懵河南官员"，这才是电视记者应有的真功夫，才是电视记者应追求的最生动的画面，当然也是观众最喜闻乐见的新闻现场。

不重视对事实的研究，缺乏推理与思辨的能力，不能以层层深入的问题澄清事件的真相与责任，而只依赖于电视自身直观手段来展现现场冲突和张力，这是包括电视记者在内的许多传统媒体记者的共通问题。而对现场的追求和偏爱，尤其是与投诉人一起出场，又往往会违反新闻伦理和舆论监督的程序正义原则。所以，新闻界应该从提高对"程序正义"的认识入手，规范记者的采访行为，不断提高业务水平和新闻伦理意识，确保新闻界规范高效地发挥自己的各种社会功能。

通过反思随投诉人一起采访被投诉对象所引发的"采访冲突"，可以具体呈现重视程序的正当性对于新闻舆论监督活动的重要性。但强调新闻报道特别是舆论监督报道的"程序正义"，却不仅仅是在于能够避免随投诉人一起采访所引发的冲突问题。在2015年初引发热议的记者偷拍姚贝娜遗体事件、2011年媒体对遭受性侵的深圳打工女的"最残忍拍摄采访"以及2010年贵阳街头记者教训"中华女"反遭殴打等轰动事件中，都普遍存在"程序正义"观念缺失所导致的新闻操作和伦理失范现象。只要媒体和记者能够不断提高新闻报道的"程序正义"意识和行为自觉，就可以减少和化解新闻报道和新闻舆论监督中的诸多失当和冲突，新闻界服务社会的水平也将会在整体上有所进步和提升。

我国新闻与传播涉讼案例中的"注意义务"

张冬冬①

内容摘要 本项报告对国内关涉新闻传播的裁判文书中明确使用"注意义务"概念的案例进行了考察,尝试梳理这一概念及其适法原则的司法实践状况,以期为新闻传播法制领域这一方向的研究提供参考和指导。

关键词 注意义务 新闻 传播 法院 判决

作为法律术语的"注意义务"是指行为人在为一定行为或不为一定行为时,应当依法律规范或社会常理的要求,保持必要的行止谨慎,以防止侵权和其他危害结果发生的责任②。我国法学界对注意义务的关注与研究是从刑法学界介入并逐步深化的,近年来,民法学领域的注意义务研究也正逐步展开③,相对而言,新闻传播法制领域的注意义务研究还相当薄弱,这一领域立法和司法裁判例证的积累也较为零散和有限。

目前,在国内新闻传播法制领域,"注意义务"这一概念主要被援用于最高人民法院的若干司法解释④和法院的相关裁判文书。

本文对国内关涉新闻传播的裁判文书中明确使用"注意义务"概念的案例进行了考察,尝试梳理这一概念及其适法原则的司法实践状况,以期为新闻传播法制领域这一方向的研究提供参考和指导。本文所检视的裁判

---

① 张冬冬,中国社会科学院研究生院新闻学与传播学系 2013 级博士研究生。
② 周光权:《注意义务研究》,中国政法大学出版社 1998 年版,第 10 页。
③ 屈茂辉:《论民法上的注意义务》,《北方法学》2007 年第 1 期。
④ 主要包括《最高人民法院关于审理著作权民事纠纷案件适用法律若干问题的解释》(法释〔2002〕31 号)、《最高人民法院关于做好涉及网吧著作权纠纷案件审判工作的通知》(法发〔2010〕50 号)、《最高人民法院关于审理侵害信息网络传播权民事纠纷案件适用法律若干问题的规定》(法释〔2012〕20 号)、《最高人民法院关于审理利用信息网络侵害人身权益民事纠纷案件适用法律若干问题的规定》(法释〔2014〕11 号)等。

文书或案例摘编分别取自律商网（http：//hk.lexiscn.com/）、万律中国（http：//www.westlawchina.com/）、北大法宝（http：//www.pkulaw.cn/）与中国裁判文书网（http：//www.court.gov.cn/zgcpwsw/）。检索时，笔者分别以"注意义务""注意"＋"义务""注意的义务"等作为检索关键词（组合），对裁判日期与文书上传日期不做限定。现将考察结果报告如下：

一 注意义务与著作权纠纷

公民、法人或者其他组织的作品，不论是否发表，依法享有著作权。依照《著作权法》的规定，著作权又可下分为著作人身权、著作财产权①。

（一）著作人身权与注意义务

著作人身权是指作者通过创作表现个人风格的作品而依法享有获得名誉、声望和维护作品完整性的权利②。尽管数量较少，但与注意义务有关的著作人身权纠纷案例仍时有所见。南京现代雕塑中心与山东临朐鲁班园林雕塑艺术有限公司、赣榆县海头镇人民政府著作权纠纷③中，法院审理认为被告一（雕塑公司）作为专业雕塑制作人未尽合理的注意义务，明知被告二（该镇政府）对涉讼雕塑作品不享有著作权，仍委托雕塑公司加工。被告雕塑公司在没有著作权人即本案原告许可的情况下制作、安装涉讼雕塑作品，构成对原告著作权的侵犯。同时被告雕塑公司在涉讼雕塑作品上标注其联系方式，其行为侵犯了原告的署名权与复制权，应承担侵权的民事责任。而在黄某与朝华出版社有限责任公司侵犯著作权纠纷④中，法院认为，原告作品尚未公开出版，要求被告出版社审查出版的涉讼图书是否存在侵权，显然对被告科以过高的注意义务。虽然被告主观上不存在过错，但客观上已造成了侵害原告署名权的发生，故应承担相应责任。黄某与中国纺织出版社等侵犯署名权纠纷⑤中，法院认为，被告出版社疏于履行注意义务，在其出版的非黄某创作的涉讼图书上署名黄某为作者，构

---

① 《著作权法》（1990 年 9 月 7 日制订，2010 年 2 月修订），中国政府网（http：//www.gov.cn/flfg/2010-02/26/content_1544458.htm），2015 年 7 月 20 日查阅。

② 何炼红：《著作人身权转让之合理性研究》，《法商研究》2001 年第 3 期。

③ 参见［（2005）连知初字第 22 号］。

④ 参见［（2012）一中民终字第 6030 号］。

⑤ 参见［（2010）二中民终字第 05274 号］。

成对黄某署名权的侵犯。

总的来说，著作人身权纠纷中明确以注意义务作为审理要点的案例不多。

（二）著作财产权与注意义务

以注意义务作为审理要点之一的著作财产权纠纷案例较多，笔者检出的有百例之多。这类纠纷案例的特征之一是侵权主体多元化，出版社、报刊社、广播电视台、网络媒体、影视音像制作公司、影视与文字作品销售商、公民个人等都有所涉及；特征之二是涉讼作品多样化，图书、影视作品、音乐作品、摄影图片作品、雕塑等繁复多样的作品形式都存在着著作财产权利被侵犯的情况。

1. 图书作品著作权纠纷

图书作品的著作权纠纷是最为传统的著作权纠纷类型之一。国际文化出版公司与中国文联出版社侵犯著作权纠纷①中，法院认为，被告出版社作为专业的出版社，对出版市场上相关作品的出版情况应较普通的公众承担更高的注意义务。尽管被告出版社注意与涉讼作品的作者签署图书出版合同以取得专有版权，但未对稿件来源、出版物内容尽到合理注意义务，应承担侵权责任。蒋某与周某等著作权纠纷②、金某、徐某、叶某等与光明日报社著作权纠纷③、中国电力出版社与王某、卢某、昆明新知图书城有限责任公司著作权纠纷④、中华书局有限公司与汉王科技股份有限公司著作权纠纷⑤、全脑文化事业有限公司、徐某与天地出版社、潘某著作权纠纷⑥、三民书局股份有限公司与天津社会科学出版社、北京万圣书园图书有限责任公司著作权纠纷⑦、陕西旅游出版社与北京九鼎时代文化艺术有限公司著作权纠纷⑧、上海榕树下计算机有限公司与中国社会出版社使用权和获得报酬权纠纷⑨、庄某与周某、武汉出版社、上海书城著作权纠

① 参见［（2011）朝民初字第 00872 号］。
② 参见［（2010）杭西知初字第 254 号］。
③ 参见［（2004）二中民终字第 08076 号］。
④ 参见［（2005）云高民三终字第 18 号］。
⑤ 参见［（2011）一中民终字第 6396 号］。
⑥ 参见［（2006）沪二中民五（知）初字第 233 号］。
⑦ 参见［（2011）一中民初字第 10776 号］。
⑧ 参见［（2008）一中民终字第 6529 号］。
⑨ 参见［（2000）一中知初字第 156 号］。

纷①、外语教学诉研究出版社有限责任公司与中国青年出版社、王某著作权权属、侵权纠纷②也都属于此类案例。

2. 影视作品的信息网络传播权纠纷

影视作品信息网络传播权的侵权纠纷大致可以分为以下几类：

(1) 网络内容提供商 (Internet Content Provider，缩写 ICP) 与影视作品信息网络传播权纠纷。如中国三环音像社诉北京衡准科技有限公司侵犯著作权纠纷③的审理法院指出：被告直接使用传播涉讼影视作品，以增加其网站内容吸引点击量，从而谋取更大的经济利益；因此，被告应对其使用的内容是否获得权利人的许可承担较高的注意义务，但被告未对此给予任何注意，随意使用、传播涉讼影视作品，侵犯了原告的信息网络传播权。在另一起案例④中，因被告渭南电视台提供了影片的合法来源，可以证明其已尽到合理的注意义务，法院裁定其不承担本案民事赔偿责任。北京某科技有限公司与上海某网络科技有限公司著作财产权纠纷⑤中，被告作为专门从事影视、娱乐的视频分享网站，应对其网站用户的上传作品负有较高的注意义务。法院认定，在收到原告要求删除涉讼电影的电子邮件后，被告未及时删除侵权视频，怠于行使其作为网络服务提供者的义务，放任了侵权行为的发生。被告客观上为他人的侵权行为提供了帮助，存在怠于其注意义务的主观过错，故应当承担赔偿损失的民事责任。上海激动通信有限公司与酷溜网（北京）信息技术有限公司著作权纠纷⑥、上海激动网络股份有限公司与徐州迅腾科技有限公司作品信息网络传播权纠纷⑦、北京搜狐新媒体信息技术有限公司与上海全土豆网络科技有限公司著作财产权纠纷⑧也都是网络内容提供商因疏于履行较高注意义务而承担侵权责任的案例。

(2) 网络服务提供商 (Internet Service Provider，缩写 ISP) 与影视作品信息网络传播权纠纷。近年来，ISP 涉及的影视作品信息网络传播权纠

---

① 参见 [(2003) 沪二中民五 (知) 初字第 101 号]。

② 参见 [(2014) 东民初字第 06574 号]。

③ 参见 [(2008) 海民初字第 22561 号]。

④ 参见 [(2009) 陕民三终字第 15 号]。

⑤ 参见 [(2009) 浦民三 (知) 初字第 298 号]。

⑥ 参见 [(2008) 海民初字第 24750 号]。

⑦ 参见 [(2013) 苏知民终字第 0214 号]。

⑧ 参见 [(2009) 浦民三 (知) 初字第 363 号]。

纷大量出现，其数量明显多于 ICP 引发的侵权纠纷，其纠纷案由大致可以分为提供网络存储空间、提供非法链接以及提供上网服务涉嫌侵犯信息网络传播权三大类。

首先是 ISP 提供网络存储空间侵犯信息网络传播权纠纷。如保利影业投资有限公司与广州市千钧网络科技有限公司作品信息网络传播权纠纷①，法院认为，被告在其网站首页向服务对象提供了关于存储空间的说明并公布了联系方式，同时，被告对涉讼作品未作任何编辑或推荐，其所播视频中的插播广告属于不针对特定作品的一般广告且被告并未以其获利；被告在接到原告通知后又随即对涉讼作品进行了删除处理，因此，作为信息存储空间服务的网络服务提供者，被告已履行了合理的注意义务，符合法定免责条件，不承担民事侵权责任。在北京某声画文化有限公司与上海某网络科技有限公司侵犯著作财产权纠纷②中，被告作为网络存储空间服务商尽管在接到原告通知后删除了涉讼的影视作品，却因未能提供证据证明其对该影视作品在网上的非法传播采取了必要的预防措施，且其具有相关的广告获利，法院据此判决被告在主观上存在过错，应当承担停止侵权、赔偿损失的民事责任。在某影业有限公司与上海某网络科技有限公司著作财产权纠纷③中，法院认定，作为专门从事影视、娱乐等的视频分享网站，被告应知涉讼影视作品的相关权利人依常理一般不会将自己的作品在互联网上免费发布供公众无偿下载或播放，同时，被告网站的栏目设计不仅利于用户上传作品，也便于被告审核用户上传的内容，法院因此判定被告网站疏于履行必要的注意义务，且无证据证明被告已采取必要的合理措施以积极防止侵权的发生，所以判定被告赔偿原告经济损失。在合一信息技术有限公司与北京稻草熊影视文化有限公司著作权纠纷④、杭州在线科技有限公司与乐视网信息技术股份有限公司、中国联合通信集团有限公司著作权纠纷⑤的法院判决文书中，也有类似的表述，与之同类的案例，还有马某与上海某网络科技有限公司著作财产权纠纷⑥、广州市千钧网络科技有

---

① 参见［（2014）粤高法民三申字第 94 号］。
② 参见［（2009）浦民三（知）初字第 85 号］。
③ 参见［（2009）浦民三（知）初字第 66 号］。
④ 参见［（2012）一中民终字第 5837 号］。
⑤ 参见［（2012）一中民终字第 4696 号］。
⑥ 参见［（2010）浦民三（知）初字第 48 号］。

限公司与上海海岛投资管理咨询有限公司著作财产权纠纷①、美亚长城影视文化有限公司与合一信息技术有限公司著作权纠纷②、华谊兄弟传媒股份有限公司与北京时越网络技术有限公司著作权纠纷③、上海观视文化传播有限公司与上海全土豆网络科技有限公司著作财产权纠纷④、上海某宽带科技有限公司与上海某网络有限公司作品信息网络传播权纠纷⑤、宁波成功多媒体通信有限公司与上海高勤通信科技有限公司著作财产权纠纷⑥、乐视网信息技术（北京）股份有限公司与北京时越技术有限公司著作权纠纷⑦、浙江广播电视集团与酷溜网信息技术有限公司著作权纠纷⑧、上海某传播有限公司与上海某网络科技有限公司著作财产权纠纷⑨、翟某与某公司作品信息网络传播权纠纷⑩、乐视网信息技术（北京）股份有限公司与上海全土豆网络科技有限公司著作财产权纠纷⑪、国家广播电影电视总局电影卫星频道节目制作中心与北京暴风科技股份有限公司作品信息网络传播权纠纷⑫等。

其次是非法链接侵犯影视作品信息网络传播权的纠纷。如北京暴风网际科技有限公司与乐视网信息技术（北京）股份有限公司著作权纠纷⑬、与上海优度宽带科技有限公司著作权纠纷⑭、与山西电影制片厂著作权纠纷案等数起诉讼中，原告暴风公司均以"一审法院给其科以过重的注意义务，且目前并无要求网络服务提供商监控网络活动的法律规定"为由提起上诉。但是，法院认为，暴风科技的经营活动并非单纯的抓取和链接，该公司已针对涉讼影视作品进行了积极编辑，构成了间接侵权。上述数起诉讼均以暴风科技败诉告终。同样是因为涉及提供链接引发的诉

① 参见［（2010）二中民终字第 06109 号］。
② 参见［（2013）一中民终字第 7405 号］。
③ 参见［（2010）海民初字第 25816 号］。
④ 参见［（2009）沪一中民五（知）终字第 20 号］。
⑤ 参见［（2011）卢民三（知）初字第 53 号］。
⑥ 参见［（2008）沪一中民五（知）初字第 281 号］。
⑦ 参见［（2011）海民初字 5036 号］。
⑧ 参见［（2013）朝民初字第 3114 号］。
⑨ 参见［（2009）浦民三（知）初字第 65 号］。
⑩ 参见［（2012）闵民三（知）初字第 249 号］。
⑪ 参见［（2009）浦民三（知）初字第 297 号］。
⑫ 参见［（2013）石民初字第 1929 号］。
⑬ 参见［（2010）一中民终字第 20469 号］。
⑭ 参见［（2010）一中民终字第 589 号］。

讼，在北京成真世纪上网服务有限公司、上海宽娱数码科技有限公司与北京优朋普乐科技有限公司著作财产权纠纷①中，因被链网站无法提供网络文化经营许可证和视听节目许可证，且被链网站上显示的相关文字已经表明其对其网站上的影视剧并不拥有版权，被告作为专门提供网络视频服务的网络服务提供商，应对被链网站内容负有较高的注意义务，法院据此判决被告承担侵权责任。在滨州分众传媒有限责任公司与北京金天地影视文化有限公司②、北京艺德环球文化艺术有限公司③著作权纠纷两起诉讼中，原告都是以自己仅提供"链接"为由提起诉讼，但法院认定涉讼"链接"已不同于普遍理解的链接，其技术优势在客观上使原告"获益"，原告应对所涉及影视作品的合法性负较高的注意义务，其诉辩理由不成立。类似的涉讼纠纷还有北京懿丰源大时代上网服务有限公司、上海宽娱数码科技有限公司与北京优朋普乐科技有限公司著作财产权纠纷④、广东中凯文化发展有限公司与叶某著作财产权纠纷⑤、东阳神话影视发行有限公司与广州市千钧网络科技有限公司作品信息网络传播权纠纷⑥、果子电影有限公司与北京风行在线技术有限公司著作权纠纷⑦、上海激动网络有限公司与广东太平洋互联网信息服务有限公司作品信息网络传播权纠纷⑧等。

还有一类是网吧这类上网服务提供者涉嫌侵犯他人著作权的纠纷。如北京网尚文化传播有限公司诉昆明市盘龙区华通公众电脑屋侵犯著作财产权纠纷⑨，在该案中，法院认为，传播者所承担的注意义务和其自身能力、知识水平、行业惯例相关联，如果传播者对作品来源的形式合法性进行了合理审查且确信来源渠道合法，就应当认定传播者已经尽到合理注意义务，法院据此判决认定被告已尽到合理注意义务，主观上没有过错，不承担损害赔偿责任，至于是否需要承担停止侵权等其他民事责任则须视具体

---

① 参见［（2010）二中民终字第 11128 号］。
② 参见［（2013）鲁民提字第 186 号］。
③ 参见［（2013）鲁民提字第 188 号］。
④ 参见［（2010）二中民终字第 11482 号］。
⑤ 参见［（2009）浙知终字第 38 号］。
⑥ 参见［（2012）穗天法知民初字第 1529 号］。
⑦ 参见［（2010）一中民初字第 11821 号］。
⑧ 参见［（2012）穗中法民三终字第 292 号］。
⑨ 参见［（2011）云高民三终字第 74 号］。

情况而定。广东中凯文化发展有限公司与广州市白云区天下行网吧、曹某信息网络传播权纠纷①中，被告网吧未能提供其履行注意义务的证据，法院裁定其赔偿原告经济损失。宁波海曙区全兴网吧与上海观视文化传播有限公司著作财产权纠纷②、宁波市江东飞越搜索网吧与湖南快乐阳光互动娱乐传媒有限公司著作财产权纠纷③、华谊兄弟传媒股份有限公司与北京亿开聚往上网服务中心著作权纠纷④、杭州新捷网吧有限公司与中影寰亚音像制品有限公司著作财产权纠纷⑤等也都是以上网服务提供者注意义务为审理要点的案例。

（3）摄影作品著作财产权纠纷

北京全景视拓图片有限公司与重庆晚报社、重庆时尚置业有限公司著作权纠纷⑥和湖南科学技术出版社有限责任公司与北京全景视拓图片有限公司著作权侵权纠纷⑦中，被告报社与出版社因对其使用的摄影作品未尽合理注意义务，被法院判定侵犯了原告的著作权。在全景公司与淄博日报社、淄博市房屋建设综合开发有限公司作品复制权纠纷⑧中，法院认定被告报社针对其刊登广告时使用的图片已尽到合理的注意义务，因而不构成侵权。类似的，韩某与扬子晚报等著作权纠纷⑨中，在使用涉讼作品时，被告已明确表示图片系网友提供，并尽其可能追寻涉讼作品出处，同时，被告未在涉讼作品中署名是因为网络作品使用方式的特性导致无法指明所致，属于合理使用，不构成侵权。辽宁广播电视台与林某等作品信息网络传播权纠纷⑩中，林某在将涉案作品上传至网络时并未在图片上署名，也没有在其所发的帖子中明确说明其为图片作者。辽宁广播电视台在时事报道中使用了涉案图片时虽未注明图片作者，但考虑到新闻时效性与确认网络图片作者的难度，被告辽宁广播电视台已经尽到了谨慎合理的注意义

① 参见［（2007）云法民三初字第 75 号］。
② 参见［（2011）浙知终字第 28 号］。
③ 参见［（2010）浙知终字第 208 号］。
④ 参见［（2008）海民初字第 27128 号］。
⑤ 参见［（2010）浙杭知终字第 31 号］。
⑥ 参见［（2008）渝五中民初字第 383 号］。
⑦ 参见［（2014）湘高法民三终字第 60 号］。
⑧ 参见［（2013）淄民三初字第 253 号］。
⑨ 参见［（2012）苏知民终字第 0243 号］。
⑩ 参见［（2014）一中民终字第 5667 号］。

务，其使用行为没有损害林某著作权合法权益。在北京中经网联合信息咨询中心与上海正途知识产权代理有限公司著作权纠纷①中，法院认为，中经网中心作为网络内容的提供者，在使用图片时对作品权属的审查应当负有较高的注意义务，中经网中心并不能以图片是转载自其他媒体而免除网站经营者的审查责任。而在北方时报社与华盖创意（北京）图像技术有限公司著作权财产权纠纷②中，由于北方时报社不能提供其出版物上刊载涉讼文章及图片的来源及作者，法院认定其就涉讼图片的刊载未能尽到合理注意义务，应当依法承担侵权赔偿责任。牛某与潘某、福建省邮政信息广告有限责任公司、福建省婚姻家庭建设协会、福建省摄影行业协会著作权权属、侵权纠纷③、周某与《走向世界》杂志社著作权纠纷④、蒲某与被告管某、成都晚报社著作权纠纷⑤、李振盛与时代文艺出版社、冯骥才、牧童之春公司著作权纠纷⑥、杜某等与赵某等侵害作品发表权、署名权、复制权、展览权纠纷⑦、广州日报社与黄某、广州市东壹广告有限公司、广州市合景盈富房地产开发有限公司著作权纠纷⑧、陕西新药技术开发中心与华盖创意（北京）图像技术有限公司著作权纠纷⑨、北京梅琳美焕文化艺术发展有限公司与北京搜狐互联网信息服务有限公司著作权纠纷⑩、上海富昱特图像技术有限公司与中国长城艺术文化中心、广东龙源音像有限公司等著作权权属、侵权纠纷⑪、乔某与北京和讯在线信息咨询服务有限公司著作权权属、侵权纠纷⑫也都是以图片使用者侵害摄影作品著作权为诉因的讼案，都涉及被告是否履行了注意义务的认定问题。

（三）音乐作品著作财产权纠纷

也有一些诉讼，起因于未经音乐作品著作权人许可的不当使用或非法

---

① 参见［（2011）一中民终字第 6755 号］。
② 参见［（2010）辽民三终字第 19 号］。
③ 参见［（2007）榕民初字第 210 号］。
④ 参见［（2012）济民三初字第 97 号］。
⑤ 参见［（2005）成民初字第 52 号］。
⑥ 参见［（2004）年二中民初字第 07486 号］。
⑦ 参见［（2013）云高民三终字第 116 号］。
⑧ 参见［（2003）粤高法民三终字第 221 号］。
⑨ 参见［（2013）陕民三终字第 00028 号］。
⑩ 参见［（2007）海民初字第 8555 号］。
⑪ 参见［（2014）深福法知民初字第 1439 号］。
⑫ 参见［（2013）海民初字第 13986 号］。

链接。北京非同音乐文化传播有限公司与黑龙江人民广播电台信息网络传播权侵权纠纷①中，被告没有在其网页上设置涉讼歌曲的下载路径、也未提供下载服务，加之被告属于专门从事网络传播的传媒单位，法院认定被告已尽到合理的注意义务，主观上不存在过错，不必承担侵权责任。在北京鸟人艺术推广有限责任公司与北京空中信使信息技术有限公司著作权纠纷②中，被告未获取音乐作品权利人授权，便将涉讼音乐作品提供给第三方网站作为彩铃供用户有偿下载，没有尽到合理的注意义务，侵犯了原告的录音录像制作者权。而在北京世纪悦博科技有限公司与华纳唱片有限公司录音录像制作者权纠纷③中，法院审理认为，被告应对所链接的录音制品的合法性负有注意义务，但被告公司放任自己的行为，参与、帮助了被链接网站实施侵权行为，主观过错明显，构成对原告享有的录音录像制作者权的侵犯。此外，还有滚石国际音乐股份有限公司与上海新华传媒连锁有限公司、淄博崇正镭射音像有限公司、安徽新华音像出版社录音录像制作者权纠纷④、新力哥伦比亚音乐股份有限公司〔Sony Music Entertainment Ltd（Taiwan）〕诉绍兴伏羲网络科技有限公司著作权侵权纠纷⑤、新力唱片（香港）有限公司诉北京世纪悦博科技有限公司侵犯录音制品制作者权纠纷⑥也都是音乐作品使用者疏于履行合理注意义务导致侵犯他人著作财产权的争讼案例。

（四）媒介产品分销与作品著作财产权纠纷

媒介产品分销商也有可能涉嫌侵犯作品的著作财产权，注意义务也是此类案件的审判要点之一。在佛山市天艺音像制品有限公司与逮某发行权纠纷⑦中，法院审理认为，作为音像制品的零售业主，被告应具备辨别正版光盘的基本知识和能力，并因此承担合理的注意义务。在高某与百花洲文艺出版社有限责任公司等著作权纠纷⑧中，出版社作为被告之一因未尽其注意义务，侵害了原告著作权，因此被判承担民事赔偿责任；涉讼图书

---

① 参见〔（2005）哈民五初字第 81 号〕。
② 参见〔（2005）海民初字第 17206 号〕。
③ 参见〔（2004）高民终字第 1303 号〕。
④ 参见〔（2010）黄民三（知）初字第 163 号〕。
⑤ 参见〔（2005）浙民三终字第 52 号〕。
⑥ 参见〔（2004）一中民初字第 428 号〕。
⑦ 参见〔（2005）晋民终字第 00011 号〕。
⑧ 参见〔（2014）浙杭知初字第 1018 号〕。

销售商作为另一被告，因其已审查了其所售图书来源的合法性，尽到了合理注意义务，其免责抗辩成立，未予究责。广东大圣文化传播有限公司与芜湖南京新百大厦有限公司音像制品发行权纠纷①以及其与辽宁广播电视音像出版社、广东新飞仕激光科技有限公司、广东美美音像有限公司、广州市好又多（天利）百货商业有限公司著作权侵权纠纷②两起诉讼中，被告方销售商因无法举证其所售涉案音像制品来源合法均被判败诉。姜某与广州音像出版社、北京世纪卓越信息技术有限公司、北京新浪互联信息服务有限公司等著作权纠纷③、明天出版社与马某侵犯专有出版权纠纷④、广东东视完美文化传播有限公司与广州市得金文化传播有限公司著作权纠纷⑤、上海动酷数码科技有限公司与山东贵诚集团购物中心有限公司滕州店、山东贵诚集团购物中心有限公司侵害其他著作财产权纠纷⑥、华纳唱片有限公司与青岛永邦科技有限公司录音制作者权侵权纠纷⑦、王某甲、王某乙与广东音像出版社、上海新华传媒连锁有限公司著作权权属、侵权纠纷⑧、中国少年儿童新闻出版总社诉哈尔滨出版社、武汉大公图书有限公司、周某不正当竞争纠纷⑨等也都是权利人与涉案作品分销商之间的纠纷涉讼案例。

（五）电子图书馆、数据库与著作权纠纷

电子图书馆、数据库涉嫌侵犯著作权纠纷是新兴的一类诉讼。黄某与北京万方数据股份有限公司、刘某、内蒙古广播电视大学著作权权属、侵权纠纷⑩中，被告之一的万方数据公司与相关正规刊物签订有将其所刊内容上网的正式合同，作为出版刊物电子化的集合网络平台，万方数据公司对其刊物中的具体内容无法逐一审查，不应承担较高的注意义务；同时，其与期刊出版单位签订的合同中亦载明支付给出版单位的分成中含有给作

---

① 参见［（2005）芜中民三初字第 09 号］。
② 参见［（2005）天法民四知初字第 3 号］。
③ 参见［（2003）一中民初字第 7630 号。
④ 参见［（2006）济民三初字第 231 号］。
⑤ 参见［（2005）粤高法民三终字第 227 号］。
⑥ 参见［（2013）枣知初字第 113 号］。
⑦ 参见［（2004）青民三初字第 168 号］。
⑧ 参见［（2008）浦民三（知）初字第 71 号］。
⑨ 参见［（2010）朝民初字第 13158 号］。
⑩ 参见［（2014）海民初字第 5532 号］。

者的费用；在得知涉案文章侵权后，其已经删除了涉案文章。故万方公司
没有侵权的过错。在殷某与金陵图书馆侵犯著作权纠纷①中，被告作为非
营利性的文化事业单位，其主要职能是收藏文献、保存信息、提供检索，
并以"有限提供"的方式向社会公众传播信息。被告在采购、收藏各种介
质的图书、期刊时所应尽的主要注意义务是购买合法出版物，其以购买方
式取得来源合法的电子刊物，已经尽到合理的审查注意义务，对于刊物中
的具体内容，被告图书馆没有审查义务。

二 注意义务与人格权纠纷

人格权是社会和个体生存发展的基础，是公民依法享有的一种基础性权
利。在名誉权、肖像权、姓名权、隐私权等人格权的侵权诉讼中，是否履行
了注意义务往往是法院判定侵权责任的重要依据，现实中因疏于履行注意
义务导致侵犯人格权的案例，主要集中在名誉权、隐私权的诉讼案件中。

（一）新闻报道与法人组织、公民人格权纠纷

新闻报道，尤其是批评性报道涉嫌侵犯法人组织、公民人格权的情况
比较多见。按照侵权主体来区分，这类纠纷又可以分为报刊报道涉嫌侵犯
他人人格权、广播电视节目侵犯人格权两种情况。

1. 报刊报道与人格权纠纷。报刊报道侵犯人格权的案例并不少见，如
湖北宝丰实业有限公司与方某、经济观察报社名誉权纠纷②，法院在判决
中认为，新闻记者开展批评性报道至少要有两个以上不同的新闻来源，并
在认真核实后保存各方相关证据，确保新闻报道真实、客观、准确，新闻
分析及评论文章要在事实准确的基础上做到公正评判、正确引导。据此，
媒体在履行其舆论监督职责，报道负面新闻时，应当秉持审慎、克制、中
立的态度和媒体精神，而经济观察报社未与原告公司核实，即将方某的个
人质疑公诸于众，违背了其应负的注意义务，其涉讼新闻报道的内容、用
词必然引起社会公众的猜想，导致原告公司的社会评价和信誉度受到贬
损，已构成对宝丰公司名誉权的侵犯。在某信息科技公司诉某报社名誉权
纠纷③中，法院认为，新闻单位应就其所报道的事件的真实性进行审查核

---

① 参见［（2005）苏民三终字第 0096 号］。
② 参见［（2014）粤高法民一提字第 70、71 号］。
③ 参见［（2011）沪一中民一（民）终字第 2033 号］。

实，尽到谨慎的注意义务。新闻单位承担新闻真实的举证责任。根据在案证据，被上诉人确实未尽审查核实义务，仅根据"爆料"信息将失实的内容报道出去，其行为确属不当。法院还特别指出被上诉人作为新闻单位，要引以为戒，今后在报道新闻时，要尽到谨慎的注意义务，认真核实新闻内容的真实性、客观性，正确发挥舆论监督的作用。在圣皮尔精品酒业（上海）有限公司与成都每日经济新闻报社名誉权纠纷[①]中，法院认为衡量新闻报道是否侵犯他人名誉权，应以报道内容是否严重失实，有无侮辱他人人格的内容为标准，新闻报道内容只要基本真实，即使某些方面与事实有出入，也不应认定为侵害他人名誉权。成都经济报社作为一家媒体机构，其涉讼报道系报社记者根据王某某、刘某某等人的采访，并经审查、核实相关资料后撰写的新闻报道。通观整篇报道，均为转述王某某等人的采访陈述，未主观臆造，亦未作客观评价；文中涉及被告的篇幅较少，在措辞与表达上也都尽到了合理注意义务，因此无须对此承担侵权责任。在无锡广源环保科技有限公司与江苏扬子晚报有限公司名誉权纠纷[②]中，法院认为：作为专业新闻单位，被告扬子晚报负有向社会公众提供及时、客观、真实的新闻报道的权利和义务。该报刊登的涉讼报道，从标题、报道的重点与思路来看，其重点均是有关政府部门的"不作为"情况，客观反映了环保部门关于该公司涉案事由的答复。同时，该篇报道未对举报内容是否属实给出结论，而是重点反映了举报人和环保部门的冲突，意指环保部门存在失职行为，不应断章取义地将其理解为是针对作为冲突间接当事人一方的广源公司的不实报道，该篇涉讼报道涉及与广源公司有关的内容，确为报道新闻不能避免，且报道写作中已尽量作隐名处理，尽到了合理注意义务。唐某与甲报社等名誉权案则是讼争较为复杂的一个案例，其被告有新闻报道的首刊媒体、转载媒体与涉讼报道的作者三方，被告甲报社为涉讼报道的首刊媒体，其自辩理由包括：涉案报道有消息来源，作者还进行了核实，文章中没有侮辱性文字，是报道完整连续的，不存在诋毁原告名誉的恶意；相对于普通人而言，原告作为公众人物更应受到相应的舆论监督，涉讼报道系媒体监督的正当履职行为。被告乙报社与丙报社则辩称：作为转载媒体，他们之间并无共同的意思联络，不存在共同侵权的

---

① 参见［（2013）沪二中民一（民）终字第 207 号］。
② 参见［（2014）南扬民初字第 0197 号］。

事实，且转载时还特意删去了原稿中的某些细节内容，履行了谨慎的注意义务，是典型的平衡报道，主观上并无过错，其行为亦不具有违法性，同时，在得知原文报道可能失实的情况下，他们还采取了补救措施，做了更正性的报道。法院审理认为，新闻报道应在保证报道真实性和尊重被报道人人格尊严的基础上进行，不应仅凭道听途说即编造、刊载所谓花边新闻，更不能为制造轰动效应或贬损他人名誉而炮制虚假新闻。在发表涉及被报道对象名誉和人格尊严的报道时，新闻媒体更应当尽到谨慎的注意义务，对其所报道的事件的真实性进行审查核实。同时，转载媒体与首刊媒体承担不同的注意义务。该案中，首刊媒体未能就新闻报道的真实性进行有效举证，而转载媒体未对转载的侵权报道进行实质性的添加和渲染，法院判定原告首刊媒体承担停止侵害、赔礼道歉、消除影响、恢复名誉的民事责任；多名被告转载媒体之间不存在共同的侵权过错，不构成共同侵权行为①。赵某与张某、新华日报社侵害名誉权纠纷②中，被告新华日报社作为专业的新闻报刊部门，对所刊发的稿件负有审核的注意义务，以保证刊载的稿件客观真实。法院认定涉讼文章严重失实，从而认定新华日报社在履行对稿件审核注意义务时存有瑕疵，致使侵害他人名誉权的文章见之报端，最终导致侵权后果发生，对此新华日报社需承担相应的侵权责任。与上述案例类似，在吴某某诉深圳法制报社侵害名誉权纠纷案中，被告深圳法制报社在发表涉案报道时，仅采访了一方当事人，也未到审理案件的法庭核实有关问题，导致所撰写、发表的报道的基本内容与事实有出入，得出了与实际情况不符的结论，法院判定深圳法制报社未尽到其应履行的注意义务，具有过错，侵害了原告的名誉权，应承担相应的民事责任。李某等与金华日报社等侵害名誉权案③的讼争，则涉及新闻采访者的注意义务问题，法院判决指出，为保护被采访者的权利不受损害，新闻采访者或报刊、杂志社应主动、明确地告知被采访者采访内容将见之于公开报道，使被采访者对其表达有充分的衡量余地，这是作为采访者极为重要的注意事项之一，不应想当然地认为被采访者同意报道。在刘某与山东大众报业

---

① 唐某诉甲报社等名誉权案（http：//www.pkulaw.cn/case/pfnl_117560850.html？keywords＝注意义务％20新闻 & match＝Exact％2C％20Piece），2015 年 7 月 27 日查阅。

② 参见［（2000）海民初字第 7230 号］。

③ 参见［（1999）金中民终字第 524 号］。

（集团）广告有限公司、大众日报社肖像权纠纷①中，法院认为，被告大众广告公司、被告大众日报社作为广告经营者、发布者对自己代理发布的广告负有审查的注意义务，对广告中使用的照片应严格审查，对照片原始来源及照片所涉及人员的身份情况应落实清楚，否则不应擅自予以登载。两被告未尽审查的注意义务，未经原告书面同意擅自在商品广告中使用原告的照片，且更改原告姓名和身份情况，致使其代理发布的广告对原告刘某造成侵害，侵犯了原告的肖像权。

2. 在诉告广播电视节目侵犯人格权的讼案中，如何认定被告的注意义务及此种义务的履行状况，也是法院下判的考量之一。如徐某诉南通电视台名誉权纠纷［(2013) 苏审二民申字第874号］案中，法院认定：被告南通电视台根据社区居民反映的情况制作节目，并非捏造事实，播出的视频节目中也并未提到徐立东的姓名，画面中也没有徐某形象的特写镜头，被告对画面进行了模糊处理且并未使用侮辱性语言，南通电视台作为新闻媒体已尽到了相应的注意义务，所播节目并未侵害徐某的名誉权及肖像权。周某等与丁某等名誉权纠纷②是访谈类电视节目引起的名誉权纠纷。在访谈过程中，为保护访谈对象权益，电视节目制作者让丁某戴上面具，并隐去了丁某及其陈述中涉及的他人真实姓名。这些保护措施不仅保护了丁某的权益，也起到避免侵害他人权益的效果。因此，法院认为电视节目制作者尽到了必要的注意义务。章某甲与三门广播电视台等人格权纠纷③中，法院认为，三被上诉人在对章某乙持刀伤人事件进行报道时，虽然已经较为注重新闻事件报道本身的客观真实性，但由于章某乙为一级精神病人，作为新闻媒体的三被上诉人，在报道涉及类似于章某乙这一特殊人群时，应当尽到更高的注意义务，采取适当的措施以使其肖像、隐私等个人信息得到更为周全的保护。

（二）网络服务商（ICP/ISP）与法人组织、公民人格权纠纷

网络服务商（ICP/ISP）涉嫌侵犯法人组织、公民人格权的纠纷近年来数量猛增，需要强调的是，ICP（Internet Content Provider）与 ISP（Internet Service Provider）在注意义务分配上存在较大差别，一般情况

---

① 参见［(2011) 青民五终字第278号］。
② 参见［(2007) 静民一 (民) 初字第3735号］。
③ 参见［(2013) 浙台民终字第13号］。

下，ICP 要比 ISP 承担更高的注意义务。与侵犯著作权的情形类似，不时有网络服务商涉入人格权纠纷，首刊文章、首播节目、转载文章、网络音视频等侵犯人格权的情况都有呈现。

1. 网络服务商与法人组织人格权纠纷。在北京新浪互联信息服务有限公司与深圳市海大装饰有限公司名誉权纠纷①中，法院认为，通过网络对某一民事主体进行的评价或发表的言论，属于社会评价的一种表现形式，相对于社会评价的其他表现形式而言并无本质的不同，同样可能构成对他人人格利益的侵害。上诉人新浪公司作为电子论坛服务的提供者和管理者，对于上网用户利用其提供的电子论坛发表损害被上诉人海大公司名誉权的言论是否已尽到其合理的注意义务，是判断被上诉人是否具有过错的标准。法院认为电子论坛服务具有不同于一般传统意义上新闻媒体的特点，主要体现在传统意义上的新闻媒体对于作者提供的文章需要先经过审查，并有权决定是否刊登在载体上，而电子论坛服务的提供者和管理者无法对发布的信息作事先审查，因此，电子论坛服务提供者所承担的审查等注意义务一般发生在相关信息发表于论坛网页之后。法院认为，上诉人作为电子论坛服务的提供者，对于被上诉人因上网用户利用论坛发表不良信息导致其名誉权损害，未尽其合理的注意义务，具有过错，应承担相应的侵害名誉权的民事责任。在北京搜狐互联网信息服务有限公司与苏州蓝天科技有限公司、北京搜狐在线网络信息服务有限公司损害商业信誉纠纷②中，涉讼文章的标题带有明显的批评指向、内容极有可能属于依照规定禁止发布的信息，被告搜狐网公司及搜狐在线作为互联网信息服务提供者没有进行任何必要的核实或调查，也没有采取必要的控制传播措施，法院认定其未履行审慎的注意义务，需要承担相应的侵权责任。与之类似，在北京至诚卓然网络技术有限公司与浙江省嵊州市丝织厂名誉权纠纷③中，二审法院认为，中法网作为信息传播者，在转载案例时未对其发布的网上信息内容的真实性、准确性尽到审查核实的义务，主观上存在过失，导致侵权，法院因此判决中法网承担侵权责任。

① 参见 ［（2005）深中法民一终字第 3747 号］。
② 参见 ［（2005）苏民三终字第 0106 号］。
③ 参见 ［（2002）绍中民终字第 256 号］。

2. 网络服务商与公民人格权纠纷。在田某与北京搜狐互联网信息服务有限公司名誉权纠纷①中，法院审理认为，搜狐公司对其转载的新闻应尽到谨慎注意义务，对其内容的真实性合法性进行合理的甄别审查。在原审法院已认定涉案文章部分内容严重失实的情况下，搜狐公司仍进行转载，存在一定的主观过错，应承担侵权责任。在英某与人民网股份有限公司名誉权纠纷②中，法院认为：转载单位转载其他媒介发表的报道时，应对其转载的报道如果失实就可能给他人造成损害有所预见，故需要对其转载的报道进行必要的审查，该审查义务不因网站采取自动转载技术而免除。在该案中，被告人民网公司在包括其自身在内的多家网络媒体已发表辟谣文章的情况下，仍在其湖北频道转载涉讼失实报道，没有尽到必要的审查义务，存在过错，侵犯了原告的名誉权。在徐某诉北京天盈九州网络技术有限公司、搜狐互联网信息服务有限公司、网易计算机系统有限公司、人民网股份有限公司、腾讯计算机系统有限公司名誉权、肖像权纠纷的系列诉讼中，五被告以原告为公众人物，被告转载涉讼文章与图片时已履行了注意义务等进行抗辩，均获胜诉。四川超跃律师事务所、曹某诉深圳市腾讯计算机系统有限公司名誉权纠纷③中，被告作为网络服务者，面对海量信息，限于技术条件的客观事实，不太可能对侵害原告名誉权的语言进行准确判断并予删除。当原告认为自己的名誉权受到侵害并提出异议后，被告已采取措施关停了网站的网友评论专区，并且在其网站上已提示 QQ 网友应当遵纪守法，注意语言文明。由此可见，被告在主观上并无侵害二原告名誉权的过错，客观上也未实施侮辱、诽谤原告的行为，因此，原告主张被告侵害其名誉权的理由不能成立。此案中，被告负有的是"合理的注意"义务，即当原告对网络上存在的侵权信息提出删除等合理请求时，被告有责任及时对网络上的侵权内容采取技术措施，以制止侵权内容的存在和传播，否则，被告承担相应的侵权赔偿责任。在郝某与北京某有限公司名誉权纠纷④中，法院认为：网络服务商有义务对上载的信息进行审查，对于违法内容及时予以删除。与一般平面媒体相区别，论坛内容的审查是一种事后审查，具有极大的滞后性和补救性。论坛属于开放性信息交流平台，

---

① 参见［（2010）穗中法民一终字第 2458 号］。
② 参见［（2015）一中民终字第 03108 号］。
③ 参见［（2006）成民终字第 1960 号］。
④ 参见［（2009）闵民一（民）初字第 8975 号］。

用户通过自行注册即可获取信息发布的空间，实现对特定人与事的表述与评判；论坛帖子对于民事主体名誉权的侵害，其评判依据除特定文字外，较为重要的还需借助于当事人对帖子信息的反馈，以此亦能判断网络经营者是否存在侵权。本案中所涉论坛帖子在原告认为帖子已对其构成名誉侵权，向被告提出删除的要求后，被告即对所涉对原告名誉有损害的论坛用户作屏蔽处理，其已尽到了一名善良管理人的注意义务。

3. 搜索引擎与法人组织、公民人格权纠纷。实际上，搜索引擎服务是网络服务商的一种，因其侵权特征与审理要点均具特殊性，遂将其单列于此。北京百度网讯科技有限公司与殷某名誉权纠纷①中，审理法院认为，作为一家在中国搜索引擎服务行业中占有重要市场份额的公司，百度公司通过用户的关注度和点击率获取广告收益，其在传播信息时承担的注意义务应与其的商业收益相匹配，并应符合我国的社会公共利益。网络服务提供者在知道网络用户利用网络服务实施侵权行为后，没有及时采取或者采取的措施不合理，造成损害后果扩大的，应承担侵权责任。作为网络服务提供者，百度公司是否承担侵权责任需审查其履行注意义务的状况。蔡某与百度公司侵害名誉权、肖像权、姓名权、隐私权纠纷一案中，法院认为，网络服务商仅需对其电子公告平台上发布的涉嫌侵害私人权益的侵权信息承担"事前提示""事后监管"以及提供权利人方便的投诉渠道并保证该投诉渠道有效性的义务。被告百度公司已尽到了法定的事前提示和提供有效投诉渠道的事后监督义务，未违反法定注意义务。同时，被告百度公司在收到蔡某律师函后，立即对侵权信息进行了删除处理，因此不承担侵权责任②。

（三）公民个人表达与法人组织、公民人格权纠纷

在公民个人与法人组织、其他公民的人格权讼案中，法院往往对表达者所承担的注意义务及其履行情况有所考量。

1. 公民个人表达与法人组织人格权纠纷。在邹某与北京梦桃源餐饮有限公司名誉权纠纷③中，法院认为，判断加害人是否具有主观过错，应当

---

① 参见［（2010）沪二中民一（民）终字第 1593 号］。

② 蔡继明与百度公司侵害名誉权、肖像权、姓名权、隐私权纠纷案，北大法宝（http：//www.pkulaw.cn/case/pfnl_120827511.html? keywords＝注意义务%20肖像 & match＝Exact%2C%20Piece），2015 年 7 月 29 日查阅。

③ 参见［（2014）一中民终字第 09335 号］。

以一个"诚信谨慎之人"在相同情况下须尽到的注意义务为主要标准并结合加害人的身份地位、发布内容、认知能力、事后表现等自身因素进行综合判断。身份与地位特殊之人发表公开言论时应当尽到更高的注意义务。法院认为，"诚信谨慎之人"在公开发表微博言论时需履行四个层次的一般注意义务：1. "事实陈述"时，所述事实应当基本或大致属实；2. "意见表达"时，评论内容应当大致客观公正；3. 陈述或评论时，不得使用侮辱性言辞攻击他人；4. 当微博言论涉嫌侵害他人合法权益，所致不利影响迅速扩散时，应当积极配合查证并消除不利影响；否则，可以认定发表微博言论的网络用户未尽到一般注意义务，其主观方面具有过错。类似的案例还有杨某与某公司网络侵权责任纠纷①，该案中，杨某对其网络留言并未尽到谨慎的注意义务，在网络上发布未经证实的重大食品安全事件的不实信息。法院审理认为，作为一名成年人，其应知该消息的发布可能造成的社会影响及对企业名誉权造成危害，但其放任未经证实消息的传播，主观上具有过错，考虑到该公司作为食品生产经营企业亦应容忍消费者合理的质疑与批评，且杨某在事后及时发布消息予以澄清，法院认定杨某并无侵害某公司名誉权的主观恶意，法院对杨某的涉案不当行为予以批评和告诫。

2. 公民个人表达与其他公民的人格权纠纷。得益于传播技术的进步，公民个人的表达渠道日益增多，公民个人表达侵犯他人人格权的纠纷也日渐增多。如葛某与颜某名誉权纠纷②，作为一个在新浪微博实名认证的用户，被告颜某在不侵犯他人权利的情况下，有权通过网络自由表达其观点和思想，这也是互联网时代言论自由的意义所在。但法院审理认为，鉴于原告与被告所任职的企业具有相当的竞争性及原告与被告的特殊身份，被告对其公开发布关于原告的言论应具有高出一般网民的谨慎注意义务，但被告的行为没有造成原告名誉受损害的事实，理由是被告言论并未形成一致性的降低葛某社会评价的评论趋向，法院因此没有支持原告葛某的诉讼请求。在田某、浙江盘石信息技术有限公司与沈某名誉权纠纷③中，法院认为，相比正式场合的言论，个人在的微博表达具有随意性强、主观色彩

①　参见［（2013）沪一中民一（民）终字第 1387 号］。
②　参见［（2014）玄锁民初字第 487 号］。
③　参见［（2014）浙杭民终字第 1106 号］。

浓的特点，但也应当尽到合理的注意义务，不得以言论自由权为借口侵害他人合法权利。被告沈某明知其评论会侮辱田某人格，仍在不特定第三人可即时查阅的微博中发表涉讼言论，且@众多网络名人，主观存在希望其言论扩散的故意，过错明显，其发布涉讼微博的行为已构成对田某名誉权的侵犯。在肖某与北京雷霆万钧网络科技有限责任公司等名誉权纠纷①中，法院强调指出，任何人都不可任意援引网络资料恶意贬损他人，公民在援用网络资料发表评论时，应在两方面审慎其事：一是评论人对其评论所依网络资料来源的正当性和内容的可信性应尽善良管理人之注意义务，排除正常人的合理怀疑；二是评论人应当意识到自己检索到的网络资料可能是不完整的，甚至是不准确的，因此在依据甄别后的资料发表评论时应当谦抑、有度，不应超出其依据资料可合理推知的范围。公民依据网络资料发表评论符合此二要件，即应当认为其已尽到合理的注意义务，即使其所依据的网络资料和据此发表的评论有不够准确之处，只要其主观上不存在恶意，亦不应承担名誉侵权之法律责任。被上诉人方某在雷霆万钧公司所属的汤姆网谈学术腐败和科学打假问题时，质疑肖某的院士资格。依据方某的举证材料，可见其对网络资源已尽到合理的注意义务；方某依据公开的网络资源所作评论也没有超出可合理推知的范围。法院特别强调，本案可能涉及的学术打假领域，属公共事务，事关社会公众利益，公众均有权参与并作出客观评论，且对于事关社会公众利益之事物，应当允许存有不同的观点，不应动辄因言得咎。

另一起与学术研究中注意义务问题有所关联的樊某与上海社会科学院出版社有限公司、潘某名誉权纠纷②也值得关注。该案中，被告潘某在文中所引用的涉及原告的司法案例，内容客观真实，来源合法，标题中的"虚假诉讼"援引自人民检察院的检察建议书，并结合了检察机关相应的调查及法院的专报，非凭空捏造。另被告潘某在引用上述司法案例时，特意隐去了原法院文书中原告的性别、年龄、家庭住址等具体身份信息，尽到了合理的注意义务。鉴于被告潘某出于纯学术研究的目的合法引用上述司法案例，客观上也没有因此造成原告名誉受损的事实发生，法院驳回了原告的诉讼请求。

---

① 参见［（2007）高民终字第 1146 号］。
② 参见［（2014）黄浦民一（民）初字第 4299 号］。

三　结　语

通过上述考察，笔者认为，总的看来，我国新闻与传播领域与注意义务相关的诉讼案例已有一定的积累，但从裁判文书中有关注意义务的措辞来看，尚缺乏固定统一的表述，如"合理的注意义务""必要的注意义务""一定的注意义务""注意的义务"等；从审理结果来看，不同法院的审判员在个案中对注意义务的分配也存在着若干不同的认识，这就为新闻传播领域的注意义务研究提供了较大的探索空间。

另外，新闻传播领域与注意义务相关的诉讼多为侵权纠纷。传播形态的多样化、传播主体的多元化以及传播内容的细分化导致这一领域注意义务研究面临较为复杂的状况。相应地，有关新闻传播中的注意义务问题，也需要更加专门化的研究。尤其需要重视的是网络传播中注意义务的立法与司法研究，近年来网络服务商与公民个人的网络表达涉嫌侵犯他人权益的涉讼纠纷呈明显上升的态势，最高人民法院在 2012 年和 2014 年分别发布的《关于审理侵害信息网络传播权民事纠纷案件适用法律若干问题的规定》和《关于审理利用信息网络侵害人身权益民事纠纷案件适用法律若干问题的规定》中，都明确采用了注意义务的概念①，对我国新闻与传播法制领域注意义务问题的应用研究和学理研讨也将更受关注并逐步向前拓展。

---

① 《最高人民法院关于审理侵害信息网络传播权民事纠纷案件适用法律若干问题的规定》（2012 年）第十一条规定：网络服务提供者从网络用户提供的作品、表演、录音录像制品中直接获得经济利益的，人民法院应当认定其对该网络用户侵害信息网络传播权的行为负有较高的注意义务。《最高人民法院关于审理利用信息网络侵害人身权益民事纠纷案件适用法律若干问题的规定》（2014 年）第十条规定：人民法院认定网络用户或者网络服务提供者转载网络信息行为的过错及其程度，应当综合以下因素：（一）转载主体所承担的与其性质、影响范围相适应的注意义务；……。

中国转型期的传媒政策概要

王　颖[①]

　　内容摘要　近三十年来，我国传播业经历数次结构性的改革，传媒政策也随之调整、变化。本文着重以广播电视、报刊、互联网等主要类型为研究对象，概要地考察和梳理中国相关传媒政策在这一时期的演进。

　　关键词　转型期　传媒政策　广播电视　报刊　互联网

　　本文所指的中国转型期是指从 1978 年中国实施改革开放以来的这三十多年。而"政策"含义丰富，从制度层面来讲，传媒政策属于公共政策。公共政策是"国家机关、政党及其他政治团体在特定时期为实现或服务于一定社会政治、经济、文化目标所采取的政治行为或规定的行为准则，它是一系列谋略、措施、办法、条例的总称"[②]。近三十年以来，我国政治、经济、文化和社会领域等各个层面均在改革开放的进程中发生了很大的变化，传播业经历了数次结构性的改革，传播政策也随之不断变化、调整。本文将按照传播业界的阐释惯例，以广播电视、报刊、互联网等主要类型为对象，概要地考察和梳理中国相关传播政策的演进。

一　广播电视管理政策

　　1983 年召开的第十一次全国广播电视会议确定了全国实行"四级办广播、四级办电视、四级混合覆盖"（简称"四级办"）的发展发针，并以 1983 年 37 号文件确定下来，同时确立了到 20 世纪末实现户户、人人都能听到广播看到电视的目标。

---

　　①　王颖，中国社会科学院新闻与传播研究所助理研究员。
　　②　陈振明：《公共政策分析》，中国人民大学出版社 2003 年版，第 43 页。

进入 20 世纪 90 年代以后，广播电视的改革以建立适应市场经济的运行机制为主要目标。1992 年，中国中央、国务院制定了《关于加快发展第三产业的决定》，明确将广播电视列为第三产业。有线网络与卫星技术在电视领域的应用，促进了各种电视台的建立，中共中央办公厅、国务院办公厅 37 号文件对广播电视事业进行了规范管理。在治理的同时，《广播电视管理条例》于 1997 年 8 月 11 日正式实施，为加强广播电视行业管理，特别是对正在进行的治散治乱工作提供了法律依据。

1999 年以来，广播电视机构加大了改革力度。

2001 年中办发布了《中央宣传部、国家广电总局、新闻出版总署关于深化新闻出版广播影视业改革的若干意见》，即中办发 17 号文件。2001 年广电总局在该文件精神指导下发布了《关于积极推进广播影视集团化改革的实施细则（试行）》的通知和《关于广播影视集团实行多媒体兼营和跨地区经营的实施细则（试行）》的通知，积极推进广播影视集团化改革。

2001 年 12 月 6 日，中国广播影视集团成立，它标志着我国广播影视业集团化改革进入实践性尝试阶段。为贯彻党的十六大精神，国家广播电影电视总局在 2003 年就促进广播影视产业化发展提出了《关于促进广播影视产业发展的意见》，要求通过产业化最大限度地解放广播电视生产力，其具体措施包括：付费频道开办主体多元化；加大民营资本、社会资本的投入；有限制的向外资开放[1]。2004 年国家广播电影电视总局又发布了《关于促进广播影视业发展的意见》，其中规定：允许各类所有制机构作为经营主体进入除新闻宣传外的广播电视节目制作作业，但严禁设立外商独资、中外合资、中外合作经营的广播电台、电视台、节目制作经营机构，严禁外资进入广播电视传输覆盖网；聘用外国人、港澳台人员参加广播电视节目制作活动，需按规定经广播电视行政部门审批。2005 年颁布的《国务院关于非公有资本进入文化产业的若干决定》《中共中央国务院关于深化文化体制改革的若干意见》和《国家"十一五"时期文化发展规划纲要》等文件，为非公有资本进入广播电视业提供了良好的条件。

为迎接数字化趋势，2003 年 5 月，国家广播电影电视总局发布了《我国有线电视向数字化过渡时间表》，提出按照东部、中部和西部的不同区域，分阶段实现向数字化过渡，到 2015 年完成模拟向数字的过渡。2008

---

① 郭娅莉等：《媒体政策与法规》，中国传媒大学出版社 2006 年版，第 52 页。

年，国务院办公厅转发了国家发改委等六部委《关于鼓励数字电视产业发展若干政策》，文件提出了数字电视快速发展的目标、融投资政策、税收优惠政策、技术进步政策、市场培育与监管政策、知识产权保护政策等应对广播电视面临的重大机遇和严峻挑战的一系列鼓励数字电视产业发展的重要政策。

数字化在过去十年的发展已经彻底改变了广电、通信和互联网，媒体形态间的壁垒正在不断消融，内容、业务、服务、终端、用户需求等多领域、多业态、多渠道、多职岗的融合已是必然。2010 年 1 月，国务院发布了《推进三网融合的总体方案》。方案规定，2010 年至 2012 年是三网融合试点阶段，重点工作是开展广电和电信业务双向进入试点。2013 年至 2015年要总结推广三网融合试点经验，是全面实现三网融合的阶段。

2014 年"一剧两星"政策引发电视业巨变。国家新闻出版广电总局2014 年 4 月宣布，自 2015 年 1 月 1 日开始，将对卫视综合频道黄金时段电视剧播出方式进行调整，同一部电视剧每晚黄金时段联播的卫视综合频道不得超过两家，同一部电视剧在卫视综合频道每晚黄金时段播出不得超出两集。这对整个电视剧的产制和供给布局结构乃至电视用户的收视格局都产生了一定的影响。

二 报刊的管理政策

改革开放以来，我国报业的发展经历了三个阶段[①]：

第一阶段是 1979 年至 1988 年，报社实行"事业单位，企业化管理"的规制方针。这一时期，党的十一届三中全会召开，开始实行改革开放的政策。1985 年国家工商总局、广电部和文化部发布《关于报纸、书刊、电台、电视台经营、刊播广告有关问题的通知》，确认了新闻单位从事广告发布和经营的资格。1986 年的《邮政法》及其实施细则中规定，在报刊发行工作中，出版单位委托邮政企业发行报刊，应当与邮政企业订立发行合同。自此，报刊社成为自己报刊的发行者，报刊社可以选择委托邮政企业发行，也可自己发行或者委托其他合法经营单位发行，结束了报刊发行只能由邮政部门办理的历史。1988 年新闻出版署发出通知，规定中央七报一刊的价格由新闻出版署和国家物价局规定，中央和地方党政部门主办的报

---

① 郭娅莉等：《媒体政策与法规》，中国传媒大学出版社 2006 年版，第 162 页。

纸由主办部门确定价格，各种其他报纸的发行价格由各报自己确定。

第二阶段是 1988 年至 1992 年，国家进一步赋予新闻单位开展多种经营的自主权。1988 年，新闻出版署和国家工商总局联合发布《关于报社、期刊社、出版社开展有偿服务和经营活动的暂行办法》，规定报刊社、出版社可以根据自身条件，发挥各方面优势，开展国家政策允许的与本身业务相关的有偿服务和经营活动，这成为了报刊社大规模开展经营活动的发源点。

第三阶段是 1992 年至 1996 年，报业集团纷纷成立。随着社会主义市场经济体制的确立，1996 年起，经中宣部同意和国家新闻出版总署批准，一批报业集团纷纷成立。

2002 年党的十六大提出的"继续深化文化体制改革"在 2003 年进入实质性的操作阶段，当年 6 月召开了全国文化体制改革试点工作会议，7 月中共中央办公厅、国务院办公厅转发了《中央宣传部、文化部、国家广电总局、新闻出版总署关于文化体制改革试点工作的意见》，确定了 9 个地区和 35 家宣传文化单位进行试点，其中新闻出版企事业单位有 21 家；2005 年 12 月再次下发了《中共中央、国务院关于深化文化体制改革的若干意见》；2009 年，中共中央政治局常委会专题审议了《中共中央办公厅、国务院办公厅关于深化中央各部门各单位出版社体制改革的意见》。

报刊改革的主要目标、任务是按照中央确定的文化体制改革的基本政策要求和报刊业发展的实际安排的，主要有几项任务，一是构建报刊业市场经营和公共服务的两大主体；二是推进报刊的联合重组，集约化发展和集团化发展，加快培育新闻出版企业和战略投资者；三是大力推进报刊产业的升级和结构调整，国家还出台了一系列辅助报刊改革的优惠政策，中央办公厅下发了关于出版社深化改革的若干意见，新闻出版总署下发了关于推出出版体制改革的指导意见。2005 年 12 月出台《中共中央国务院关于深化文化体制改革的若干意见》，直接指导报刊业转制改革，明确提出了党报党刊、时政性报刊、公益性报刊继续实行事业体制，其他报刊转制为企业的针对性意见。2006 年 7 月，新闻出版总署出台《关于深化出版发行体制改革实施方案》，强调通过有效措施支持和推动中央和国家机关所属在京的一般出版单位和文化、艺术、生活科普类报刊社逐步转企改制。2008 年全国文化体制改革工作会议在京举行，提出了新闻出版业体制改革"三年三步走"的战略部署。第一步是改革国有企事业主管主办的报刊社；第二步是改革协会、学会、社团办的报刊社；第三步是改革党政机关主管主办的报刊社。2009 年 4 月,新闻出版总署推出《关于进一步推进新闻出版体制改革的指导意见》,确立了新闻出版体制改革的宏观时间表、路线图、任务书。2010 年 1 月新闻出版总署通过了《报纸期刊质量综合评估办法（试行)》,为报刊实行推出机制提供基础。2010 年 4 月 8 日,新闻出版总署副署长李东东到辽宁报业传媒集团开展调研时说"今年（2010 年）报刊单位的体制改革将全面启动,报刊分类改革实施方案将出台,将用二至三年时间集中完成报刊业的转企改制工作"。2011 年 5 月 19 日,《中共中央办公厅、国务院办公厅关于深化非时政类报刊出版单位体制改革的意见》出台,根据非时政类报刊的不同性质和功能,分期分批进行转制。当年 6 至 7 月,新闻出版总署确立非时政类报刊出版单位体制改革的具体路线图和时间表,2011 年 7 月,新闻出版总署署长柳斌杰在全国新闻出版局长座谈会上表示,新闻出版体制改革进入深水区,推进非时政类报刊出版单位体制改革是该年度核心工作,并提出在 2012 年 9 月前完成转企改制的任务。2011 年 8 月,非时政类报刊出版单位体制改革工作联席会议办公室制定出台了《中央各部门各单位非时政类报刊出版单位转制工作基本规程》,供中央各部门各单位非时政类报刊出版单位转制工作参考。

2003 年 3 月,中共中央政治局专门召开会议研究改进新闻报道工作,提出《关于进一步改进会议和领导同志活动的新闻报道的意见》,要求各级领导干部严格自律,推动和支持新闻工作能够切实贴近群众、贴近生活、贴近实际。2003 年开展的党政部门报刊治理,是新中国成立以来我国报业发展史上一次重大的结构性调整。全国共停办报纸 282 种,期刊 432种,发行量减少近 12 亿份。

三　互联网的管理政策

1994 年 4 月 20 日,中国全功能接入互联网。中国互联网的发展可以分为四个阶段:1994 年至 1998 年是初始阶段;1999 年至 2004 年是Web1.0 阶段,以门户网站、新闻网站为代表;2005 年至 2009 年是Web2.0 阶段,以博客、播客为代表;2010 年至今是 Web3.0 阶段,以微博、微信、移动客户端为代表[①]。近二十年来,随着互联网技术不断发展,

---

① 闵大洪:《从边缘媒体到主流媒体——中国网络媒体 20 年发展回顾》,《新闻与写作》2014年第 3 期。

我国在互联网管理的政策法规已经初步构建，在管理机构、互联网机构的设立与运营、互联网内容管理等方面都已形成框架。随着网络技术发展，相关政策法规还在不断调整以适应新情况、新问题。

2010 年 6 月 8 日，国务院新闻办公室发表《中国互联网状况》白皮书，这是中国政府自 1994 年接入互联网以来首次以白皮书的形式阐明中国的互联网方针。"积极利用是基本目的，科学发展是客观要求，依法管理是必要保障，确保安全是重要前提。"这一方针是对 1997 年国家确定的"积极发展、加强管理、趋利避害、为我所用"方针的新发展。

早在 2001 年 3 月 15 日通过的《国民经济和社会发展第十个五年规划纲要》中，就第一次明确提出了要"促进电信、电视、计算机三网融合"。2010 年 1 月 13 日，国务院常务会议决定，推进电信网、广播电视网和互联网三网融合。阶段性目标为：2010 年至 2012 年重点开展广电和电信业务双向进入试点；2013 年至 2015 年，全面实现三网融合发展，基本形成适度竞争的网络产业格局。2011 年 5 月，国家互联网信息办公室正式成立。这一机构的设立是进一步加强互联网建设、发展和管理，提高网络虚拟社会的管理水平的重要建制措施，体现出国家层面对互联网的高度重视。

2012 年，《互联网行业"十二五"发展规划》正式出台，这是首个政府层面的互联网发展行业规划，它旨在规划引导行业发展方向、推动加强行业管理和企业自律，以营造有利于我国互联网行业健康发展的良好环境。

在互联网安全管理方面，先后出台了以下重要政策法规：2000 年全国人大常委会发布《全国人民代表大会常务委员会关于维护互联网安全的决定》；2012 年 12 月，第十一届全国人民代表大会常务委员会第三十次会议通过《关于加强网络信息保护的决定》，决定要求保护个人电子信息、防范垃圾电子信息、确定网络身份管理制度，并赋予了有关主管部门必要的监管权力；2013 年 11 月，中国共产党十八届三中全会在北京召开，全会决定要求加大依法管理网络力度，加快完善互联网管理领导机制，形成从技术到内容、从日常安全到打击犯罪的互联网管理合力，确保国家网络和信息安全，维护国家安全和社会稳定。

近年来，互联网视听节目发展快速，成为管理重点。2011 年，国家广电总局制定发布《持有互联网电视牌照机构运营管理要求》，进一步规范互联网电视服务秩序；2012 年 7 月 9 日，国家广电总局和国家互联网信息办公室联合发布关于《进一步加强网络剧、微电影等网络视听节目管理的通知》，明确规定互联网视听节目服务单位按照"谁办网、谁负责"的原则，对网络剧、微电影等网络视听节目一律实行自审自播、先审后播。

视听新媒体的发展对传统广电的冲击很大，对于同时收看网络视频和电视的"双屏用户"，网络已经成为收看热播电视剧的主要渠道。2011年至2012年，商业视听新媒体发展成为一支媒体新军，提供了有别于传统广电媒体市场的差异化产品，也与其形成了与某种程度的同业竞争。2013年1月，国家广电电视总局下发了《广电总局关于促进主流媒体发展网络广播电视台的意见》，要求将网络广播电视台提升到与电台电视台发展同等重要地位，鼓励电台电视台与宽带互联网、移动通信网络等新兴媒体结合，发展新形态广播电视播出机构——网络广播电视台。

2014年9月2日，国家新闻出版广电总局发布了关于进一步落实网上境外影视剧管理有关规定的通知，该通知提出，根据《广播电视管理条例》《互联网视听节目服务管理规定》、国家广电总局《关于加强互联网传播影视剧管理的通知》等有关法规和规定，用于互联网等信息网络传播的境外影视剧应依法取得《电影片公映许可证》或《电视剧发行许可证》，加强了对视频网站引进境外影视剧的规范和综合治理。2014年被誉为国家文化产业的"政策年"。2014年2月28日，由中央全面深化改革领导小组第二次会议审议通过的《深化文化体制改革实施方案》开列了了80多项改革任务，其中包括基本完成新闻出版、广播电影电视部门的整合，依法减少和规范文化行政审批，批准国有经营性文化单位转企改制，建立公共文化服务体系建设协调机制，加强现代文化市场体系建设等任务，以及稳妥推进包括传媒企业实行特殊管理股制度的试点等工作。

互联网普及后，宽带对于越来越多的用户的重要性超过电视视频，宽带业务成为广电的基础业务，视频、宽带、语音等业务组合能提升广电的市场竞争力。2014年"宽带中国"战略进入实质性阶段，工业和信息化部与国家发改委联合发布了《创建"宽带中国"示范城市工作管理办法》。

党的十八届三中全会提出，要整合新闻媒体资源，推动传统媒体和新兴媒体融合发展。中央宣传部刘奇葆部长就"加快推进传统媒体与新兴媒体融合"发表重要讲话。面对媒介融合的趋势，2014年初召开的全国宣传部长会议强调"积极占领网络舆论阵地"，并高度关注媒体融合走势。2014年2月，中央全面深化改革领导小组审议通过《深化文化体制改革实施方案》，要求广电行业科学界定公益属性和经营属性，推进国有经营性单位转企改制，成为市场主体。随后，国务院密集出台一系列政策、措施，鼓励文化产业跨界融合。4月14日，中宣部召开推动媒体融合发展座谈会，对加快推动媒体融合发展提出一系列部署、安排。8月18日，中央全面深化改革领导小组第四次会议审议通过了《关于推动传统媒体和新兴媒体融合发展的指导意见》，意见强调，要着力打造一批形态多样、手段先进、具有竞争力的新型主流媒体，建成几家拥有强大实力和传播力、公信力、影响力的新型媒体集团。这些政策意见表明媒介融合发展进一步得到党中央的特别重视和国家层面的大力支撑和扶持。

2014年8月7日，国家网信办发布《即时通信工具公众信息服务发展管理暂行规定》，对即时通信工具服务提供者、使用者的服务和使用行为进行了规范。该规定共十条，对以微信为代表的即时通信工具从事公众信息服务活动提出了明确管理要求。

2015年4月28日《互联网新闻信息服务单位约谈工作规定》出台，根据该约谈工作规定，国务院授权的互联网信息管理机构，即国家互联网信息办公室、地方互联网信息办公室在互联网新闻信息服务单位发生严重违法违规情形时，可以采取约见相关负责人，进行警示谈话、提出问题、责令整改纠正等行政行为，这是管理机构针对网络活动中出现的日益复杂的新情况、新问题，将在实践中产生了良好社会效果的约谈做法固定为一种制度化的工作方式，它对进一步丰富和拓展互联网治理的手段和机制具有重要的现实意义。